देवी-देवताओं की अलौकिक घटनाएँ

देवी-देवताओं की अलौकिक घटनाएँ

प्रो. राम गोपाल गुप्त

प्रभात पेपरबैक्स
www.prabhatbooks.com

प्रकाशक

प्रभात पेपरबैक्स

प्रभात प्रकाशन प्रा. लि. का उपक्रम

4/19 आसफ अली रोड, नई दिल्ली–110002

फोन : 23289777 • हेल्पलाइन नं. : 7827007777

इ–मेल : prabhatbooks@gmail.com ❖ वेब ठिकाना : www.prabhatbooks.com

संस्करण

प्रथम, 2022

मूल्य

तीन सौ रुपए

मुद्रक

आर–टेक ऑफसेट प्रिंटर्स, दिल्ली

DEVI-DEVTAON KI ALAUKIK GHATANAYEN

by Prof. Ram Gopal Gupt

Published by **PRABHAT PAPERBACKS**

An imprint of Prabhat Prakashan Pvt. Ltd.

4/19 Asaf Ali Road, New Delhi-110002

ISBN 978-93-5521-095-1

₹ 300.00

समर्पण

हिंदी साहित्य के युग-निर्माता **मुंशी प्रेमचंद**, जन्म का नाम धनपत राय (31 जुलाई 1880-8 अक्तूबर 1936), को सादर समर्पित करने में मैं अपने को अत्यंत गौरवान्वित महसूस कर रहा हूँ। उनकी रचनाओं में समाज में प्रचलित मान्यताओं का ऐसा सजीव चित्रण है कि पाठक को लगता है कि वह स्वयं भी कहानी का एक पात्र है। उनकी श्रेष्ठ प्रवर्तक रचनाओं से मुझे विद्यार्थी जीवन से ही प्रेरणा मिलती रही है, जिसके फलस्वरूप इस पुस्तक की रचना संभव हुई, इसमें विभिन्न धर्मों में प्रचलित अलौकिक चमत्कारों की तर्क-संगत व्याख्या की गई है।

कृतज्ञता

सर्वप्रथम मैं प्रभात प्रकाशन, देहली के प्रति आभार प्रकट करता हूँ, जिन्होंने पुस्तक की छपाई की उत्तम गुणवत्ता का आश्वासन दिया तथा कोरोना महामारी के बावजूद कर्मयोगी की भाँति अपने आश्वासन को सफलतापूर्वक संपन्न किया।

सभी धार्मिक पुस्तकों के रचनाकारों का भी आभारी हूँ, जिन्होंने अपनी रचनाओं में अवतारों, देवी-देवताओं, तीर्थंकरों, पैगंबरों के जीवन में घटी घटनाओं को अलौकिक कहानियों का रूप देकर मनोरंजक व लोकप्रिय बनाया, जिनसे मुझे इस पुस्तक को लिखने की प्रेरणा मिली है, इसमें घटना की अलौकिकता का विश्लेषण करते हुए तर्क के आधार पर वास्तविक विवरण प्रस्तुत किए है, जिसमें महान् पुरुषों के गुण स्पष्ट हुए हैं, जो अलौकिकता के आवरण में छिप जाते हैं। मैं उन सभी मित्रों व शुभचिंतकों का आभारी हूँ, जिन्होंने इस पुस्तक के कुछ अंश पढ़कर या सुनकर प्रशंसा की तथा पुस्तक को यथाशीघ्र प्रकाशित कराने हेतु मेरा उत्साहवर्धन किया। महेंद्र लालका, पूर्व पुलिस महानिदेशक, का कृतज्ञ हूँ, उन्होंने अपनी गोष्ठियों में, जिनमें विभिन्न विद्यालयों से विद्यार्थी आते थे तथा अन्य गणमान्य अतिथि भी भाग लेते थे, इस पुस्तक के कुछ अंश सुनाने का अवसर दिया। श्रोताओं की प्रशंसनीय प्रतिक्रियाओं से मुझे इसको शीघ्र प्रकाशित करवाने की प्रेरणा मिली।

अपने पुत्र डॉ. प्रकाश चंद्र गुप्ता, पुत्रियों डॉ. श्रीमती प्रतिभा ठुकराल, श्रीमती प्रमिला गर्ग तथा मेरे मित्र के दौहित्र श्री राहुल जैन एवं उनकी पत्नी श्रीमती ज्योति केजरीवाल जैन के प्रति भी आभार प्रकट करता हूँ, जिन्होंने समय-समय पर हुए विचार-विमर्श में प्रशंसनीय सुझाव दिए।

अंत में मैं अपने पारिवारिक मित्र स्व. श्री शैलेंद्र द्विवेदी, जिन्होंने मुझे पुस्तकों का लेखक बनने की प्रेरणा दी, के प्रति आभार प्रकट करना नहीं भूल सकता, जिनके कारण मैं सात पुस्तकें लिखने में सफल हुआ हूँ।

—राम गोपाल गुप्त

प्रस्तावना

सभी धर्मों में समय-समय पर महान् व्यक्ति जन्म लेते रहते हैं। वे अद्भुत गुणों व क्षमताओं के धनी होते हैं, जैसे महान् विद्वत्ता एवं प्रतिभा, आदर्श निष्ठा एवं कर्मठता, विशेष साहस एवं वीरता, उच्च कोटि का बलिदान एवं चरित्र (काम, क्रोध, लोभ, मोह, अहम् व भय का त्याग), पीड़ितों की निस्स्वार्थ भाव से सहायता करने का श्रेष्ठ स्वभाव एवं अपनी जान को भी जोखिम में डालकर अत्याचारियों, दबंगों व कुटिलों से असहायों की रक्षा करना। ऐसे मनुष्य अच्छे वक्ता भी होते हैं तथा उनका विश्लेषण तथ्यात्मक एवं प्रभावकारी होता है। उनके भाषण ओजपूर्ण एवं अहम-रहित होते हैं। उनसे श्रोताओं को अपने कर्तव्य को कुशलतापूर्वक, बुद्धिमानी, सत्यनिष्ठा तथा साहस के साथ संपन्न करने की प्रेरणा मिलती है। जो कुछ भी वे अपने संबोधनों में कहते हैं, उस पर स्वयं भी अमल करते हुए प्रशंसनीय उदाहरण प्रस्तुत करते हैं। उनकी योग्यता, क्षमता एवं कर्मठता के बलबूते पर सफलता उनके चरण चूमती है। ऐसे व्यक्तियों को अपने जीवनकाल में महान् पुरुष या महान् नारी होने का गौरव तो मिलता ही है, मृत्यु के बाद भी उनका यश अक्षुण बना रहता है तथा सच्चे अर्थों में वे अमर हो जाते हैं। अपने जीवनकाल में वे विशेष महान् व्यक्ति ही जाने-माने जाते हैं, भगवान् का अवतार या किसी देवी-देवता का अवतार नहीं।

उनकी मृत्यु के सहस्रों वर्षों बाद, उनके अनुयायी उनके जीवनकाल में घटी घटनाओं को अलौकिक व चामत्कारिक रूप दे देते हैं तथा अपने दिल और दिमाग में यह दृढ़ धारणा बना लेते हैं कि वे तो किसी देवता अथवा स्वयं भगवान् के ही अवतार थे तथा उनके लिए कुछ भी असंभव नहीं था। परमात्मा तो सर्वव्यापी, सर्वज्ञ व सर्वशक्तिमान है, अत: उसने मनुष्य रूप में भी ऐसे चामत्कारिक कार्य अवश्य किए होंगे, जो असंभव ही लगते हैं। उनके कार्यों को चमत्कार मान लेने से उस महान् व्यक्ति के वे विशेष गुण छिप जाते हैं, जिनके कारण वे अपने जीवनकाल में महान् बने तथा काल्पनिक चमत्कार प्रकाश में आ जाते हैं एवं प्रचलन में भी। चमत्कार पढ़ने

में, सुनने व सुनाने में तथा देखने में, मनोरंजक व श्रद्धा उत्पन्न करनेवाले होते हैं और मनोविज्ञान की दृष्टि से जीवन को सुखमय बनाने में मूल्यवान योगदान करते हैं, अतः महान् व्यक्तियों से संबंधित घटनाओं का चामत्कारिक रूप ही वर्तमान में सभी आस्तिक धर्मों में प्रचलन में है। चामत्कारिक स्वरूप पर श्रद्धा व आस्था रखना तो उचित है एवं वांछनीय भी, परंतु स्वार्थी तत्त्वों ने भोली-भाली जनता को गुमराह करने के लिए स्वार्थवश ऐसी परंपराएँ जोड़ दी हैं, जो पूर्णतया अंधविश्वास की श्रेणी में आती हैं तथा आर्थिक, शारीरिक व मानसिक शोषण का कारण बनती हैं। इस श्रेणी में इस प्रकार के पंडे-पुजारी, मुल्ला-मौलवी, पादरी-धर्मदूत आदि आते हैं, जो लालची, स्वार्थी तथा काम, क्रोध, लोभ और मोह जैसे दुर्गुणों से ग्रस्त होते हैं। ऐसे लोग संख्या में काफी कम ही होते हैं तथा वे प्रकाश में इसलिए नहीं आ पाते कि उनके शोषण से पीड़ित व्यक्ति कानून की सहायता लेने का साहस नहीं कर पाता। विगत वर्षों में कुछ लोगों ने, विशेषतया लड़कियों ने, ऐसा साहस दिखाया, जिसका परिणाम यह हुआ है कि आज कई बड़े-बड़े धर्माचार्य, बाबा लोग जेलों में बंद हैं। इससे बाबा शब्द ही बदनाम हो गया और रिश्तेदारी में भी बाबा के स्थान पर 'दादाजी' शब्द का प्रयोग होने लगा है।

यह ध्यान में रखने की बात है कि समाज उसी व्यक्ति को महान् मानता है, जो अपने कार्य व ध्येय में सफलता प्राप्त कर ले। असफल व्यक्ति कितना भी गुणवान व सक्षम क्यों न हो, वह न तो महान् माना जाएगा और न उसके बाद उसके साथ कोई अलौकिक व चामत्कारिक घटनाएँ ही जुड़ेंगी। अंग्रेजी में कहावत है कि 'नथिंग सक्सीड्स लाइक सक्सेस', जिसका भावार्थ है कि अंतिम सफलता के समान अन्य कोई सफलता नहीं है। महान् एवं सफल व्यक्तियों को भी उनके जीवनकाल में भगवान् की संज्ञा तो नहीं मिलती, पर हाँ यह अवश्य है कि उनकी प्रशंसा निरंतर होती रहती है तथा मृत्यु के पश्चात् लोग उन्हें याद रखते हैं, यहाँ तक कि उनके स्मारक भी बनवाए जाते हैं। ऐसे किसी व्यक्ति की मृत्यु के सहस्रों वर्ष बाद लोग उसे अपना आराध्य देव मानकर, चामत्कारिक रूप देते हुए, उसके पूजास्थल बनवाते हैं तथा उससे मन्नतें व दुआएँ माँगते हैं। उनके जीवनकाल में जो महत्त्वपूर्ण घटनाएँ घटी थीं, वे निश्चय ही विशेष या अत्यधिक कठिन तो अवश्य थीं, परंतु असंभव नहीं थीं, बल्कि पूर्णतया विज्ञान-सम्मत एवं तर्क-सम्मत थीं। सूक्ष्म दृष्टि से परीक्षण करने पर उनका सराहनीय लौकिक रूप समझ में आने लगता है। इस पुस्तक में दिए हुए तर्क-संगत मत पूर्णतया लेखक की अपनी कल्पना पर आधारित हैं, जिनमें अलौकिकता न होकर वास्तविकता का दिग्दर्शन मात्र ही है।

जीवन में दोनों रूपों, अलौकिक व लौकिक, का अपना-अपना महत्त्व व उपयोग है। लेखक स्वयं यथार्थवादी होने के बावजूद काल्पनिक चमत्कारी रूप को

अपनाता है, जिससे उसे मानसिक सुख और शांति प्राप्त होती है। उदाहरणस्वरूप, इस पुस्तक को तैयार करते समय एक दिन मैंने एक अध्याय के 15 पृष्ठ कंप्यूटर पर स्वयं टाइप कर स्टोर कर रखे थे कि वे सब पृष्ठ किसी प्रकार मिट गए। काफी प्रयत्न के पश्चात् भी जब वे नहीं मिल पाए तो मैं बहुत परेशान हो गया, क्योंकि उन पृष्ठों में मेरा लगभग एक माह का परिश्रम छिपा हुआ था। मैंने हनुमानजी के चित्र के सम्मुख खड़े होकर दिल से प्रार्थना की कि हे महावीर हनुमान! मेरे इस संकट को हरें। फिर मैंने दूसरे दिन कंप्यूटर खोलकर ढूँढ़ने का प्रयास किया तो सभी पृष्ठ प्राप्त हो गए। मैं खुशी से सराबोर हो गया और तुरंत हनुमानजी को धन्यवाद दिया, परंतु यह भी सच है कि यथार्थवादी व्यक्ति का ढोंगी धर्मदूत आर्थिक, शारीरिक व मानसिक शोषण नहीं कर पाते। सगुण साकार रूप की उपासना के महत्त्व को महर्षि वेदव्यास ने श्रीमद्भागवद्गीता के श्लोक 9.23 में स्पष्ट किया है।

येऽप्यन्यदेवताभक्ता यजन्ते श्रद्धयान्विताः।
तेऽपि मामेव कौन्तेय यजन्त्यविधिपूर्वकम॥

भावार्थ : जो भी अन्य देवताओं के भक्त श्रद्धा से युक्त होकर उन्हें पूजते हैं, वे भी वास्तव में मुझे ही अविधिपूर्वक पूजते हैं। (यद्यपि अज्ञानता के कारण वे यह नहीं समझ पाते कि वे मुझे ही पूज रहे हैं।)

इसी भावना की पुष्टि गीता के श्लोक 9.26 में भी हुई है, जिसमें स्पष्ट किया है कि जो लोग भक्ति से पत्र, पुष्प, फल (मेवा और मिठाई भी सम्मिलित समझी जाए) और जल अर्पण करते हैं, वह भी मैं ही खाता हूँ।

गीता के श्लोक 2.50 में श्रीकृष्ण का मत स्पष्ट किया है कि निष्काम भाव से किए गए सुकर्म में सफलता से अंततः परमात्मा से साक्षात्कार (योग) हो जाता है।

बुद्धियुक्तो जहातीह उभे सुकृतदुष्कृते,
तस्माद्योगाय युज्यस्व योगः कर्मसु कौशलम।

व्याख्या : अपने सुकर्म को वांछित कुशलता, परिश्रमशीलता, सत्यनिष्ठा, ज्ञान एवं बुद्धि-युक्त विवेक के साथ, बिना किसी पुण्य के लोभ या पाप के भय के, इस प्रकार करो कि आपको सफलता प्राप्त हो। सफलता से आपको दिव्यानंद मिलेगा, जिससे आपको ईश्वर की अनुभूति होगी। इस प्रकार की अनुभूति ही ईश्वर से साक्षात्कार है, मिलन है। 'योग' का शाब्दिक अर्थ 'जुड़ना' होता है, जो 'मिलन' का पर्यायवाची है। इस श्लोक में यह अंकित नहीं किया गया है कि इसके लिए कौन सा मार्ग अपनाया जाए, भक्ति-मार्ग अथवा तर्क पर आधरित ज्ञान-मार्ग या संन्यास मार्ग। श्रीमद्भगवद्गीता

के अन्य अध्यायों में यह स्पष्ट अंकित किया है कि सभी मार्ग अच्छे हैं तथा भगवान् से साक्षात्कार करवाने में समर्थ हैं, परंतु भक्ति-मार्ग अन्य दोनों मार्गों से अधिक सरल व प्रभावी है, अत: श्रेष्ठतर है। गीता में कहीं भी ऐसा उल्लेख नहीं है कि व्यक्ति को मात्र एक ही मार्ग अपनाना है। गीता में पाँच मार्गों का विश्लेषण है (ज्ञानयोग, कर्मयोग, संन्यासयोग, ध्यानयोग तथा भक्तियोग)। स्थान-स्थान पर सभी विधियों के समन्वय पर बल दिया है।

सबसे महत्त्वपूर्ण ज्ञान योग है। वास्तव में ज्ञान का अर्थ है कि जो कुछ आपने सीखा है, उस विद्या को अपने कर्तव्य-पालन में किस तरह से प्रयोग करें कि आपको सफलता मिल सके। विद्या के उचित प्रयोग से ही कर्मयोग सफल होगा। योग की प्रत्येक विधि में कर्म तो करना ही पड़ता है। यह नहीं कि यदि कोई संन्यास मार्ग पर है तो उसे कोई कर्म ही नहीं करना है। तटस्थ रहकर, बिना स्वार्थ भाव के कल्याण हेतु कर्म तो करने ही चाहिए। यदि आपने वृद्धावस्था के कारण संन्यास आश्रम अपना लिया है, इसका यह अर्थ नहीं है कि आप अपने आश्रम में सदैव धूनी लगाकर बैठे रहें। संन्यास आश्रम में भी मनुष्य सामर्थ्यानुसार समाज में जाकर प्रवचन, वार्त्तालाप, शिक्षा, अनुभव आदि से लोगों को लाभान्वित करता रहे। इस प्रकार संन्यास में भी कर्मयोग निहित है। ध्यान का अर्थ है, अपने मन को अपने कर्म में एकाग्र करने का अभ्यास करना। ज्ञानेंद्रियों को तो नियंत्रित करना अपेक्षाकृत सरल है, परंतु मन को नियंत्रित करने के लिए काफी अभ्यास करने की आवश्यकता होती है, ताकि मन विषयों के बारे में चिंतन करना बंद कर दे, जिससे आप एकाग्रचित्त होकर अपना कार्य सफलतापूर्वक संपन्न कर सकें। इस प्रकार ध्यान-योग भी कर्म-योग से संबंधित है। भक्ति-योग में अपने इष्टदेव की पूजा-अर्चना करके किसी विपत्ति के आने पर उससे ही प्रर्थना करते हैं कि हे देव! मेरी इस विपत्ति को दूर करें। गीता में कई स्थानों पर यह स्पष्ट किया हुआ है कि आप जो भी पूजा-अर्चना व प्रार्थना अपने इष्टदेव से करते हैं, वह परमात्मा को ही प्राप्त होती है, अत: आप अपने इष्टदेव की सेवा श्रद्धा व आस्था के साथ भक्तिपूर्वक करते रहें तो आपको अन्य सभी योगों का लाभ स्वत: प्राप्त हो जाता है।

उक्त श्लोक में यह अंकित किया है कि यदि सुकर्म में सफलता पाने के लिए कुछ पाप भी करना पड़ जाए तो निर्भय होकर कर सकते हैं। इस पर कुछ लोग यह कहेंगे कि पाप तो पाप ही है, चाहे वह विकर्म में किया जाए या सुकर्म में। इस विषय पर निम्न उदाहरण से स्थिति स्पष्ट हो जाएगी—

"एक बाला अपने विद्यालय से घर वापस आ रही है, उसका कुछ गुंडे पीछा कर रहे हैं। वे कुछ दूरी पर हैं। भयभीत बाला तेजी से आगे बढ़ रही है। थोड़ा सा चलने के

बाद ही एक अंधे मोड़ से मुड़कर पास में ही एक चौराहे पर पहुँच जाती है, वहाँ से बाईं ओर की सड़क पर चल देती है और पास के ही एक घर में शरण ले लेती है, जब गुंडे अंधे तिराहे पर पहुँचते हैं तो वह बाला उन्हें दिखाई नहीं देती। तिराहे पर बैठे एक साधु से पूछते हैं कि "एक लड़की, जो यहाँ से अभी-अभी गुजरी है, किस ओर मुड़ी है?" वह साधु झूठ बोलकर विपरीत दिशा बता देता है, जब वह बाला, साधु द्वारा बताई गई दिशा में, दूर तक दिखाई नहीं देती तो पुनः उस साधु के पास आते हैं और कहते हैं कि उधर तो कहीं दिखाई नहीं दी। इस पर वह साधु पुनः यही कहता है कि उसने तो उधर की ओर ही जाते हुए देखा था। यह सोचकर कि साधु झूठ क्यों बोलेगा, वे निराश होकर वापस लौट जाते हैं। इस प्रकार उस बाला का शील बच जाता है।"

निस्संदेह झूठ बोलना पाप है, परंतु किसी असहाय की निस्स्वार्थ भाव से सहायता करने के लिए झूठ बोलना पड़े तो ऐसे झूठ को पाप नहीं कह सकते। जो व्यक्ति झूठ बोल रहा है, वह अपने किसी स्वार्थ की पूर्ति के लिए बोल रहा है अथवा निस्स्वार्थ भाव से किसी विपदाग्रस्त असहाय की सहायता करने के लिए, यह बात उसकी अंतरात्मा बता देती है।

महाभारत का युद्ध दुर्योधन की कुटिलता, निरंकुशता तथा अपराधों व अधर्म से भरी हुई जीवन-शैली के विरुद्ध था, अत: यह एक धर्म-युद्ध था, जिसमें धर्म की स्थापना हेतु विजय प्राप्त करना आवश्यक था। इसके लिए श्रीकृष्ण की सलाह पर पांडवों को कई अवसरों पर ऐसी कूटनीति अपनानी पड़ी, जो तत्कालीन युद्ध नियमों के प्रतिकूल थी और जिसके कारण भीष्म पितामह गंभीर रूप से घायल हुए और युद्ध करने योग्य नहीं रहे तथा गुरु द्रोणाचार्य युद्ध से हट गए, और महाधनुर्धारी कर्ण मारे गए, जो युद्ध का पासा बदलने में समर्थ थे। अंत में गदा युद्ध में भीम ने नियमों के विरुद्ध दुर्योधन को भी जंघा पर वार कर मार दिया। श्रीकृष्ण ने महाभारत के युद्ध में शामिल होने के लिए यह कहा था कि वह स्वयं कोई शस्त्र नहीं उठाएँगे, परंतु एक बार उनको भी शस्त्र उठाना पड़ गया था, परंतु अर्जुन की प्रार्थना पर उसका प्रयोग नहीं किया गया। उपरोक्त सभी कार्य नियम विरुद्ध होने के कारण पाप थे पर ये पाप उन्होंने अपनी किसी स्वार्थसिद्धि के लिए नहीं किए थे, बल्कि धर्म-युद्ध में धर्म की विजय के लिए थे, अत: वे पाप नहीं माने गए।

यह एक शाश्वत नियम है कि परमपिता परमेश्वर से साक्षात्कार की अनुभूति के लिए मनुष्य चाहे तो सगुण साकार रूप में विश्वास करे अथवा निर्गुण निराकार का ध्यान करे, दोनों ही पद्धतियों में उसे अपने निर्धारित कर्तव्य को निस्स्वार्थ भाव से वांछित कुशलता व परिश्रमपूर्वक करते रहना चाहिए। जहाँ तक ईश्वर के भौतिक दर्शन देने का

प्रश्न है, यह एक मिथक ही है, जो व्यक्ति यह कहता है कि उसे भगवान् के साक्षात् दर्शन हुए, उस पर या तो किसी सम्मोहन का प्रभाव है, अथवा वह किसी प्रकार की विशेष मानसिक स्थिति से गुजर रहा है अथवा उसे कोई स्वप्न दिखाई दिया है। इसका यह अर्थ समझना कि वह व्यक्ति जान-बूझकर सच नहीं बोल रहा है, सही नहीं है।

गीता में यह स्पष्ट रूप से अंकित है कि मनुष्य को सदैव प्रसन्न रहना चाहिए, ताकि वह सचमुच में वास्तविक योग का अनुभव कर सके—

प्रसादे सर्वदुःखानां हानिरस्योपजायते,
प्रसन्नचेतसो ह्याशु बुद्धिः पर्यवतिष्ठते।

भावार्थ : प्रसन्न रहने से सब दुःखों का नाश हो जाता है, जो मनुष्य प्रसन्न रहता है, उसकी बुद्धि शीघ्र स्थिर हो जाती है, अर्थात् वह योगी बन जाता है।

उक्त श्लोक के अनुसार, चाहे आप चमत्कारों में विश्वास करें या तर्क-संगत मत में या दोनों में, जिसमें आपको आत्मिक प्रसन्नता या सुख मिले, वही आपके लिए लाभकारी है।

पुस्तक में, प्राचीन भारतवर्ष के जिन राज्यों अथवा नगरों का उल्लेख है, वे लगभग 10000 वर्ष पूर्व के हैं तथा पृष्ठ 20 पर दिए गए मानचित्र में अंकित, जैसे—कौशल देश, अयोध्या, विदोहा, चित्रकूट, पंचवटी, प्रतिष्ठान, दंडकारण्य, किष्किंधा, लंका, कैकेय, गांधार, तक्षशिला, कुरुराज्य, हस्तिनापुर, कुरुक्षेत्र, मत्स्य, श्रावस्ती, नैमिषारण्य आदि।

इस पुस्तक के प्रथम दस अध्यायों में विश्व के प्रमुख धर्मों में प्रचलित अलौकिक चमत्कारी घटनाओं का विश्लेषण, प्रत्येक घटना के लिए, सामान्यतया निम्नांकित शीर्षकों के अंतर्गत किया गया है—

1. भक्ति-मत के अनुसार वर्तमान में प्रचलित रूप
2. भक्ति-मत में विद्यमान अलौकिकता
3. तर्क-संगत मत

यहाँ यह स्पष्ट करना आवश्यक है कि भक्ति-मत के अंतर्गत घटना का प्रचलित रूप धार्मिक पुस्तकों व इंटरनेट के विस्तृत अध्ययन के फलस्वरूप, जिसे सर्वाधिक मान्य समझा गया, प्रस्तुत किया गया है। भक्ति-मत में अलौकिकता का वर्णन है। तर्क-संगत मत में लेखक के अपने मूल विचार हैं, जो किसी भी धार्मिक पुस्तक अथवा इंटरनेट पर कहीं भी देखने में नहीं आए, परंतु वे विज्ञान के अनुरूप हैं। दोनों मतों का अपना उपयोग है।

अध्यायवार घटनाओं के अलौकिक रूप का संक्षिप्त विवरण निम्न प्रकार है—

अध्याय-1 : श्रीकृष्ण को 16 कलाओं का पूर्ण अवतार माना जाता है, अत: उनके जीवनकाल में सर्वाधिक ऐसी घटनाएँ घटीं, जिन्हें चमत्कार के रूप में प्रस्तुत किया जाता है। अध्याय 1 में कृष्ण की निम्नांकित चामत्कारिक घटनाओं का वर्णन है, तथा उनकी तर्क-सम्मत विवेचना प्रस्तुत की गई है।

1. आकाशवाणी
2. कृष्ण का जन्म तथा उसे गोकुल पहुँचाना
3. कृष्ण के बचपन की घटनाएँ पूतनावध, कालिया नाग का वध
4. कृष्ण की युवावस्था की घटनाएँ।

अध्याय-2 : इस अध्याय में पूर्ण रूप से महाभारत की प्रमुख घटना, द्रौपदी के चीरहरण का विस्तृत वर्णन व विश्लेषण है। धृतराष्ट्र ने यह निर्णय करने के लिए कि हस्तिनापुर का सम्राट् पांडुपुत्र युधिष्ठिर होगा अथवा उनका अपना पुत्र दुर्योधन, हस्तिनापुर के दरबार में युधिष्ठिर व दुर्योधन के बीच द्यूतक्रीड़ा आयोजित की, जिसको देखने के लिए भीष्म पितामह, गुरु कृपाचार्य, गुरु द्रोणाचार्य, मंत्री विदुर तथा अन्य अनेक विशिष्ट जन आमंत्रित थे, परंतु श्रीकृष्ण को नहीं बुलाया गया था। समारोह की अध्यक्षता स्वयं धृतराष्ट्र कर रहे थे। द्यूतक्रीड़ा में युधिष्ठिर अपना सबकुछ हार गए और अंत में द्रौपदी को भी। इस पर दुर्योधन ने द्रौपदी को अपमानित करने के लिए अपने भाई दु:शासन को भेजकर उसे दरबार में बुलवाया, जब उसने आने से मना किया तो दु:शासन जबरन उसके बाल पकड़कर खींचते हुए ले आया। दुर्योधन ने उससे अत्यंत निर्लज्जतापूर्ण व्यवहार किया। इस पर द्रौपदी दरबार में उपस्थित सभी से गुहार लगाती है कि "इस निर्लज्ज से मेरे शील की रक्षा करें।" कुछ ने धृतराष्ट्र से कहा भी कि द्रौपदी को अपमानित न किया जाए। दुर्योधन ने जुआ के राजकीय नियमों का हवाला देते हुए कह दिया कि नियमों में किसी के भी हस्तक्षेप का प्रावधान नहीं है। अपने गुप्तचरों से समाचार पाकर कृष्ण द्रौपदी के शील की किस प्रकार रक्षा करते हैं, चमत्कार से अथवा अपने गुणों का उपयोग कर तर्क-संगत ढंग से, इन दोनों पक्षों को इस पुस्तक में स्पष्ट रूप से वर्णित कर उनका सटीक विश्लेषण है।

अध्याय-3 : इसमें महर्षि वेदव्यास द्वारा रचित 'श्रीमद्भगवद्गीता', जो अर्जुन के मोह को समाप्त करने के लिए, श्रीकृष्ण द्वारा प्रदर्शित विचारों एवं सिद्धांतों पर आधारित है, के कुछ ऐसे श्लोकों की विस्तृत सटीक व्याख्या, जो इस पुस्तक की विषय-वस्तु से सुसंगत है, प्रस्तुत की गई है। अर्जुन स्वभाव से एवं शिक्षा से क्षत्रिय था, परंतु मोहवश वह अपने क्षत्रियोचित धर्म से उपराम होना चाह रहा था। अलौकिकता को समाप्त करने के लिए ही कृष्ण को धार्मिक, राजनैतिक तथा व्यवहारिक उपदेश देने पड़े थे। इससे अपरोक्ष

रूप में यह भी स्पष्ट होता है कि सुखी जीवन हेतु कौन सा मार्ग सर्वश्रेष्ठ है, जिसे अपनाने पर मनुष्य व्यक्तिगत रूप में तथा विश्व के अलग-अलग देश सामूहिक रूप में स्वस्थ प्रतियोगिता के साथ अपना-अपना सर्वोत्तम विकास सुनिश्चित करने में सफल हो सकते हैं।

अध्याय-4 : इसमें मर्यादा पुरुषोत्तम श्रीराम के अद्‌भुत कार्यों का विवरण है। अहल्या अपने पति गौतम ऋषि के शाप के कारण पत्थर हो गई थी, जिसको श्रीराम ने अपने चरण-स्पर्श से पुनः सुंदर नारी में बदल दिया। सौतेली माँ कैकेयी के कहने पर साम्राज्य पर अपना न्यायोचित अधिकार त्यागकर 14 वर्ष के लिए वनवास चले गए। साथ में उनकी पत्नी सीता तथा उनके लघु भ्राता लक्ष्मण भी जिद करके उनके साथ हो लिये। जब वे चित्रकूट और पंचवटी से होते हुए दंडकारण्य पहुँचे, वह वन उन्हें अच्छा लगा और वहीं कुटी बनाकर रहने लगे। वहाँ पर लंका के सम्राट् रावण की बहन सूर्पणखा विचरण करती रहती थी। एक दिन उसने राम के सामने शादी का प्रस्ताव रख दिया। उसके प्रस्ताव को अस्वीकृत कर दिए जाने पर वह युद्ध पर उतारू हो गई। राम के इशारे पर लक्ष्मण ने उसकी नाक काट दी। तदुपरांत, श्रीराम को पूर्वाभास हो गया कि अब रावण सीता का अपहरण कर सकता है जिससे युद्ध अनिवार्य हो जाएगा। पहला काम तो उन्होंने यह किया कि माया की नकली सीता बनाकर असली सीता को अग्निदेव को अस्थायी अवधि के लिए संरक्षण हेतु सौंप दिया। तत्पश्चात् वे किष्किंधा पहुँचे, वहाँ सुग्रीव से मित्रता की, राजनीतिक कूटनीति का प्रयोग करते हुए छिपकर राजा बालि का वध किया और सुग्रीव को किष्किंधा का राजा बनवाया, जिससे किष्किंधा की समस्त सेना राम को उपलब्ध हो गई, जब युद्ध हुआ राम ने अत्यंत कुशल रणनीति का परिचय देते हुए, सुग्रीव की बहुत कम सेना से ही रावण की विशाल सेना पर विजय प्राप्त की इसके बाद राम ने माया की सीता को अग्निदेव को सौंपकर अपनी असली सीता वापस ले ली। इस अध्याय में राम के अलौकिक कार्यों का विश्लेषण कर उनका तर्क संगत विवरण प्रस्तुत किया गया है।

अध्याय-5 : इसमें हनुमानजी के अलौकिक कार्यों का विवरण व विश्लेषण है। सूर्य को मीठा फल समझकर मुँह में रख लेना, भारत और लंका के बीच 140 किमी. लंबे समुद्र को लाँघ जाना, सुरसा को अपनी बुद्धिमानी से पराजित करना, अपना आकार बदल लेना, लंका को जला देना, अहिरावण का वध, हिमालय से संजीवनी बूटी लाना, मृत्यु न होना शामिल है। इस अध्याय में उक्त सभी अलौकिक घटनाओं का तर्क-संगत विश्लेषण है।

अध्याय-6 : इसमें त्रिमूर्ति 'ब्रह्मा, विष्णु, महेश' को एक ईश्वर के ही तीन रूपों 'सृजन, पालन व संहार' का वर्णन है। इसी में समुद्र-मंथन की घटना का भी विश्लेषण

है। इसी अध्याय में ब्रह्मा व विष्णु के आपसी विवाद शिव द्वारा दिए गए श्रापों का विवरण है। शिव द्वारा गंगा को अपनी जटाओं में बाँध लेने की अलौकिक घटना का भी विश्लेषण है।

अध्याय-7 : इसमें शिव परिवार (पार्वती, कार्तिकेय, गणेश) से संबंधित घटनाओं की विवेचना है। कार्तिकेय द्वारा किए गए युद्धों का वर्णन है तथा गणेश के विशेष रूप का विश्लेषण है। इसी में दुर्गा रूप में पार्वती द्वारा किए कार्य का भी विश्लेषण है।

अध्याय-8, 9 व 10 में क्रमशः जैन, बौद्ध व सिख धर्मों का परिचय देते हुए इन धर्मों में प्रचलित घटनाओं का विश्लेषण है।

अध्याय-11, 12 व 13 में क्रमशः हजरत अब्राहम द्वारा प्रारंभ किए गए तथा हजरत मूसा द्वारा सुदृढ़ किए गए यहूदी धर्म का, जीसस क्राइस्ट द्वारा स्थापित किए गए ईसाई धर्म का तथा हजरत मुहम्मद द्वारा स्थापित इस्लाम धर्म का परिचय देते हुए, इनसे संबंध रखनेवाली चामत्कारिक घटनाओं का विश्लेषण प्रस्तुत किया गया है।

अध्याय-14 : इसमें विभिन्न धर्मों में प्रचलित पर्वों तथा प्रथाओं पर प्रकाश डाला गया है तथा जीवन में उनके महत्त्व को स्पष्ट किया है। कुछ प्रथाएँ उत्तम हैं तथा कुछ निंदनीय हैं। अवांछित प्रथाओं को समाप्त कराने के समाज सुधारकों के प्रयासों व सफलताओं का भी उल्लेख है।

उपसंहार : इसमें संपूर्ण पुस्तक का सारांश देने के साथ-साथ लेखक के अपने विचार भी बिना किसी पूर्व-धारणा, पूर्वग्रह या किसी प्रकार के भेदभाव के निर्भीकता के साथ प्रकट किए गए हैं।

अनुक्रम

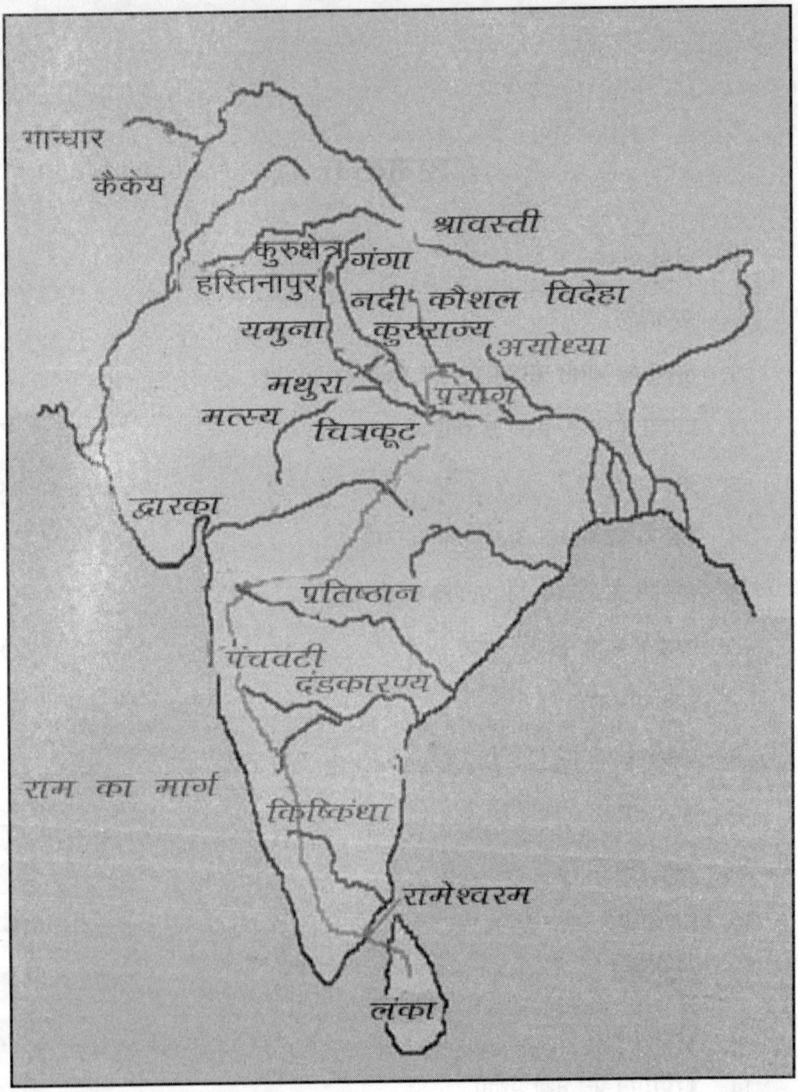
गान्धार
कैकेय
श्रावस्ती
कुरुक्षेत्र
गंगा
हस्तिनापुर
नदी
कौशल
विदेहा
यमुना
कुरुराज्य
अयोध्या
मथुरा
प्रयाग
मत्स्य
चित्रकूट
द्वारका
प्रतिष्ठान
पंचवटी
दंडकारण्य
राम का मार्ग
किष्किंधा
रामेश्वरम
लंका

1

कृष्ण के जीवन की अलौकिक घटनाएँ

कृष्ण अपने जीवनकाल में ही अद्वितीय साहस, वीरता, विद्वत्ता, ओजपूर्ण भाषण-कला और सर्वोपरि विपदा ग्रस्त लोगों की निस्स्वार्थ भाव से सहायता करने के अलौकिक गुणों के कारण श्रेष्ठ महापुरुष माने जाते थे। छोटे व बड़े, गरीब व अमीर, ग्वाल-बाल व राजे-महाराजे, नर व नारी, सभी के बीच अत्यंत लोकप्रिय थे। उनके सहस्त्रों वर्ष बाद लोगों ने उनके प्रति पूर्ण भक्ति-भाव का परिचय देते हुए, उन्हें सभी 16 कलाओं से पूर्ण भगवान् के अवतार की संज्ञा दे दी (जबकि श्रीराम को 12 कलाओं का अवतार माना जाता है)। भगवान् के रूप में देखते हुए उनसे संबंधित घटनाओं में अलौकिक चामत्कारिकता का पुट आ गया। इस भक्ति-मत के अनुसरण में उनके स्थान-स्थान पर मंदिर बन गए तथा उपासना-अर्चना होने लगी। यहाँ पर 'भक्ति वेदांतस्वामी प्रभुपाद' द्वारा स्थापित अंतरराष्ट्रीय संस्था 'इस्कॉन' (इंटरनेशनल सोसाइटी फॉर कृष्णा कॉन्सशसनेस) का उल्लेख करना वांछनीय है, जो श्रीकृष्ण को स्वयं भगवान् ही मानती है तथा उनके सम्मान में कीर्तन-भजन, हवन व यज्ञ आयोजित करती रहती है। इसका मुख्यालय न्यूयॉर्क (अमरिका) में है एवं इसकी शाखाएँ संपूर्ण विश्व में कार्यरत हैं। यह विशुद्धतया भक्ति-मत है, जिसे श्रद्धात्मक अथवा आस्थात्मक मत भी कह सकते हैं।

उक्त के विपरीत एक मत यह भी है कि सभी अलौकिक घटनाओं को तर्क के तराजू पर तौलकर उनको श्रीकृष्ण में निहित अद्भुत गुणों के आधार पर वास्तविक व्यावहारिक रूप में समझा जाए, इसे तर्क-मत कह सकते हैं, जो बुद्धिजीवियों के लिए उपयुक्त होगा। दोनों मतों में इतना ही अंतर है कि भक्ति-मत में महान् पुरुष के वे गुण छिप जाते हैं, जिनके कारण वह महान् हुए और अपने समाज हेतु किए गए कल्याणकारी कार्यों में सफल रहे। भक्ति-मत में यह मान लिया जाता है कि भक्तों के आराध्य सर्वव्यापी, सर्वशक्तिमान एवं सर्वज्ञानी थे, जिससे उनके लिए कुछ भी असंभव नहीं था। इसी अर्थ में श्रीकृष्ण के समय की कुछ घटनाओं का विश्लेषण भक्ति-मत एवं तर्क-मत दोनों में किया जा रहा है।

आकाशवाणी

भक्ति-मत : मथुरा के राजा कंस ने अपनी बहन देवकी का विवाह धूमधाम से अपने मित्र वासुदेव के साथ किया था। वह वर-वधू की विदाई के अवसर पर, विशेष उत्साह का परिचय देते हुए, वासुदेव के रथ को स्वयं चलाकर देवकी को उसकी ससुराल पहुँचाने जा रहा था, तभी आकाशवाणी हुई कि जिसको तू इतनी खुशी के साथ ले जा रहा है, उसका आठवाँ पुत्र तेरा काल बनेगा।

तत्कालीन मिथक के अनुसार आकाशवाणी स्वर्ग से देवताओं के द्वारा की जाती थी, अतः सच मानी जाती थी। कंस ने उसी समय यह निर्णय लिया कि वह अभी देवकी को वहीं जान से मार देगा, न रहेगा बाँस न बजेगी बाँसुरी। इस पर वासुदेव ने अपने मित्र और अब अपने साले कंस को समझाया कि "भैया, यह उचित नहीं होगा, पहले तो देवकी नारी है, दूसरे वह तुम्हारी बहन है और तीसरे आठवाँ पुत्र होने में अभी काफी समय है। मैं तुमको वचन देता हूँ कि आठवाँ पुत्र होते ही मैं स्वयं उसे तुम्हें सौंप दूँगा।" वासुदेव सत्यवादी होने के लिए प्रसिद्ध था, फिर भी कंस ने यह शर्त लगा दी कि केवल आठवाँ ही नहीं प्रत्येक बच्चा उसे सौंपा जाए। मरता क्या न करता, वासुदेव ने यह शर्त भी मान ली। इसके बाद, कंस ने दोनों को मथुरा में ही मजबूत सुरक्षा घेरे में कारागार में बंद करवा दिया। वासुदेव अपने वचनानुसार आठवें बच्चे के पूर्व हुए छह बच्चों को कंस को सौंपता रहा तथा कंस कारागार में ही अत्यंत क्रूरता के साथ प्रत्येक बच्चे को जमीन पर पटककर मौत के घाट उतारता रहा। इन क्रूरतम कर्मों के कारण कंस से सब लोग (सुरक्षा में तैनात कर्मचारी भी) दुःखी एवं क्रोधित थे, परंतु इसे रोकने में लाचार थे। सातवें बच्चे को, देवकी का गर्भपात होने पर, वासुदेव की पहली पत्नी रोहिणी के गर्भ में डलवा दिया गया। कंस को इतना ही ज्ञात हो सका कि देवकी का गर्भपात हो गया है। बाद में वह रोहिणी के गर्भ से उत्पन्न हुआ, उसका नाम बलराम रखा गया। आठवाँ बच्चा कृष्ण था, जिसने बाद में कंस का वध किया।

तर्क-मत : आकाशवाणी की संकल्पना (कॉन्सेप्ट) अविश्वसनीय व अकल्पनीय है। यह हो सकता है कि राज-ज्योतिषी ने तथाकथित आकाशवाणी-जैसी रिपोर्ट कंस के पास भिजवा दी हो तथा उस रिपोर्ट पर विश्वास करके कंस ने उक्त वर्णित क्रूरतम कर्म किए। यह भी हो सकता है कि देवकी से कभी राज-ज्योतिषी का अपमान हुआ हो और उसने बदला लेने के लिए यह घोर पाप कर डाला, यद्यपि इसकी संभावना न के बराबर है।

आठवें बच्चे कृष्ण के जन्म के दिन की अलौकिक घटनाएँ

इंटरनेट से प्राप्त सूचना के अनुसार कृष्ण का जन्म मथुरा में 21 जुलाई, 3228 ईसा पूर्व (बी.सी.ई.), तदनुसार विक्रमी संवत् से 3171 वर्ष पूर्व को हुआ था, अर्थात् वर्तमान सन् 2020 (विक्रमी संवत् 2077) में उनकी उम्र 5248 वर्ष की पूर्ण हो जाती। उनके जन्म के समय भाद्रमास के कृष्ण पक्ष की अष्टमी की मध्यरात्रि थी, जब मथुरा में भारी वर्षा हो रही थी और तेज हवाएँ चल रही थीं। आजकल यह तिथि 'जन्माष्टमी' के नाम से प्रसिद्ध है और संपूर्ण भारत में खूब धूमधाम के साथ कृष्ण की लीलाओं की झाँकियाँ सजाकर मनाई जाती हैं। उनके जन्म के दिन कई अलौकिक घटनाएँ घटीं, जिनके लिए भक्ति-मत क्या कहता है एवं तर्क-मत क्या हो सकता है, यह विश्लेषण निम्न परिच्छेदों में वर्णित है।

कृष्ण जन्म के बाद जेल के फाटक खुल जाने और चौकीदारों का सो जाना तथा वासुदेव का कृष्ण को लेकर गोकुल के लिए प्रस्थान

भक्ति-मत : जब देवकी के आठवें पुत्र का जन्म हुआ, चतुर्भुज विष्णु भगवान् स्वयं वासुदेव और देवकी के सामने साक्षात् प्रकट हुए और बोले, "तुम्हारे पुत्र के रूप में मैंने ही जन्म लिया है। वासुदेव, तुम इसे लेकर तुरंत अपने मित्र नंद के घर गोकुल चले जाओ, वहाँ उनकी पत्नी यशोदा ने अभी एक पुत्री को जन्म दिया है, अपने इस

बच्चे को वहाँ रखकर उनकी बच्ची को यहाँ ले आओ।" यह कहकर वे अंतर्धान हो गए और उनके स्थान पर नवजात शिशु के रूप में कृष्ण का जन्म हो गया। उनके जन्म लेते ही कारागार के दरवाजे और फाटक स्वतः खुल गए और सभी सुरक्षा कर्मचारी गहरी नींद में सो गए। तत्पश्चात्, नवजात् शिशु कृष्ण को सावधानी से डलिया में रखकर वासुदेव ने गोकुल के लिए प्रस्थान किया।

मार्ग में यमुना नदी पड़ी, उसको पार करने के लिए, जैसे-जैसे वह आगे बढ़ते जा रहे थे, यमुना का स्तर भी बढ़ता जा रहा था, क्योंकि यमुना भगवान् कृष्ण के चरण-स्पर्श करना चाहती थी। वासुदेव को तो यह पता नहीं था। वह समझ रहा था कि यमुना में बाढ़ आ गई है और बस अब डूबने ही वाले हैं, अतः उन्होंने डलिया को सिर से उतारकर जल-स्तर की सतह पर रख दिया, कृष्णजी ने भी अपने पैर नीचे कर लिये जिससे यमुना को कृष्ण के चरण-स्पर्श हो गए तथा जल स्तर तुरंत घट कर सामान्य हो गया और वासुदेव ने डलिया पुनः सिर पर रख ली तथा नदी सहजता से पार कर ली। बालक कृष्ण की बारिश से रक्षा करने के लिए वासुकि नाग ने अपने फन फैला रखे थे।

कृष्ण के चरण-स्पर्श करने हेतु यमुना नदी का जल-स्तर बढ़ना, यमुना नदी द्वारा कृष्ण का चरण-स्पर्श

वासुदेव गोकुल पहुँचकर सीधे नंद के घर पहुँचे। नंद की पत्नी यशोदा उस समय सो रही थीं। अपने मित्र नंद की सहायता से कन्या के स्थान पर कृष्ण को रखकर, तुरंत उस कन्या को लेकर यमुना के किनारे आ गए, इस बार यमुना का जल-स्तर संपूर्ण नदी में सामान्य मिला (जो वासुदेव के लिए एक रहस्य ही बना रहा) और वे वापस कारागार आ गए, जैसे ही वह अपने कक्ष में पहुँचे, दरवाजे व फाटक अपने आप बंद हो गए और सुरक्षा कर्मचारी जाग गए एवं सतर्कता के साथ अपनी निर्धारित ड्यूटी करने लगे। बच्ची, नवजात शिशु की भाँति, रोने लगी तथा सुरक्षा गार्ड ने कंस को अविलंब यह समाचार दे दिया।

कंस तुरंत कारागार में आए, देवकी ने विनती की, "भैया, यह तो बच्ची है, ये आपको क्या मारेगी, इस पर दया कर इसे छोड़ दीजिए।" परंतु कंस को जरा भी दया नहीं आई और उसने बच्ची को छीन लिया, जैसे ही वच्ची को छीना, वह कंस के हाथों से छिटककर यह कहती हुई आसमान में उड़ने लगी कि "हे कंस, मैं तो योगमाया हूँ, तुम्हें मारनेवाला गोकुल में पैदा हो चुका है।"

उक्त घटनाओं की अलौकिकता : कारागार में कृष्ण के जन्म लेते ही स्वयं विष्णु का चतुर्भुज ईश्वर के रूप में प्रकट होकर वासुदेव को सलाह देना और फिर अंतर्धान हो जाना, मजबूत तालों से बंद द्वारों व फाटकों का स्वत: खुल जाना, सुरक्षा कर्मियों का गहरी नींद में सो जाना, गोकुल जाने के लिए यमुना को पार करते समय नदी का जल-स्तर कुछ दूरी तक बढ़ते जाना और फिर एकदम गिरकर अंत तक समान रहना तथा वापसी में नदी की पूरी चौड़ाई में समान रूप से कम स्तर पर बने रहना, कारागार में वापस आने पर दरवाजों और फाटकों का स्वत: बंद हो जाना एवं सुरक्षा गार्डों का जाग जाना, ये सब चमत्कार ही कहे जाएँगे।

तर्क-मत : भगवान् का साक्षात् प्रकट होना संभव नहीं है। वे तो सर्वव्यापी हैं तथा जब मनुष्य को अति-उत्तम कार्यों में सफलता से दिव्यानंद मिलता है तो उसमें परमात्मा की अनुभूति होती है और भगवद्गीता के अनुसार यह स्थिति योग (मिलन) कहलाती है। आजकल भी मनोवैज्ञानिक यह तो मानते ही हैं कि कभी-कभी अवचेतन मस्तिष्क द्वारा दर्शन भी हो जाते हैं, परंतु उन्हें स्वप्न जैसा ही समझना चाहिए।

फाटकों का स्वतः खुल जाना

फाटकों व द्वारों का, जिनमें मजबूत ताले लगे हुए थे, कृष्ण को गोकुल ले जाते समय अपने आप खुल जाना व वापसी पर अपने आप बंद हो जाना, संभव ही नहीं है। इसके पीछे निम्नांकित तर्क ही व्यावहारिक प्रतीत होता है। कंस द्वारा अपनी बहन के बच्चों के पैदा होते ही भयावह क्रूरता के साथ सबके सामने हत्या कर देने के घोर पाप-कर्म से सभी लोग मर्माहत थे। वासुदेव के मित्र नंद उनसे मिलने कारागार में आते रहते होंगे। सबने मिलकर यह योजना बनाई होगी कि किसी प्रकार सुरक्षाकर्मी, जो स्वयं कंस की क्रूरता को देखकर अत्यंत दु:खी हैं, को विश्वास में लेकर देवकी के आठवें बच्चे को नंद के घर पहुँचा दिया जाए तो उस बच्चे की जीवित रहने की संभावना है, जो बड़ा होकर कंस को मार डालने में सफल हो सकेगा। यह भी हो सकता है कि उनको कुछ विशेष व आकर्षक दिवा-स्वप्न भी दिखाए हों। इस योजना के अंतर्गत, जब आठवें बच्चे का जन्म हुआ तो सुरक्षाकर्मियों ने द्वार व फाटक खोल दिए तथा वासुदेव उस बच्चे को लेकर गोकुल में नंद

के घर छोड़ आए और वहाँ से यशोदा की नवजात बच्ची को लेकर कारागार में वापस आ गए तथा उसके बाद कारागार के द्वार व फाटक सुरक्षाकर्मियों ने बंद कर लिये।

गोकुल ले जाते समय श्रीकृष्णजी के चरण-स्पर्श करने के लिए यमुना नदी का जल-स्तर तब तक बढ़ता गया, जब तक कि नदी ने कृष्णजी के पैर छू न लिये, यह पूर्णतया काल्पनिक है, इसका कोई तर्क नहीं है कि नदी कुछ दूरी तक तो बढ़ती रहे और फिर बाद में घट जाए। यह चमत्कार भक्तों ने श्रीकृष्ण को और अधिक महिमा-मंडित करने के लिए जोड़ दिया है कि श्रीकृष्ण स्वयं भगवान् ही थे, तभी तो यमुना नदी उनके पैर छू लेना चाहती थी। कुछ भी हो, यह एक चमत्कार तो है ही, जो मनोरंजक भी है एवं आकर्षक भी। योग माया का प्रसंग पूर्णतया काल्पनिक है। यह हो सकता है कि कंस ने योगमाया को भी उसी प्रकार पटक कर मार दिया होगा जैसे कि अन्य शिशुओं को मारा था। यह मान्यता थी कि आकाशवाणी सत्य होती है, इसलिए कंस को शक हुआ होगा कि देवकी के पुत्र ही हुआ होगा, जिसे किसी प्रकार बदल दिया गया है। अतः उसने नवजात शिशुओं को मरवाना प्रारंभ कर दिया।

कृष्ण के बचपन की अलौकिक घटनाएँ

वैसे तो कृष्ण से संबंधित अनेक घटनाएँ हैं पर यहाँ पूतना-वध, कालिया नाग पर विजय और क्रूर व अत्याचारी कंस का वध, इन सभी को निम्न परिच्छेदों में भक्ति-मत व तर्क-मत शीर्षकों के अंतर्गत वर्णित किया गया है।

पूतना वध

भक्ति-मत : पूतना राजा कंस की दासी थी। एक साल से कम उम्र के बच्चों की हत्या कर देने के आशय से उसे गोकुल भेजा गया था। उसे मालूम हुआ कि यशोदा के पुत्र हुआ है। उसने एक सुंदर नारी का भेष बनाया और यशोदा के घर पहुँचकर बालक कृष्ण को अपनी गोदी में लेने का अनुरोध किया, जब यशोदा ने परिचय पूछा तो उसने यशोदा के मायके का संदर्भ दे दिया, इस पर उसने कृष्ण को खुशी से पूतना को सौंप दिया। पूतना ने अपने स्तनों से, जो विष से लिप्त थे, दूध पिलाना आरंभ किया। विष का आभास होते ही कृष्ण ने उसके प्राण ही चूस लिये और उसकी मृत्यु हो गई।

भक्ति-मत में अलौकिकता : स्तनों के चूसने से प्राणों को ही चूस लिया जाना अलौकिक बात है।

तर्क-मत : इस बात की संभावना है कि जैसे ही कृष्ण ने पूतना के स्तनों को होंठ लगाए, वैसे ही उन्हें कुछ कड़वाहट महसूस हुई हो और उन्होंने अपने होंठ हटाकर पीना

बंद कर दिया हो। यशोदा यह सब देख रही थी। इस पर यशोदा ने नंद को तथा अपनी कुछ सहेलियों को बुलाकर पूतना से गहन पूछताछ की होगी तथा पीटा भी हो, जिस पर उसने सब कबूल कर सच बात बता दी होगी। इस पर यह सोचकर कि ये न जाने कितने बच्चों की हत्या करेगी, सबने मिलकर पीट-पीटकर उसकी हत्या कर दी।

कालिया नाग को पराजित करना

भक्ति-मत : कालिया नामक नाग (विशाल एवं भयानक कई सिरोंवाला कोबरा सर्प) अपने परिवार के साथ वृंदावन में यमुना नदी में रहता था, उसके तीव्र विष का असर पानी में काफी दूर तक फैला हुआ था। कोई गाय उस पानी को पी लेती थी तो मृत्यु को प्राप्त हो जाती थी। एक दिन कृष्ण ने अपने एक गोप-मित्र की गेंद खेल-खेल में यमुना नदी में फेंक दी, अब वह मित्र गेंद वापस लाने की जिद करने लगा तो कृष्ण कदंब के पेड़ पर चढ़कर यमुना में कूद गए। उसी स्थान पर कालिया नाग मौजूद था। थोड़े संघर्ष के बाद कृष्ण कालिया के सिर पर चढ़कर उसे जोर से दबाते हुए नृत्य करने लगे। इससे घबराकर कालिया कमजोर पड़ता गया तथा उसके बच निकलने की कोई संभावना नहीं रही, तब उसकी पत्नियाँ प्रकट हुईं और भगवान् कृष्ण से विनती करने लगीं कि इस मूढ़ को क्षमा कर दें। कृष्ण को उनकी दीनता पर तथा कालिया नाग की विवशता पर दया आ गई तथा यह निर्देश देकर छोड़ दिया कि अब वह सपरिवार यमुना जी को सदैव के लिए छोड़कर समुद्र में चला जाए। कालिया नाग ने 'जान बची और लाखों पाए' के अंदाज में सपरिवार तुरंत समुद्र के लिए प्रस्थान कर दिया।

भक्ति-मत में अलौकिकता : कालिया नाग जैसा विचित्र नाग, जिसके अनेक सिर हों तथा जिसका विष दूर-दूर तक फैल जाए, संपूर्ण विश्व में एक ही था। ब्रह्मा की सृष्टि में अन्य कोई ऐसा प्राणी नहीं है, जिसकी संख्या संपूर्ण सृष्टि में केवल एक ही हो। पुनः उसकी पत्नियाँ इनसान की भाषा बोलती थीं, यह भी स्वाभाविक नहीं है।

तर्क-मत : कालिया नाग की घटना श्रीकृष्ण का स्वप्न मात्र ही है। उन्हें किसी दिन स्वप्न में ऐसा भीमकाय नाग दिखाई दिया होगा, जिसका विष यमुना नदी में दूर-दूर तक फैला हुआ है। स्वप्न में ही खेल-खेल में कृष्ण अपने एक साथी की गेंद को यमुना में फेंक देते हैं, जब साथी गेंद लाने की जिद करता है तो वह कदंब के पेड़ पर चढ़कर यमुना में कूद जाते हैं, जहाँ उनका सामना नाग से होता है। सपने में ही नाग के सिर पर सवार होकर वे नृत्य करने लगते हैं तथा नाग को परास्त कर उसे मारने को तत्पर हो जाते हैं, तब नाग की पत्नियाँ प्रकट होती हैं और मनुष्यों की भाषा में भगवान् से कालिया को क्षमा कर देने के लिए प्रार्थना करती हैं। ये सब स्वप्न में ही संभव हो सकता है।

गोवर्धन में गिरिराज पर्वत को कृष्ण द्वारा अपनी कनिष्ठा उँगली पर उठा लेना

प्राचीनकाल में ब्रज में बारिश के देवता इंद्र को बलि देकर पूजने की परिपाटी थी। यह परिपाटी कृष्ण को बिलकुल पसंद नहीं थी, अत: एक दिन उन्होंने जनसभा को संबोधित करते हुए इंद्र की पूजा की प्रथा को समाप्त करने की जोरदार अपील की। उन्होंने तर्क दिया कि आप सभी किसान हैं तथा खेती की उपज बढ़ाना एवं गुणवत्ता में सुधार करना व पशुओं की रक्षा करना आप लोगों का मुख्य कर्तव्य है। इसके विपरीत आप लोग इंद्र की पूजा में पशुओं की बलि दे रहे हैं तथा उपज का एक अच्छा भाग भेंट में दे रहे हैं, इस गलतफहमी में कि इंद्र यदि वर्षा करना बंद कर दें तो खेती बरबाद हो जाएगी, जिसका पशुओं पर भी दुष्प्रभाव पड़ेगा। इस प्रकार की सोच त्रुटिपूर्ण है। वर्षा का होना या न होना, अधिक होना या कम होना, बाढ़ आना या अकाल पड़ना, ये सब प्राकृतिक घटनाएँ हैं, इंद्र का इनमें कोई योगदान नहीं है। कृष्ण तब तक विभिन्न घटनाओं से अपनी योग्यताओं, शक्तियों व अन्य नेतृत्व के गुणों का परिचय दे चुके थे तथा सभी उन्हें सम्मान से देखते थे, अत: उक्त सलाह उन्हें पसंद आ गई और उन्होंने इंद्र की पूजा करना बंद कर दिया। इससे इंद्र ने अहं के कारण क्रोधित होकर असाधारण रूप से मूसलाधार वर्षा कर दी और ब्रज में त्राहि-त्राहि मच गई। इससे लोगों और मवेशियों को बचाने के लिए कृष्ण ने गोवर्धन के गिरिराज पर्वत को अपनी छोटी उँगली पर उठा लिया,

कृष्ण द्वारा ब्रज क्षेत्र की इंद्र के प्रकोप (बारिश एवं बाढ़) से रक्षा

जिससे सब उसके नीचे आकर खड़े हो गए। अंत में इंद्र हार गया और उसने कृष्ण को अपने से श्रेष्ठ मानकर गोवर्धन की पूजा प्रारंभ करा दी।

भक्ति-मत : कृष्ण ने ब्रज के लोगों को जो परामर्श दिया था, वह पूर्णतया तर्क-संगत है तथा गीता में वेदव्यास ने भी यही अंकित किया है कि देवी-देवताओं की पूजा अर्थहीन है, मात्र परमपिता परमात्मा की ही पूजा-अर्चना करनी चाहिए। उसमें तो यहाँ तक लिखा है कि अपने निर्धारित सुकर्म को परिश्रमपूर्वक, सत्यनिष्ठा के साथ तथा बुद्धिमानी से, बिना पाप या पुण्य के भय के करना ही ईश्वर की सबसे बड़ी पूजा है। उक्त घटना में एक ही ऐसा भाग है, जो तर्क-संगत न होने के कारण भक्ति-मत का है। वह है, 'गिरिराज पर्वत को उँगली पर उठा लेना।'

तर्क-संगत मत : एक उँगली पर उठा लेने से यह तात्पर्य है कि उस महान् पुरुष के मन में विचार प्रस्फुटित होना, अकेले दम योजना बनाना, वांछित बजट का प्रावधान सुनिश्चित करना और उसे अपने साथियों की सहायता से सफलतापूर्वक पूरा करवा लेना। आजकल भी जब किसी महत्त्वपूर्ण कार्य के सफल संपादन में किसी एक व्यक्ति के मस्तिष्क में कोई विचार कौंधना (आइडिया आना) व उस विचार को मूर्त रूप देने के लिए अभिकल्पना (डिजाइन) से लेकर उसके पूरा होने तक सबसे अधिक योगदान रहा हो तो यही कहा जाता है कि उसने अकेले दम ही फलाँ महत्त्वपूर्ण कार्य को पूर्ण करा लिया। ब्रज क्षेत्र को बाढ़ से बचाने के लिए गोवर्धन के गिरिराज पर्वत का किस प्रकार इस्तेमाल किया जाए, इसकी पूरी योजना कृष्ण ने स्वयं ही बनाई तथा उसके क्रियान्वयन में जो भी कठिनाइयाँ आई हों, उनको हल किया और एक सफल बाँध बनवा दिया।

कंस का वध

मथुरा में सार्वजनिक दंगल हो रहा था, जिसे देखने स्वयं कंस आए हुए थे। कृष्ण और उनके भाई बलराम को भी कुश्ती लड़ने का विशेष शौक था, अतः 11 वर्ष की आयु में ही दोनों इस दंगल को देखने के लिए गोकुल से मथुरा आ गए। जीते हुए पहलवान ने ललकारा कि यदि अब भी कोई उससे लड़ना चाहे तो अखाड़े में आ जाए। कृष्ण ने चुनौती स्वीकार कर ली तथा कुश्ती में उसे मार गिराया। इस प्रकार चुनौती देनेवाले तीन अन्य पहलवानों को भी मार गिराया।

भक्ति-मत : जब कंस ने यह देखा तो उसे योगमाया की बात याद आई कि तेरा मारनेवाला गोकुल में जन्म ले चुका है। कंस को यह पक्का विश्वास हो गया कि यह वही लड़का है, जिसके बारे में योगमाया ने कहा था तथा जिसके बारे में आकाशवाणी में भविष्यवाणी की गई थी, अतः उसने आदेश दिया कि उसे तुरंत पकड़ लिया जाए। सैनिक

उसे पकड़ने दौड़े पर उन्हें हटाते हुए वह और बलराम कंस के मंच पर पहुँच गए और कृष्ण ने उस पर अतीव फुरती के साथ अचानक आक्रमण कर गिरा दिया और उसकी छाती पर चढ़कर उसे जान से मार दिया।

उसके अत्याचारों को याद कर, उसके कृष्ण के हाथों मारे जाने से सबमे खुशी की लहर दौड़ गई। कंस ने स्वयं राजा बन जाने के लिए अपने पिता महाराजा उग्रसेन को भी महल के अंदर ही कैद कर रखा था। वहीं पर जनसमुदाय को संबोधित कर कृष्ण ने घोषणा कर दी कि वे महाराज उग्रसेन (कंस के पिता) को कारागार से ससम्मान बुलाकर उन्हें मथुरा की गद्दी पर बिठा रहे हैं। जनता ने भारी करतल ध्वनि से इस घोषणा का स्वागत किया।

भक्ति-मत में अलौकिकता : भक्तों ने आकाशवाणी और योगमाया की कल्पना को इस घटना में सम्मिलित कर इसे रोचक बना दिया है। यह भी प्रदर्शित किया गया है कि जिस समय यह घटना हुई उस समय कृष्ण की आयु मात्र 11 वर्ष की थी, जिससे यह प्रकट होता है कि उनके आराध्य ने बचपन में ही इस विचित्रता को दिखा दिया था कि वे उस समय के देश-प्रसिद्ध पहलवानों को 11 वर्ष की उम्र में ही कुश्ती जैसे खेल में, जिसमें शारीरिक बहादुरी व विशेष फुरती के अतिरिक्त कुश्ती जीतने के विशेष दाँव-पेचों (जैसे-धोबीपाट, कसौटा, बहारी, ढाक, मछली-गोटा आदि) के प्रयोग में कुशलता आवश्यक है, हरा सकने में समर्थ हुए।

तर्क-मत : जहाँ तक आकाशवाणी और योगमाया का प्रश्न है, स्थिति इसी अध्याय में पहले ही स्पष्ट कर दी है। कृष्ण ने 11 वर्ष की उम्र में अनुभवी व महारथी पहलवानों को कुश्ती के दंगल में पटकनी दे दी, इसकी संभावना न के बराबर है। यह सोचना उचित है कि कृष्ण की उम्र उस समय 16 वर्ष से अधिक ही रही होगी। कृष्ण को बाँसुरी व रासलीला में अभिरुचि के अतिरिक्त खेल-कूद में विशेष रुचि थी तथा वह अपने मित्रों के साथ कुश्ती का खेल अवश्य खेलते रहे होंगे। इस बात की भी संभावना है कि उन्होंने वृंदावन से मथुरा आकर कुछ समय तक कुश्ती के दाँव-पेच सीखे हों तथा उनका अभ्यास भी किया हो। कृष्ण साहसी, फुरतीले और बहादुर तो थे ही, अतः चार पहलवानों पर विजय प्राप्त करने के बाद वे फुरती से कंस के पास पहुँच गए होंगे तथा उसको जान से मार डालने में सफल हुए।

युवावस्था

कृष्ण दर्शक के रूप में द्रौपदी के स्वयंवर में सम्मिलित हुए थे। स्वयंवर में अर्जुन का जीतना, कुंती द्वारा उसका पाँचों पांडवों से विवाह का प्रस्ताव रखना तथा कृष्ण का उसके पक्ष में प्रभावी वक्तव्य देकर सबकी सहमति पा लेना, द्यूत समारोह होना, जुआ में

द्रौपदी के शील की रक्षा करना, पांडवों का 13 वर्ष के लिए वनवास जाना, इन घटनाओं का वर्णन अगले अध्याय में किया गया है। 13 वर्ष के वनवास से लौटने के बाद कौरवों व पांडवों में कुरुक्षेत्र के मैदान में युद्ध हुआ। इस युद्ध में कृष्ण अर्जुन के सारथी बने। यहाँ पर केवल उन घटनाओं का वर्णन व विश्लेषण किया जा रहा है, जिनके कारण कृष्ण पर युद्ध के तत्कालीन नियमों को तोड़ने व छल का सहारा लेकर पांडवों को जितवाने के आरोप हैं।

भीष्म पितामह को गंभीर रूप से घायल करवाकर युद्ध हेतु अक्षम करा देना

महाभारत के युद्ध में दुर्योधन ने भीष्म पितामह को प्रथम दिन से अपनी सेना का सेनापति बनाया। भीष्म महान् योद्धा थे। कृष्ण यह देख रहे थे कि अर्जुन भीष्म पर उस उत्साह के साथ आक्रामक नहीं हो रहा था, जो उससे अपेक्षित था। वह केवल अपना बचाव कर रहा था। कारण स्पष्ट था, भीष्म अर्जुन के बाबा लगते थे और वह उनका बहुत सम्मान करता था। इससे पांडवों की सेना की अत्यधिक हानि हो रही थी। कृष्ण नहीं चाहते थे कि इस युद्ध में दुर्योधन की जीत हो, क्योंकि ऐसा होने से अधर्म का राज्य स्थापित हो जाएगा। मजबूरी यह थी कि उन्होंने पांडवों का साथ देने से पहले ही यह प्रतिज्ञा कर ली थी कि वे स्वयं शस्त्र नहीं उठाएँगे, परंतु जन-हित में उन्होंने रथ में उपलब्ध अतिरिक्त पहिए को उठा लिया और रथ से नीचे उतरकर भीष्म पर आक्रमण करने हेतु आगे बढ़ने लगे तो अर्जुन ने देख लिया और अविलंब कृष्ण के पास जाकर उन्हें रोका तथा आश्वासन दिया कि वे अब पितामह पर पूरी ताकत से आक्रामक होकर युद्ध करेंगे। इसके बाद सूर्यास्त हो जाने पर नौवें दिन का युद्ध तो समाप्त हो गया तथा दूसरे दिन के लिए पांडवों के शिविर में विचार-विमर्श हुआ।

राजा द्रुपद के पुत्र शिखंडी, जिसकी आवाज तथा हाव-भाव के कारण भीष्म पितामह को यह विश्वास था कि वह अपने पिछले जन्म में काशी नरेश की पुत्री 'अंबा' थी, भीष्म स्वयंवर समारोह से उसका अपहरण करके अपने सौतेले भाई विचित्रवीर्य के लिए लाए थे। अपरिहार्य कारण से अंबा ने भीष्म से शादी करने की इच्छा प्रकट की, परंतु भीष्म ने यह कहकर कि वह आजीवन अविवाहित रहने के लिए प्रतिज्ञाबद्ध हैं, उसके प्रस्ताव को स्वीकार करने में असमर्थता जताई। इस पर अंबा ने भीष्म को यह शाप देते हुए कि अगले जन्म में वह उसकी मृत्यु का कारण बनेगी, आत्मदाह कर लिया। पुनर्जन्म में पहले उसने द्रुपद की पुत्री के रूप जन्म लिया तथा उसका नाम 'शिखंडिनी' रखा गया, परंतु बाद में उसकी तपस्या से प्रसन्न होकर शिवजी ने उसे नर बन जाने का वरदान दे दिया तथा उसका नाम भी 'शिखंडी' हो गया पर नारी के कुछ लक्षण, जैसे-बोली व हाव-भाव बने रहे। भीष्म

समझ गए कि शिखंडी पिछले जन्म की अंबा ही है। भीष्म की मारक शक्ति को ध्यान में रखते हुए कृष्ण ने पांडवों को सलाह दी कि शिखंडी अपने रथ को अर्जुन के रथ के सामने कर भीष्म पर वार करे तो भीष्म उसे नारी मानते हुए उस पर वार नहीं करेंगे। वह केवल शिखंडी के बाणों से अपना बचाव करते रहेंगे। पीछे से अर्जुन भीष्म पर बराबर वार करता रहेगा। इससे भीष्म की मृत्यु तो नहीं होगी, क्योंकि उसे इच्छा-मृत्यु का वरदान मिला हुआ है, परंतु गंभीर रूप से इतना घायल अवश्य हो जाएगा कि उसे युद्धभूमि से हटाना पड़ेगा। पांडवों ने कृष्ण की राय मान ली। दूसरे दिन जब इस प्रकार युद्ध हुआ तो वही हुआ, जैसा कृष्ण ने सोचा था। इस प्रकरण में भी कृष्ण की राय नियमों के विरुद्ध थी तथा उसमें छल स्पष्ट था, परंतु यह छल समाज कल्याण के लिए था, अपने किसी स्वार्थ के लिए नहीं। शिखंडिनी का वरदान के फलस्वरूप शिखंडी बन जाना अलौकिकता ही प्रदर्शित करता है तथा तर्क-संगत मत यही हो सकता है कि शिखंडी का जन्म द्रुपद के पुत्र के ही रूप में हुआ था। यहाँ यह भी अंकित करना वांछनीय है कि उस समय 'शिखंडी' नाम पुरुषों का ही होता था, बाद में अलौकिकता का पुट दे दिए जाने पर यह शब्द 'हिजड़ा' का पर्यायवाची हो गया।

ग्यारहवें दिन से दुर्योधन की सेना के सेनापति गुरु द्रोणाचार्य बने

द्रोणाचार्य अपने पुत्र अश्वत्थामा को बहुत प्यार करते थे तथा बिना उसके जीवित नहीं रह सकते थे, जब कृष्ण ने देखा कि द्रोणाचार्य पांडवों की सेना को भारी हानि पहुँचा रहे हैं तो उन्हें एक युक्ति सूझी, जिसके अनुसार यह अफवाह प्रसारित करवा दी गई कि अश्वत्थामा युद्ध में मारा गया है। इस अफवाह को सुनकर द्रोणाचार्य दुःखी हो गए पर उन्होंने घोषणा कर दी कि जब तक मैं यह बात युधिष्ठिर के मुँह से न सुन लूँ, तब तक मैं इसे सच नहीं मान सकता। कृष्ण जानते थे कि युधिष्ठिर किसी भी दशा में असत्य नहीं बोलेंगे। इस पर अश्वत्थामा नामक एक हाथी को मार दिया गया और युधिष्ठिर से प्रार्थना की गई कि वे यह घोषणा कर दें कि "अश्वत्थामा मारा गया, परंतु वह हाथी था।" युधिष्ठिर इसके लिए राजी हो गए। कृष्ण के गोपनीय परामर्श पर जैसे ही युधिष्ठिर ने यह कहा कि 'अश्वत्थामा मारा गया' वैसे ही पांडव सेना ने नगाड़े-ढोल व शंख इतनी जोर से बजाए कि युधिष्ठिर के अंतिम शब्द उस शोर में दब गए और किसी को सुनाई नहीं पड़े। शोर के कारण द्रोणाचार्य भी पूरी बात नहीं सुन पाए तथा अपने परमप्रिय पुत्र की अप्रत्याशित मुत्यु की सूचना को सही समझकर युद्धभूमि छोड़कर वन में चले गए।

द्रोणाचार्य के बाद सोलहवें दिन से महान् धनुर्धारी अंगराज कर्ण का सेनापति बनना

सोलहवें दिन दुर्योधन के परमप्रिय मित्र अंगराज कर्ण को सेनापति बनाया गया। कर्ण ने भगवान् के सातवें अवतार महर्षि परशुराम, जो धुरंधर धनुर्धारी, वीर योद्धा व कुशल युद्धनीतिज्ञ थे, के अश्रम में शिक्षा प्राप्त की। सोलहवें दिन कर्ण के नेतृत्व में कौरवों की सेना ने पांडवों की सेना में खूब मारधाड़ की, ऐसा लग रहा था कि भीष्म पितामह तथा द्रोणाचार्य के युद्धभूमि से हट जाने के कारण कौरवों की सेना का जो मनोबल गिर गया था, वह अब कई गुना बढ़ गया। इसके परिणामस्वरूप पाडवों की सेना की स्थिति बद से बदतर होती जा रही थी। सोलहवें दिन युद्ध समाप्त होने पर, कृष्ण सत्रहवें दिन के युद्ध के लिए पांडवों की सेना में जोश भरते रहे कि महाराजा युधिष्ठिर के साथ हुए अन्याय, महारानी द्रौपदी के अपमान तथा अर्जुन के पुत्र अभिमन्यु की निर्मम हत्या को मत भूलना। तुमने दुर्योधन के पुत्रों व अन्य सेनानियों को मारकर जिस उत्तम साहस व बहादुरी का परिचय दिया है, वह अत्यंत प्रशंसनीय है। कल के युद्ध में कौरवों की हतोत्साहित सेना को पूरी तरह से हराकर विश्व को अपनी ताकत दिखा दो, जब 17वें दिन युद्ध पुनः प्रारंभ हुआ तो पांडवों की सेना उत्साह से भरी हुई थी।

कृष्ण के संकेत पर अर्जुन शस्त्रविहीन कर्ण को मारते हुए

यह पांडवों का सौभाग्य था कि कर्ण के रथ का एक पहिया अलग हो गया और कर्ण को निःशस्त्र होकर नीचे उतरना पड़ा। ऐसी स्थिति में, अर्जुन कर्ण पर तीर चलाने से हिचक रहा था। कृष्ण ने तुरंत संकेत किया कि तीर चलाओ। अर्जुन एक दम सचेत हो गया और अभिमन्यु का चित्र उसके सामने कौंध गया। उसने शस्त्रहीन कर्ण पर तीर चलाकर उसे मुत्यु के घाट उतार दिया।

युद्ध का अंतिम अठारहवाँ दिन

दुर्योधन के पास अब कोई उपयुक्त सेनानी शेष नहीं था, जिसे सेनापति बनाया जा सके। अंत में, शल्य, जो कर्ण का सारथी था तथा नकुल और सहदेव का मामा था, को सेनापति बना दिया। युधिष्ठिर ने उसे अपने बाण से मार दिया।

अंतिम अवसर : भीम और दुर्योधन के बीच गदायुद्ध

महाभारत के युद्ध के अंतिम दौर से पूर्व गांधारी ने अपने पुत्र दुर्योधन को यह कहकर बुलवाया कि वह तुरंत उसके सामने पूरी तरह से वस्त्रहीन होकर उपस्थित हो। गांधारी को उनकी पति-भक्ति पर शिवजी से यह वरदान मिला था कि जब भी वह अपनी पट्टी उतारकर किसी के अंगों को नंगा देखेंगी, दिखाई देनेवाला हिस्सा वज्र के समान मजबूत हो जाएगा। श्रीकृष्ण अपने कर्तव्य के बारे में इतने सतर्क थे कि उन्हें हस्तिनापुर के राजघराने की प्रत्येक महत्त्वपूर्ण बात का पता लग जाता था। कृष्ण को इस वरदान का पहले से ही पता था, अतः दुर्योधन जब पूर्णरूपेण नग्न होकर गांधारी के पास जा रहा था तो श्रीकृष्ण ने उससे पूछ लिया कि कहाँ जा रहे हो। दुर्योधन के बताने पर कि माताश्री ने उसे अभी बुलाया है, श्रीकृष्ण ने उससे कहा, "माँ के सामने बिलकुल नंगे खड़े हो जाओगे, तुम्हें शरम नहीं आएगी। कम-से-कम कच्छा तो पहन लो।" दुर्योधन की समझ में यह बात आ गई और वह कच्छा पहनकर ही गया। गांधारी ने अपनी पट्टी खोलकर जब उसे देखा तो उससे कहा कि तुझे किसी ने गुमराह किया है, अब जाँघों को छोड़कर तेरा समस्त तन वज्र का हो गया है।

दुर्योधन और भीम के बीच गदा-युद्ध

भीम द्वारा गदा-युद्ध के नियमों के विरुद्ध वार

भक्ति-मत : स्वयं में उक्त घटनाएँ अलौकिक नहीं हैं, परंतु जनहित में उक्त घटनाओं को सफलतापूर्वक संपन्न कराने के लिए उस समय के महानतम व्यक्ति कृष्ण (जिन्हें सहस्रों वर्ष बाद भगवान् का पूर्ण अवतार माना गया) का कौरवों को पराजित करवाना प्रथम प्राथमिकता थी, ताकि निरंकुश, अत्याचारी व दुराचारी दुर्योधन का राज्य

समाप्त होकर युधिष्ठिर के नेतृत्व में पांडवों का धर्म का राज्य स्थापित हो सके। इसके लिए श्रीकृष्ण को कुछ असत्य व छल का सहारा लेना पड़ा। सामान्यतया, असत्य बोलकर अथवा छल का प्रयोग कर सफलता प्राप्त करना पाप माना जाता है, परंतु कृष्ण के लिए यह पाप नहीं समझा गया, क्योंकि वह समाज के हित में निस्स्वार्थ भाव से किया गया था।

तर्क-मत : कृष्ण का सिद्धांत था कि यदि किसी बड़े जनहित के कार्य में सफलता पाने के लिए कोई छोटा पाप करना पड़े तो वह पाप नहीं है। ऐसा पाप परमार्थ के लिए ही होना चाहिए, निजी स्वार्थ के लिए नहीं। हस्तिनापुर में दुर्योधन जुआ में जीतने के कारण राजा बना हुआ था और न्यायप्रिय पांडवों को पाँच गाँव देने के लिए भी राजी नहीं हुआ, अत: पांडवों को युद्ध की घोषणा करनी पड़ी। कृष्ण के कारण ही पांडव जीत पाए। अधर्म का विनाश तथा धर्म की स्थापना करने के लिए समाज एवं देश के हित में निस्स्वार्थ भाव से कुछ छल-कपट भी करना पड़े तो उसे विद्वान् महर्षि वेदव्यास ने भी पाप नहीं माना है। उन्होंने अपने महाग्रंथ 'श्रीमद्‍भगवद्‍गीता' में स्पष्ट लिखा है—

बुद्धियुक्तो जहातीह उभे सुकृतदुष्कृते,
तस्माद्योगाय युज्यस्व योगः कर्मसु कौशलम्।

(2/50)

यदा यदा हि धर्मस्यग्लानिर्भवति भारत,
अभ्युत्थान म अधर्मस्य तदात्मानं सृजाम्यहम्।

(4/7)

परित्राणाय साधूनां विनाशाय च दुष्कृताम्,
धर्मसंस्थापनार्थाय सम्भवामि युगे युगे॥

(4/8)

उक्त घटनाओं के संदर्भों में उक्त श्लोकों का भावार्थ निम्न प्रकार है—

श्लोक 2/50 : किसी भी सुकर्म को, जिसमें पीड़ित व्यक्ति या समाज की सहायता निहित हो तथा परोक्ष या अपरोक्ष रूप से अपना कोई निजी स्वार्थ न हो, उस कार्य को कुशलतापूर्वक, परिश्रम व बुद्धिमानी के साथ, बिना किसी पुण्य अथवा पाप का विचार किए, इस प्रकार करो कि उसमें सफलता मिले। इस प्रकार की सफलता में आपको एक प्रकार का दिव्यानंद प्राप्त होगा, उस दिव्यानंद में ईश्वर की अनुभूति होगी, यही ईश्वर से मिलन (योग अथवा जुड़ना) है।

श्लोक 4/7 व श्लोक 4/8 : जब-जब किसी समाज में धर्म की हानि तथा अधर्म की बढ़ोतरी होती है तो अधर्म का नाश कर धर्म की रक्षा करने के लिए अद्वितीय योग्यता व क्षमतावाले इनसान इस दुनिया में समय-समय पर पैदा होते रहते हैं। अपने जीवनकाल में तो इस प्रकार के लोग प्रशंसा, सम्मान व यश पाते ही हैं, परंतु मुत्यु के बाद भी यश बना रहता है, जिसका लाभ उनके वंशजों को भी कई पीढ़ियों को मिलता रहता है।

□

2

द्रौपदी की चीर-हरण से रक्षा

द्वापर युग के अंतिम वर्षों में लगभग 5000 वर्ष पूर्व उत्तरी भारतवर्ष में कुरुवंश का प्रसिद्ध एवं शक्तिशाली कुरुराज्य था, जिसकी राजधानी 'हस्तिनापुर' आजकल के मेरठ शहर के पास गंगा और यमुना नदियों के बीच स्थित थी। महाभारत का इतिहास हस्तिनापुर के राजा शांतनु से प्रारंभ होता है। उनकी पत्नी का नाम गंगा था, जो देवव्रत को जन्म देने के बाद गंगा नदी में विलीन हो गईं। उसके बाद कई वर्षों तक उन्होंने दूसरी शादी नहीं की।

एक दिन जब वे शिकार पर गए हुए थे, उन्होंने एक अत्यंत रूपवती लड़की सत्यवती को यमुना में नाव खेते हुए देखा और उसके सौंदर्य से प्रभावित होकर, उसके साथ विवाह का प्रस्ताव लेकर उसके पिता मल्लाहों के राजा दुशराज से मिलने गए। दुशराज ने अपनी पुत्री की शांतनु के साथ शादी करने से पूर्व यह शर्त रख दी कि महाराजा शांतनु के पश्चात्, हस्तिनापुर का राजा सत्यवती का पुत्र व उसके वंशज ही बनें, देवव्रत या उसके वंशज नहीं। शांतनु ने इसे स्वीकार नहीं किया, पर वह दुःखी रहने लगे।

देवव्रत को जब सच्चाई ज्ञात हुई तो उसने सत्यवती के पिता के पास जाकर यह प्रतिज्ञा कर ली कि वह स्वयं तो अपने राजगद्दी के अधिकार को त्याग ही रहा है तथा यह सुनिश्चित करने के लिए कि भविष्य में उसका कोई वंशज राजगद्दी पर अपना अधिकार न माँगे, वह विवाह ही नहीं करेगा। इस अति कठोर (भीष्म) प्रतिज्ञा के कारण सम्मान से लोग उन्हें 'भीष्म' नाम से संबोधित करने लगे। उसकी प्रतिज्ञा पर पूर्ण रूप से विश्वास कर दुशराज ने अपनी पुत्री सत्यवती को महाराज शांतनु से विवाह करने हेतु देवव्रत के साथ हस्तिनापुर भेज दिया। शांतनु को जब ज्ञात हुआ कि देवव्रत ने अपने पिता के लिए इतना महान् त्याग किया है तो उन्होंने उसे इच्छा-मृत्यु का वरदान दे दिया, अर्थात् उसकी मृत्यु तभी होगी, जब वह स्वयं इच्छा करेगा। महाराजा शांतनु और सत्यवती का विवाह हो गया और यथासमय उनके दो पुत्र हुए चित्रांगद व विचित्रवीर्य। कई वर्ष और राज करने के पश्चात् महाराज शांतनु का स्वर्गवास हो गया। कुछ समय बाद विवाह से पूर्व ही चित्रांगद की गंधर्वों के साथ युद्ध में मृत्यु हो गई और फिर विचित्रवीर्य गद्दीनशीन हुए।

गंगा–पुत्र देवव्रत की भीष्म प्रतिज्ञा

उनकी शादी काशी नरेश की दो कन्याओं अंबिका और अंबालिका के साथ हुई, परंतु कुछ समय बाद ही क्षयरोग से पीड़ित होकर विचित्रवीर्य की भी मृत्यु हो गई। तत्कालीन प्रथा के अनुसार नियोग रीति से अंबिका और अंबालिका पुत्रवती हुईं। सत्यवती की बड़ी बहू अंबिका के पुत्र का नाम धृतराष्ट्र रखा गया, जो जन्म से ही दृष्टिहीन था तथा छोटी बहू अंबालिका के पुत्र का नाम पांडु।

धृतराष्ट्र जन्म से ही अंधे थे, अतः यथासमय पांडु को, उम्र में छोटे होने के बावजूद, राजसभा द्वारा हस्तिनापुर का स्थायी राजा बना दिया। पांडु के पाँच पुत्रों में सबसे बड़े युधिष्ठिर थे। धृतराष्ट्र के सौ पुत्रों में सबसे बड़े पुत्र का नाम सुयोधन था, बाद में कुटिल आचरण के कारण वह दुर्योधन कहलाने लगा। उम्र में युधिष्ठिर दुर्योधन से बड़े थे। राजा पांडु की मृत्यु जल्दी ही हो गई, अतः नियमानुसार पांडु के बाद युधिष्ठिर को ही हस्तिनापुर के राज्य का भार सौंपा जाना चाहिए था, परंतु वह अभी वयस्क नहीं था, अतः उसके वयस्क हो जाने तक कुरु-राज्य का कार्यभार धृतराष्ट्र को सौंप दिया। पुत्र मोह में धृतराष्ट्र ने दुर्योधन को, जो युधिष्ठिर से उम्र में छोटा था, हस्तिनापुर का युवराज घोषित कर दिया और वह राज का सब काम-काज सँभालने लगा। संतुष्ट करने के लिए, युधिष्ठिर को इंद्रप्रस्थ (आधुनिक दिल्ली) का इलाका दे दिया, जो उस समय पूर्णतया अविकसित था। पांडवों ने परिश्रम करके उसे सुनियोजित ढंग से विकसित कर आधुनिक बनाया पर उन्हें इस बात का मलाल था कि युधिष्ठिर को हस्तिनापुर का युवराज नहीं बनाया गया, जबकि राज सभा के अधिकांश सदस्य युधिष्ठिर के पक्ष में थे।

इस विवाद के चलते दुर्योधन ने युधिष्ठिर को जुआ खेलने का न्योता दे दिया, ताकि जो जीते वही हस्तिनापुर का शासक बने। दुर्योधन को पूर्ण आशा थी कि वही जीतेगा। दुर्योधन के मामा शकुनी पाँसे फेंकने के कुशल बाजीगर थे। द्यूतक्रीड़ा की व्यवस्था राजदरबार में की गई थी। सभी सभासद एवं विशिष्ट लोग आमंत्रित थे पर श्रीकृष्ण को नहीं बुलाया गया था, क्योंकि दुर्योधन को आशंका थी कि वह द्यूतक्रीड़ा में कुछ न कुछ विघ्न डाल सकता है।

हस्तिनापुर के राजदरबार में दुर्योधन और युधिष्ठिर के बीच द्यूत-क्रिया का खेल

द्यूतक्रीड़ा की पहले की कुछ चालों में तो शकुनी ने युधिष्ठिर को जिताया, ताकि यह प्रतीत हो कि खेल निष्पक्षता से खेला जा रहा है, परंतु बाद में अपनी बाजीगरी से दुर्योधन को जिताता चला गया। इसमें युधिष्ठिर अपनी सभी संपत्ति, राजपाट, चारों भाइयों और अंत में स्वयं को भी हार गए। इस महाविजय के बावजूद दुर्योधन अभी संतुष्ट नहीं था। वह जो चाहता था, उसे अभी नहीं मिल पाया था।

युधिष्ठिर की अंत तक जुआ खेलते रहने की कमजोरी को दुर्योधन बखूबी जानता था, फिर भी उसने अपनी कुटिल योजना को सीधा न कहकर, अत्यंत मीठे स्वर में, बंधुत्व की बनावटी स्नेहपूर्ण भावना प्रकट करते हुए और यह दिखाते हुए कि वह वास्तव में पांडवों का हितैषी है, प्रिय लगनेवाला लुभावना प्रस्ताव रख दिया—

भैया, हार गए सब राज और धन-दौलत,
भाई हारे स्वयं को हारा, मत हारो बस हिम्मत।
अब उसने रख दी शर्त लुभानी और निराली,
अंतिम चाल खेल लो भाई सारी संपती तुम्हारी॥

युधिष्ठिर बोले—

अंतिम चाल क्या है भाई, जल्दी देओ बताई,
हम तो सबकुछ हार चुके हैं बची न इक भी पाई।

मछली को फँसी देख दुर्योधन चालाकी से अत्यंत आत्मीयता दिखाते हुए कहता है—

ऐसा न कहो भैया तुम मूल्यवान वस्तु के स्वामी,
सोच-विचार अब करो न दादा, अंतिम जीत तुम्हारी।
मैं रहूँगा दास तुम्हारा, लौटाऊँगा जो कुछ पाया,
हस्तिनापुर के बन जाओगे एक-छत्र तुम स्वामी॥

युधिष्ठिर पूछते हैं—

दुर्योधन अब शीघ्र बता दो क्या शेष है मेरे पास,
जिसके बदले तुम दे दोगे जीती हुई सब राशि।

दुर्योधन अंत में अपने पत्ते खोलते हुए कहता है—

भाभी द्रौपदी है तुम्हारी सबसे मूल्यवान संपत्ती,
लगा दो दाँव पर उनको, अब जीत तुम्हारी पक्की॥

विपत्ति काले विपरीत बुद्धि। जुआ का शौकीन युधिष्ठिर कुटिल दुर्योधन के मायाजाल में फँस गया। यह खेल कुछ है ही ऐसा कि हारनेवाले को अंत तक जीत की आशा बनी रहती है, अतः बिना कुछ सोचे-समझे और सभा में उपस्थित बुजुर्गों व विद्वानों से बिना सलाह लिये, युधिष्ठिर ने द्रौपदी को दाँव पर लगा दिया। शकुनी मामा ने पाँसे फेंके और उनके खुलते ही सबने देखा, युधिष्ठिर यह दाँव भी हार गया। कौरव जीत के उल्लास में फूले नहीं समा रहे थे और पांडव गम में डूब गए। सभी सभासद भी दुःखी थे पर राजकीय नियमों के आगे विवश थे।

यहाँ प्रसंग हेतु द्रौपदी का संक्षिप्त परिचय देना वांछनीय है। द्रौपदी पांचाल देश (आधुनिक बरेली क्षेत्र) के राजा द्रुपद की पुत्री थी, जिसके विवाह के लिए आयोजित स्वयंवर में अत्यंत कठिन धनुर्विद्या में कुशलता का सफल परिचय देना अनिवार्य था, क्योंकि द्रौपदी स्वयं धनुर्विद्या की प्रतियोगिताओं को देखने में विशेष रुचि रखती थी। वह अतीव सुंदर, शिक्षित, बुद्धिमान् साहसी तथा दृढ़ निश्चयवाली आत्मविश्वास से भरी हुई कन्या थी, अतः स्वयंवर में भारत के सभी देशों के राजकुमार आए थे। पाँचों पांडव (युधिष्ठिर, भीम, अर्जुन, नकुल और सहदेव), भी ब्राह्मणों के भेष में विद्यमान थे। सूत-पुत्र कर्ण भी आया था, जो राजकुमार नहीं था, अतः उसे प्रतियोगिता से हटाने के लिए स्वयं द्रौपदी ने, अपने अधिकार का उपयोग करते हुए, अपात्र घोषित कर दिया। कर्ण इसे अपनी तौहीन समझते हुए द्रौपदी से बदला लेने के लिए दुर्योधन का अभिन्न मित्र बन गया।

द्रौपदी उस समय के श्रेष्ठतम धनुर्धर से ही शादी करना चाहती थी, अतः उसने प्रतियोगिता में यह प्रावधान रखवाया कि ऊपर की ओर रखे पहिए में एक मछली निरंतर घूमती रहे तथा नीचे पानी से भरे एक बरतन में उसकी परछाईं देखकर मछली को

निशाना बनाया जाए। इस प्रतियोगिता में जब कोई भी राजकुमार सफल नहीं हो पाया, तब युधिष्ठिर ने अपना सही परिचय देते हुए, अपने भाई अर्जुन को जो श्रेष्ठ धनुर्धारी था, भेजा। अर्जुन को सफलता मिली तथा द्रौपदी ने सहर्ष अर्जुन के गले में वरमाला डालकर अपनी स्वीकृति जता दी।

द्रौपदी के स्वयंवर में पांडु-पुत्र अर्जुन ऊपर घूमती हुई मछली की पानी में परछाई देखकर निशाना साधते हुए

बाद में घटनाक्रम में इस प्रकार का मोड़ आया कि पांडवों की माता कुंती के आदेश से द्रौपदी का विवाह पाँचों पांडवों के साथ हो गया। कुंती की इच्छा को जानकर कृष्ण भी वहाँ आ गए थे। उन्होंने सबको समझाया कि बहुपति प्रथा भारतीय समाज की एक मान्य प्रथा है तथा माँ कुंती भी ऐसा इसलिए चाहती हैं कि युधिष्ठिर के अपनी पीढ़ी में सबसे बड़े होने के कारण, द्रौपदी का पद पटरानी (सम्राज्ञी) का हो जाएगा, जिससे द्रुपद परिवार तथा कुंतिभोज के परिवार व उनके प्रजाजन अपने को गौरवान्वित अनुभव करेंगे। युधिष्ठिर उस समय अविवाहित ही था, अत: किसी को कोई आपत्ति करने का प्रश्न भी नहीं उठा। कृष्ण की युक्ति-संगत बातें सभी संबंधित पक्षों (द्रुपद एवं परिवार, महाराज कुंतीभोज एवं परिवार, समस्त पांडव एवं स्वयं द्रौपदी) ने सहर्ष स्वीकार कर लीं तथा उसी दिन द्रौपदी का विवाह वैदिक रीति से पाँचों पांडवों के साथ संपन्न हो गया। कुरु परिवार में (पांडवों और कौरवों में अपनी

पीढ़ी में) युधिष्ठिर सबसे बड़े थे, अतः उस समय के नियमों के अनुसार युधिष्ठिर ही हस्तिनापुर के उत्तराधिकारी थे और सम्राट् बनने हेतु पूर्णरूपेण योग्य पात्र थे तथा युधिष्ठिर की पत्नी व कुरु परिवार में सबसे बड़ी बहू होने के करण द्रौपदी ही सम्राज्ञी (पटरानी) बनने हेतु हर प्रकार से अधिकारिणी थीं।

इस बदले हुए परिप्रेक्ष्य में महाराज धृतराष्ट्र ने, जो पांडु की असामयिक मृत्यु के कारण कार्यकारी महाराज बना दिए गए थे, पुत्र मोह में, दुर्योधन को अपनी ओर से युवराज घोषित कर दिया तथा युधिष्ठिर को कुरुराज का एक भाग इंद्रप्रस्थ दे दिया, जो उस समय अत्यंत पिछड़ा हुआ नितांत अविकसित क्षेत्र था, यद्यपि पांडवों ने उस क्षेत्र का तीव्रता के साथ विकास किया तथा वहाँ द्रौपदी की परिकल्पनाओं के अनुसार एक अति विशाल महल भी बनवाया, जिसके प्रांगण में कई स्थानों पर जादुई (इलूजरी) प्रभावों का निर्माण करवाया, जिनसे यह आभास होता था कि जहाँ फर्श दिखाई दे रहा है, वहाँ वास्तव में पानी होता था और जहाँ पानी दिखाई देता था वहाँ फर्श। इसी प्रकार, जहाँ द्वार दिखाई देता था, वहाँ दीवार होती थी और जहाँ दीवार दिखाई देती थी वहाँ द्वार। इस प्रकार की परिकल्पना मात्र मनोरंजन के लिए थी तथा महल के कुछ हिस्सों में ही थी।

एक बार युधिष्ठिर ने इंद्रप्रस्थ में राजसूय यज्ञ कराने का आयोजन किया, जिसमें दुर्योधन भी आया था। उसने जादुई प्रांगण के बारे में सुना था, उत्सुकतावश वह उस प्रांगण में चला गया। एक स्थान पर वह फर्श समझकर आगे बढ़ा तो वहाँ वास्तव में पानी था, उसमें गिर गया। द्रौपदी अपनी सहेलियों के साथ महल के विशाल गलियारे (लॉबी) में खड़ी थी, उसने जब यह देखा तो बच्चों की भाँति खिलखिलाकर हँस पड़ी। उसके साथ, युधिष्ठिर को छोड़कर शेष चार पांडव भी थे और भीम ने कह दिया, 'अंधा'। दुर्योधन को यह बात चुभ गई और उसने हस्तिनापुर वापस आकर अपने पिता धृतराष्ट्र को स्वभावानुसार नमक-मिर्च लगाकर बताया होगा कि "जादुई महल में मैं एक स्थान पर पानी में गिर गया, द्रौपदी और पांडव देख रहे थे, वे मुझे पानी में गिरता देखकर खिलखिलाकर खूब हँसे और द्रौपदी व भीम ने मुझे चिढ़ाते हुए कहा कि 'अंधे का बेटा अंधा'। पिताश्री, मुझे अपने अपमान का दुःख नहीं है, पर मैं इस बात से अत्यंत दुःखी हूँ कि उन्होंने आपका, अपने ज्येष्ठ पिताश्री का अपमान किया," (यह लेखक की अपनी कल्पना मात्र है, जिसका आधार दुर्योधन की ज्ञात कुटिलता ही है।) यद्यपि धृतराष्ट्र ने इस चुभनेवाली बात का किसी से कोई उल्लेख नहीं किया, परंतु चुभनेवाली होने के कारण उसे पीड़ा तो हुई ही होगी, जो उसके अंतरमन में संचित हो गई। दुर्योधन ने भी इसका प्रचार नहीं किया, क्योंकि उसे भय था कि यदि उसकी बात युधिष्ठिर तक पहुँच गई तो जाँच प्रारंभ हो जाएगी और उसकी कुटिलता उजागर हो जाएगी।

दुर्योधन द्वारा द्रौपदी का अपमान

हस्तिनापुर के राजदरबार में हुए जुआ के खेल में घृणित चालबाजी दिखाते हुए दुर्योधन ने युधिष्ठिर से द्रौपदी को दाँव पर लगवा लिया और वह उसे जीत गया। उसके बाद तो उसने द्रौपदी का अपमान करने के प्रयत्न में जिस कुटिलता व नीचता का भरे दरबार में प्रदर्शन किया, उसका उदाहरण विश्व के इतिहास में कहीं नहीं मिलेगा। यहाँ, यह भी अंकित करना वांछनीय है कि महल के उस कुतूहलवाले भाग को देखने और भी विशिष्ट अतिथि, मित्र व रिश्तेदार आते रहते थे, जो इस प्रकार भ्रमित होने में मनोरंजन ही प्राप्त करते रहे होंगे, क्योंकि उस महल के ये विशेष प्रभाव उस क्षेत्र में दूर-दूर तक सर्वविदित थे। महल में उस हिस्से का निर्माण कराने का उद्देश्य भी यही था और दुर्योधन को भी यह मालूम रहा होगा। यदि भीम ने यह कहा, "अंधे का पुत्र अंधा ही होगा," तो यह स्पष्टतः गलत था, परंतु इस बात की संभावना अधिक है कि उसने ऐसा कहा ही नहीं होगा, क्योंकि उस समय तो दुर्योधन राजसूय यज्ञ में आमंत्रित अतिथि के रूप में इंद्रप्रस्थ आया हुआ था। यदि भीम द्वारा इस प्रकार का अपमान किया गया होता तो युधिष्ठिर अपने भाई की गलती के लिए दुर्योधन से स्वयं क्षमा माँग लेता। यह भी संभव था कि इस अक्षम्य गलती के लिए स्वयं युधिष्ठिर ने अथवा गांधारी ने भीम को शाप दे दिया होता। ऐसा प्रतीत होता है कि दुर्योधन ने कुटिलता से अपनी ओर से बनाकर अपने पिता धृतराष्ट्र को यही बताया होगा, ताकि वे पांडवों से नाराज हो जाएँ और भविष्य में, सभासदों के विरोध के बावजूद हस्तिनापुर का राज्य उसे ही मिले। महत्त्वाकांक्षा तो वांछनीय गुण है, परंतु अति-महत्त्वाकांक्षा, जो कुटिलता व धूर्तता को जन्म देती है, को विद्वानों ने गंभीर चारित्रिक दोष माना है। दुर्योधन का संपूर्ण इतिहास इसका साक्षी है।

द्रौपदी को जुआ में जीत लेने के बाद दुर्योधन ने अपने एक सेवक से कहा, "द्रौपदी को दरबार में ले आओ।" सेवक द्रौपदी के महल में गया और उसे जुआ की पूरी घटना से अवगत कराते हुए निवेदन किया कि महाराज दुर्योधन ने आपको दरबार में बुलाया है। द्रौपदी को माजरा समझने में देर न लगी और उसने कह दिया कि "महाराज धृतराष्ट्र (दुर्योधन महाराज था ही नहीं, वह तो केवल युवराज था) से कहना कि वह अपने पति की प्रतीक्षा कर रही हैं, उनके साथ शीघ्र आएँगी।" सेवक ने डरते-डरते दुर्योधन को द्रौपदी की कही हुई बात बता दी। इस पर दुर्योधन क्रोध से लाल-पीला हो गया और उसने अपने भाई दुःशासन से कहा, "तुम जाओ और उस दासी को तुरंत यहाँ ले आओ।" दुःशासन ने द्रौपदी के भवन में पहुँचकर उसे बताया कि युधिष्ठिर तुम्हें दुर्योधन के साथ हुए जुआ में हार चुके हैं और अब तुम महाराज दुर्योधन की दासी हो। महाराज ने

तुम्हें दरबार में बुलाया है, अतः तुम्हें चलना ही होगा, जब वह राजी नहीं हुई तो दुःशासन उसके बाल पकड़कर खींचते हुए दरबार में ले आया।

दुर्योधन ने द्रौपदी से कहा, "तू अब जुआ में जीती हुई मेरी दासी है और नियमों के अनुसार मेरी हर आज्ञा का पालन करना ही तेरा धर्म है। मैं तुझे आज्ञा देता हूँ कि मेरे पास आ और मेरी गोदी में बैठ, ताकि दरबार में उपस्थित सभी माननीय सदस्य देख लें कि तू अब पटरानी नहीं, मात्र मेरी दासी है।"

द्रौपदी ने इस वासना भरी अपमानजनक निर्लज्ज आज्ञा को ठुकरा दिया और भीष्म पितामह, महाराज धृतराष्ट्र, मंत्री विदुर, गुरु कृपाचार्य, गुरु द्रोणाचार्य तथा दरबार में उपस्थित सभी विशिष्ट जनों से गुहार लगाई कि वे उसके शील की रक्षा करें। उसने भीष्म पितामह से कहा, "मैं तो आपकी पौत्र-वधू हूँ और कुरु-परिवार की अपनी पीढ़ी की सबसे बड़ी बहू।" फिर महाराज धृतराष्ट्र से कहा, "आप तो हस्तिनापुर के राजा हैं, फिर भी आपके सामने दुर्योधन को मेरा घोर अपमान करने का साहस कैसे हुआ?" उसने सभी उपस्थित विशिष्ट जनों से प्रश्न किया, "दुर्योधन की घोर निर्लज्ज बात को सुनकर भी आप चुप क्यों हैं? मैं हाथ जोड़कर आप सबसे विनती करती हूँ, 'मेरे शील की रक्षा करें।" दुर्योधन के छोटे भाई विकर्ण ने दुर्योधन के आचरण की निंदा करते हुए द्रौपदी को ससम्मान उसके महल में पहुँचाने का आग्रह किया। दुर्योधन ने विकर्ण को डाँटकर कह दिया, "तुझे राजकीय नियमों की कोई जानकारी नहीं है, तू बैठ जा।"

दुर्योधन सभा में खड़े होकर कहता है, "राज्य द्वारा बनाए गए नियमों के अनुसार द्रौपदी अब मेरी दासी है और उस पर मेरा पूरा अधिकार है। मेरे इस अधिकार में हस्तक्षेप करने का कोई प्रावधान नियमों में नहीं है। इसने मुझे निर्लज्ज कहकर मेरा घोर और अक्षम्य अपमान किया है। दुःशासन, अब मैं तुम्हें आदेश देता हूँ कि इस दासी को भरे दरबार में विवस्त्र किया जाए।"

द्वारकाधीश श्रीकृष्ण को उक्त द्यूत समारोह में आमंत्रित नहीं किया गया था, परंतु घटना के महत्त्व को देखते हुए उन्होंने अपने गुप्तचर लगा रखे थे, जो उन्हें घटनाक्रम की क्षण-क्षण की सूचना दे रहे थे।

दुर्योधन के स्वभाव के संदर्भ में यहाँ तक के घटनाक्रम में चमत्कार जैसी कोई बात नहीं है। इससे केवल यह प्रकट होता है कि दुर्योधन अत्यंत घमंडी, क्रोधी, परा-महत्त्वाकांक्षी तथा सामान्य सामाजिक व्यवहार की जान-बूझकर अवहेलना करनेवाला, अत्यंत चरित्रहीन, कुटिल व धूर्त व्यक्ति था। इसी परिप्रेक्ष्य में जनता उसे उसके असली नाम 'सुयोधन' के स्थान पर 'दुर्योधन' कहने लगी थी।

इसके आगे क्या हुआ होगा, उसे समझने के लिए यहाँ दो मत प्रकट किए जा रहे हैं। एक कृष्ण के प्रति श्रद्धायुक्त भक्ति-मत, जो घटना से संबंधित महापुरुष को श्रद्धा एवं आस्था के कारण महिमा मंडित करने के उद्देश्य से, वास्तविक घटना के सहस्रों वर्ष बाद, प्रचलित हुआ तथा वही मत अब भी प्रचलन में है। दूसरा तर्क-सम्मत मत, जो घटना को अलौकिक अथवा चामत्कारिक न मानकर, यह स्पष्ट करता है कि श्रीकृष्ण ने वास्तव में अपने अद्भुत गुणों का व्यावहारिक उपयोग करते हुए द्रौपदी के शील की रक्षा की।

भक्ति-मत (द्रौपदी के शील की रक्षा का चामत्कारिक चित्रण)

यद्यपि कृष्ण को दरबार में आमंत्रित नहीं किया गया था, परंतु उनके अपने गुप्तचर उन्हें निरंतर समाचार देते रहे, जैसे ही गुप्तचरों ने उन्हें बताया कि "युधिष्ठिर जुआ में द्रौपदी को हार गए हैं और विजयी दुर्योधन ने भरे दरबार में द्रौपदी को बुलवाकर आदेश दिया है कि वह उसकी गोदी में बैठे। इस नितांत लज्जाहीन आदेश से तिलमिलाकर द्रौपदी ने दरबार में उपस्थित सभी रिश्तेदारों, महर्षियों व प्रतिष्ठित दरबारियों से अनुनय-विनय की कि वे कौरव परिवार की सबसे बड़ी बहू के शील की रक्षा करें। सभी द्रौपदी की विनती सुनने के बाद भी सिर झुकाए मूक बने अपने स्थान पर बैठे रहे। दुर्योधन के एक भाई विकर्ण ने अवश्य विरोध किया। विदुर तथा भीष्म पितामह ने भी महाराज धृतराष्ट्र से प्रार्थना की कि वह दुर्योधन को निर्देश दें, ताकि वह द्रौपदी का अपमान न करे, जब धृतराष्ट्र ने कोई आदेश नहीं दिया, तब दुर्योधन ने दु:शासन को निर्देश दे दिया कि वह द्रौपदी को निर्वस्त्र करे, अब द्रौपदी शांत होकर आँखें बंद कर हाथ जोड़कर आपका नाम लेकर यह विनती कर रही है कि हे कृष्ण! आप जहाँ भी हों वहीं से मेरे शील की रक्षा करो।"

गुप्तचरों से यह सुनकर कृष्ण दरबार में न आकर किसी अदृश्य स्थान से तुरंत साड़ियाँ भेजते हैं, जो शृंखलाबद्ध होकर हवा में तैरती हुई द्रौपदी के पास निरंतर पहुँच रही हैं और उसके तन पर लिपटती जा रही हैं। दु:शासन साड़ी खींचते-खींचते थक जाता है और अंत में बेहोश होकर गिर पड़ता है।

उक्त विवरण में चमत्कार की अलौकिकता : घटना को इस प्रकार का अलौकिक मिथक (सुपरनेचुरल) रूप विशुद्धत: श्रद्धा व आस्था का विषय है कि शृंखलाबद्ध साड़ियाँ दूर के किसी अदृश्य स्थान से हवा में तैरती हुई द्रौपदी तक निरंतर पहुँचती रहीं और द्रौपदी उनमें लिपटती रही। घटना का यह मिथक रूप तर्क पर आधारित नहीं है, क्योंकि तर्कानुसार, जैसे ही पहली साड़ी अदृश्य स्रोत से बाहर निकलेगी,

गुरुत्वाकर्षण शक्ति के कारण नीचे जमीन पर गिर जाएगी तथा उसके बाद आनेवाली अन्य साड़ियाँ भी उसी स्थान पर जमा होती रहेंगी, एक भी साड़ी द्रौपदी तक नहीं पहुँच पाएगी। अतः घटना का यह मिथक रूप पूर्णतया श्रद्धा व आस्था पर आधारित है।

इससे इनकार नहीं किया जा सकता कि तर्क-संगत न होने पर भी श्रद्धा के अपने लाभ हैं। श्रद्धा से भक्त में विश्वास पैदा होता है। वह जब विपत्ति में होता है तो अपने इष्टदेव भगवान् श्रीकृष्ण को स्मरण कर उनसे प्रार्थना कर सकता है कि हे भगवन्, जिस प्रकार आपने द्रौपदी की रक्षा की, उसी तरह मुझे भी संकट से उबारिए। हृदय से की गई इस प्रकार की प्रार्थना का असर होता है, ऐसा मनोविज्ञान के विद्वान् भी मानते हैं। एक ओर, जिस प्रकार साड़ियों की शृंखला का हवा में तैरते हुए द्रौपदी के पास पहुँचना तर्क-संगत नहीं है, वहीं दूसरी ओर, जो लोग ईश्वर की अपार शक्ति को जानते हुए और कृष्ण को मात्र मानव न मानकर ईश्वर मानते हैं, वह उनके लिए श्रद्धा का विषय है। स्वयं महर्षि वेदव्यास ने अपनी अमर रचना 'श्रीमद्भगवद्गीता' के श्लोक 12/2 में स्पष्ट किया है कि जो परम श्रद्धा के साथ कृष्ण की उपासना करते हैं, वे उनके युक्ततम माने गए हैं। सगुण रूप से साक्षात्कार अपेक्षाकृत सरल एवं बिना किसी विशेष अभ्यास के शीघ्र प्राप्त हो जाता है

मय्यावेश्य मनो ये मां नित्ययुक्ता उपासते,
श्रद्धया परयोपेतास्ते मे युक्ततमा मताः।

(**भावार्थ :** जो भगवान् से जुड़कर, यानी युक्त होकर मेरी उपासना करता है, वह मुझसे युक्ततम है, अर्थात् सबसे अच्छा जुड़ा हुआ माना जाता है।)

तर्क-सम्मत मत

दुःशासन जैसे ही द्रौपदी के चीर को हाथ लगाने के लिए आगे बढ़ता है, कृष्ण, जिनको दरबार में बुलाया नहीं गया था, परंतु जिन्हें जुआ के खेल की पूरी सूचना अपने गुप्तचरों से मिल रही थी, बिना बुलाए अचानक दरबार में आ जाते हैं और दहाड़कर दुःशासन से कहते हैं, "रुक जाओ, आगे मत बढ़ना, वरना मेरा यह सुदर्शन चक्र तुम्हारी गरदन को धड़ से अलग कर देगा। जो कुछ तुम करने जा रहे हो, वह घोर अधर्म है, बलात्कार है, गंभीरतम अपराध है।"

इस पर दुर्योधन पुनः कहता है, "जो कुछ हो रहा है, जुआ के राजकीय नियमों के अनुसार हो रहा है, राजकीय नियमों का पालन करना तो सबका धर्म है, कोई अधर्म नहीं है।" दरबार में सभी उस समय के 'जुआ के नियमों' से बँधे रहने के कारण चुप रहे और सिर झुकाए बैठे रहे।

कृष्ण चिल्लाकर कहते हैं, "किसी भी खेल के नियम धर्म के नियम से बड़े नहीं हो सकते। किसी भी नारी के साथ, चाहे वह दासी हो या रानी, बलात्कार अधर्म है, पाप है और अपराध है। कोई भी राज-नियम बलात्कार का अनुमोदन नहीं करता है। बलात्कार को महर्षियों ने गंभीरतम अपराध माना है और उसके लिए सख्त सजा का प्रावधान किया है। महर्षि मनु ने तो अपनी 'मनुस्मृति', जो विधि, न्याय एवं प्रशासन तंत्र पर विश्व की प्रचीनतम उत्तम पुस्तक मानी जाती है, में यहाँ तक कहा है कि बलात्कारी को लोहे की तप्त चारपाई पर लिटाकर लोग उस पर जलती लकड़ियाँ फेंके।"

द्रौपदी के शील की रक्षा करने हेतु क्रोधित श्रीकृष्ण का द्यूतक्रीड़ा के प्रांगण में जोशीला एवं तर्क-संगत भाषण

कृष्ण सभासदों से निर्भीकता के साथ स्पष्ट रूप से पूछते हैं, "आप सब चुप क्यों हैं, जघन्य अपराध की भर्त्सना करते हुए इसे रोकते क्यों नहीं? यह राजभक्ति नहीं, निम्नतम कोटि की कायरता है। एक युवराज जो महाराज नहीं है और संस्कारविहीन है, सबको नचा रहा है। आप सब अंधे, बहरे और गूँगे हो गए हैं, आपके सामने पाप हो रहा है और आप सब चुप हैं। वे लोग भी उतने ही अपराधी होते हैं, जो अपराध को होते देखते व सुनते हैं, फिर भी सक्षम होते हुए भी कुछ नहीं करते। अपने देश की खातिर और आप सबको देवताओं के शाप से बचाने की खातिर मैं द्रौपदी का यह अपमान कभी नहीं होने दूँगा, चाहे आसमान गिर जाए, धरती रसातल में समा जाए या मेरे टुकड़े-टुकड़े हो जाएँ।" यह कहकर कृष्ण अपने सुदर्शन चक्र को उठा लेते हैं और गर्जना करते हैं कि "यदि किसी ने द्रौपदी के चीर को हाथ लगाया तो मेरा यह चक्र उसके सिर को धड़ से अलग कर देगा।"

संपूर्ण दरबार डरकर स्तंभित रह जाता है, अब किसी की हिम्मत नहीं होती कि

जुआ के राजकीय नियमों की हिमायत करे। दु:शासन अपना हाथ चीर से हटाकर दूर खड़ा हो जाता है। दुर्योधन भी डर जाता है और समर्पण करते हुए कहता है कि मैं द्रौपदी को दासता से मुक्त करता हूँ पर बदले में पांडवों को 12 वर्ष वन में रहना होगा और उसके बाद एक वर्ष अज्ञात वास में। यदि अज्ञातवास में वे ढूँढ़ लिये जाते हैं तो इसी प्रकार उन्हें पुन: 13 वर्ष वन में रहना होगा। युधिष्ठिर ने दुर्योधन की शर्त मान ली।

विश्लेषण

इस अध्याय में 'द्रौपदी के शील को बचाने के लिए' वास्तविक घटना के दो रूप प्रस्तुत किए गए हैं। घटनाक्रम का वह अंश कि हस्तिनापुर के दरबार में यह निश्चित करने के लिए कि हस्तिनापुर का युवराज कौन बनेगा, पांडु का पुत्र युधिष्ठिर या धृतराष्ट्र का पुत्र दुर्योधन, राजदरबार में द्यूतक्रीड़ा का आयोजन किया गया। द्यूतक्रीड़ा में दाँव लगानेवाले दो पक्ष थे, एक ओर युधिष्ठिर और दूसरी ओर दुर्योधन। पाँसे फेंकने का कार्य शकुनी को सौंपा गया था, जो दुर्योधन का मामा था। इस जुआ में युधिष्ठिर अपना सबकुछ हार गया, धन-दौलत, राजपाट, अपने चारों भाइयों को और फिर स्वयं अपने को भी।

अंत में वह द्रौपदी, जो पांचाल नरेश द्रुपद की पुत्री तथा कुरुवंश की अपनी पीढ़ी की सबसे बड़ी बहू थी, को भी हार गया। द्रौपदी को दाँव पर लगाकर हार जाने पर वह दुर्योधन की दासी बन गई और उसने उसे दरबार में अपमानजनक तरीके से बुलवाकर निर्लज्जता की हद कर दी, जब उसको अपनी गोदी में बैठने को कहा। द्रौपदी ने उस निर्लज्ज आज्ञा को मानने से इनकार कर दिया तो दुर्योधन ने दु:शासन को उसे जबरन विवस्त्र कर देने की आज्ञा दे दी। यह तो घटनाक्रम था, जिसकी सच्चाई के बारे में सभी एक मत हैं, अब इसके बाद द्रौपदी के शील की रक्षा कैसे हुई, इस पर दो विभिन्न मतों का विश्लेषण है।

एक मत, जो श्रद्धा पर आधारित है, यह है कि कृष्ण ईश्वर के अवतार थे तथा उनमें सभी ईश्वरीय शक्तियाँ विद्यमान थीं, जिनके बल पर उन्होंने अदृश्य होकर दूर से हवा में लहराते हुए साड़ियों को द्रौपदी तक पहुँचाया, जिनमें वह लिपटती रही और निर्वस्त्र नहीं की जा सकी। दुर्योधन ने इसे दैवी घटना मानकर किसी दैवी प्रकोप के डर से द्रौपदी को दासत्व से मुक्त कर दिया। घटना का यह चामत्कारिक रूप वास्तविक घटना के सहस्त्रों वर्ष बाद इस आशय से प्रचलन में आया होगा, ताकि किसी संकट के समय में भगवान् कृष्ण का भक्त उनसे यह प्रार्थना कर सके कि "हे भगवन्! मेरी विपत्ति को वैसे ही दूर कर दीजिए, जैसे आपने द्रौपदी की थी।" मनोविज्ञान चिकित्सा के विद्वानों का भी मत है कि इस प्रकार की श्रद्धा एवं आस्था से भक्तों को लाभ मिलता है।

दूसरा मत, जो तर्क-सम्मत है, यह है कि अपने गुप्तचरों से सूचना पाकर कृष्ण दरबार में बिना बुलाए पहुँच जाते हैं तथा अपनी ओजपूर्ण भाषण-कला, प्रशंसनीय साहस व वीरता तथा श्रेष्ठ युद्ध नीति के विलक्षण गुणों का बुद्धिमानी के साथ सफलतापूर्वक उपयोग कर द्रौपदी को दासत्व से मुक्त कराने में सफल हो जाते हैं। यह मत बुद्धिजीवियों को सहजता से पसंद आनेवाला मत है, क्योंकि इसमें किसी प्रकार का चमत्कार जुड़ा हुआ नहीं है तथा कृष्ण के अद्भुत प्रशंसनीय गुण सबके सामने आ जाते हैं।

दोनों मतों में यही अंतर है कि तर्क में विश्वास रखनेवाले लोग भगवान् कृष्ण को मनुष्य के रूप में अवतार लेने के कारण उन्हें किसी आधिदैविक (सुपरनेचुरल) घटना को अंजाम देनेवाला नहीं मानते, परंतु वे उन्हें महान् विलक्षण गुणोंवाला इनसान मानते हैं, जबकि भक्ति-मत के लोग उन्हें साक्षात् ईश्वर की तरह सर्वशक्तिमान, सर्वव्यापी, सर्वज्ञानी एवं असंभव को भी संभव करनेवाला मानते हैं। भक्ति-मत के में यह अवश्य है कि महान् इनसान के विलक्षण गुण, जिनके कारण उसे समाज की कठिन-से-कठिन समस्याओं को सुलझाने में सफलता मिलती है, छिप जाते हैं तथा उनमें ईश्वरीय गुण, जिनमें असंभव को संभव करने की क्षमता है, समाहित हो जाते हैं। उपरोक्त विवरण द्रौपदी के शील की रक्षा से संबंधित है, परंतु कृष्ण के जीवनकाल में ऐसी अनेक घटनाएँ घटी थीं (जिनका विश्लेषण पूर्व में अध्याय-1 में दिया जा चुका है), जो पूर्णतया तर्क-संगत थीं, परंतु सहस्रों वर्षों बाद भक्तियोग में श्रद्धा रखनेवाले लोगों ने उसे चामत्कारिक रूप दे दिया। मेरे विनीत मत में किसी भी घटना के तर्क को समझिए जरूर, ताकि अंधविश्वास हावी न हो जाए, परंतु व्यवहार में सच्चे मानसिक सुख एवं आंतरिक शांति की प्राप्ति हेतु भक्ति-मार्ग अपनाएँ।

□

3

गीता

परिचय

हस्तिनापुर के राज-दरबार में दुर्योधन और युधिष्ठिर के बीच हुई द्यूतक्रीड़ा में युधिष्ठिर अपनी धन-दौलत व राज-पाट को हार जाने के बाद अपने चारों भाइयों को तथा स्वयं को भी हार गया। इस पर दुर्योधन द्वारा प्रलोभन देने पर कि यदि वह द्रौपदी को दाँव पर लगा दे तो उन्हें न केवल सारी हारी हुई संपत्ति वापस मिल जाएगी, बल्कि हस्तिनापुर का राज्य भी मिल जाएगा, युधिष्ठिर ने अंत में द्रौपदी को भी दाँव पर लगा दिया। दुर्योधन के मामा शकुनि ने, जो पाँसे फेंकने की बाजीगरी में चतुर था, दुर्योधन को जिता दिया। इसके पश्चात् दुर्योधन ने द्रौपदी को अपनी जीती हुई दासी मानकर द्वेष वश उसका घोर अपमान करने के लिए उसे भरे दरबार में निर्वस्त्र करने के निर्लज्जता-पूर्ण आदेश दे दिए। इस पर, द्रौपदी ने दरबार में उपस्थित माननीय भीष्म पितामह, गुरु द्रोणाचार्य, गुरु कृपाचार्य, स्वयं महाराज धृतराष्ट्र से गुहार लगाई कि उसके शील की रक्षा करें, फिर भी सब चुप बैठे रहे। तत्पश्चात् द्रौपदी को दासत्व से मुक्त कराने के लिए, कृष्ण, बिना बुलाए आक्रोश से भरे हुए, दरबार में पहुँच जाते हैं तथा सराहनीय साहस, सटीक ओजपूर्ण भाषण व उत्तम रणनीति के गुणों का परिचय देते हुए अपना सुदर्शन चक्र तानकर अकेले दम ही युद्ध की चुनौती दे देते हैं। सुदर्शन चक्र से भयभीत होकर दुर्योधन इस शर्त पर पांडवों और द्रौपदी को दासत्व से मुक्त कर देता है कि वे 12 वर्ष के लिए वन में तथा 13वें वर्ष में अज्ञात वास में रहेंगे और यदि अज्ञातवास की अवधि में ढूँढ़ लिये गए तो इसी प्रकार ही तेरह वर्ष के लिए पुनः रहेंगे। युधिष्ठिर ने यह शर्त स्वीकार कर ली और चारों भाइयों व द्रौपदी के साथ वन को प्रस्थान कर दिया, जब 12 वर्ष के खुले वनवास और 1 वर्ष के अज्ञात वास की अवधि को सफलतापूर्वक पूरी कर कर हस्तिनापुर वापस आ गए तो उन्होंने अपने न्यायोचित अधिकार पाने के लिए सर्वाधिक विश्वासपात्र, बुद्धिमान् व साहसी द्वारकाधीश श्रीकृष्ण को दूत बनाकर महाराजा धृतराष्ट के दरबार में भेजा।

श्रीकृष्ण ने भरे दरबार में संदेश दिया कि कुरु-राज्य के राजा पांडु की मृत्यु के उपरांत उनके ज्येष्ठतम पुत्र युधिष्ठिर ही राजा बनने के अधिकारी थे, फिर जब उन्हें खांडवप्रस्थ का राजा बनाया गया था, उस दौरान उन्होंने उस नितांत अविकसित वन क्षेत्र का विकास कर उसे समृद्ध इंद्रप्रस्थ बनाकर यह भी सिद्ध कर दिया कि उनमें सुशासन के सभी गुण मौजूद हैं। यदि महाराज पांडु जीवित होते तो युधिष्ठिर ही युवराज बनाए जाते, क्योंकि वह उम्र में भी दुर्योधन से बड़े हैं, अब वर्तमान कार्यकारी महाराज धृतराष्ट्र द्वारा उन्हें युवराज घोषित कर राज-काज सँभालने का अवसर प्रदान किया जाए। सभी सभासद इससे सहमत थे तथा धृतराष्ट्र भी समर्थन में कुछ बोलना चाह रहे थे कि दुर्योधन ने तुरंत खड़े होकर कहा, "यह नहीं हो सकता। पिताश्री धृतराष्ट्र चाचाश्री पांडु से उम्र में बड़े थे, अब वह नियमानुसार राजा हैं और मैं युवराज। इसमें किसी को भी संशोधन करने का अधिकार नहीं है।"

इस पर कुछ सोचकर कृष्ण ने यह विकल्प रखा कि इंद्रप्रस्थ का राज्य ही पूर्ववत् उन्हें वापस कर दिया जाए, जब इस पर भी दुर्योधन राजी नहीं हुआ तो अंतिम विकल्प के रूप में पांडवों को 5 गाँव दे दिए जाने का प्रस्ताव रखा। इसको धृतराष्ट्र मानने ही वाले थे कि दुर्योधन ने पुन: उठकर कहा कि हम कुरुराज्य में उन्हें एक इंच भूमि भी नहीं देंगे, पांडव कुरुराज से बाहर जाकर कहीं भी रह सकते हैं। यह सुनकर तथा सभी सभासदों व स्वयं महाराज धृतराष्ट्र को चुप रहते देखकर, श्रीकृष्ण, महाराज को प्रणाम कर, वहाँ से चलकर पांडवों के पास आ गए और उन्हें तथ्यों से अवगत कराकर तथा यह परामर्श देकर कि अत्याचार व अपराध को सहन करना भी स्वयं में अपराध व पाप है, जब दुर्योधन युद्ध चाहता ही है तो अब युद्ध की तैयारी में लग जाओ। तत्पश्चात् वह वापस अपने राज्य द्वारका लौट गए।

कुछ नासमझ लोग जो यह सोचते हैं कि कृष्ण ही कुरुक्षेत्र का विनाशकारी महाभारत युद्ध करवाने के लिए उत्तरदायी थे, वे गलत सोचते हैं। युद्ध के लिए पूर्णरूपेण दुर्योधन ही जिम्मेदार था। वह कुरुराज का राजा नहीं था, मात्र युवराज था, फिर भी वह एक आततायी निरंकुश राजा की भाँति कार्य कर रहा था। कार्यकारी महाराज धृतराष्ट्र भौतिक रूप से तो दृष्टिहीन थे ही, आध्यात्मिक रूप से भी मोह जैसे दुर्गुण से ग्रस्त होकर शक्तिहीन व निंदनीय बन गए थे। दरबार में भीष्म पितामह (पांडवों व कौरवों के बाबा), गुरु कृपाचार्य, गुरु द्रोणाचार्य, काकाश्री विदुर तथा स्वयं महाराजा धृतराष्ट्र तथा राज्य के अन्य अनेक प्रतिष्ठित व्यक्ति उपस्थित थे। कृष्ण के न्यायोचित प्रस्तावों को दुर्योधन, बिना किसी अन्य को अपनी राय प्रकट करने का मौका दिए, स्वयं अस्वीकृत करता चला गया और अंत में यहाँ तक कह दिया कि वह पांडवों को कुरु-राज्य में सुई की नौक के बराबर भी भूमि

नहीं देगा, यद्यपि सभी सभासद कृष्ण के प्रस्ताव को स्वीकार करने को तैयार थे, परंतु दुर्योधन के क्रोधी एवं निरंकुश स्वभाव के कारण भयभीत रहते थे, अगर कोई कुछ बोलने का साहस भी करता तो यह कहकर कि तुम राज के कर्मचारी हो, अतः तुम्हें राजा के प्रति वफादार रहना चाहिए, उसे चुप कराकर बैठ जाने को कह देता था। वह भीष्म पितामह व गुरु द्रोणाचार्य की कमजोरी को भी बखूबी जानता था, इसलिए डरते थे कि दुर्योधन जैसा दुष्ट उन्हें जलील करने के लिए क्या कुछ न कह दे। भीष्म में साहस, बहादुरी व आजीवन अविवाहित रहने की भीष्म प्रतिज्ञा, जैसे महान् गुणों के होते हुए भी, उनके मन के एक कोने में अहंकार की भावना भरी हुई थी, जिसका प्रदर्शन तब हुआ, जब उन्होंने अपने अयोग्य सौतेले भाई विचित्रवीर्यं के लिए काशी नरेश की राजकुमारियों अंबा, अंबिका तथा अंबालिका को उनके स्वयंवर से जबरन अपहरण कर हस्तिनापुर ले आए। इसी प्रकार, दृष्टिहीन धृतराष्ट्र के लिए उत्तर-पश्चिमी भारत के सबसे समृद्ध गांधार राज्य के राजा पर उग्र दबाव डालकर राजकुमारी गांधारी को बिना यह बताए कि धृतराष्ट्र जन्म से ही दृष्टिहीन हैं, उसे हस्तिनापुर ले आए। गुरु द्रोणाचार्य ने अपने धर्म के सिद्धांतों को त्यागकर, अर्जुन से भी ज्यादा कुशल धनुर्धर एकलव्य, जिसको द्रोणाचार्य ने शिक्षा देने से मना कर दिया था, के यह कहने पर कि वह गुरुजी का चित्र सामने रखकर अभ्यास करता था, से गुरु-दक्षिणा में उसका दाहिने हाथ का अँगूठा ही माँग लिया, ताकि वह बाण ही न चला सके। इन प्रसंगों का यहाँ इसलिए उल्लेख किया है कि लोभ, मोह, दंभ और भय ऐसे विकार हैं, जो कि सम्माननीय मनुष्यों को भी आध्यात्मिक रूप से पतन की ओर ले जाते हैं। गीता के श्लोक 2/62-63 में काम, क्रोध, लोभ, मोह व विवेकहीनता के विकारों में पारस्परिक संबंध बताते हुए स्पष्ट किया है कि इन विकारों से मनुष्य का पतन निश्चित है तथा वह योग का पात्र नहीं रहता, यानी जीवन में सुख और प्रसन्नता प्राप्त नहीं कर सकता।

ध्यायतो विषयान्पुंसः संगस्तेषूपजायते,
संगात्संजायते कामः कामत्क्रोधोऽभिजायते।

(गीता 2/62)

क्रोधाद्भवति सम्मोहः सम्मोहात्स्मृतिविभ्रमः,
स्मृतिभ्रंशाद्बुद्धिनाशो बुद्धिनाशात्प्रणश्यति।

(गीता 2/63)

भावार्थ : जब मनुष्य भोग्य विषयों के बारे में सोचता है तो सोचने मात्र से उनमें उसकी आसक्ति हो जाती है, आसक्ति के कारण उन्हें प्राप्त करने की कामना पैदा हो जाती है तथा यदि कामना की पूर्ति न हो पाए तो क्रोध आता है। क्रोध से मनुष्य सम्मोहित, यानी विवेकहीन हो जाता है, विवेकहीन हो जाने से स्मृति नष्ट हो जाती है, यानी वह यह

भूल जाता है कि क्या अच्छा है, क्या बुरा और बुद्धि के नाश से उसका स्वयं का नाश हो जाता है।)

उपरोक्त श्लोक में कई विकारों का वर्णन है, जो मनुष्य को पतन की ओर ले जाकर सुख या आनंद (अर्थात् योग) से वंचित कर देते हैं। मनुष्य को भोग्य विषयों के बारे में इंद्रियाँ सूचना देती हैं, अतः प्रथम, इंद्रियों पर नियंत्रण करना आवश्यक है, मान लो कि नेत्रों ने कोई आकर्षिक वस्तु देखी, अब मन उसके बारे में सोचता रहेगा। इस प्रकार मन बाहरी विषयों के बारे में सोचता रहता है जिससे बाहरी विषय से आसक्ति या मोह हो जाता है। आसक्ति के कारण उसे प्राप्त करने की कामना पैदा होती है। यदि किसी कारण से वांछित वस्तु उपलब्ध नहीं हो पाती तो उसे उन सब पर क्रोध आता है, जिनके कारण वह उपलब्ध न हो पाई। क्रोध में वह डाँट-डपट, गाली-गलौज, मारपीट करने लगता है, यहाँ तक कि हत्या हो जाने की संभावना को भी नकारा नहीं जा सकता। क्रोध से उसका विवेक काम नहीं करता, वह भूल जाता है कि क्या अच्छा है, क्या बुरा! मैंने तो ऐसे क्रोध को भी देखा है, जब क्रोध में एक व्यक्ति ने अपने बड़ों पर भी हाथ उठा दिया, एक ने अपने पड़ोसी के गृह-सेवक को अत्यंत भद्दी गालियाँ दे दीं और उसी का पति गुस्से से भरा हुआ उस सेवक के हाथ-पैर तोड़ने चला आया, जबकि उस गृह सेवक की कोई गलती ही नहीं थी। इसका सीधा अर्थ यह हुआ कि जो कुछ उसने ज्ञान प्राप्त किया था, वह उसे ही भूल गया, अर्थात् स्मृति-शून्य हो गया। यदि किसी को वांछित वस्तु मिल गई तो उसे अहंकार हो जाता है, अहंकार में मनुष्य परमात्मा को ही भूल जाता है। इस प्रकार, इंद्रियों पर नियंत्रण न रख पाने से मोह, लोभ, काम, क्रोध, अहंकार, ज्ञान-शून्यता के दुर्गुण प्रबल हो जाते हैं, अतः इंद्रियों को नियंत्रित कर दुर्गुणों से अपने को बचाते हुए योग में प्रवृत्त होकर अपने जीवन को सुखी व आनंदित रखें। पांडवों की ओर से कुरु दरबार में दूत बनकर गए श्रीकृष्ण के न्यायोचित एवं अति विनम्र प्रस्तावों को दुर्योधन द्वारा घोर निरंकुशता के साथ अस्वीकृत कर दिए जाने पर, जब यह सुनिश्चित हो गया कि यदि पांडव कुरुराज छोड़कर बाहर नहीं जाते हैं तो दुष्ट दुर्योधन उन्हें गिरफ्तार कर यातनाएँ देगा। यदि वे बाहर चले भी जाते तो दुर्योधन अपने कुटिल स्वभाव के कारण उन्हें कहीं भी शांति से नहीं रहने देता। पांडव जो स्वयं कुरुराज के राजा बनने के पात्र व अधिकारी थे, दुर्योधन के इस अन्यायपूर्ण निर्णय से उनके आत्म-सम्मान को असहनीय ठेस पहुँची, अतः और कोई विकल्प न देखकर उनके लिए अब युद्ध करना अनिवार्य हो गया। दुर्योधन तो स्वयं युद्ध करना चाहता ही था, क्योंकि उसे विश्वास था कि वह अपने विशाल सैन्य बल से पांडवों को आसानी से हरा देगा। अतः दोनों ओर से युद्ध की तैयारियाँ होने लगीं।

दोनों जानते थे कि द्वारका की सेना प्रशिक्षित है और बलवान् भी, अतः कुछ दिन

बाद दुर्योधन और अर्जुन दोनों संयोग से एक ही दिन द्वारका पहुँच गए। उस समय कृष्ण सो रहे थे। दुर्योधन पहले पहुँचा और वह अहंकारी होने के कारण उनके सिरहाने की ओर बैठ गया। अर्जुन बाद में आया और स्वभाव से विनीत होने से वह उनके पैरों की ओर बैठा। कुछ समय पश्चात् कृष्ण जागे और सामने अर्जुन को देखते ही उन्होंने पूछा, "कैसे आए हो अर्जुन ?" इतने में ही दुर्योधन ने भी प्रणाम किया और कृष्ण ने पीछे मुड़कर देखा और बोले, "अच्छा दुर्योधन, तुम भी हो, क्या बात है बताओ ?" अर्जुन और दुर्योधन दोनों एक साथ बोले, "अब युद्ध होनेवाला है, आपकी मदद चाहिए।" इस पर कृष्ण ने कहा, "देखो भाई, एक को शस्त्रों सहित अपनी सारी सेना दूँगा, जो पूर्ण रूप से प्रशिक्षित है और दूसरे के साथ मैं अकेला बिना अस्त्र-शस्त्र के रहूँगा। दुर्योधन तुरंत बोला, "मुझे आपकी सेना चाहिए, मैं पहले आया हूँ, अतः मुझे पहले माँगने का अधिकार है।" इस पर कृष्ण ने कहा, "मैंने अर्जुन को पहले देखा है, इसलिए पहले माँगने का अधिकार अर्जुन का है।" अर्जुन ने तुरंत कह दिया, "मुझे आप अकेले ही चाहिए।" कृष्ण ने अर्जुन की माँग स्वीकार कर ली और दोनों संतुष्ट होकर वहाँ से चले आए। घमंडी दुर्योधन ने सोचा कि अर्जुन भी कितना मूर्ख है कि अवसर मिलने पर भी उसने कृष्ण की प्रशिक्षित सेना को न माँगकर, अकेले कृष्ण को माँग लिया, क्या कर लेगा अकेला कृष्ण और वह भी बिना किसी अस्त्र-शस्त्र के।

कुरुक्षेत्र के मैदान में महाभारत का युद्ध

पांडवों और कौरवों की सेनाएँ कुरुक्षेत्र के मैदान में आमने-सामने खड़ी थीं। भीष्म पितामह कौरवों की सेना के सेनापति थे और द्रौपदी के भाई धृष्टद्युम्न पांडवों की सेना के। हस्तिनापुर के महाराजा धृतराष्ट्र के सारथी 'संजय' को वेदव्यासजी ने दिव्यदृष्टि दे रखी थी, जिसके फलस्वरूप वह धृतराष्ट्र के कक्ष में बैठे-बैठे ही कुरुक्षेत्र में हो रहे महाभारत युद्ध की घटनाओं को देखकर व सुनकर उनको सुनाता रहा, मानो वह टेलीविजन के किसी प्रसारण को देख रहा हो।

अर्जुन का विषाद

कृष्ण अर्जुन के सारथी बने। युद्ध प्रारंभ होने से पूर्व अर्जुन ने कृष्ण से कहा, "हमारा रथ दोनों सेनाओं के मध्य ले चलिए, ताकि मैं यह देख सकूँ कि वे कौन लोग हैं, जो कुटिल व दुराचारी दुर्योधन का साथ दे रहे हैं।" निर्देशानुसार कृष्ण ने रथ वांछित स्थान पर खड़ा कर दिया। अर्जुन यह देखकर कि कौरवों की सेना में भीष्म पितामह, गुरु कृपाचार्य, गुरु द्रोणाचार्य जैसे ज्येष्ठ तथा सम्मानित लोग हैं, इतना दु:खी हो गया कि अपने धनुष-बाण को रथ में रखकर बैठ गया और कृष्ण से बोला,

"आचार्याः पितरः पुत्रास्तथैव च पितामहाः,
मातुलाः श्वशुराः पौत्राःश्यालाःसम्बन्धिनस्तथा।

(गीता श्लोक 1/34)

एतान्न हन्तुमिच्छामि घ्नतोऽपि मधुसूदन,
अपि त्रैलोक्यराज्यस्य हेतोः किंनु महीकृते।"

(गीता श्लोक 1/35)

भावार्थ : हे कृष्ण! कौरवों की सेना में सम्माननीय गुरु हैं, पितामह भीष्म हैं व अन्य पिता तुल्य महाजन हैं, मामा हैं, श्वसुर हैं, श्याले हैं, ज्येष्ठ पिताश्री के पुत्र और पोते हैं और अन्य अनेक संबंधी हैं। मैं स्वयं मर जाना पसंद करूँगा पर इनको इस पृथ्वी के राज्य के लिए तो क्या तीनों लोकों के राज्य के लिए भी मारना नहीं चाहता।

मोह से ग्रस्त अर्जुन के दुःख को समझकर श्रीकृष्ण उसे व्यवहार से, आत्मज्ञान से, कर्तव्य बोध से, मोक्ष प्राप्त करने की विभिन्न विधाओं से व भगवान् के विराट् स्वरूप का आभास देकर लगभाग 10 मिनट में जिस प्रकार आश्वस्त (कन्विंस) करते हैं, उसे ही विद्वान् महर्षि वेदव्यास ने अपने काव्य 'श्रीमद्भगवद्गीता' में व्याख्यात्मक रूप से संस्कृत के 574 श्लोकों में वर्णित किया है। (कुल श्लोक तो 700 हैं, परंतु वेदव्यास ने गीता के 126 श्लोकों को अर्जुन, संजय तथा धृतराष्ट्र के नाम अंकित किया है)

विषादयुक्त हुए अर्जुन को समझाने हेतु दिया गया कृष्ण का भाषण (लेखक की कल्पना पर आधारित)

अर्जुन को संबोधित करते हुए कृष्ण कहते हैं—

"जातस्य हि ध्रुवो मृत्युर्ध्रुवं जन्म मृतस्य च,
तस्मादपरिहार्येऽर्थे न त्वं शोचितुमर्हसि।"

(गीता श्लोक 2/27)

हे अर्जुन! यह तो तू भली प्रकार जानता है कि जिसका जन्म हुआ है, उसकी मृत्यु अवश्य होगी और जिसकी मृत्यु होती है, उसका जन्म अवश्य होगा। इस अटल सत्य के सदर्भ में मृत्यु का शोक क्यों! धर्म की रक्षा करने के लिए तथा अधर्म का विनाश करने के लिए किसी को मारना पड़े तो संकोच कैसा, चाहे वह कितना भी प्रिय क्यों न हो! यदि तू जीतता है तो धर्म की रक्षा हो जाएगी, जनता को अत्याचारी, कुटिल व दुराचारी दुर्योधन से मुक्ति मिलेगी और उससे तुझे यश, सुख व दिव्यानंद प्राप्त होगा पर हित सरस धर्म नहीं भाई। यदि परहित में बहादुरी के साथ लड़ते रहने के बावजूद मारा जाता है तो इस लोक में तो तुझे शहीद का दर्जा मिलेगा ही, परलोक में भी स्वर्ग का सुख मिलेगा।

यदृच्छया चोपपन्नं स्वर्गद्वारमपावृतम्,
सुखिनः क्षत्रियाः पार्थ लभन्ते युद्धमीदृशम्।

(गीता श्लोक 2/32)

हे अर्जुन! स्वतः प्राप्त हुआ युद्ध स्वर्ग का खुला द्वार है। ऐसे युद्ध को क्षत्रिय बड़े भाग्य से पाते हैं (अतः तू दृढ़ निश्चय करके पूरी ताकत व उत्साह के साथ युद्ध कर)।

अवाच्यवादांश्च बहून्वदिष्यन्ति तवाहिताः,
निन्दन्तस्तव सामर्थ्यं ततो दुःखतरं नु किम्।

(गीता श्लोक 2/36)

"यदि तू मोह के कारण युद्ध नहीं करता है तो मैं तुझे बता दूँ कि ये लोग, जिन्हें तू सम्माननीय समझता है (भीष्म पितामह, गुरु कृपाचार्य, गुरु द्रोणाचार्य), वही लोग हैं, जिन्होंने भरे दरबार में दुर्योधन के इस पापपूर्ण आदेश का कि द्रौपदी को निर्वस्त्र किया जाए, कोई विरोध नहीं किया और जब द्रौपदी ने इन सबसे विनती की कि उसके शील की रक्षा करें तो सिर नीचे झुकाए चुप बैठे रहे, अब अगर तू युद्ध से पलायन करता है तो यही तथाकथित सम्माननीय लोग तेरे बल की निंदा करते हुए बहुत सी अनुचित बातें कहेंगे (जैसे कि अर्जुन, युद्ध में हार को निश्चित समझकर, भय के कारण जान बचाने के लिए बैठ गया, कायरता दिखाकर क्षत्रिय धर्म को कंलकित कर दिया, हमारी शिक्षा पर भी कलंक लगा दिया, आदि)। तेरे घोर विरोधी (दुर्योधन, कर्ण, दुःशासन व उनकी सेना) तेरा उपहास करते हुए अत्यंत निंदनीय अपशब्द कहेंगे—बड़ा बहादुर बनता था, हमारी सेना को देखते ही सारी बहादुरी रफूचक्कर हो गई, नपुंसक, डरपोक, गीदड़ कहीं का। इस प्रकार की अनर्गल गालियाँ सुनकर तुझ जैसे प्रसिद्ध योद्धा पर क्या बीतेगी, कितना दुःख होगा, कभी सोचा है ? हे अर्जुन! यह युद्ध तू अपनी किसी स्वार्थसिद्धि के लिए नहीं कर रहा है, परमार्थ के लिए कर रहा है, सज्जनों की व धर्म की रक्षा के लिए कर रहा है, इसलिए तेरा युद्ध न करने का विचार न तो न्यायोचित है, न धर्मोचित और न व्यावहारिक। सब मोह–माया त्यागकर, सबको समरूप में देखते हुए, इस धर्मयुद्ध में अपनी पूर्ण कुशलता व निष्ठा के साथ अत्याचारी दुश्मन से लड़। इस दुविधा में न पड़ कि यदि हार गए तो क्या होगा ? अर्जुन! अपनी बुद्धि को संशयात्मक न बना, निश्चयात्मक रूप से स्थिर बना। संशयात्मक बुद्धि तो असफलता ही देती है। सफलता तथा भगवान् से साक्षात्कार (अर्थात् योग) स्थिर बुद्धि रखनेवाले को ही प्राप्त होता है, इसलिए हे अर्जुन! मोह को तथा उसके कारण उत्पन्न संशयात्मक बुद्धि को त्यागकर युद्ध से उपराम की तो सोचो ही मत, बल्कि इस युद्ध में कुशलता व निष्ठा के साथ उत्साह से भाग लेकर विजय को प्राप्त हो, ताकि दुर्योधन का कुटिलता व पाप का राज्य समाप्त होकर समाज में पुनः धर्म की स्थापना हो सके।

योगस्थः कुरु कर्माणि सङ्गं त्क्त्वा धनञ्जय,
सिद्ध्यसिद्ध्योः समो भूत्वा समत्वं योग उच्च्यते।

(गीता 2/48)

हे अर्जुन! कर्मयोग में स्थित होता हुआ (अर्थात् अपने निर्धारित कर्म को निस्स्वार्थ भाव से कुशलता, निष्ठा व बुद्धिमानी के साथ करता हुआ) आसक्ति (विचार कि यह मेरा अपना है और वह पराया है) को त्यागकर अपने कर्म को कर। कर्म में सफलता व असफलता को समान मानते हुए (अर्थात् फल की चिंता न करते हुए) अपना कर्म कर, इसी को समता योग (ईश्वर से जुड़ जाना) कहते हैं। इस मत में आस्था रख कि तेरी अंतरात्मा (कॉन्शंस) में ईश्वर बैठे हुए हैं। यह आस्था तुझे संशय में जाने से रोकती है, अतः अपनी अंतरात्मा की आवाज सुनकर धर्म युद्ध के सुकर्म में पूरे उत्साह के साथ प्रवृत्त हो, इसी से तुझे सफलता मिलेगी व तेरे मन को सच्चे आनंद की प्राप्ति होगी, जिससे ईश्वर की अनुभूति होगी (यही ईश्वर से साक्षात्कार है, यही यथार्थ योग है।) अगर मेरी यह बात तेरी संशयात्मक बुद्धि से समझ में नहीं आती और यदि तू अधर्म को ही बढ़ते हुए देखना चाहता है तो क्या तुझे यह देखना अच्छा लगेगा कि सरे बाजार द्रौपदियों का अपमान होता रहे, भाइयों को लाख के बने गृह में जलाकर मार देने के षड्यंत्र रचे जाते रहें, राजाओं की कन्यायों का उनके विधिवत् हो रहे स्वयंवर से जबरन अपहरण कर अयोग्य व्यक्तियों से विवाह करा दिया जाए, द्वेषवश श्रेष्ठ धनुर्धारी एकलव्य के दाहिने हाथ के अँगूठे को अनधिकृत रूप से गुरु-दक्षिणा में माँगकर उसे किसी भी युद्ध के लिए निष्क्रिय कर दिया जाए, अति महत्त्वाकांक्षी व्यक्ति अनधिकृत रूप से राज के प्रशासन पर काबिज हो जाए, असली राजा को उनकी विकलांगता का लाभ उठाकर उन्हें नितांत निष्क्रिय कर दें, अपने गुरुओं को भी दरबार में बोलने न दें, जुआ जैसे मानोरंजन के खेल में छल-कपट का सहारा लेते हुए अपने चचेरे भाई की सारी धन-दौलत व भाइयों तथा पत्नी को भी जीतकर अपमानित करते हुए लंबे समय के लिए वन में भेज दे, ये सब अधार्मिक आचरण तेरी नासमझ बुद्धि को अच्छे लगें तो तू भले ही युद्ध से उपराम लेकर आजीवन अपयश व तिरस्कार का दुःख भोग, पर यदि तेरी अंतरात्मा समाज को इस प्रकार के पापों व कष्टों से बचाना चाहे तो उठ, अपने धनुष-बाण उठा और उत्साह व स्थिर बुद्धि के साथ युद्ध कर तथा परमपिता परमात्मा को धन्यवाद देते हुए अनंत यश का सुख भोग। मुझे ही देख, मैंने स्वयं अपने क्रूर मामा कंस का वध किया, क्योंकि उसने एक माँ के नवजात शिशुओं का उसके सामने ही क्रूरता के साथ पटककर मर डाला था, जबकि उन अबोध शिशुओं के माता-पिता ने कोई गलती भी नहीं की थी। कंस ने अपने पिता को कारावास में बंद कर स्वयं राजगद्दी हथिया ली थी, अतः किसी भी दुष्ट व्यक्ति को नष्ट करना, चाहे वह पराया हो या अपना सगा, पाप नहीं माना जाता, बल्कि पुण्य ही माना जाता है। इसी को

समभाव कहते हैं। कदाचित् तेरी संशयवाली बुद्धि यह भी सोच ले कि दुर्योधन की सेना में कुछ ही लोग तो विकर्म के दोषी हो सकते हैं, सभी तो नहीं फिर उन निर्दोष व्यक्तियों को मारने से क्या लाभ! तो हे अर्जुन! इस बात पर गंभीरता से सोच कि ऐसे लोग, जो किसी युद्ध में दुष्टों का साथ देते हैं, वे सब भी उतने ही दोषी हैं जितने उनके सेनापति। तू मुझे विराट स्वरूप ईश्वर ही समझ तेरी अंतरात्मा इसे जानती है, अत: उसकी आवाज सुन और युद्ध के लिए संशय को त्यागकर अपनी पूर्ण कुशलता के साथ इस धर्मयुद्ध में मनोयोग से लड़।"

उपरोक्त भाषण को देने में कृष्ण को लगभग 10 मिनट का समय लगा होगा, जो युद्धभूमि में भाषण देने के लिए पर्याप्त है (युद्धभूमि में और वह भी दोनों सेनाओं के मध्य अधिक लंबा भाषण देना संभव ही नहीं है)। इस संक्षिप्त भाषण में संपूर्ण गीता है तथा इसमें निहित सिद्धांतों को आधार बनाकर वेदव्यास ने सरल संस्कृत में 700 श्लोकों के विशद महाकाव्य की रचना की है। वेदव्यास की यह पुस्तक विश्व के लिए दर्शनशास्त्र की एक अमूल्य निधि है तथा सभी धर्मों के विद्वानों ने इसको अद्वितीय रूप से प्रशंसनीय व पूर्णतया व्यावहारिक माना है।

उक्त प्रकार सीधे दिल पर चोट करनेवाले कृष्ण के तर्कों से अर्जुन को यह स्पष्ट हो गया कि मोह को त्यागकर सामने खड़े हुए अधर्मी दुश्मनों पर विजय प्राप्त करने के लिए उसे इस धर्मयुद्ध में अपनी अदम्य शक्ति व अद्वितीय कुशलता का परिचय देते हुए विजय प्राप्त करनी है।

संपूर्ण गीता का सार इसी में है कि मनुष्य को सदैव सुखी व प्रसन्नचित्त रहना चाहिए। कृष्ण ने अर्जुन को यह भी स्पष्ट कर दिया कि यह युद्ध वह अपने स्वार्थ के लिए नहीं, बल्कि परमार्थ (सज्जनों की रक्षा करने व समाज के नैतिक मूल्यों को बचाने) के लिए कर रहा है। परमार्थ के लिए कार्य करने में जो सफलता मिलती है, उससे वास्तविक सुख तथा दिव्यानंद प्राप्त होता है और इस दिव्यानंद से परमपिता परमात्मा की अनुभूति होती है। महर्षि वेदव्यास द्वारा रचित व्याख्यात्मक गीता महाकाव्य इसी सिद्धांत के इर्द-गिर्द घूमती हुई ज्ञानयोग, कर्मयोग, संन्यासयोग, भक्तियोग व ध्यानयोग का विश्लेषण करती है। इस तथ्य को निम्न परिच्छेदों में स्पष्ट किया गया है।

गीता का सार, प्रसन्नचित्त रहो (वर्तमान में जियो)

संपूर्ण गीता का सार गीता के निम्नांकित दो श्लोकों में समाया हुआ है—

रागद्वेषवियुक्तैस्तु विषयानिन्द्रियैश्चरन्,
आत्मवश्यैर्विधेयात्मा प्रसादमधिगच्छति।

(गीता श्लोक 2/64)

प्रसादे सर्वदुःखानां हानिरस्योपजायते,
प्रसन्नचेतसो ह्याशु बुद्धिः पर्यवतिष्ठते।
(गीता श्लोक 2/65)

भावार्थ : जिस मनुष्य ने इंद्रियों और मन को अपने नियंत्रण में कर रखा है, वह सामान्य विषयों को भोगते हुए भी राग व द्वेष से रहित होकर अपना कर्तव्य निष्ठापूर्वक संपन्न कर प्रसन्नता एवं सुख प्राप्त कर सकता है। प्रसन्नता से सब दुःख समाप्त हो जाते हैं, क्योंकि प्रसन्न चित्तवाले व्यक्ति की बुद्धि स्थिर रहती है। योग के उक्त उद्देश्य को गीता के श्लोक 6/27 में भी स्पष्ट किया गया है—

प्रशान्तमनसं ह्येनं योगिनं सुखमुत्तमम,
उपैति शान्तरजसं ब्रह्मभूतमकल्मषम्।
(गीता श्लोक 6/27)

भावार्थ : शांत मन, रजोगुण (अहंकार व प्रदर्शन) से रहित, निष्पाप और परमात्मा के साथ अपनी गुणात्मक एकता रखनेवाले (ब्रह्मभूत) योगी को उत्तम सुख प्राप्त होता है।

विश्लेषण : उक्त तीनों श्लोकों में प्रयुक्त शब्दों 'राग, द्वेष, निष्ठा, इंद्रियाँ, स्थिर बुद्धि, ब्रह्मभूत' का विश्लेषण वांछनीय है।

'राग' के पर्यायवाची शब्द हैं मोह अथवा आसक्ति (अटैचमेंट)। महाभारत के कुछ चरित्रों में राग स्पष्ट रूप से प्रकट होता है। धृतराष्ट्र को अपने बेटे से मोह था, जिसे उसने पात्र न होते हुए भी युवराज बना दिया था। पांडु की मुत्यु के पश्चात्, उसके सबसे बड़े बेटे युधिष्ठिर को राजा बनना चाहिए था, परंतु वह अभी वयस्क नहीं था, अतः अस्थायी रूप से दृष्टिहीन होने के बावजूद धृतराष्ट्र को ही कार्यकारी राजा बना दिया गया। धृतराष्ट्र को चाहिए था कि वह युधिष्ठिर को युवराज घोषित करते, परंतु उन्होंने पुत्र-मोह में अपने पुत्र दुर्योधन को, जो उम्र में भी युधिष्ठिर से छोटा था, बिना राजसभा की सलाह लिये अनियमित रूप से युवराज बना दिया। दुर्योधन अति महत्त्वाकांक्षी था तथा युवराज बनते ही उसने राज्य का सभी काम-काज अपने हाथ में लेकर, अपने पिता को भी उपेक्षित करना प्रारंभ कर दिया और एक प्रकार से निरंकुश शासक बन गया। इसका परिणाम अंततोगत्वा यह हुआ कि वह स्वयं तथा उसके समस्त वंशज कुरुक्षेत्र के युद्ध में मारे गए और युधिष्ठिर कुरु-राज्य का सम्राट् बना।

'द्वेष' शब्द 'मोह' का विलोमार्थी है। दुर्योधन युधिष्ठिर से द्वेष रखता था, क्योंकि हस्तिनापुर का शासक बनने में वह उसे ही अपना प्रतिद्वंद्वी समझता था। इस द्वेष के

कारण ही उसने युधिष्ठिर को द्यूत क्रिया में भाग लेने के लिए प्रेरित किया। यदि वह हार जाता है तो उसका कोई नुकसान नहीं होगा, क्योंकि वह जानता था कि कभी भी राजसभा उसे अपने पद से हटा सकती थी, लेकिन अगर वह जुआ में जीत जाता है तो राजकीय नियमों के अनुसार उसे हटाना संभव नहीं हो पाएगा। इसी प्रकार, जब वह जुआ में द्रौपदी को जीत जाता है तो द्वेषवश उसका घोर अपमान करता है, जिसका वर्णन पिछले अध्याय में किया जा चुका है।

निष्ठा शब्द का अर्थ है-किसी कार्य को सचाई, ईमानदारी, परिश्रम, लगन, भेदभाव रहित व स्वार्थरहित तथा पूर्ण आस्था व प्रतिबद्धता के साथ करना। वास्तव में 'निष्ठा' शब्द में किसी भी सुकर्म को पूरा करने में लगे व्यक्तियों में जो गुण होने चाहिए, वे सब शामिल हैं।

उपरोक्त श्लोक में स्थिर बुद्धि प्राप्त करने तथा सुखी व प्रसन्न रहने के लिए इंद्रियों एवं मन पर नियंत्रण रखने के निर्देश हैं। मनुष्य की देह में 5 ज्ञानेंद्रियाँ (नेत्र, कान, नाक, जिह्वा तथा त्वचा) और 5 ही कर्मेन्द्रियाँ (मुँह, हाथ, गुदा, जननेंद्रियाँ तथा पैर) हैं, जो वस्तुतः भौतक रूप में दिखाई देती हैं। इनके अतिरिक्त ग्यारहवीं इंद्रिय 'मन' है। अन्य दस इंद्रियाँ तो दिखाई देती हैं, परंतु मन दिखाई नहीं देता। मन सभी ज्ञानेंद्रियों व कर्मेंद्रियों के कार्यों को नियंत्रित करता है। कोई आकर्षक वस्तु दिखाई देती है, किसी वस्तु की गंध मनपसंद है, आकर्षक ध्वनि सुनाई देती है, स्वाद मधुर लगता है अथवा स्पर्श अच्छा लगता है तो मन चाहेगा कि किसी प्रकार वह वस्तु मिल जाए, अतः वह कर्मेंद्रियों को तदनुसार निर्देश देगा। यह तो हुआ मन का अनियंत्रित व्यवहार।

इन्द्रियाणि पराण्याहुरिन्द्रियेभ्यः परं मनः,
मनसस्तु परा बुद्धिर्यो बुद्धेः परतस्तु सः।
(गीता श्लोक 3/42)

एवं बुद्धेः परं बुद्ध्वा संस्तभ्यात्मानमात्मना,
जहि शत्रुं महाबाहो कामरूपम दुरासदम्।
(गीता श्लोक 3/43)

भावार्थ : इंद्रियों को प्रबल कहते हैं। इंद्रियों से परे मन, मन से परे बुद्धि और बुद्धि से परे अंतरात्मा है, इसलिए अंतरात्मा से मन को रोककर दुर्जन कामरूपी शत्रु को मारा जा सकता है। परंतु योगी, प्राप्त सूचना को, तटस्थ रूप से विवेक के साथ प्रयोग करेगा, ताकि जिस सुकर्म में वह रत है, उसमें सहायता मिले। इसी को इंद्रियों का नियंत्रण कहते हैं। **मन अर्जित ज्ञान का उपयोग करते हुए यह तय करता है कि कौन सा काम करने योग्य है, कौन सा नहीं और जो कार्य करने योग्य है, उसे किस प्रकार किया**

जाए कि उसमें सफलता मिले। यदि हम अंतरात्मा से संचालित मन की बात मानकर काम, क्रोध, लोभ, मोह, भय व अहंकार के दुर्गुणों को त्यागकर सुकर्म को, लाभ-हानि, सुख-दुःख, जय-पराजय की चिंता किए बिना, सबके प्रति समभाव रखते हुए परमार्थ भाव से, निष्ठा के साथ करते रहे तो हमें सफलता अवश्य प्राप्त होगी।

स्थिर बुद्धि का अर्थ है, ऐसी बुद्धि जो काम, क्रोध, लोभ, मोह, भय व किसी भी प्रकार के अहंकार से विचलित न हो। ज्ञान और बुद्धि के प्रयोग से एक बार यह तय कर लिया कि फलाँ काम करना है और ऐसे करना है, फिर उसमें चिंता करना कि यदि सफलता न मिली तो लोग क्या कहेंगे, अस्थिर बुद्धि का परिचायक है। महर्षि वेदव्यास ने गीता के अध्याय-2 के 14 श्लोकों 55-68 में स्थिर बुद्धि का विस्तार से विश्लेषण किया है।

ब्रह्मभूत का अर्थ है ऐसा मनुष्य, जो यह विश्वास करता है कि उसकी अपनी अंतरात्मा में परमपिता परमात्मा रहते हैं। ऐसे व्यक्ति का अंत:करण निर्विकार होता है।

उक्त शब्दों की परिभाषा व अर्थ समझ लेने के बाद महर्षि वेदव्यास द्वारा रचित कुछ प्रतीकात्मक श्लोकों की व्याख्या निम्न परिच्छेदों में प्रस्तुत है।

बुद्धियुक्तो जहातीह उभे सुकृतदुष्कृते,
तस्माद्योगाय युज्यस्व योगः कर्मसु कौशलम्।

(गीता श्लोक 2/50)

भावार्थ : बुद्धि से युक्त व्यक्ति पुण्य अथवा पाप का विचार छोड़ देता है। कर्मों में निपुणता योग है, अत: योग प्राप्त करने के लिए कर्मों को निपुणता पूर्वक कर।

कर्मों में निपुणता का अर्थ है—(1) कर्म कितने प्रकार के होते हैं, इसका ज्ञान, (2) आवश्यकतानुसार कौन-सा कर्म करना उपयुक्त रहेगा, इसका निर्णय करने की योग्यता, (3) उस कर्म को करने के लिए आवश्यक गुणों, जैसे-निष्ठा, कुशलता, आत्मविश्वास तथा प्रबल इच्छाशक्ति के साथ करने की क्षमता।

बुद्धिमत्ता का अर्थ है विवेक। जो ज्ञान विद्यालयों में अध्ययन करके एवं अनुभव से प्राप्त किया गया है, उसे विवेक के साथ वांछित कर्म को करने में किस प्रकार लगाया जाए कि सफलता मिलने की अच्छी संभावना रहे। बिना विवेक के मात्र ज्ञान का कोई उपयोग नहीं है। ज्ञान के आधार पर आपने यह तो जान लिया कि कर्म कितने प्रकार के होते हैं, उनके गुणों व फलों का भी ज्ञान है आपको, परंतु यदि उस ज्ञान से आप यह नहीं जान सकें कि उसका उपयोग किस प्रकार करें, क्या नीति बनाएँ कि जो कर्म आपने

अपने हाथ में लिया है, उसमें सफलता मिल सके तो वह ज्ञान निरर्थक है। युद्ध के लिए भी आपके पास अच्छे-से-अच्छे अस्त्र-शस्त्र हैं और उन्हें चलाने का भी आपको अच्छा ज्ञान है, आप साहसी व बहादुर भी हैं, परंतु आपने बुद्धि-विवेक का प्रयोग न कर सही युद्ध नीति नहीं बनाई, तो आपके जीतने की संभावना नहीं है (कभी-कभार लोग ज्ञान में ही विवेक को भी सम्मिलित कर ज्ञान शब्द का प्रयोग करते हैं।)।

जहातीह उभे सुकृतदुष्कृते का अर्थ है कि यश का लोभ अथवा अपयश का भय न हो (और न सफलता-असफलता की चिंता)

उपरोक्त शब्दार्थों के संदर्भ में श्लोक 2/50 का भावार्थ निम्न प्रकार हुआ—

"जो कर्म आपने अपने लिये चुना है, उसे पूरा करने में निष्ठा (सचाई, ईमानदारी, परिश्रम, आस्था, प्रतिबद्धता, विश्वास व लगन) के साथ जुट जाएँ तथा अपनी विवेक-बुद्धि का उपयोग कर ऐसी नीति बनाएँ कि बिना पुण्य के लोभ अथवा पाप के भय के अपने कार्य को कुशलतापूर्वक करते रहें, जिससे वांछित कर्म में आपको सफलता मिले। इस सफलता से आपके मन को एक प्रकार का सुख, प्रसन्नता व दिव्यानंद प्राप्त होगा, जिससे आपको परमात्मा की अनुभूति होगी, यही ईश्वर से साक्षात्कार है, मिलन है, जुड़ना है। इसे ही योग कहते हैं, क्योंकि योग का अर्थ भी जुड़ना ही है, अतः कर्म में कुशलता ही योग है।"

यद्यपि उक्त श्लोक प्रधानतया कर्मयोग को परिभाषित करता है, परंतु इसमें यह भी स्पष्ट कर दिया है कि कर्मयोग बिना ज्ञान के पूर्ण नहीं हो सकता। इसी विचार की पुष्टि करते हुए महर्षि वेदव्यास ने गीता में लिखा है—

"सांख्ययोगौपृथग्बालाःप्रवदन्तिनपण्डिताः,
एकमप्यास्थितः सम्यगुभयोर्विन्दते फलम्।"

(गीता श्लोक 5/4)

भावार्थ : सांख्य, अर्थात् ज्ञानयोग तथा योग, अर्थात् कर्मयोग को नासमझ व्यक्ति अलग-अलग समझते हैं, न कि विद्वान्। किसी एक में पूरा-पूरा स्थित व्यक्ति दोनों के फल को पा लेता है।

ज्ञानयोगी को भी कर्म करना पड़ता है। ज्ञान को परोपकार में लगाना (जैसे शिक्षक बनकर) ज्ञान योग है। शिक्षा देने का कर्म भी एक महत्त्वपूर्ण कर्म ही है। अच्छा शिक्षक वही है, जो अपने ज्ञान को, निरंतर अध्ययन करते हुए, आधुनिकतम रखता है तथा जो कुछ कक्षा में पढ़ाना है, उसकी पूरी तैयारी करके कक्षा में जाता है। विषय के स्लाइड्स बनाकर, उदाहरण (केस स्टडी) प्रस्तुत करके तथा संबंधित विषय के महानतम व्यक्तियों

की कुछ महत्त्वपूर्ण बातों के बारे में बताकर, दिलचस्प बना देता है। ऐसे शिक्षक का यश स्वत: शीघ्रता से फैल जाता है और भविष्य में उसके विद्यार्थी अपने जीवन में सफल रहते हैं। इससे शिक्षक को भी आंतरिक सुख व दिव्यानंद की प्राप्ति होती है। यह ज्ञानयोग भी श्लोक 2/50 में वर्णित प्रक्रिया की भाँति ही संपन्न करना होता है।

इसी प्रकार वह व्यक्ति भी जो शिक्षा के अतिरिक्त अन्य किसी कर्म को अपने लिये चुनता है, चाहे वह देश की सुरक्षा (सेना) का हो या आंतरिक सुरक्षा (पुलिस) का, चाहे कृषि विकास का हो या उद्योग विकास का, यातायात से संबंधित हो या विज्ञान से, कला-कौशल का हो या सामान्य सेवक का, उसको प्रशंसा मिले व श्रेष्ठ सफलता प्राप्त हो तो वह कर्मयोगी है, लेकिन ऐसी सफलता तभी प्राप्त हो सकती है, जब वह अपने कर्म को ज्ञान व विवेक के साथ संपन्न करे। इस प्रकार कर्मयोगी को भी ज्ञानयोगी बनना आवश्यक है।

तीसरे प्रकार का योग 'संन्यास योग' कहलाता है। सामान्यतया संन्यास का अर्थ यह माना जाता है कि गृहस्थ आश्रम के सभी उत्तरदायित्वों को पूर्ण करने के पश्चात् पहले मनुष्य वानप्रस्थ आश्रम में जाकर परिवार व समाज के संपर्क में रहता हुआ, उनको अपने ज्ञान तथा अनुभव के आधार पर लाभान्वित करता रहता है, फिर 75 वर्ष की आयु प्राप्त कर वह संन्यास आश्रम में हिमालय जैसे एकांत स्थानों में जाकर 'अकर्म' योगी की स्थिति में रहने लगता है। कुछ लोग युवावस्था में भी संन्यास ले लेते हैं। गीता में स्पष्ट किया हुआ है कि संन्यासी भी ज्ञानयोगी व कर्मयोगी की भाँति अपने को समाज व पीड़ित लोगों के हित में समर्पित कर सकता है, बल्कि वह गृहस्थ के उत्तरदायित्वों से मुक्त रहने से निश्चिंत रहकर निस्स्वार्थ व समता भाव के साथ कर्म करता हुआ, शीघ्रतर पूर्ण योग को प्राप्त हो सकता है। वे देश में घूमते हुए प्रवचनों द्वारा समाज की बहुमूल्य अवैतनिक सेवा करने हेतु सब प्रकार से सक्षम है। वास्तव में संन्यास-योगी किसको कहा जाता है, इसको गीता के श्लोक 18/11 में स्पष्ट किया है—

न हि देहभृता शक्यं त्वयक्तुं कर्माण्यशेषतः,
यस्तु कर्मफलत्यागी स त्यागीत्यभिधीयते।

(गीता श्लोक 18/11)

भावार्थ : किसी भी देहधारी प्राणी के लिए सभी कर्मों को त्यागना संभव नहीं है, जैसे-नैतिक कर्म, तप, यज्ञ, दान, वार्त्तालाप आदि। संन्यासी भी और कुछ नहीं तो ज्ञान-दान का कर्म तो कर ही सकता है। संन्यासी जो भी कर्म कर सके, उसके फल को त्यागकर करे तो वह वास्तव में संन्यास-योगी कहलाने का पात्र है।

चौथे प्रकार के योग को गीता में 'भक्तियोग' नाम दिया गया है। इसमें मनुष्य बिना

किसी प्रकार के फल की इच्छा किए अपने सभी सुकर्मों को ईश्वर को समर्पित कर कर्मयोगी की भाँति निस्स्वार्थ भाव से कर्म करता हुआ, भगवद्‌भक्ति में तल्लीन रहता है। भगवद्‌भक्ति दो प्रकार की होती है, साकार और निराकार। साकार में भगवान् को मूर्ति-रूप देते हुए पूजा-अर्चना आदि का कार्य किया जाता है तथा उसी स्वरूप को ध्यान में रखते हुए अपने सब कर्म करता रहता है। निराकार पद्धति में योगी ईश्वर को कोई भौतिक स्वरूप न देकर, उसे सर्वव्यापी, सर्वज्ञ तथा सर्वशक्तिमान मानते हुए एकाग्रचित्त से ध्यानपूर्वक कर्मयोग में लिप्त रहता है। इसे ध्यानयोग भी कहते हैं।

यो मां पश्यति सर्वत्र सर्वं च मयि पश्यति,
तस्याहं न प्रणश्यामि स च मे न प्रणश्यति।

(गीता श्लोक 6/30)

भावार्थ : जो व्यक्ति ईश्वर को सर्वव्यापी रूप में देखता है और जो यह समझता है कि वह विराट् स्वरूप है, अर्थात् उसमें संपूर्ण विश्व व्याप्त है, उसे ईश्वर सदैव प्राप्त है और वह ईश्वर को प्राप्त है। यह निराकार भक्ति अथवा ध्यानयोग है। गीता में कहा है कि साकार भक्ति निराकार भक्ति से अपेक्षाकृत सरल है।

वास्तव में उक्त वर्णित सभी योगों में ज्ञान और कर्म स्पष्टतया समाहित हैं। अंतर मात्र इतना है कि संन्यासयोग में मनुष्य पारिवारिक दायित्वों से मुक्त रहता है तथा भक्तियोग में, चाहे वह साकार भक्ति हो या निराकार, ईश्वर में तल्लीन रहते हुए अपना कर्म करता रहता है। सुकर्मों का नहीं, वास्तव में सुकर्मों के फलों का त्याग सच्चा संन्यास योग है। इससे उसे अपनी इंद्रियों पर नियंत्रण करना आसान हो जाता है, जो योग की सफलता के लिए नितांत आवश्यक है।

योग में समता का महत्त्व

योग में समता पर भी विशेष बल दिया गया है। श्लोक 2/38 में कर्म के परिणामस्वरूप जो कुछ मिले, सुख-दुःख, लाभ-हानि, जीत-हार को समान समझ क्योंकि गीता में स्पष्ट किया है कि 'मनुष्य की कार्यकुशलता, निष्ठा तथा बुद्धिमानी से, बिना किसी भय के या बिना किसी भेदभाव के भाव के या बिना किसी फल की आशा के उत्साह के साथ करना है। इसी प्रकार, सामाजिक व्यवस्था में भी किसी भी प्रकार का भेदभाव न करने के निर्देश हैं—

विद्याविनयसम्पन्ने ब्राह्मणे गवि हस्तिनि,
शुनि चैव श्वपाके च पण्डिताः समदर्शिनः

(गीता श्लोक 5/18)

भावार्थ : विद्या और विनय से युक्त ब्राह्मण, गाय, हाथी, कुत्ता, चांडाल में विद्वान् लोग समदर्शी होते हैं। योग की सिद्धि के लिए यह परम आवश्यक है कि सबके साथ समान व्यवहार किया जाए।

योग की सभी विधाओं का वर्णन यहाँ इसलिए दे दिया है कि गीता के श्लोक 2/50 की विशेष व्याख्या जो इससे पूर्व दी गई है, वह समान रूप से सभी विधाओं हेतु मान्य है।

धर्मनिरपेक्ष गीता

गीता के श्लोक 4/11 में सब धर्मों को समान स्तर पर रखा है।

ये यथा मां प्रपद्यन्ते तांस्तथैव भजाम्यहम्,
मम वर्त्मानुवर्तन्ते मनुष्याः पार्थ सर्वशः

(गीता श्लोक 4/11)

भावार्थ : जो मनुष्य जैसे मुझे प्राप्त होते हैं, उन को मैं वैसा ही मिल जाता हूँ, क्योंकि सभी व्यक्ति मेरे बनाए हुए मार्गों पर ही चलते हैं।

महर्षि वेदव्यास की रचनाओं की यह शैली रही है कि जब भी कृष्ण का आशय 'ईश्वर' से होता है, तब भी वह 'मैं', 'मेरे' या 'मुझे' शब्दों का प्रयोग करते हैं। मार्ग का अर्थ यहाँ 'धर्म' से है, अतः इस श्लोक का विश्लेषण निम्न प्रकार होगा। विश्व में जितने भी धर्म हैं, वे सब ईश्वर द्वारा ही बनाए गए हैं। प्रत्येक धर्म को बनाने के लिए या तो ईश्वर ने स्वयं मनुष्य रूप में अवतार लिया अथवा उसने आदर्श चरित्रवाले अपने प्रतिनिधि भेजे, जिन्होंने समाज की उचित व्यवस्था के लिए नियम बनाए, जो उस समाज के लिए धर्म बन गए। वैदिक धर्म के लिए किसी एक विशेष व्यक्ति को नहीं भेजा, बल्कि समय-समय पर महा विद्वान् ब्रह्म ऋषियों को भेजते रहे, जिन्होंने वेदों की रचना की। ये वेद ही वैदिक धर्म के आधार बने। ये किसी एक पुरुष के बनाए हुए नहीं हैं। इसका न कोई आदि है न अंत है, इसलिए इसे सनातन धर्म भी कहा जाता है। भगवान् के भेजे हुए 24 तीर्थंकरों ने जैन धर्म की तथा गौतम बुद्ध ने बौद्ध धर्म की स्थापना की। ईसा मसीह, जो अपने को ईश्वर का पुत्र कहते थे, ने ईसाई धर्म की स्थापना की तथा बाद में गुरु नानकदेव को भेजा, जिन्होंने सिख धर्म की स्थापना की। आजकल भी भगवान् के प्रतिनिधि विभिन्न स्थानों पर जन्म लेते रहते हैं, जो स्थानीय रूप से लोकहित के प्रशंसनीय कार्यों से व आदर्श आचरण से जनहित के कार्यों से प्रसिद्ध हो जाते हैं। स्थानीय लोग उन्हें अपने भगवान् की तरह ही पूजने लगते हैं, जैसे-कबीरपंथी, योगी लालदास पंथी, साईंराम पंथी। ईश्वर के अवतार राम और कृष्ण, वैदिक धर्म में आ गई कमियों के लिए अवतरित हुए थे। सारे धर्म ईश्वर के ही बनाए हुए हैं।

सभी आस्तिक धर्म इसमें विश्वास करते हैं कि "ईश्वर एक है और वह सर्वव्यापी है, सर्वशक्तिमान है, सर्वज्ञ है। वही विश्व का रचयिता व पालनहार है।" हिंदू उसे 'ओम', ईसाई 'गॉड', मुसलमान 'अल्लाह', सिख 'वाहे गुरु' कहते हैं।' गीता का स्पष्ट मत है कि ईश्वर एक ही है, नाम अलग-अलग होने से कोई फर्क नहीं पड़ता।

सुकर्म, अकर्म और विकर्म

सुकर्म उन कर्मों को कहते हैं, जो पारस्परिक आवश्यकताओं की पूर्ति के लिए व्यवसाय के रूप में परिश्रम और ईमानदरी के साथ किए जाते हैं। ये कर्म करना नितांत आवश्यक हैं क्योंकि यही आपको अपने परिवार के पालन-पोषण के तथा सामाजिक परंपराओं में उत्साह पूर्वक भाग लेने के उत्तरदायित्व को निभाने हेतु सक्षम बनाता है। वैदिक काल में प्रत्येक मनुष्य का व्यवसाय उसकी शिक्षा व रुचि के अनुसार विशेष प्रशिक्षण पर निर्भर करता था। उस निर्धारित कर्म से जो आय प्राप्त होती थी उससे वह अपने परिवार के प्रति अपने उत्तरदायित्वों को पूर्ण करता था। आजकल भी यही सिद्धांत व्यवहार में है। यदि किसी ने गुरुकुल की उच्चतम् डिग्री प्राप्त कर शिक्षक के कार्य में रुचि दिखाई, तो उसका निर्धारित कर्म शिक्षा-दान करना होगा, जिसके बदले में उसे वेतन मिलेगा। किसी ने शिक्षा प्राप्त कर सैनिक बनने में रुचि दिखाई तो वह आतताईयों व दुराचारियों से समाज की रक्षा करने हेतु नियुक्ति पा सकेगा। जो कृषि व औद्योगिक उत्पादन एवं वितरण के कार्य के लिए विशेष प्रशिक्षण प्राप्त करता है, वह व्यापारी बनकर समाज की आवश्यकताओं की पूर्ति करता है, जिससे उसे आय प्राप्त होती है। जो किसी कारणवश किसी प्रकार की शिक्षा प्राप्त नहीं कर पाता, वह सेवक या श्रमिक बनकर अपने परिवार का पालन-पोषण करता है। इस प्रकार प्रत्येक व्यक्ति अपनी शिक्षा व अभिरुचि के अनुसार पारस्पारिक आवश्यकताओं की पूर्ति के कर्म में संलग्न रहता है।

अकर्म उन कर्मों को कहते हैं, जो समाज-हित के लिये किये जाते हैं, जैसे कुआं, तालाब, धर्मशला, विद्यालय, औषधालय, आदि बनवाना। सुपात्र गरीबों को दान-पुण्य करना भी इसी श्रेणी में माने जाते हैं। ये कर्म अपने परिवार के लिए नहीं किए जाते, इसलिए इनको 'अकर्म' कहते हैं। इन कर्मों को करना तभी संभव हो पाता है जब किसी व्यक्ति की अपने व्यवसाय से आय इतनी अधिक हो कि वह अपने परिवार के उत्तरदायित्वों को सुचारु रूप से निभाने के बाद कुछ बचा सके, जिससे वह कुछ जन-हित के कार्यों को कर सके। अकर्म भी निस्स्वार्थ भाव से ही करने चाहिए, तभी वे योग प्राप्ति में सहायक होते हैं।

विकर्म या दुष्कर्म उन कर्मों को कहते हैं जिनसे किसी को पीड़ा मिले। इनमें अपराध की श्रेणी में आने वाले सभी कर्म, जैसे चोरी, डकैती, हिंसा, छल-कपट, असत्य साक्षी देना, दुराचार, आदि आते हैं। किसी भी प्रकार के नशे में प्रवृत्त होना भी विकर्म की श्रेणी में ही आता है क्योंकि उससे स्वयं को पीड़ा पहुँचती है। आलस, कामचोरी तथा अपने आचरण में काम, क्रोध, लोभ, मोह, अहंकार का प्रदर्शन भी विकर्म को बढ़ावा देता है। विकर्मी व्यक्ति योग को प्राप्त नहीं कर सकता।

सुकर्म और अकर्म यज्ञ कर्म कहलाते हैं, क्योंकि सुकर्म में देनेवाले और लेनेवाले दोनों को यथोचित लाभ मिलता है तथा अकर्म में केवल लेनेवाले को अथवा संपूर्ण समाज को क्योंकि देनेवाला निस्स्वार्थ भाव से केवल अपने आत्म-सुख के लिए देता है। गीता के श्लोक 3/9 में यज्ञ कर्म इसी अर्थ में प्रयुक्त हुआ है—

यज्ञार्थात्कर्मणोऽन्यत्र लोकोऽयं कर्मबन्धनः,
तदर्थं कर्म कौन्तेय मुक्तसंगः समाचर।

(गीता श्लोक 3/9)

भावार्थ : यज्ञ, अर्थात् परमार्थ के लिए किए गए कर्म, के अलावा अन्य सभी कर्म मनुष्य को सांसारिक बंधनों में बाँधकर रखते हैं। सांसारिक बंधनों में कामनाओं की पूर्ति होने से क्षणिक सुख (प्लेजर) तो मिलता है पर न होने से भारी दुःख, इसलिए हे अर्जुन! स्थायी सुख पाने के लिए तू यज्ञ कर्म कर, जो तुझे संग (आसक्ति या मोह) से दूर रखेगा।

प्रकृति-जन्य गुण

गीता में 3 प्रकार के प्रकृति-जन्य गुणों का वर्णन है।

सत्त्वं रजस्तम इति गुणाः प्रकृतिसम्भवाः,
निबध्नन्ति महाबाहो देहे देहिनमव्ययम्।

(गीता श्लोक 14/5)

भावार्थ : प्रकृति से मनुष्यों को तीन प्रकार के गुण प्राप्त होते हैं, जिनको सतोगुण, रजोगुण तथा तमोगुण कहते हैं। ये निर्विकार आत्मा को देह से बाँधते हैं।

मनुष्य में कुछ गुण गर्भ से होते हैं, कुछ संस्कारों से तथा कुछ प्रकृति जन्य होते हैं। प्रकृति-जन्य गुण वह है, जो हमें प्रकृति व समाज के संपर्क में आने से प्राप्त होते हैं। पक्षियों व पशुओं से, प्राकृतिक घटनाओं से, शिक्षकों व सहपाठी विद्यार्थियों से, खेल-कूदों में भाग लेने से, रेडियो व टेलीविजन से, परिवार व रिश्तेदारों से तथा अपने अनुभवों से सीखते हैं। ये ही वे गुण हैं, जो हमें उसी प्रकार का बनाना चाहते हैं, जैसा हम बनना चाहते हैं, योगी, भोगी या निकृष्ट प्रकृति के। यहाँ आगे प्रकृति-जन्य गुणों का वर्णन दिया जा रहा है।

गीता के श्लाके 14/9 में तीनों गुणों का संक्षिप्त परिचय दिया है।

सत्यं सुखे सञ्जयति रजः कर्मणि भारत,
ज्ञानमावृत्य तु तमः प्रमादे संजयत्युत।

(गीता श्लोक 14/9)

व्याख्या : कर्म में मनुष्यों के व्यवसाय भी सम्मिलित हैं। शिक्षक अपने शिष्यों को परिश्रम व सत्यनिष्ठा से पढ़ाकर शिष्यों का भला करता है। क्षत्रिय धर्म-युद्ध में उत्साहपूर्वक भाग लेकर प्रजा की आततायियों से रक्षा करता है। वैश्य व्यापार द्वारा उचित मूल्य पर गुणवत्ता से पूर्ण सामान सभी को उपलब्ध कराता है। सेवक तथा श्रमिक अपने कार्य को परिश्रम व ईमानदारी से करके अपने स्वामी के यज्ञ कर्म में सहायता देते हैं।

भावार्थ : जब मनुष्य कर्मयोग के नियमों का पालन करते हुए अपने सुकर्म में सफलता प्राप्त करे, अर्थात् कर्मयोगी में सतोगुणी के सभी गुण विद्यमान रहने चाहिए। रजोगुण में सकाम करने की तृष्णा रहती है, जिससे उसमें लोभ का गुण प्रधान है। वांछित वस्तु मिल जाने पर उसमें दंभ का प्रादुर्भाव होता है और न मिलने पर क्रोध)। योग का अधिकारी होने के लिए उसे तृष्णा, लोभ, दंभ व क्रोध पर नियंत्रण करना पड़ेगा। तमोगुण में ज्ञान का नितांत अभाव रहता है, इससे उसमें प्रमाद, आलस्य व अधिक नींद की प्रवृत्ति बढ़ जाती है। रजोगुणी व तमोगुणी दोनों विशेष प्रयास करने से उच्चतर गुणवत्ता प्राप्त कर सकते हैं।

योग में प्रथम प्रयास में सफल न होने पर भगवान् कृष्ण के निर्देश

अर्जुन ने विषाद की स्थिति में कहा था कि यह भी तो निश्चित नहीं है कि हम जीत ही जाएँ, पराजित भी तो हो सकते हैं। अर्जुन की इस अस्थिर बुद्धि को स्थिर करने के लिए कृष्ण भगवान् कहते हैं—

"कर्मण्येवाधिकारस्ते मा फलेषु कदाचन,
मा कर्मफलहेतुर्भूर्मा ते सङ्गोऽस्त्वकर्मणि।"

(श्लोक 2/47)

भावार्थ : कर्म करने में ही तेरा अधिकार है, अर्थात् कर्म करने के लिए ही तू स्वतंत्र है, कर्म का क्या फल मिलेगा, यह अधिकार ईश्वर के हाथ में है, अतः तू अपना निर्धारित कर्म निस्स्वार्थ भाव से कुशलता, निष्ठा, विवेक-बुद्धि के साथ, बिना जय के फल के लोभ के तथा बिना पराजय के भय के, निर्भीक होकर कर, यही योग है, जो तुझे सुख व शांति प्रदान करेगा। इस डर से कि कहीं असफल न हो जाऊँ, कर्म ही न करूँ तो यह तो अकर्मण्यता की स्थिति है जो दुःख से भरी हुई है, इसमें कोई संदेह नहीं है।

दुःखेष्वनुद्विग्नमनाः सुखेषु विगतस्पृहः,
वीतरागभयक्रोधः स्थितधीर्मुनिरुच्यते।
(गीता श्लोक 2/56)

भावार्थ : असफलता में दुःखी या हताश न हो, अर्थात् निरंतर प्रयत्न करते रहो, सफलता में अहंकार न करो। काम, क्रोध, लोभ व मोह के दुर्गुणों से अपने को बचाए रखो। ऐसा व्यक्ति स्थिर बुद्धि का होता है।

यद्यपि उक्त श्लोक स्थिर बुद्धि की परिभाषा समझाने के लिए लिखा गया है। उक्त श्लोक के प्रथम भाग में यही कहा गया है कि दुःख में दुःखी नहीं होना चाहिए, इसका अपरोक्ष अर्थ यह भी हो सकता है कि पराजय की स्थिति में दुःखी मत हो, स्थिर बुद्धि से इस पर विचार करना चाहिए कि हार किन कारणों से हुई। उन कारणों का निराकरण कर, पुनः निष्ठा के साथ यथासमय युद्ध करना चाहिए। पराजय से हताश कभी न हों। निरंतर प्रयत्न करते रहें। इसी में आपको सुख मिलेगा और सफलता भी। कुछ दिन पूर्व समाचार-पत्रों में एक लेख छपा था कि एक गरीब परिवार का लड़का केंद्रीय सेवाओं की तैयारी कर रहा था। प्रतिभावान भी था तथा गीता से प्रेरित भी, जब पहले प्रयास में सफल नहीं हुआ तो उसने परिवार की कमजोर आर्थिक स्थिति के कारण पुलिस में सिपाही की नौकरी कर ली, परंतु वह दुःखी व हताश नहीं हुआ। वह प्रतिवर्ष केंद्रीय प्रतियोगिता परीक्षा में बैठता रहा, उसने प्रयत्न नहीं छोड़ा। अंत में 10 वर्ष बाद वह सफल हुआ और आई.पी.एस. अधिकारी बन गया। यह थी गीता की प्रेरणा, अब यही आशा है कि वह अपने बड़े उत्तरदायित्व के पद पर कर्मयोगी बनकर देश की सेवा निष्ठापूर्वक करते हुए उत्तम तथा प्रशंसनीय सफलता प्राप्त करेगा।

श्रीकृष्ण के मुख से प्रेरणादायक तथ्यों को जानकर अर्जुन कहता है "मेरे मन और मस्तिष्क में अब किसी प्रकार का कोई संदेह नहीं है कि इस समय मेरा परम कर्तव्य कुशलतापूर्वक, निष्ठा और बुद्धिमानी के साथ इस धर्मयुद्ध को लड़ना है, जो अब मैं निश्चय ही उत्साहपूर्वक करूँगा।"

अंत में संजय भी श्रीकृष्ण और वीर अर्जुन के संवाद को सुनकर कह ही देते हैं कि जहाँ योगेश्वर कृष्ण और वीर धनुर्धारी अर्जुन हैं, वहाँ विजय निश्चित है।

गीता की कुछ अलौकिक घटनाओं का विश्लेषण

गीता में सामान्य रूप से अलौकिक घटनाओं का अभाव है। यह यथार्थ पर आधारित दर्शनशास्त्र है, जो मनुष्य मात्र को स्वस्थ, सुखी, आनंद एवं ऐश्वर्यशाली जीवन

बिताना सिखाती है, फिर भी तीन ऐसी बातें हैं, जो अलौकिक प्रतीत होती हैं, जिनका उल्लेख व व्याख्या निम्नवत् है।

संजय की दिव्यदृष्टि : महाभारत में यह अंकित है कि जब यह तय हो गया था कि अब पांडवों और कौरवों में युद्ध होनेवाला है, तब महर्षि वेदव्यासजी अपने नियोग से प्राप्त अपने पुत्र धृतराष्ट्र के पास गए और कहा कि वह उसे दिव्यदृष्टि देना चाहते हैं, जिससे वे अपने कक्ष से ही कुरुक्षेत्र में होनेवाले युद्ध को देख व सुन सकेंगे। धृतराष्ट्र बोले, "महर्षिवर! इस वृद्धावस्था में मैं अपने पुत्रों और पांडु के पुत्रों के बीच खून-खराबा होता नहीं देखना चाहता, आपको यदि कोई आपत्ति न हो तो दिव्यदृष्टि मेरे सारथी संजय को दे दें, वह मेरे कक्ष में बैठकर मुझे सुनाता रहेगा।" व्यासजी ने अपनी सहमति दे दी। उसके बाद संजय को तुरंत बुला लिया गया तथा व्यासजी ने उसको दिव्यदृष्टि का वरदान दे दिया। जिस दिन युद्ध प्रारंभ होनेवाला था, उसी दिन संजय को महाराज धृतराष्ट्र ने अपने कक्ष में बुलवाकर सामने बिठाकर पूछा—

धर्मक्षेत्रे कुरुक्षेत्रे समवेता युयुत्स्वः,
मामकाः पाण्डवाश्चैव किमकुर्वत सञ्जय।

(गीता श्लोक 1/1)

उक्त श्लोक गीता का पहला श्लोक है, जिसमें धृतराष्ट्र ने संजय से पूछा है कि मेरे और पांडु के पुत्र कुरुक्षेत्र के मैदान में इकट्ठे होकर क्या कर रहे हैं? संजय बताता है कि दुर्योधन आचार्य द्रोणाचार्य को पाण्डवों की सेना संरचना को स्पष्ट करते हैं, फिर अपनी सेना की संरचना को स्पष्ट करते हैं। तत्पश्चात् अर्जुन अपने रथ को दोनों सेनाओं के मध्य खड़ा करके जब यह देखता है कि उसे अपने भाई-बंधुओं, रिश्तेदारों, महामान्य गुरुओं व परिवार के तथा महापूज्य भीष्म पितामह से ही लड़ना है तो अत्यंत दुःखी होकर अपने धनुष-बाणों को रथ में नीचे डालकर कृष्ण से कह देता है कि वह यह युद्ध नहीं करेगा। कृष्ण अर्जुन को क्षत्रिय धर्म के कर्तव्य से, योग के बिंदु से, समाज-कल्याण के बिंदु से, धर्म के बिंदु से तथा अपना विराट् रूप दिखाकर जब अर्जुन से पूछते हैं कि "तेरा अज्ञान-जन्य मोह दूर हुआ या नहीं", तो अर्जुन कहता है—

नष्टो मोहः स्मृतिर्लब्धा त्वत्प्रसादान्मयाच्युत,
स्थितोऽस्मि गतसन्देहः करिष्ये वचनं तव।

(गीता श्लोक 18/73)

भावार्थ : "हे अच्युत! आपकी कृपा से मेरा मोह अब पूरी तरह से नष्ट हो गया है और मैंने अंतरात्मा का ज्ञान प्रप्त कर लिया है। मेरा संशय पूर्ण रूप से समाप्त हो गया है। मैं अब स्थिरबुद्धि हूँ ,मेरे मन में अब किसी प्रकार का संशय नहीं है। मैं युद्ध करूँगा।"

श्रीकृष्ण के युद्धभूमि में उपदेश बनाम महर्षि वेदव्यास द्वारा रचित 'श्रीमद्भगवत्गीता'

गीता में श्रीकृष्ण द्वारा दिए गए भाषण के अतिरिक्त नया कुछ भी नहीं है।

कुछ लोगों का मत है कि भगवान् कृष्ण ने मोह-जन्य विषाद से ग्रस्त अर्जुन के विषाद को समाप्त करने के लिए युद्ध के मैदान में जो तर्कपूर्ण भाषण दिया, उसमें गीता के सभी 574 श्लोकों की विषयवस्तु (मैटर) का गद्य रूप में वर्णन था। उसी भाषण को महर्षि वेदव्यास ने अपने काव्यग्रंथ 'महाभारत' में 'श्रीमद्भगवद्गीता' नाम से 18 अध्यायों में श्लोकों के रूप में प्रस्तुत कर दिया है, अपनी ओर से कुछ घटाया-बढ़ाया

महर्षि वेदव्यास, लेखक 'श्रीमद्भगवद्गीता'
(भगवान् श्रीकृष्ण द्वारा प्रतिपादित सिद्धांतों की विशद व्याख्या)

संजय' द्वारा महाभारत युद्ध की घटनाओं को दिव्यदृष्टि से देखते हुए महाराजा धृतराष्ट्र को सुनाना

भगवान् कृष्ण का विराट् स्वरूप

देवव्यास द्वारा रचित गीता कृष्ण के भाषण का श्लोकों में रूपांतर मात्र है

नहीं है। यह धारणा अव्यावहारिक है। 574 श्लोकों का मूल गद्य रूप में भाषण पाँच–छह घंटे से कम का नहीं होगा और इतना समय दोनों सेनाओं के मध्य भाषण देते रहना संभव ही नहीं है, विशेषतया उस स्थिति में जब शंखों की सामूहिक ध्वनि से युद्ध का आह्वान हो चुका हो। कृष्ण ने सिर्फ दस–बारह मिनट का ही भाषण दिया होगा जो कि उस स्थिति में संभव हो सकता था। वास्तविकता यही है कि अर्जुन का विषाद तो उसी से मिट गया होगा, जब श्रीकृष्ण ने उसे समझाया होगा कि तेरा इस युद्ध से पलायन करने का अर्थ यह होगा कि तेरे विरोधी तुझे कायर कहकर तेरा अपमान करेंगे, अतः यह कहना कि गीता भगवान् कृष्ण के 5–6 घंटों के भाषण का पद्यों में रूपांतर मात्र है, सही नहीं है। महर्षि वेदव्यास ने जिस पुस्तक 'श्रीमद्भगवद्गीता' की रचना की है, वह पद्यशैली में स्वयं उनकी अपनी रचना है। हाँ, यह अवश्य है कि उस रचना में श्रीकृष्ण के विभिन्न अवसरों पर प्रकट किए गए सिद्धांतों की पद्य रूप में उनके अपने मतानुसार व्याख्या है।

श्रीकृष्ण का विराट् रूप में प्रकट होना : यह महर्षि वेदव्यास की कल्पना मात्र प्रतीत होती है। उन्होंने श्रीकृष्ण को कई स्थानों पर अपनी पुस्तक 'श्रीमद्भगवद्गीता' में अनेक श्लोकों में ईश्वर के लिए 'मैं' शब्द का प्रयोग किया है। यह श्री व्यासजी की श्रीकृष्ण के प्रति अद्भुत भक्ति भाव ही प्रकट करती है। यदि विराट् रूप के प्रदर्शन में कुछ सच्चाई है तो यही मानना होगा कि कृष्ण में सम्मोहन (मेज्मराइज) करने की शक्ति थी। अर्जुन को सम्मोहक शक्ति द्वारा उन्होंने विराट् रूप दिखाया होगा अथवा यह भी हो सकता है कि महर्षि वेदव्यास ने स्वप्न देखा हो।

☐

4

राम के जीवन की अलौकिक घटनाएँ

राम का जन्म

भक्ति-मत : धार्मिक ग्रंथों में यह अंकित किया गया है कि जब अयोध्या के राजा दशरथ के कोई संतान नहीं हुई तो उन्होंने अपने शुभचिंतकों के परामर्श पर पुत्र-प्राप्ति हेतु यज्ञ करवाया, उसमें दशरथ की रानियों के खाने के लिए विशेष प्रकार का प्रसाद बनवाया गया, जिसे तीनों रानियों में बाँटने के लिए दे दिया। रानियों द्वारा प्रसाद खा लेने पर वे गर्भवती हो गईं। कौशल्या ने राम को, कैकेयी ने भरत को तथा सुमित्रा ने जुड़वाँ लक्ष्मण और शत्रुघ्न को जन्म दिया। राम का जन्म विक्रमी संवत् से 5057 वर्ष पूर्व चैत्र शुक्ल नवमी (ईसा पूर्व 5114 में 10 जनवरी) को हुआ था (यह तिथि वाल्मीकि रामायण में दी हुई ग्रह-नक्षत्रों की स्थिति को 'प्लैनिटेरियम गोल्ड' नामक सॉफ्टवेयर में प्रविष्ट कर प्राप्त की गई है), तदनुसार, विक्रमी संवत् 2077 में उनकी उम्र 7134 वर्ष की होती। भरत, लक्ष्मण और शत्रुघ्न का जन्म भी उसी वर्ष चैत्र मास में ही अलग-अलग तिथियों में हुआ। चारों भाइयों में आपस में प्रगाढ़ स्नेह था तुलसीदासजी ने तो 'श्री रामचरितमानस' में यहाँ तक लिखा है कि खेलकूद में यदि राम जीत रहे होते थे तो वे जान-बूझकर हार जाते, ताकि छोटे भाई विजय की खुशी में प्रफुल्लित हो उठें।

ब्रह्मज्ञानी विश्वामित्र के आश्रम में

ब्रह्मज्ञानी विश्वामित्र का आश्रम आयोध्या और मिथिला के बीच स्थापित था। उनके द्वारा किए गए यज्ञों को ताड़का, मारीच, सुबाहु आदि राक्षस नष्ट कर देते थे। ब्रह्मज्ञानी बन जाने के कारण विश्वामित्र के लिए अस्त्रों का प्रयोग वर्जित था। दशरथ के चारों पुत्र अयोध्या में स्थापित वशिष्ठ के गुरुकुल में शिक्षा प्राप्त कर रहे थे, जब वे अपनी शिक्षा समाप्त कर वापस आ गए तो विश्वामित्र ने अपने आश्रम की रक्षा करने के लिए दशरथ से राम और लक्ष्मण को माँग लिया। दशरथ राम व लक्ष्मण को भेजना नहीं चाहते थे, अत: मुनिवर के आश्रम की पूर्ण सुरक्षा सुनिश्चित करने

हेतु उन्होंने अपनी सेना सहित स्वयं चलने का प्रस्ताव रखा, परंतु मुनिवर अपनी जिद पर अड़े रहे कि वे राम को ही लेकर जायेंगे। अंत में गुरु वशिष्ठजी के समझाने पर दशरथ राम और लक्ष्मण को विश्वामित्रजी के साथ भेजने को राजी हो गए। यहाँ पर एक यह प्रश्न विचारणीय है कि ब्रह्मज्ञानी विश्वामित्र ने राम के साथ लक्ष्मण को ही क्यों लिया, भरत को क्यों नहीं? इसका एकमात्र कारण यही प्रतीत होता है कि राम के तथा भरत के स्वभाव में सौम्यता थी, जबकि लक्ष्मण के स्वभाव में उग्रता। विश्वामित्र को दो पृथक् प्रकार के स्वभावों के राजकुमारों को ले जाना अधिक उपयुक्त लगा होगा, क्योंकि वे राम और लक्ष्मण को शस्त्र-विद्या एवं युद्ध-कला में निपुण करना चाहते थे। भक्ति-मत में यह कल्पना निहित है कि महर्षि विश्वामित्र को पूर्व-ज्ञान था कि राम-सीता और लक्ष्मण को वनवास में जाना पड़ेगा और वहाँ से दक्षिण में जाकर लंका में स्थापित राक्षसों को समाप्त करेंगे। तर्क-मत के अनुसार पूर्व-ज्ञान न कहकर, विश्वामित्र की इस सोच को कि किसी भी युद्ध में राम के साथ लक्ष्मण के ही रहने की अधिक संभावना है, दूरदर्शिता ही मानी जा सकती है, क्योंकि भविष्य में हुए राम-रावण युद्ध में राम के साथ लक्ष्मण ही थे, जिनका विजय प्राप्ति में प्रशंसनीय योगदान रहा था।

जब वे आश्रम की ओर जा रहे थे, मार्ग में ही ताड़का राक्षसनी मिल गई, जिसने राम और लक्ष्मण पर आक्रमण कर दिया। राम ने एक ही बाण में उसको ढेर कर विश्वामित्र पर अच्छा प्रभाव छोड़ा, जिससे प्रसन्न होकर उन्होंने अपने अचूक अस्त्र राम को भेंटस्वरूप दे दिए। आश्रम पहुँचकर कुछ दिनों में ही सभी राक्षसों को मारकर आश्रम की पूरी तरह से सुरक्षा सुनिश्चित कर दी तथा यज्ञ-हवन, पूजा पाठ सब शांति के साथ निर्विघ्न संपन्न होने लगे। विश्वामित्र ने राम और लक्ष्मण को युद्धनीति, कूटनीति तथा राजनीति में निपुण बनाने हेतु विशेष प्रशिक्षण भी दिया। इसी बीच मिथिला के राजा जनक से महर्षि विश्वामित्रजी के पास निमंत्रण आया कि वे राजकुमारी सीता के स्वयंवर में पधारें, अत: राम और लक्ष्मण को साथ लेकर वे मिथला के लिए रवाना हो गए।

अहल्या का उद्धार

भक्ति-मत : संपूर्ण सृष्टि के रचयिता परमपिता ब्रह्माजी के मन में अचानक यह विचार प्रस्फुटित हुआ कि एक ऐसी कन्या की रचना की जाए जो समस्त सृष्टि में सुंदरतम हो, ऐसी अद्वितीय हो कि उसके मुकाबले न कोई हुआ था, न कोई है और न कोई होगा। वे अपने इस विचार का क्रियान्वयन करने में लग गए तथा कुछ समय पश्चात् अपनी ही रचना को देखकर वे स्वयं आश्चर्यचकित रह गए। उन्होंने

उसका नाम 'अहल्या' ('अ' माने नहीं और 'हल्या' माने हल के समान, अर्थात् 'विकाररहित') रखा, फिर सोचा कि इस अतीव सुंदर कन्या को किसी ऐसे सदाचारी, चरित्रवान व विश्वस्त ऋषि के संरक्षण में रखा जाए, जो उसकी शिक्षा व समुचित पालन-पोषण के उत्तरदायित्व का सफल निर्वहन कर किशोर हो जाने पर उनके पास वापस ले आए। उस समय मिथिला नरेश के राज्य में स्थापित आश्रम के संचालक श्री गौतम ऋषि की प्रतिष्ठा की ख्याति से वह स्वयं परिचित थे, अत: उनको अपने पास बुलाकर तथा भली-भाँति समझाकर उस अद्वितीय कन्या को उनके साथ उनके आश्रम में भेज दिया, जब उस कन्या ने किशोरावस्था में चरण रखे तो गौतम ऋषि उसे स्वयं लेकर ब्रह्माजी के पास पहुँचकर बोले, "भगवन्, आपने मुझे जो उत्तरदायित्व सौंपा था, उसका सत्यनिष्ठा के साथ निर्वहन कर अब इसके किशोरावस्था में पदार्पण करने पर आपको सौंप रहा हूँ।" ब्रह्माजी गौतम ऋषि द्वारा प्रदर्शित आदर्श आचरण एवं प्रशंसनीय संयम से बहुत संतुष्ट एवं आनंदित हुए तथा प्रसन्नतापूर्वक अहल्या का हाथ गौतम के हाथ में देते हुए बोले, "वत्स, आज से यह तुम्हारी पत्नी है, दोनों स्वस्थ, सुखी, सफल एवं यशस्वी वैवाहिक जीवन व्यतीत करते हुए समाज कल्याण में संलग्न रहो।" सृष्टि-रचयिता ब्रह्माजी का आशीर्वाद प्राप्त कर अहल्या और गौतम दोनों बहुत ही खुश हुए तथा उनके चरण-स्पर्श कर गौतम अपनी पत्नी अहल्या को साथ लेकर अपने आश्रम में वापस आ गए।

अहल्या और गौतम ऋषि के विवाह-सूत्र में बँध जाने से देवताओं के राजा इंद्र खुश नहीं हुए। वह स्वयं अहल्या को पाने के लिए लालायित थे। उनकी धारणा थी कि विश्व की सबसे सुंदर नारी की शादी तो उनके साथ ही होनी चाहिए थी, परंतु उनमें ब्रह्मांड के रचयिता ब्रह्माजी के निर्णय का किसी भी प्रकार से विरोध करने का साहस नहीं था। विवाहोपरांत अहल्या अपने वैवाहिक जीवन से खुश थी तथा पति के प्रति पूर्णतया समर्पित रहकर पतिव्रता नारी के धर्म का निष्ठापूर्वक पालन करती हुई, गृहस्थी तथा आश्रम के प्रबंध विषयक उत्तरदायित्वों का भी सुचारु रूप से निर्वहन कर रही थी। पति-पत्नी में पूर्ण पारस्परिक समन्वय एवं सहयोग था तथा दोनों एक-दूसरे की आवश्यकताओं को भौतिक, मानसिक तथा आध्यात्मिक रूप से पूरा करते हुए अपने वैवाहिक जीवन में खूब सुखी व आनंदित थे।

इंद्र इन सब तथ्यों से परिचित था तथा अहल्या को अपरोक्ष रूप से प्रभावित करने के उसके सारे प्रयत्न असफल हो रहे थे। वह अहल्या से किसी भी प्रकार शारीरिक संबंध बनाने के लिए बेचैन था। अंत में उसने अपनी वासना को पूरा करने के लिए यह मन बना लिया कि अब वह छल का सहारा लेगा। इसके लिए कई दिन तक वह गौतम ऋषि की

दिनचर्या की जानकारी प्राप्त करता रहा कि रात्रि में गौतम कब और कितनी देर के लिए बाहर जाते हैं। इससे उसे यह निश्चित जानकारी मिली कि ऋषि रात्रि में तीन-चार बजे के लगभग नदी पर चले जाते हैं तथा वहाँ से स्नान आदि से निवृत्त होकर, पूजा-पाठ, योगासन व ध्यान (मेडीटेशन) पूर्ण कर लगभग दो-तीन घंटे बाद आश्रम में वापस आते हैं। इस बीच उसने गौतम ऋषि का भेष बनाने का अभ्यास भी कर लिया, फिर एक दिन मौका पाकर रात्रि में जब गौतम ऋषि बाहर चले गए, तब इंद्र ऋषि के भेष में अहल्या की कुटी में पहुँचकर, बहुत धीरे से यह कहते हुए कि 'आज मैं जल्दी आ गया हूँ', अपनी वासना पूरी की। इतने में गौतम ऋषि आश्रम में आ गए। यह ज्ञात होते ही इंद्र कुटी से बाहर निकलकर जाने लगा, तब अहल्या को मालूम हुआ कि मुनि के भेष में जो व्यक्ति था वह इंद्र था, वह भी बाहर आ गई। दोनों को देखकर गौतम ने यह मान लिया कि इंद्र और अहल्या दोनों ने उसके साथ छल किया है, अतः उन्होंने अत्यंत क्रोधित होकर और बिना कोई पूछताछ किए दोनों को शाप दे दिया, दुराचारी इंद्र को नपुंसक हो जाने व उसके चेहरे के बिगड़ जाने का तथा अहल्या को पत्थर बन जाने का। अहल्या के शाप में यह संशोधन कर दिया कि त्रेता युग में भगवान् राम जब पत्थर बनी अहल्या को अपने पैर से छू लेंगे, तब वह पुनः पत्थर से अपने मूल रूप की नारी बन जाएगी (यहाँ यह अंकित करना वांछनीय है कि भक्ति-मत के अनुसार गौतम ऋषि सतयुग में हुए थे और राम त्रेता में)। शाप देकर गौतम तुरंत आश्रम से बाहर निकलकर हिमालय पर चले गए। इंद्र भी तुरंत वहाँ से बिल्ली की तरह भाग गया कि पता नहीं अहल्या भी उसे और कोई शाप न दे दे।

अलौकिकता : प्रारंभ से ही अहल्या सदैव उत्तम चरित्र एवं आदर्श पतिव्रता नारी का परिचय दे रही थी, उसके संदर्भ में गौतम ऋषि का क्रोध में आकर उसको शाप दे देने का कोई औचित्य नहीं है, यद्यपि भारत के आदिकवि वाल्मीकि ने अहल्या को अपनी रामायण के बालकांड में दुराचरण की दोषी समझा है, परंतु उसी रामायण के उत्तरकांड में उसके चरित्र व आचरण की प्रशंसा की है। बाद के सभी विद्वान् महर्षियों ने भी अहल्या को आदर्श चरित्र की नारी मानते हुए सभी शास्त्रों में जिन पाँच नारियों को 'पंचकन्या' कहा गया है तथा यह अंकित किया गया है कि उन्हें नित्य स्मरण करने से पापों का नाश हो जाता है, उनमें सबसे पहले अहल्या का नाम है (बाद के चार नाम हैं—द्रौपदी, सीता, तारा और मंदोदरी)।

अहल्या द्रौपदी सीता तारा मंदोदरी च,
पंच कन्या स्मरेन्नित्यं सर्वपातक नाशनम्।

ये सभी नारियाँ पतिव्रता थीं तथा पति के अत्याचार का शिकार रही थीं। जो नारी

सीता जैसी पवित्र मानी गई हो, उसके बारे में यह कैसे सोचा जा सकता है कि वह जान-बूझकर इंद्र के साथ दुराचरण में लिप्त थी, अगर ऐसा होता तो उसका नाम पंचकन्याओं में कभी नहीं जोड़ा जाता।

यह विचार कि अहल्या शाप के फलस्वरूप सचमुच पत्थर बन गई, तर्क-संगत नहीं है। इनसान का भौतिक रूप में पत्थर बन जाना असंभव है, गौतम ऋषि भगवान् तो थे नहीं, जो किसी भी असंभव को संभव कर दें, फिर इसी प्रसंग में, राम ने उस पत्थर को अपने पैर से छूकर पुनः पूर्ववत् सुंदर नारी बना दिया। यह भी तर्क-संगत नहीं हो सकता, क्योंकि राम तो मर्यादा पुरुषोत्तम थे, जिसका सामान्य अर्थ है कि 'इनसान की सीमा में रहकर उत्तम कार्य करना'। कोई भी इनसान पत्थर को नारी बना देने में समर्थ नहीं है।

उपरोक्त वर्णन में तीन प्रसंग ऐसे हैं, जिन्हें अलौकिक ही माना जा सकता है। पहला, ब्रह्मा द्वारा अहल्या की रचना कर लेने के पश्चात् गौतम ऋषि को अपने पास बुलाना और किशोरी होने तक उसकी शिक्षा और पालन-पोषण का उत्तरदायित्व सौंपना, तत्पश्चात् किशोरावस्था प्राप्त कर लेने पर गौतम ऋषि द्वारा उसे लेकर पुनः ब्रह्मा के पास जाना, जबकि ब्रह्मा तो स्वयं सर्वव्यापी ईश्वर ही हैं, उनका किसी इनसान को पृथ्वी से बुलाना और उस इनसान का उनके पास पहुँचना अलौकिक ही है। दूसरा, जब गौतम ऋषि का, उनके ही भेष में इंद्र को अहल्या के साथ कुटी से निकलता देखकर अपनी पत्नी को यह शाप देना कि वह पत्थर बन जाएगी, इस अर्थ में अलौकिक है कि इनसान का पत्थर बन जाना संभव ही नहीं है। तीसरा, जब त्रेतायुग में राम यहाँ आकर अपने पैर से पत्थर को स्पर्ष करेंगे, तब वह पत्थर अहल्या जैसी सुंदर नारी के मूल रूप में बदल जाएगा। इसमें दो अलौकिकताएँ हैं—एक यह है कि पत्थर का इनसान बनना असंभव है, दूसरी यह कि गौतम सतयुग के थे और राम त्रेता के। दोनों युगों में हजारों वर्ष का अंतर था। गौतम ऋषि को सहस्त्रों वर्ष बाद होनेवाली राम संबंधी घटना के विषय में कैसे ज्ञात हुआ!

तर्क-मत : पहले प्रसंग में इस बात की संभावना है कि किसी इनसान के यहाँ अहल्या का जन्म हुआ हो तथा उसकी माता की प्रसव के बाद ही मृत्यु हो गई हो। लड़की अति सुंदर थी, अतः उसने उसके संरक्षण का भार अपने मित्र अथवा निकट संबंधी गौतम ऋषि को सौंप दिया हो।

दूसरे प्रसंग में, गौतम ऋषि ने पत्नी को पत्थर बन जाने का नहीं, बल्कि पत्थर जैसी बन जाने का शाप दिया हो और उसका परित्याग कर हिमालय पर चले गए। शाप के पश्चात् कोई उसके पास आता नहीं था और न वह किसी के यहाँ जा पाती थी।

आश्रम सूना हो गया था। इस प्रकार वह पूर्ण रूप से एकाकी जीवन व्यतीत कर रही थी। जंगल के कंद, मूल तथा फलों से जैसे-तैसे जीवन निर्वाह हो रहा था। वह तो कभी की आत्महत्या कर लेती, परंतु वह बदनामी के साथ मरना नहीं चाहती थी। उसे पूर्ण आशा थी कि मुनिवर एक दिन यह अवश्य महसूस करेंगे कि वह निर्दोष है। गौतम को भगवान् राम के आश्रम में आने के समाचार भी मिले तथा यह भी ज्ञात हुआ कि इंद्र भी इस डर से नहीं आ रहा है कि कहीं अहल्या उसे शाप न दे दे। वह यह भी समझ रहे थे कि यदि अहल्या की उस दुराचरण की घटना में सहमति होती तब तो उसे कोई कष्ट ही नहीं उठाना पड़ता, इंद्र उसे सँभाल लेता, जब गौतम ऋषि पूरी तरह से आश्वस्त हो गए कि अहल्या की कोई गलती नहीं थी, बल्कि उसके साथ इंद्र ने छल से बलात्कार किया, तब उनको अपनी पत्नी को क्रोध में आकर शाप देने और परित्याग करने की गलती समझ में आई तथा आश्रम में वापस आकर उससे क्षमा-याचना कर, दोनों पति-पत्नी के रूप में पूर्ववत् रहने लगे तथा आश्रम में पहले की भाँति चहल-पहल हो गई।

तीसरे प्रसंग में यही संभव मालूम होता है कि गौतम ऋषि भी त्रेतायुग में ही हुए होंगे तथा दशरथ के समकालीन रहे होंगे। अहल्या उम्र में राम से काफी बड़ी ही रही होगी।

विश्वामित्र जब सीता के स्वयंवर में बतौर विशिष्ट अतिथि के सम्मिलित होने के लिए राम और लक्ष्मण को साथ लेकर मिथिला जा रहे थे तो गौतम ऋषि का आश्रम मार्ग में ही पड़ता था, अतः वे अहल्या से मिलने वहाँ आ गए। ब्रह्मज्ञानी विश्वामित्र इंद्र के छल से परिचित थे तथा उनकी पूरी हमदर्दी अहल्या के साथ थी। मार्ग में ही राम को उन्होंने अहल्या के बारे में सारी सच्चाई बता दी। राम के दिल में भी अहल्या के प्रति पूर्ण सहानुभूति हो गई। सूने आश्रम की कुटिया में वे पीड़ित अहल्या के दर्शन करने आए। उसकी अति दयनीय दशा को देखकर उनकी आँखें नम हो गई तथा उन्होंने तुरंत अहल्या के चरण-स्पर्श किए। अहल्या ने उनको कुटी में पधारने के लिए अपनी कृतज्ञता प्रकट की तथा जंगल के कंद-मूल व फलों से सभी का स्वागत किया। विश्वामित्र ने अहल्या को आश्वस्त कर दिया कि अब उसके बुरे दिन समाप्त हुए, गौतम को सच्चाई मालूम हो जाएगी तथा वे स्वयं यहाँ आकर, अपने भ्रमवश दिए गए गलत शाप के लिए तुम से क्षमा माँगेंगे और तुम्हें पूर्ववत् पतिव्रता पत्नी के रूप में अपने साथ रखेंगे, ऐसा ही हुआ।

मिथिला में राजा जनक की पुत्री सीता का स्वयंवर

भक्ति-मत : राजा जनक के भवन में शिवजी का एक अति पुराना तथा अत्यंत विशाल व भारी धनुष रखा था, जिसे उठाना तो दूर, कोई हिला भी नहीं पाता था। एक दिन राजकुमारी सीता उस कक्ष की सफाई कर रही थी तो जनक ने देख लिया कि सीता

ने उस धनुष को सरकाकर उसके नीचे भी सफाई कर दी। यह देखकर जनक को बड़ा आश्चर्य हुआ और उसी दिन उन्होंने यह दृढ़ मत बना लिया कि सीता जैसी बहादुर लड़की की शादी स्वयंवर द्वारा उसी राजकुमार से करेंगे, जो उस धनुष को उठाकर तोड़ देगा। नियत समय पर स्वयंवर आयोजित हुआ तथा संपूर्ण देश से राजकुमार आए। राम और लक्ष्मण को साथ लेकर महर्षि विश्वामित्र भी पहुँच गए। सभी राजकुमारों ने अपना भाग्य आजमाया पर कोई भी धनुष को हिला भी न सका। जनक ने सभी को संबोधित कर अपनी हताशा प्रकट करते हुए कहा कि **'बीरबिहीन मही मैं जानी'** (श्री रामचरितमानस : 1/251-2)। इस पर विश्वामित्र ने राम से कहा कि वह धनुष को तोड़कर जनक के परिताप को दूर करें। राम गुरु के चरण-स्पर्श कर शिव-धनुष के पास पहुँच गए तथा गुरु को मन-ही-मन प्रणाम कर धनुष को उठा लिया और उसके दो टुकड़े कर दिए। सभी के चेहरे प्रसन्नता से प्रफुल्लित हो गए। सीता ने तुरंत राम को जयमाला पहनाकर उनकी पत्नी बनने की सहर्ष स्वीकृति दे दी। बाद में राजा जनक से सूचना व निमंत्रण मिलने पर दशरथ बरात लेकर मिथिला आ गए तथा खूब धूमधाम से राम और सीता का विवाह हुआ। उसी सुअवसर पर लक्ष्मण का विवाह सीता की छोटी बहन उर्मिला से तथा भरत और शत्रुघ्न का विवाह सीता की चचेरी बहनों (क्रमशः मांडवी तथा श्रुतकीर्ति) के साथ हो गया। शादी के समारोहों के बाद चारों दुलहनों को लेकर सभी अयोध्या वापस आ गए।

राम द्वारा जनक की पुत्री सीता के स्वयंवर में शिव धनुष को तोड़ना

राम का 14 वर्ष के लिए वनवास

मिथिला से वापस अयोध्या आ जाने के पश्चात् राजा दशरथ ने राजकाज का उत्तरदायित्व राम को सौंप देने का मन बना लिया, तदनुसार राम का राज्याभिषेक करने का दिन और शुभ मुहूर्त निश्चित हो गए तथा औपचारिक तैयारियाँ प्रारंभ हो गईं। इससे रानी कैकेयी की दासी, मंथरा, खुश नहीं थी। उसने अपने कुटिल स्वभावानुसार कैकेयी के कान भरने शुरू कर दिए, 'राम के राजा बन जाने पर आप कौशल्या की दासी जैसी हो जाएँगी। महाराज दशरथ ने आपके पिता से कहा था कि वे आपके पुत्र को राजा बनाएँगे। राम के राजतिलक की महीनों से तैयारियाँ हो रही हैं और आपको अब पता लगा है, भरत को भी ननिहाल भेज दिया गया है आदि-आदि।' पहले तो कैकेयी ने मंथरा को डाँटा कि "कैसी मूर्खता की बात कर रही है, राम मेरा बहुत सम्मान करता है तथा कौशल्या दीदी भी मुझसे बहुत स्नेह करती हैं, तू अपने दिल से ये सब फिजूल की बातें निकाल दे।" इस पर मंथरा गुस्से में कहती है, **"कोउ नृप होउ हमहि का हानी। चेरी छाड़ि अब होब कि रानी"** (श्री रामचरितमानस:2/15-6)। इसके बाद भी मंथरा कुछ-न-कुछ मन से बनाकर कैकेयी को नई-नई बातें बताती रही तथा अंत में वह उसका मत-प्रवर्तन (ब्रेन वाश) करने में सफल हो गई। कैकेयी ने सोचा कि 'मंथरा झूठ क्यो बोलेगी, वह जो कुछ कह रही है मेरी भलाई के लिए ही तो कह रही है, उसे तो कोई लाभ मिलना नहीं है।' इस सोच के बाद वह तुरंत मंथरा को प्यार से अपने पास बिठाकर कहती है, "मंथरा, तू ठीक कह रही थी, मैं ही अपने भोलेपन में समझ नहीं पा रही थी, अब यह बता कि महाराज से कैसे कहूँ कि वे राम की बजाय भरत का राजतिलक करें।" मंथरा ने प्रसन्न होकर रानी के पैर छुए और बोली, "आपको याद है न कि एक बार इंद्र और राक्षसों के बीच हुए युद्ध में महाराज दशरथ ने इंद्र का साथ दिया था। उस युद्ध में आपने अपनी जान जोखिम में डालकर महाराज की जान बचाई थी और तब आपसे प्रसन्न होकर उन्होंने आपसे दो वरदान माँगने को कहा था पर आपने उस समय नहीं माँगे, कह दिया कि बाद में ले लूँगी।"

कैकेयी के 'हाँ' कहने पर उसने तुरंत कहा, "बस यही अवसर है, जब आप वे दो वर माँग सकती हैं। पहला, भरत का राजतिलक और दूसरा, राम को 14 वर्ष का वनवास। महाराज अपने बचन के पक्के हैं और वे आपकी ये दोनों बात मान जाएँगे।" कैकेयी को मंथरा की राय ठीक लगी और वह कोपभवन में जाकर बैठ गई। दशरथ को जब मालूम हुआ तो वे कोपभवन गए और कैकेयी से पूछा क्या बात हो गई तो उसने कहा, "आपने कई वर्ष पूर्व मुझसे कोई भी दो वरदान माँगने को कहा था, वे अभी तक नहीं मिले हैं, मैं अब माँगना चाहती हूँ।" दशरथ बोले, "अरे, तुमने स्वयं अभी तक नहीं माँगे और मैं भी तुम्हें याद दिलाना भूल गया, अब माँग लो।" कैकेयी ने

तुरंत दो वरदान माँग लिए—भरत का राज्याभिषेक और राम को 14 वर्ष का वनवास। इन वरदानों को सुनकर दशरथ को लगा जैसे किसी ने उनके सिर पर हथौड़ा मार दिया हो। कुछ सँभलकर बोले कि मैंने तो राम का राजतिलक इसलिए करना चाहा कि वह मेरे चारों पुत्रों में ज्येष्ठतम है, तुम भी राम को बहुत अधिक प्यार करती रही हो तथा राम और भरत में भी घनिष्ठ स्नेहात्मक संबंध है, फिर भी भरत का राजतिलक करने में मुझे कोई आपत्ति नहीं है। राम को वनवास की बजाय, मैं उसे किसी भी गुरु के पास या किसी मित्र अथवा संबंधी के पास भेज दूँगा बनवास के स्थान पर कोई दूसरा वर माँग लो। कैकेयी ने कहा, "यदि आप न देना चाहें तो मना कर दीजिए। आप ही कहते थे कि 'रघुकुल रीति सदा चल आई। प्राण जाएँ पर वचन न जाई।' मैं अपने माँगे हुए वरदानों को वापस नहीं लूँगी। यह सुनकर दशरथ बेहोश हो गए। कैकेयी ने राम को बुलवा भेजा। राम तुरंत आ गए। राम ने दृश्य देखकर पूछा, "माँ, क्या बात हुई?" कैकेयी ने सारा वृत्तांत सुना दिया। सुनकर राम ने कहा, "माँ, यह तो मेरे लिये खुशी की बात है, वन में मुझे ऋषियों व मुनियों का दर्शन करने का सौभाग्य प्राप्त होगा, मैं वनवास के लिए अभी प्रस्थान करता हूँ, आपका आदेश भी मेरे लिये पिता के ही आदेश के समान है।" यह कहकर वे कौशल्या के भवन में आ गए और उन्हें सारी घटना से अवगत कराके वनवास की तैयारी में जुट गए। जैसे ही यह बात लक्ष्मण को ज्ञात हुई, वह भी राम के पास आ गए और उनके साथ चलने का आग्रह करने लगे। राम ने मना भी किया, परंतु वे अपने आग्रह पर दृढ़ बने रहे। सीता को भी जैसे ही घटना की जानकारी हुई, वह भी आ गई तथा राम से अनुरोध करने लगी कि उसे भी वे अपने साथ ले चलें, उनके बिना वह जीवित नहीं रह सकेगी। राम ने वनवास की कठिनाइयाँ समझाईं पर वह अपनी जिद पर अड़ी रही। अंततोगत्वा, सीता और लक्ष्मण को साथ लेकर राम दूसरे दिन अपनी 25वीं वर्षगाँठ पर 14 वर्ष के लिए वनवास को चल दिए।

भक्ति-मत : 'रामचरितमानस' में यह अंकित है कि देवलोक को सुरक्षित बनाने के लिए देवता चाहते थे कि किसी तरह से राम को वनवास हो जाए, ताकि लंकापति रावण से युद्ध में रावण मृत्यु को प्राप्त हो, तथा अन्य अनेक राक्षस भी मारे जाएँ। इससे ऋषि-मुनि व साधु-संत भी अपने हवन, यज्ञ, पूजा-पाठ, योग साधना, आदि शांति के साथ कर सकेंगे। यदि राम का राज्याभिषेक हो जाता है तो फिर उनका लंका पर हमला करना संभव नहीं हो पाएगा, इसलिए सरस्वती से प्रार्थना की कि वह मंथरा की जबान पर बैठ जाएँ और उसके माध्यम से कैकेयी का मत-प्रवर्तन करवा दें, ताकि वह दशरथ से अपने दो लंबित वर अब माँग लें। सरस्वती राजी हो गई और अंतत: कैकेयी ने दो वर माँग लिये।

तर्क-मत : उपरोक्त भक्ति-मत कल्पना मात्र है, जिसका कोई तर्क-संगत

विश्लेषण नहीं है। इतना ही अंकित करना पर्याप्त होगा कि प्रत्येक समाज में ऐसे व्यक्ति (पुरुष एवं नारी) मिल जाएँगे, जो स्वभाव से ही कुटिल हों। मंथरा ऐसी ही एक कुटिल स्वभाव की नारी थी।

चित्रकूट

राम ने सीता और लक्ष्मण के साथ अपना पहला पड़ाव अयोध्या की तमसा नदी के किनारे पर किया, फिर कौशल राज की सीमा पर वेदश्रुति नदी तथा उसके बाद गोमती नदी को पार कर तीन दिन के पश्चात् प्रयाग में श्रृंगवेरपुर आकर गंगा नदी के किनारे विश्राम किया तथा अगले दिन स्थानीय केवट की नाव से गंगा को पारकर महर्षि भरद्वाज के आश्रम पहुँचे। ऋषिवर से सलाह ली कि वनवास के लिए कौन सा स्थान उपयुक्त रहेगा। ऋषि ने उन्हें चित्रकूट (चित्र माने रमणीक और कूट माने पर्वत) जाने का सुझाव दिया तथा यमुना को पार कर वहाँ कैसे पहुँचेंगे, यह भी भली प्रकार समझा दिया। आश्रम में रात्रि-विश्राम किया तथा अगले दिन चित्रकूट के लिए चल दिए। सर्वप्रथम यमुना नदी पार की और फिर मंदाकिनी नदी के किनारे स्थित चित्रकूट आ गए (चित्रकूट की मंदाकिनी नदी उत्तराखंड की मंदाकिनी नदी से भिन्न है, हो सकता है दंडकारण्य में रहनेवाले प्रसिद्ध ऋषि, मंदाकर्णी जिन्होंने पाँच अप्सराओं से शादी की थी तथा जिस झील के किनारे वह रहते थे, उसका नाम बाद में 'पंच-अप्सरा झील' से विख्यात हो गया हो, के नाम पर इस नदी का नाम मंदाकिनी पड़ा हो), अथवा गंगा नदी की एक सहायक नदी 'मंदाकिनी' के नाम पर ही इस नदी का नाम भी स्वीकार (अडॉप्ट)) कर लिया गया हो। चित्रकूट सुंदर पर्वतीय क्षेत्र है, अतः यहाँ आकर पर्णकुटी बनाकर रहने लगे।

इसी बीच, अयोध्या में हृदयाघात से दशरथ का स्वर्गवास हो गया। भरत और शत्रुघ्न को, जो ननिहाल में थे, वापस बुलवा लिया गया। अंतिम संस्कार की औपचारिकताएँ संपन्न करने के बाद भरत के साथ परिवार के सभी सदस्य राम को अयोध्या वापस लाने के लिए चित्रकूट आ गए। पिता के स्वर्गवास का दुःखद समाचार सुनकर राम ने सबसे पहले, नदी के किनारे जाकर, उनको अपनी श्रद्धांजलि अर्पित की। तत्पश्चात्, भरत ने उनसे विनती की कि अब आप अयोध्या लौट चलें, परिवार के सभी सदस्य, सभी गुरुजन, दरबारीगण एवं जनसाधरण भी यही चाहते हैं। कैकेयी भी आई हुई थी, उसने भी राम से कहा कि उससे जो गलती हो गई थी, उसे अब भूल जाओ और अनुरोध किया कि वापस अयोध्या चलकर वहाँ की राजगद्दी सँभाल लो। राम ने अत्यंत विनीत स्वर में कैकेयी से कहा, "माँ, आप कतई दुःखी न हों, यही होनहार थी, मैं आपको विश्वास दिलाता हूँ कि

पिताजी के आदेश की पूर्ति के पश्चात् मैं आपके आदेशानुसार तुरंत अयोध्या आऊँगा।" भरत को भी यही समझाया कि "इस समय पिताजी के आदेश का पालन मेरी सर्वोच्च प्राथमिकता है, तुम अयोध्या का राज-काज सँभालने हेतु पूर्णरूपेण समर्थ हो और वनवास की अवधि शीघ्र समाप्त हो जाएगी, उसके बाद मैं अयोध्या ही आऊँगा, अब सबको लेकर वापस अयोध्या जाओ और सभी प्रजा को स्वस्थ, सुखी एवं संपन्न बनाओ तथा अपना व अपनी तीनों माताओं के स्वास्थ्य का खयाल रखो।" भरत ने जब देखा कि भैया राम अयोध्या चलने को कतई तैयार नहीं हैं तो उसने उनकी पादुका (खड़ाऊँ) लेने की प्रार्थना की, जिन्हें वह उनके प्रतिनिधि के रूप में राजगद्दी पर स्थापित करेगा।

भरत द्वारा राम की खड़ाऊँ लेना

अयोध्या पहुँचकर भरत ने पादुकाओं को राजगद्दी पर बिठाला और उनसे आज्ञा लेकर राज-काज चलाना प्रारंभ किया। उन्होंने अपने सोने का प्रबंध भी जमीन पर ही किया और खाने को जंगलों के कंद, मूल व फलों से जीवन निर्वहन करने लगे, ताकि वह राम की स्थिति में ही रह सकें। कैकेयी में साहस नहीं था कि वह भरत से कुछ कहे, कौशल्या ने समझाने का प्रयत्न किया पर उनसे यह कहकर कि "माँ, मैं भैया से बेहतर स्थिति में कैसे रह सकता हूँ," मामले को टाल दिया।

पंचवटी

राम ने यह सोचकर कि अब चित्रकूट में अयोध्या से लोग आते-जाते रहेंगे, उन्होंने वहाँ और अधिक दिन रुकना उचित नहीं समझा। भरत के अयोध्या लौट जाने के

कुछ दिन बाद ही वे मंदाकिनी नदी को पार कर दक्षिण की ओर चल दिए और पंचवटी नामक रमणीक स्थान पर अगला पड़ाव डाला, जो गोदावरी नदी के किनारे वन क्षेत्र दंडकारण्य में स्थित था। दंडकारण्य विंध्याचल के दक्षिण में विस्तृत एवं मनोरम वन-क्षेत्र था। राम, सीता और लक्ष्मण कुटीर बनाकर वहीं रहने लगे। यहीं रहते हुए वनवास के चौदहवें वर्ष में सूर्पणखा कांड हुआ, जिसका विवरण निम्न परिच्छेद में अंकित है।

सूर्पणखा कांड : एक दिन रावण के अधीन दंडकारण्य क्षेत्र के राक्षस-राज खर की बहन वन में विचरण करती हुई राम की कुटीर में आ गई तथा राम को देखकर उन पर मोहित हो गई और उनके साथ विवाह का प्रस्ताव रख दिया। राम ने सीता की ओर देखते हुए असहमति प्रकट कर दी। इस पर वह सीता को मारने दौड़ी। लक्ष्मण ने तुरंत उसे पकड़ लिया, तब वह लक्ष्मण को मारने दौड़ी, इस पर राम के इशारे पर लक्ष्मण ने उसकी नाक ही काट दी, वह दर्द से बिलखती हुई वहाँ से भाग गई (पंचवटी के पास ही अब नासिक नगर बन गया है, जिसका नाम सूर्पणखा की नाक काटे जाने का प्रतीक है)। सूर्पणखा ने पहले अपने भाइयों खर व दूषण के पास जाकर अपने अपमान की बात बताई। उन्होंने पंचवटी जाकर राम और लक्ष्मण से युद्ध किया, जिसमें दोनों राक्षस मारे गए। तत्पश्चात् सूर्पणखा ने लंका जाकर अपने सौतेले भाई लंका नरेश रावण को, नमक-मिर्च लगाकर, घटना के बारे में कुछ इस प्रकार बताया कि रावण आगबबूला हो गया और उसे आश्वासन दिया कि "तू चिंता न कर, मैं तेरे अपमान का बदला लेकर रहूँगा।" उसने लंका नरेश को और अधिक प्रेरित करने के लिए यह भी बताया होगा कि वनवासियों के साथ एक अतीव सुंदर नारी भी है, जो उसके महल में रखने योग्य है। सूर्पणखा की बात से रावण को यह विश्वास हो गया कि राम और लक्ष्मण, जिन्होंने खर और दूषण जैसे वीर राक्षसों को युद्ध में परास्त कर दिया, कोई साधारण व्यक्ति नहीं हैं, वे निश्चित रूप से युद्ध-कला में पारंगत वीर पुरुष हैं। रावण ने अपने गुप्तचरों से पूरी सूचना एकत्र कर ली तथा सीता का अपहरण करने की योजना बना ली।

इधर, राम को आभास हो गया कि अब रावण से युद्ध अनिवार्य है और इस बात की पूरी संभावना है कि वह सीता का अपहरण कर ले, अतः उन्होंने माया की सीता की रचना कर असली सीता को अग्निदेव की सुरक्षा में रख दिया।

तर्क-मत : सूर्पणखा की नाक काटने की बात और वह भी राम के इशारे पर, तर्क-संगत प्रतीत नहीं होती, क्योंकि किसी नारी की नाक काट देना भारतीय संस्कृति के प्रतिकूल है। ऐसा प्रतीत होता है कि क्रोधित सूर्पणखा को नियंत्रित करने में अनायास उसकी नाक पर गंभीर चोट लग गई हो। सूर्पणखा नारी ही थी और लक्ष्मण के लिए

उसे नियंत्रित करना सहज था। नियंत्रित करके उसे मार-पीटकर वहाँ से भगा दिया होगा। माया की सीता रचित करने की बात तो कल्पना ही प्रतीत होती है। राम मर्यादा पुरुषोत्तम होने के कारण, भगवान् विष्णु का अवतार होने के बावजूद, ऐसा कोई कार्य नहीं करते, जिसे सर्वोत्तम पुरुष भी न कर सके।

सीता का अपहरण : रावण ने अपने अधीनस्थ मारीच राक्षस को, जो हिरन का रूप धारण करने में निपुण था, को इस बात के लिए तैयार कर लिया कि वह सुंदर स्वर्णिम हिरन का रूप धारण कर पंचवटी जाए और वहाँ विचरण कर सीता को लुभाए। सीता राम से तुम्हें पकड़कर लाने का हठ करेगी, जब राम तुम्हें पकड़ने के लिए कुटी से बाहर निकलें, तब तुम दौड़कर सघन वन की ओर भागते जाना, ताकि राम भी तुम्हारा पीछा करते हुए काफी दूर पहुँच जाएँ, फिर दूरी से जोर से राम की आवाज में 'लक्ष्मण बचाओ, लक्ष्मण बचाओ' चिल्लाकर लक्ष्मण को भी वहीं बुला लेना। इसी बीच मैं सीता का अपहरण कर लूँगा। मारीच ने कुछ दिन अभ्यास करने के पश्चात् रावण के निर्देशों को क्रियान्वित किया।

इस मत में यह भी उल्लेख है कि जब सीता ने 'लक्ष्मण बचाओ' की दूर से आती हुई आवाज सुनी तो उसने यह सोचकर कि राम किसी संकट में फँस गए हैं, लक्ष्मण को तुरंत जाने को कहा। लक्ष्मण ने कुटी के चारों ओर तीर से मोटी रेखा खींच दी तथा सीता से अनुरोध किया कि हमारे पीछे यदि कोई भी अपरिचित व्यक्ति मिलने आए तो आप रेखा के बाहर मत आइएगा। जब लक्ष्मण चले गए तो रावण ने ब्राह्मण के भेष में आकर भिक्षा माँगने के लिए आवाज लगाई। सीता भिक्षा देने कुटी के द्वार पर आई, जैसे ही रावण रेखा के अंदर घुसा, अग्नि निकलने लगी। यह देखकर वह तुरंत बाहर निकल आया और बोला, "हम बँधी हुई भिक्षा नहीं लेते, भिक्षा देने के लिए आपको बाहर आना होगा।" यह सोचकर कि यह तो ब्राह्मण भिक्षु है, इससे क्या खतरा हो सकता है, वह रेखा के बाहर आ गई, जैसे ही वह बाहर आई, रावण ने अपना असली रूप दिखाकर उसका अपहरण कर लिया और पुष्पक विमान से लंका ले गया। मार्ग में पक्षी जटायु ने रोकने का प्रयत्न किया तो उसके पंख काटकर उसे गिरा दिया, जब राम सीता को खोजते हुए दक्षिण की ओर जा रहे थे, उनकी मुलाकात गंभीर रूप से घायल जटायु पक्षी से ही हुई और जटायु ने सारी घटना से उन्हें परचित कराया। इसके पश्चात् जटायु की मृत्यु हो गई तथा राम और लक्ष्मण ने उसके अंतिम संस्कार संपन्न किए। इसमें यह अलौकिकता स्पष्ट है कि पक्षी का मनुष्य की भाँति बातचीत करना संभव ही नहीं है।

तर्क-संगत मत : सर्वप्रथम यह स्पष्ट करना वांछनीय है कि जटायु पक्षी न होकर मनुष्य था तथा चित्रकूट से ही सीता का अंगरक्षक बनकर उनके साथ चल दिया था। लेखक अमीश ने तो अपनी पुस्तक 'सीता' में यह अंकित किया है कि जटायु राजा जनक के यहाँ एक सेनाधिकारी था, जिसे सीता के बचपन से ही उसका अंगरक्षक बना दिया तथा विवाह के बाद उसे सीता के साथ ही अयोध्या भेज दिया था और वनवास जाते समय वह भी उनके साथ गया। दोनों मतों में समन्वय करते हुए, यह अधिक तर्क-संगत प्रतीत होता है कि राजा जनक को जब यह मालूम हुआ हो कि राम, सीता और लक्ष्मण चित्रकूट से सघन दंडकारण्य की ओर प्रस्थान कर गए हैं तो उन्होंने वन के खतरे को भाँपते हुए जटायु को पंचवटी भेज दिया हो, जहाँ तक पुष्पक विमान का संबंध है, इस बात की संभावना है कि रावण ने अपने विशेष रथ का नाम 'पुष्पक विमान' रखा हो, क्योंकि रामायण काल में तथा उसके बाद महाभारत काल में भी राजा लोग युद्ध में तथा विशेष अवसरों पर यातायात के लिए रथ का ही प्रयोग करते थे, विमानों का कोई उल्लेख नहीं है।

सीता का सफलतापूर्वक अपहरण करने के लिए रावण ने अपने गुप्तचरों से यह मालूम करवा लिया कि पर्ण-कुटी में सीता किस समय अकेली रहती है। गुप्तचरों से उसे यह ज्ञात हुआ कि जब राम और लक्ष्मण दोनों जंगल में शिकार के लिए चले जाते हैं, तब सीता कुटी में अपने अंगरक्षक जटायु के साथ अकेली रहती है। तदनुसार एक दिन उसने अपने सैनिकों को लेकर कुटी को घेर लिया तथा जटायु को साधारण संघर्ष के बाद घायल कर पकड़ लिया। सीता ने विवाह से पूर्व ही गुरुकुल में रहकर अस्त्र-शस्त्रों और वेदों की उत्तम शिक्षा प्राप्त कर ली थी तथा वह स्वभाव से बुद्धिमान् साहसी और बहादुर लड़की थी। गुरुकुल की शिक्षा ने उसके इन गुणों को और अधिक विकसित कर दिया। वह कुटी में घिर जाने से पहले ही कुटी के पिछले द्वार से वाहर निकलकर पेड़ों की आड़ में छिप गई थी। छिपकर रावण के सैनिकों को छकाती व मारती हुई अपनी रक्षा कर रही थी। रावण के सेनाधिकारियों ने एलान कर दिया कि जटायु हमारे कब्जे में है, यदि आपने समर्पण नहीं किया तो हम उसे तड़पा-तड़पाकर जान से मार देंगे। सीता जानती थी कि सैकड़ों की संख्या में मौजूद सैनिकों का अकेले सामना करना संभव नहीं है, वह तो इस इंतजार में थी कि राम और लक्ष्मण शिकार से वापस आ जाएँ तो स्थिति को नियंत्रित करना संभव हो सकेगा, जब उसने देखा कि राम और लक्ष्मण का अभी कोई अता-पता नहीं है तो उसने इस आशा में कि कदाचित् जटायु, जो उसका बचपन से ही अंगरक्षक था, को जीवनदान मिल जाए, आत्मसमर्पण कर दिया। इसके पश्चात् रावण जटायु और सीता को अपने वाहन पर चढ़ाकर लंका

की ओर रवाना हो गया। जटायु ने पुनः संघर्ष कर सीता को छुड़ाने का प्रयत्न किया, परंतु उसे और घायल कर वाहन से गिरा दिया। रावण की सेना भी अपने अपने वाहनों से लंका को लौट गई (लक्ष्मण-रेखा की बात भी कल्पना मात्र ही प्रतीत होती है)

सीता की खोज : जब राम और लक्ष्मण शिकार करके वापस आए तो कुटीर में सीता और जटायु को न पाकर उनका मन कई प्रकार की आशंकाओं से भर गया। पहले उन्होंने आसपास काफी तलाश किया पर सीता को ढूँढ़ पाने में असफल रहे, तब अति दुःखी होकर दंडकारण्य में आगे बढ़े। कुछ दूरी पर ही जटायु गंभीर घायलावस्था में पड़ा हुआ दिखाई दिया। वे तुरंत उसके पास पहुँचे, उसने कराहते हुए बताया कि "रावण सहस्रों सैनिकों के साथ कुटी पर आ गया था, पहले उन्होंने संघर्ष में मुझे घायल कर बंदी बना लिया। इस बीच सीताजी को मौका मिल गया और वे घने पेड़ों की ओट में छिपकर अत्यंत साहस व बुद्धिमानी के साथ उसके सैनिकों को हताहत करती रहीं, जब वह उनके सैनिकों को कहीं दिखाई नहीं पड़ीं तो उन्होंने मुझे विशेष यातना देते हुए, चिल्लाकर घोषणा की कि तुम बाहर आकर समर्पण कर दोगी तो न तो तुम्हें और न जटायु को आहत किया जाएगा। इस पर मैंने चिल्लाकर सीताजी से अनुरोध किया कि वे कतई समर्पण न करें। इस पर सैनिकों ने मुझे और घायल कर दिया। थोड़ी देर बाद देखा कि सीताजी को सैनिकों ने घेर लिया है और रावण, उनको व मुझे अपने वाहन पर बिठाकर तेजी से आगे बढ़ने लगा। मैंने रावण पर आक्रमण कर सीताजी को छुड़ाना चाहा, परंतु रावण ने मुझे और अधिक गंभीर रूप से घायल कर वाहन से नीचे फेंक दिया। राम ने उसको प्रशंसात्मक दृष्टि से देखा, परंतु इतना बता देने के बाद उसकी साँसें एकदम रुक गईं, मानो वह राम को यह सब बताने के लिए ही, जैसे-तैसे इच्छाशक्ति से अपने आपको जीवित रखे हुए था। राम ने उसकी पूर्ण सम्मान के साथ अंत्येष्टि की और पुनः दक्षिण की दिशा में आगे बढ़ते गए।

मतंग ऋषि के आश्रम में अनन्य भक्त शबरी से मिलन : शबरी अति दलित जाति की कन्या थी। उस जाति में शादी के अवसर पर भेड़-बकरियों की बलि देने की प्रथा थी, जब उसकी शादी तय हो गई तो सौ पशु बलि हेतु घर लाए गए। वह एक अत्यंत सहृदया लड़की थी। पशुओं की बलि देने की बात जानकर वह घबरा गई और शादी से पूर्व घर से भाग गई। कई ऋषियों से तिरस्कारित होती हुई अंत में वह वृद्ध मतंग ऋषि के आश्रम में पँहुची। दयालु ऋषि ने उसे अपने यहाँ आश्रय देकर आश्रम को साफ रखने और गायों की सेवा करने के काम दे दिए, जिन्हें वह परिश्रम व निष्ठा के साथ करने लगी। उसकी उपयुक्त शिक्षा की व्यवस्था भी कर दी। कुछ समय बाद मतंग ऋषि की मृत्यु हो गई। उनकी मृत्यु के बाद सभी शिष्य आश्रम छोड़कर चले गए। वह अत्यंत

एकाकी जीवन व्यतीत करती हुई जंगल के कंद-मूल फलों से जीवनयापन करते-करते स्वयं काफी वृद्ध हो गई थी। राम सीता की खोज करते हुए शबरी के यहाँ पहुँच गए। ऋषि मतंग बहुत कुछ राम के बारे में उसको बताते रहते थे। शबरी उन्हें अपने सामने देखकर आत्म-विभोर हो गई और उन्हें जंगल के बेर खाने को दिए। यह सोचकर कि कहीं कोई खट्टा बेर उनके पास न पहुँच जाए, वह बेर को स्वयं चखकर उन्हें देती थी। राम बड़े चाव से उसके चखे हुए बेरों को खा रहे थे। बाद में जब लक्ष्मण ने उनसे पूछा तो राम ने उसे समझाया कि तुमने मेरे प्रति उसकी अनन्य भक्ति नहीं पहचानी। यह कांड संपूर्ण क्षेत्र में प्रचारित हो गया और उसके बाद सभी उसका सम्मान करने लगे। इसी को कहते हैं राम ने शबरी का उद्धार कर दिया। वह 'बेर-शबरी' नाम से प्रसिद्ध हो गई और अब तो दक्षिण में उसका एक भव्य मंदिर भी बना हुआ है।

दलित वर्ग की शबरी की राम के प्रति अनन्य भक्ति
(बेरों को पहले स्वयं चखकर राम को मीठे बेर खिलाती हुई)

(इसके बाद, सुग्रीव से मित्रता, किष्किंधा के वानर राजा बालि का वध, सुग्रीव का किष्किंधा का राजा बनना, सीता की खोज में सुग्रीव द्वारा अपनी सेना के चुने हुए सेनानायकों को लंका की ओर भेजना, हनुमान द्वारा समुद्र को लाँघना, सीता की लंका में खोज कर लेना, लंका दहन, समुद्र का राम के समक्ष आकर लंका तक पुल बनाने का मंत्र बताना, राम-रावण युद्ध में लक्ष्मण का मूर्च्छित हो जाना, हनुमान द्वारा संजीवनी बूटी लाना, अहिरावण द्वारा राम-लक्ष्मण का अपहरण तथा हनुमान द्वारा अहिरावण को

मारकर उन्हें सुरक्षित शिविर में ले आना, रावण का मारा जाना, अयोध्या को वापसी—इन सबका विवरण हनुमानजी को समर्पित अगले अध्याय में वर्णित है।)

सीता की अग्नि-परीक्षा

सीता की अग्नि–परीक्षा

लंका के युद्ध में जब रावण को मारकर राम ने विजय प्राप्त कर ली, तत्पश्चात् विभीषण को लंका का राजा घोषित कर दिया गया। विभीषण स्वयं सीताजी को सम्मानपूर्वक शिविर में लेकर आए। राम यह भली प्रकार से जानते थे कि सीता पूर्णरूपेण पवित्र है। सीता ने रावण के नियंत्रण में उसकी अशोक वाटिका में 9 माह तक रहने के दौरान कभी भी किसी भी प्रकार से समर्पण नहीं किया। भक्ति–मत में यह भी उल्लेख है कि एक बार रावण उनके चबूतरे पर जबरदस्ती उन्हें पकड़कर अपने महल में ले जाने के लिए चढ़ा तो सीताजी के तन से ज्वाला की लपटें निकलीं, जिनके भय से वह तुरंत नीचे आ गया। इसके पश्चात् सीता को चेतावनी देते हुए कि "अगर तुमने मेरी रानी बनने हेतु सहमति नहीं दी तो तुम्हें महान् कष्ट झेलना पड़ेगा," वह वहाँ से चला गया।

इस सबके बावजूद, समाज को दिखाने के लिए कि सीता तन व मन दोनों से बिलकुल पवित्र थी, राम ने उससे अग्नि-परीक्षा देने के लिए कहा और वह अग्नि में से चलती हुई सुरक्षित बाहर निकल आई। भक्ति-मत में यह भी प्रदर्शित किया गया है कि असली सीता तो अग्निदेव के संरक्षण में थी, जिसे वह अब अग्नि से प्रकट होकर राम को सौंप देते हैं और माया की सीता को लेकर विलुप्त हो जाते हैं। दर्शकों को अग्निदेव दिखाई नहीं देते।

तर्क-मत : जहाँ तक सीता के तन से लपटें निकलने का प्रसंग है, वह कल्पना मात्र है, अगर ऐसा संभव होता तो सीता का अपहरण ही नहीं हो पाता। अपहरण के समय तो सीता को जबरदस्ती वाहन में बिठाने के लिए रावण द्वारा उनको पकड़ना ही पड़ा होगा। वास्तविकता यह है कि तत्कालीन राक्षसी सभ्यता में यह परंपरागत मान्यता थी कि किसी भी अपहरण की गई नारी को बिना उसकी सहमति प्राप्त किए अपने आवास में नहीं रख सकते।

अग्नि-परीक्षा के बारे में यही कहा जा सकता है कि यह संभव नहीं है कि कोई भी नारी सतीत्व की अग्नि-परीक्षा में अग्नि में से बिना जले सुरक्षित निकल आए। कोई भी व्यक्ति, चाहे वह नर हो या नारी, अग्नि की लपटों के बीच आने पर जलेगा ही, चाहे वह नितांत निर्दोष ही क्यों न हो, अत: यह स्पष्ट नहीं है कि राम ने सीता को निर्दोष समझते हुए भी उसकी अग्नि-परीक्षा क्यों ली और यदि ली तो वह जलने से अपने आपको कैसे बचा पाई। यह हो सकता है कि सीता की कोई अग्नि-परीक्षा ली ही नहीं गई हो और यदि ली ही गई तो इस बात की संभावना है कि अग्नि की थोड़ी सी ही लकड़ियाँ हों, जिनको बिना जले ही पार किया जा सके। अग्नि-परीक्षा का उद्देश्य तो स्पष्ट है कि अयोध्या जाकर सबको यह बताया जा सके कि सीता को श्रीराम ने तभी स्वीकार किया जब वह अग्नि-परीक्षा में सफल रहीं, ताकि अग्नि-परीक्षा के भय से लोग अनैतिकता से बचे रहें तथा राम पर भी कोई लांछन न लगा पाए।

जब सीता अग्नि-परीक्षा में सफल हो गई, तब राम ने उसे अति प्रसन्नता के साथ स्वीकार कर अयोध्या लौटने की तैयारी प्रारंभ कर दी। अयोध्या आने के लिए रावण के पुष्पक विमान नामक वाहन का ही प्रयोग किया गया। अयोध्या से बाहर ही भरत ने सपरिवार व गुरुजनों के साथ आकर राम का भव्य स्वागत किया (जो इतिहास में 'भरत मिलाप' नाम से विख्यात है)। अयोध्या के महल में आकर सभी ने राम से सीता सहित सिंहासनासीन होने का आग्रह किया, जिसे उन्होंने स्वीकार कर लिया।

वनवास से अयोध्या में लौट आने के बाद राम–सीता का सिंहासीन होना

सीता का राम द्वारा अघोषित परित्याग

राम गद्दीनशीन होने के पश्चात् से ही राज्य का शासन सुचारु रूप से चला रहे थे। एक दिन उन्हें किसी गुप्तचर ने खबर दी कि एक धोबी अपनी पत्नी को, उसके एक दिन घर से बाहर रहने के कारण, किसी दुराचरण में संलग्न समझकर, घर से निकाल रहा था। पत्नी ने बहुत अनुनय-विनय की कि उसे सजा न दी जाए, इस पर उसने व्यंग्यपूर्ण भाषा में कहा, " मैं राम नहीं हूँ, जिसने रावण के पास 9 माह रही अपनी पत्नी को माफ कर दिया और अब अपने पास रखे हुए हैं, मैं तुझे अपने पास नहीं रख सकता।" इस पर राम ने अन्य गुप्तचरों से भी कहा कि इस विषय पर सामान्य जनता के मत के बारे में मालूम करें। गुप्तचरों ने यही सूचित किया कि अधिकांश लोग इस बात की आलोचना कर रहे हैं कि राम ने रावण के यहाँ नौ महीने रही सीता को स्वीकार कर अच्छा उदाहरण प्रस्तुत नहीं किया है, इससे दोषी स्त्रियों को प्रोत्साहन मिलेगा। कुछ सज्जन एवं समझदार लोग यह अवश्य कहते हैं कि सीताजी के अग्नि–परीक्षा में सफल होने के पश्चात् ही राजा रामचंद्रजी ने सीताजी को स्वीकार किया था। सामान्य जनता इसको नहीं मान रही है। गुप्तचरों से प्राप्त सूचना के बारे में राम ने सीता को सबकुछ सच–सच बता दिया। सीता ने अद्वितीय स्वामिभक्ति तथा विलक्षण बलिदान की भावना प्रदर्शित करते हुए कहा, "स्वामी, आप दुःखी न हों, मैं जानती हूँ कि आप हृदय से मुझे निर्दोष मानते हैं, परंतु राज–धर्म की खातिर मैं यह उचित समझती हूँ कि आप मुझे

महर्षि वाल्मीकिजी के आश्रम में भिजवा दें, वे आपके भक्त हैं और मुझे भी पुत्री जैसी मानते हैं। मैं भी इस बदनामी से दूर रहूँगी। मेरे प्रसव के पश्चात् जनता की भावना में भी परिवर्तन निश्चित है। उस समय आप मुझे वापस अयोध्या ले चलने के लिए आ जाएँ।" सभी परिस्थितियों पर परिवार में सम्यक् रूप से विचार-विमर्श कर दुःखी मन से यही निर्णय हुआ कि सीता की राय उचित है। तदनुसार, राम ने लक्ष्मण के साथ सीताजी को वाल्मीकि आश्रम में भिजवा दिया।

राजा राम द्वारा अश्वमेध यज्ञ

बाद में राम ने अश्वमेध यज्ञ किया, जिसमें पत्नी का हवन में साथ बैठना आवश्यक होता है। कुछ शुभचिंतकों ने राम को यह सलाह भी दी कि वे दूसरा विवाह करके हवन में नई पत्नी को अपने साथ बिठाएँ। राम ने यह सलाह सिरे से नकारकर सीता की ही प्रतिमा बनवाकर अपने बाईं ओर स्थापित करवा ली। उस समय तक वाल्मीकिजी के आश्रम में जुड़वाँ लव-कुश का जन्म भी हो चुका था और सभी लोग यह मानने लगे थे कि सीताजी पूर्णरूप से पवित्र व आदर्श पतिव्रता नारी हैं और उन पर किसी भी प्रकार का शक करना नासमझी एवं पाप था और इसके लिए वे पश्चात्ताप की अग्नि में जल रहे थे। अश्वमेध यज्ञ का अश्व जब वाल्मीकि आश्रम के निकट पहुँचा तो लव-कुश ने उसे पकड़कर आश्रम में बाँध लिया। अश्व के साथ आए भरत, लक्ष्मण, हनुमान आदि को परास्त कर घायल कर दिया, तब राम स्वयं आए, उन पर भी लव-कुश वार करने को तैयार हो गए, जैसे ही इसकी खबर सीता को मिली, उसने फौरन आश्रम से बाहर आकर लव-कुश को बताया कि ये तुम्हारे पिता हैं, जाकर उनके चरण-स्पर्श करो।

सीता की मृत्यु

राम ने सीता से कहा कि सभी लोग अपनी भूल पर पछता रहे हैं, अतः अब तुम अयोध्या वापस चलो। सीता ने कहा मेरी तपस्या अब पूरी हो गई है। उन्होंने धरती माँ से प्रार्थना की, "हे माँ! अब मुझे अपनी गोद में ले लो। जहाँ सीता खड़ी थीं, वहाँ की जमीन तुरंत फट जाती है और सीता उसमें समा जाती हैं। सब इस अनोखे हृदय विदारक दृश्य को देख आश्चर्यचकित रह जाते हैं और अश्रुपूरित नेत्रों के साथ अत्यंत दुःखी मन से राम अपने दोनों बेटों, लव और कुश को लेकर अयोध्या चले आते हैं।

राम का स्वर्गारोहण

राम की मृत्यु के बारे में कहीं कोई अभिलेख नहीं मिलता है कि उनकी मृत्यु कब, कहाँ और कैसे हुई। अनुमान है कि वृद्ध हो जाने पर वह अयोध्या का साम्राज्य

अपने बड़े बेटे लव को सौंपकर वैदिक धर्मानुसार संन्यास-आश्रम की चतुर्थ अवस्था (त्रेतायुग में यह अवस्था लगभग 200 वर्ष की रही होगी) में पहुँचकर हिमालय पर चले गए हों, जहाँ यथासमय उनका स्वर्गवास हो गया हो।

भक्ति-मत के अनुसार तो राम की मृत्यु कभी हुई ही नहीं। वे यथासमय सशरीर स्वर्ग को सिधार गए। सीताजी के बारे में भी कुछ भक्तों का यह मत है कि वाल्मीकि आश्रम से वह अयोध्या वापस आ गई थीं तथा सुशासन में महत्त्वपूर्ण योगदान करते हुए राम के साथ ही स्वर्ग को सिधारीं। राम विष्णु के अवतार थे तथा सीताजी लक्ष्मीजी की। दोनों को पृथक् करना संभव ही नहीं था।

रामायण के उत्तरकांड में शंबूक नामक शूद्र, जो अयोध्या से सहस्रों कोस की दूरी पर रहता था, के वध का उल्लेख है कि राम द्वारा उसका वध मात्र इसलिए कर दिया गया था कि वह देवलोक जाने के लिए तपस्या कर रहा था तथा उसकी इस तपस्या के कारण अयोध्या में रहनेवाले किसी एक गरीब ब्राह्मण के किशोर इकलौते पुत्र की असामयिक मृत्यु हो गई थी। यह कितना असत्य एवं हास्यास्पद उल्लेख है। वाल्मीकि रामायण में उत्तरकांड की भाषा-शैली अन्य कांडों की शैली से नितांत भिन्न है, जिससे यह प्रतीत होता है कि उत्तरकांड को वाल्मीकि ने लिखा ही नहीं, किसी अन्य ने लिखा है।

तर्क-मत : ऐसा प्रतीत होता है कि लंका से अयोध्या लौट आने के बाद राम ने सीता को त्यागा नहीं, वह अयोध्या में ही रहीं, वाल्मीकि आश्रम में नहीं भेजी गईं। संत तुलसीदास की श्री रामचरितमानस में लव-कुश कांड मूल पुस्तक की समाप्ति के बाद में दिया गया है तथा उसकी भाषा-शैली मूल पुस्तक की शैली से नितांत भिन्न है, अत: यह स्पष्ट प्रतीत होता है कि लव-कुश कांड संत तुलसीदास का लिखा हुआ नहीं है। इसे बाद में किसी ने जोड़ा है। कुछ लोग कहते हैं कि राज-धर्म निभाने के लिए राम ने सीता को वाल्मीकि के आश्रम में भेजा था, तब भी यह कहना कि लव-कुश ने भरत, लक्ष्मण, हनुमान जैसे महायोद्धाओं को परास्त कर घायल कर दिया था, तर्क-संगत प्रतीत नहीं होता है, जैसे ही सीता को मालूम हुआ होगा कि अश्व के साथ भरत, लक्ष्मण, हनुमान आदि हैं, वह तुरंत बाहर आ गई होंगी तथा लव और कुश को उनका परिचय देकर युद्ध बंद करवा दिया होगा। तत्पश्चात्, वस्तुस्थिति से अवगत कराकर राम को भी वहीं बुलवा लिया। तर्क-मत के अनुसार, इस बात की संभावना है कि सीताजी बदली हुई परिस्थितियों में राम के साथ अयोध्या आ गईं और अयोध्या में, क्या बालक क्या वृद्ध, क्या नर क्या नारी, क्या गरीब क्या अमीर, सभी ने उनका हृदय से स्वागत किया। राम की भाँति सीता भी साहसी, बहादुर व बुद्धिमान थी तथा कौसल-राज्य के सुप्रशासन में उनका सराहनीय योगदान रहा। राम के राज्य में प्रजा पूर्ण रूप से स्वस्थ,

सुखी व संपन्न थी, मानवता के अधिकारों की रक्षा करते हुए, राज्य की ओर से सबके साथ, चाहे वह सेवक हो या प्रधानमंत्री, नर हो या नारी, बालक हो या वृद्ध समान न्याय का प्रावधान था। सबको अपनी प्रोन्नति के लिए समान अवसर प्राप्त थे, इसलिए आज भी 'राम-राज्य' शब्द 'सुशासन' का प्रतीक हो गया है। सराहनीय यश से गौरवान्वित सीता व राम, दोनों का पूर्ण आयु प्राप्त कर यथासमय स्वर्गवास हुआ होगा, क्योंकि यह अटल नियम है कि "जिसका जन्म हुआ है, उसकी मृत्यु अवश्य होगी।"

शंबूक शूद्र की घटना नितांत अर्थहीन है, क्योंकि राम ने तो अति दलित शबरी के जूठे बेर तक बड़े ही चाव से खाए थे। वह तो केवल दुराचरण के विरोधी थे, जाति-पाँति के आधार पर उन्होंने कभी भेदभाव नहीं किया, अतः शंबूक का हास्यापद उल्लेख, वाल्मीकि का नहीं, किसी के विकृत मस्तिष्क की ही उपज है।

राम अवतार में राम की 12 कलाएँ

यहाँ कलाओं का अर्थ चंद्रमा की कलाओं से है। **अमावस्या की रात्रि में वह पूर्ण रूप से छिपा रहता है, फिर प्रतिपदा से लेकर पूर्णिमा (15 दिन) तक निरंतर बढ़ता जाता है और पूर्णिमा को अपने पूर्ण रूप में प्रकट होता है। इससे यह स्पष्ट है कि चंद्रमा में कुल 16 कला होती हैं।** राम ने अपने जीवनकाल में अपने कार्यों में 12 गुणों का सफल प्रदर्शन किया था, जबकि कृष्ण ने 16 गुणों का, इसीलिए कृष्ण को विष्णु का पूर्ण अवतार कहा गया है। चार कलाएँ, जो कृष्ण में थीं और राम में नहीं थीं, निम्न प्रकार हैं—

1. कर्मठता : कृष्ण के पिता नंद प्रतिवर्ष इंद्र की पूजा का समारोह की बड़ी धूमधाम से करते थे, जिसमें इंद्र देवता को बहुत अधिक मात्रा में पशुओं की बलि व अन्य उपहार दिए जाते थे। एक बार कृष्ण ने उनसे पूछ ही लिया कि वे यह पूजा किसलिए करते हैं। नंद बाबा ने बताया कि इंद्र वर्षा के देवता हैं और हमारी कृषि बारिश पर ही निर्भर करती है, इसलिए हम इंद्र को प्रसन्न रखने के लिए प्रतिवर्ष उनकी पूजा उत्साह के साथ संपन्न करते आ रहे हैं। इस पर कृष्ण ने सबको समझाया कि वर्षा तो एक प्राकृतिक घटना है, कभी सामान्य होती है, पूजा के बावजूद कभी बहुत अधिक होती है तथा पूरे ब्रज क्षेत्र में बाढ़ आ जाती है और कभी इतनी कम होती है कि अकाल की स्थिति पैदा हो जाती है, अगर यह सब इंद्र के ही हाथ में होता तो पूजा के कारण न कभी बाढ़ आती और न कभी अकाल ही पड़ता। इससे तो अच्छा यह होगा कि हम सब मिलकर गिरिराज पर्वत का प्रयोग कर बाँध बनाएँ, जो बाढ़ से हमारी रक्षा करेगा और सूखे की स्थिति में सिंचाई के साधनों से हमारे खेतों को पानी मिलेगा। सबको कृष्ण की

बात समझ में आ गई। इसके बाद कृष्ण ने पूरी योजना तैयार की और सभी के सहयोग से प्रशंसनीय कर्मठता का परिचय देते हुए उसे पूरा करवाया। राम ने इस प्रकार की प्रचलित निरर्थक परंपराओं, जैसे अग्नि-परीक्षा, का खंडन नहीं किया।

2. बाँसुरी और रासलीला : कृष्ण को बचपन से ही बाँसुरी बजाने में विशेष अभिरुचि थी। इस शौक के कारण तथा उनकी अति सम्मोहक सूरत, बोलचाल व स्वभाव के कारण सभी साथी गोपों के अतिरिक्त बरसाने की राजकुमारी राधा तथा अन्य गोपिकाएँ वृंदावन में यमुना के किनारे विभिन्न खेलों व रासलीला में प्रसन्नतापूर्वक उत्साह के साथ भाग लेती थीं, यहाँ तक कि उनकी माखन चोरी, जैसी शैतानियों पर भी कृत्रिम गुस्सा प्रकट कर अंदर ही अंदर खूब खुश होती थीं। उनकी यह रासलीला पाँच-छह वर्ष से लेकर दस-ग्यारह वर्ष की आयु तक चली, तत्पश्चात् वह मथुरा आ गए। राम के जीवनकाल में बचपन में भी इस तरह की आमोद-प्रमोद की कोई घटना नहीं हुई। वह बचपन से ही गंभीर स्वभाव के मर्यादा पुरुषोत्तम की सीमा में रहनेवाले महापुरुष थे।

3. ओजपूर्ण प्रभावी भाषण देने की कला : कृष्ण का कुरु दरबार में द्रौपदी के शील की रक्षा करने हेतु ओजपूर्ण भाषण तथा कुरुक्षेत्र के युद्ध में अर्जुन का मोहभंग करने के लिए प्रभावी भाषण, इसके ज्वलंत उदाहरण प्रस्तुत करते हैं, जिनका विवरण पिछले अध्यायों में दिया हुआ है। राम ने इस प्रकार का कोई भाषण नहीं दिया। यदि वह चाहते तो लंका से लौटने के बाद सीता के बारे में जनसाधारण का मत परिवर्तित करने के लिए ऐसा भाषण दे सकते थे।

4. निस्स्वार्थ भाव से धर्म की रक्षा हेतु पाप भी करना पड़े तो उसे पुण्य समझना : धर्म की रक्षा करने हेतु महाभारत के युद्ध में दुर्योधन को पराजित करना नितांत आवश्यक था, इसके लिए उन्हें कई बार छल का सहारा लेना पड़ा। पहले, भीष्म के सामने शिखंडी को खड़ा करके, दूसरी बार द्रोणाचार्य को छल से यह बताकर कि उनका पुत्र अश्वत्थामा युद्ध में मारा गया, तीसरी बार निहत्थे कर्ण को मरवाना और चौथी बार गदायुद्ध में दुर्योधन की जाँघ पर वार करवाना, इन सब में छल स्पष्ट था, परंतु ये छल वे अपने किसी भी प्रकार के निजी स्वार्थ के लिए नहीं, करते थे, केवल इस आशय से करते थे कि कुरु-राज्य में अधर्म के स्थान पर धर्म का राज्य स्थापित हो जाए और जनता युधिष्ठिर के राज्य में सुख एवं शांति के साथ अपना जीवन निर्वहन कर सके। स्वयं महर्षि वेदव्यास ने श्रीमद्भगवद्गीता के श्लोक 2/50 में इस मत का स्पष्ट समर्थन किया है। इसके विपरीत जो त्याग राम को करना पड़ा तथा 14 वर्ष के लिए वनवास के कष्ट सहने पड़े, उस प्रकार की कोई परिस्थिति कृष्ण के सामने नहीं आई।

महाभारत के युद्ध में कृष्ण सारथी ही बने, परंतु रावण के विरुद्ध किए गए धर्म युद्ध में राम ने सुप्रीम कमांडर के रूप में भाग लेकर विजय प्राप्त की।

उक्त का उद्देश्य कृष्ण को राम से अथवा राम को कृष्ण से श्रेष्ठतर बताने का कतई नहीं है। दोनों ही विष्णु के अवतार थे तथा उन्होंने जिस उद्देश्य के लिए अवतार लिया था, उसमें पूर्ण सफलता प्राप्त की थी, अतः दोनों भक्ति-मत व तर्क-मत के अनुसार परम श्रद्धा के पात्र हैं।

□

5

हनुमान के जीवन की अलौकिक घटनाएँ

जय हनुमान ज्ञान गुन सागर। जय कपीश तिहुँ लोक उजागर॥
राम दूत अतुलित बल धामा। अंजनि पुत्र पवनसुत नामा॥

वानरराज बालि, जो भारतवर्ष के दक्षिणी क्षेत्र किष्किंधा के राजा थे, के अधीनस्थ एक छोटे भाग सुमेरु के राजा केसरी थे, जिनकी पत्नी का नाम अंजना था। केसरी और अंजना के एक ही पुत्र था, जिसका नाम हनुमान रखा गया, क्योंकि उनकी हनु (ठोड़ी) पर चोट का एक विचित्र चिह्न बन गया था। हनुमान बचपन से ही होनहार बालक थे। वह अत्यंत साहसी, जिज्ञासु और मेधावी थे तथा सौरमंडल के अध्ययन में उनकी विशेष रुचि थी। दुःखी साथियों के दुःख को दूर करने के लिए वे सदैव तत्पर रहते थे। किसी भी मित्र पर कोई विशेष विपदा आ जाने पर वे अपनी जान को भी जोखिम में डालने में कभी पीछे नहीं हटे, जब राजा बालि ने भ्रमवश, अपने छोटे भाई सुग्रीव को महल से निकाल दिया, तब वह उस पहाड़ पर जाकर रहने लगा, जहाँ एक शाप के कारण बालि जाने में असमर्थ था। बालि के डर से सभी रिश्तेदारों और मित्रों ने उससे मिलना बंद कर दिया, तब उस विपदाग्रस्त सुग्रीव का साथ हनुमानजी ने ही दिया, वे उसके पास रहकर उसकी रक्षा करते रहे। अंत में, वनवास में आए हुए राजा राम से मिलवाकर बालि को युद्ध में पराजित करवाकर

सुग्रीव को किष्किंधा का राजा बनवाया। इसी प्रकार, लंका के राजा रावण अपने छोटे सौतेले भाई विभीषण का अपमान करते रहते थे, उसे भी राम से मिलवाकर, रावण से युद्ध में विजय प्राप्ति के पश्चात् लंका का राजा बनवाया। राम-रावण युद्ध में जब लक्ष्मण मूर्च्छित हो गए, तब हनुमानजी ने ही अत्यंत जोखिम भरी स्थिति में संजीवनी बूटी लाकर दी। इन घटनाओं को संत तुलसीदास ने 'हनुमान चालीसा' में निम्न प्रकार अंकित किया है—

तुम उपकार सुग्रीवहिं कीन्हा, राम मिलाय राजपद दीन्हा।
तुम्हरौ मंत्र विभीषण माना, लंकेश्वर भये सब जग जाना॥
लाय सजीवन लखन जियाए, श्री रघुबीर हरषि उर लाए।
रघुपति कीन्ही बहुत बढ़ाई, तुम मम प्रिय भरत सम भाई॥

तुलसीदासजी ने अपने महाकाव्य 'श्री रामचरितमानस' की रचना प्रारंभ करने से पूर्व हनुमानजी की स्तुति में हनुमान चालीसा नामक 40 चौपाइयों की कविता लिखी थी, जिसका उद्देश्य अपने इष्टदेव से प्रार्थना करना था कि वे उन्हें प्रस्तावित महाकाव्य को पूर्ण करने के लिए बल, बुद्धि और विद्या प्रदान करें। निम्नांकित चार चौपाइयों में हनुमानजी की योग्यता, क्षमता व अन्य गुणों का यथार्थ रूप में वर्णन है।

जय हनुमान ज्ञान गुन सागर, जय कपीश तिहुँ लोक उजागर।
महावीर विक्रम बजरंगी, कुमति निवार सुमति के संगी॥
विद्यावान गुणी अति चातुर, राम काज करिबे को आतुर।
सब सुख लहें तुम्हारी सरना, तुम रक्षक काहू को डरना॥

उपरोक्त गुणों का अपने समय में हनुमानजी ने जनकल्याण के लिए तथा समाज के कमजोर एवं दुष्टों से सताए हुए विपदाग्रस्त लोगों की रक्षा करने के लिए समुचित व्यावहारिक उपयोग किया और सफलता पाई, जिससे वे, क्या छोटे क्या बड़े, सभी के बीच खूब लोकप्रिय हुए और प्रशंसनीय सम्मान के पात्र बने तथा अपने जीवन-काल में ही विशिष्ट महान् व्यक्ति माने जाने लगे। यह यथार्थ तर्क-संगत मत है।

सहस्रों वर्ष बाद उनके भक्तों ने अपने आराध्य को महिमा-मंडित कर उनके समय की तर्क-संगत घटनाओं को अलौकिक चामत्कारिक घटनाओं (मिथक) में बदल दिया और उन्हें देवता मानकर उनके मंदिर बनवा लिये तथा पूजा-अर्चना करने लगे। दोनों मतों की अपनी उपयोगिता है, अंतर मात्र इतना है कि तर्क-संगत मत में हनुमानजी के अद्भुत प्रशंसनीय गुण स्पष्ट रूप से प्रत्यक्ष हो जाते हैं, जबकि भक्ति-मत में असली गुण तो छिप जाते हैं, परंतु घटनाएँ ऐसा रूप धारण कर लेती हैं, जो प्रिय एवं मनोरंजक तो होता ही है पर सबसे बड़ी बात यह है कि भक्त उस स्वरूप के सामने नत-मस्तक होकर अपने

कष्टों व विपदाओं को प्रभु के सम्मुख रखकर आत्म-संतोष प्राप्त करता है। इस पुस्तक में जो भी तर्क-संगत मत अंकित हैं, वे पूर्णतया लेखक की अपनी कल्पना पर आधारित हैं। निम्न परिच्छेदो में, दोनों मत, भक्ति-मत (वर्तमान में प्रचलित मिथक स्वरूप) तथा तर्क-मत (तत्कालीन जीवनकाल में वास्तविक रूप), प्रस्तुत किए गए हैं।

बचपन में ही सूर्य को निगल जाने की घटना

भक्ति-मत : बचपन में हनुमान सूर्य को मीठा फल समझकर, उड़कर उसके पास पहुँच गए और उसे अपने मुँह में रख लिया, जब घोर अंधकार हो जाने के कारण दुनिया में त्राहि-त्राहि मचने लगी, तब सभी देवताओं के विशेष अनुरोध एवं प्रार्थना पर सूर्य को बाहर निकाला।

चित्र : बचपन में हनुमानजी द्वारा सूर्य को निगल जाने की घटना

भक्ति-मत में अलौकिकता का पुट : सूर्य पृथ्वी से लगभग 15 करोड़ किलोमीटर की दूरी पर है और आकार में इतना बड़ा है कि 13 लाख पृथ्वियाँ उसमें समा जाएँगी। सूर्य की सतह का ही तापक्रम 6000 डिग्री सेंटीग्रेड है तथा केंद्र में तो यह इसका कई हजार गुना है। ऐसे महा विशाल सूर्य को खा लेना किसी भी इनसान के

लिए संभव ही नहीं है, परंतु श्रद्धा-मत में संभव-असंभव की बात नहीं सोची जाती। भक्त यह मानते हैं कि उनके आराध्य तो देवता हैं तथा उनमें असंभव दिखनेवाले कार्यों को भी कर लेने की क्षमता है। स्वयं महाकवि तुलसीदासजी ने हनुमान चालीसा में यह लिखकर, **"युग सहस्त्र योजन पर भानू, लील्यो ताहि मधुर फल जानू।"** भक्ति-मत की पुष्टि ही की है। इसमें कोई संदेह नहीं है कि महान् व्यक्तियों की तर्क-संगत बातों को विशेष श्रद्धा व आस्था के कारण अलौकिक रूप में प्रदर्शित करने में कवियों, लेखकों व चल-चित्रों (सिनेमा) का महत्त्वपूर्ण योगदान रहता है। उक्त भक्ति-मत अंजनी-पुत्र हनुमान के जीवनकाल के सहस्त्रों वर्ष बाद अस्तित्व में आया होगा, जिसमें हनुमान को सर्व शक्तिमान देवता, जिनके लिए कुछ भी असंभव नहीं है, के रूप में ही देखा गया है।

तर्क-संगत विश्लेषण : विद्यार्थी जीवन में ही सूर्य के अध्ययन में विशेष रुचि के कारण सूर्य के बारे में हनुमानजी को विशेष ज्ञान हो गया था। आजकल भी जब किसी विद्यार्थी को किसी कठिन समझे जानेवाले विषय का उत्तम ज्ञान हो, वह अपने सहपाठियों की जिज्ञासा को संतोषजनक रूप से शांत करता रहता हो तथा कक्षा में शिक्षकों द्वारा पूछे गए प्रश्नों का सदैव सही उत्तर देता हो, तो उसके सहपाठी यही कहते हैं कि फलाँ ने तो इस विषय को कंठस्थ कर रखा है, अर्थात् निगल रखा है। यही बात हनुमानजी के बारे में भी कही जाती होगी।

दूसरा तर्क यह भी हो सकता है कि हनुमानजी के सूर्य के विषय में निरंतर अध्ययनरत रहने व सोचते रहने के कारण, उन्होंने स्वप्न देखा हो कि वे सूर्य को मीठा फल समझकर उसके पास उड़कर पहुँच जाते हैं और खा जाते हैं। स्वप्न में कैसी भी असंभव बात संभव हो जाती है। ऐसा अनुभव कभी-न-कभी सभी को होता है, परंतु ऐसा अनुभव जब किसी महान् व्यक्ति को होता है तो उसका व्यापक प्रचार हो जाता है। आधुनिक काल में वैज्ञानिकों को भी अपने विषय संबंधी सपने दिखे हैं, जो इतिहास में वर्णित हैं, उदाहरणस्वरूप फ्रैडरिक ऑगस्टस केकुले ने 1865 में बेंजीन में परमाणुओं की संरचना, दिमित्री मेडेलीफ ने 1869 में समान गुणवाले रासायनिक परमाणुओं की सारणी (पीरियाडिक टेबल) बनाने, श्रीनिवास रामानुजन ने 1900 में गणित संबंधी उलझनों तथा अल्बर्ट आइंस्टीन ने 1905 में समय और अंतराल (टाइम तथा स्पेस) में सापेक्षता (रिलेटिविटी), के अपने-अपने उन कार्यों के विषय में सपने दिखे जिन पर वह शोध में व्यस्त थे तथा उन सपनों से उन्हें अपनी शोध विषयक समस्याओं का समाधान प्राप्त हुआ। हनुमान ने अपने सपने के बारे में अपने सहपाठियों को बताया होगा, जिसका उस समय तो सपने के रूप में ही प्रचार हुआ होगा, परंतु सहस्त्रों वर्षों बाद उसका चामत्कारिक रूप में वर्णन होने लगा।

विशाल समुद्र को लाँघ जाने की घटना और सुरसा द्वारा परीक्षा

भक्ति-मत : संत तुलसीदास ने लिखा है कि "प्रभु मुद्रिका मेलि मुख माहीं, जलधि लाँघि गए अचरज नाहीं", जिसका भावार्थ है कि इसमें आश्चर्य की कोई बात नहीं है कि भगवान् राम द्वारा दी गई अँगूठी को मुँह में रखकर हनुमानजी भारत और लंका के बीच समुद्र को लाँघकर लंका पहुँच गए।

जब हनुमानजी समुद्र के मध्य में पहुँचे तो हनुमानजी को राक्षसी के भेष में सुरसा मिली, जिसे देवताओं ने हनुमान की बुद्धि की परीक्षा लेने के लिए भेजा था। सुरसा ने हनुमानजी को खा जाने की इच्छा प्रकट की। हनुमानजी ने उससे कहा कि अभी मैं भगवान् राम की आज्ञानुसार सीताजी को खोजने लंका जा रहा हूँ, खोज लेने के बाद श्रीराम को तथ्यों से अवगत कराकर, मैं पुनः तुम्हारे पास आ जाऊँगा, तब आराम से खा लेना। सुरसा ने कहा, "मुझे भूख लगी है, अभी खाऊँगी।" यह कहकर वह अपना आकार बढ़ाती गई और हनुमानजी भी अपना आकार तदनुसार बढ़ाते गए, ताकि सुरसा उन्हें खा न सके। अंत में सुरसा ने अपना आकार असाधारण रूप से विशाल कर लिया, तब हनुमानजी अति सूक्ष्म आकार के हो गए और सुरसा के मुँह से पेट में प्रवेश कर तुरंत वापस बाहर आ गए। इस प्रकार, जब हनुमानजी परीक्षा में भी जीत गए, तब सुरसा से सच्चाई जानकर तथा आशीर्वाद पाकर वहाँ से लंका के लिए छलाँग लगाई।

भक्ति-मत में अलौकिकता का पुट : वर्तमान में भारत और लंका के बीच के समुद्र की लंबाई लगभग 140 किलोमीटर है। हनुमान तो वानर जाति के केसरी और अंजना के पुत्र होने के कारण, इनसान ही थे और इनसान के लिए, चाहे वह कितना भी शक्तिशाली क्यों न हो, इतनी लंबी छलाँग लगाना असंभव है। इनसान के लिए अपना आकार बदलना भी संभव नहीं है।

तर्क-मत : जहाँ तक समुद्र लाँघने का प्रश्न है, इसका यही एक तर्क हो सकता है कि उस समय भारत और लंका के बीच 20 मीटर से भी कम लंबाई का समुद्र रहा हो और बीच में कई टापू रहे होंगे, जिनसे छलांग लगाते हुए लंका तक पहुँचे होंगे। दुनिया में भौगोलिक परिवर्तन होते रहते हैं। वैज्ञानिकों का मत है कि अति प्राचीनकाल में दक्षिण से मध्य भारत के उत्तर में आधुनिक भारत के उत्तर पूर्व तक समुद्र ही था और लंका उस समुद्र में भारत के बिलकुल निकट ही रहा होगा। भारत और लंका के बीच के समुद्र के मध्य एक ऐसा टापू भी रहा होगा, जिस पर ही हनुमानजी व सुरसा की मुलाकात हुई होगी। देवताओं ने सुरसा को नहीं भेजा, बल्कि यह अधिक तर्क-संगत प्रतीत होता है कि सुरसा उस टापू पर ही रहती होगी, हनुमान को उसने आगे जाने से रोका होगा, जिस पर हनुमान ने उससे युद्ध कर उसे मूर्च्छित कर दिया हो, तत्पश्चात् लंका के लिए छलाँग लगाई हो।

लंका के युद्ध में मूर्च्छित हुए लक्ष्मण को चेतना में लाने के लिए हिमालय से संजीवनी बूटी लाना

लंका के युद्ध में मेघनाद के बाण से लक्ष्मण मूर्च्छित हो गए थे। विभीषण की सलाह पर राम ने हनुमानजी को तुरंत किश्किंधा के राज-वैद्य सुषेण के पास भेजा। वैद्यजी ने हनुमान को बताया कि पहाड़ पर संजीवनी बूटी का पौधा मिलेगा, उसकी पहचान बता दी और कहा कि उसे तुरंत लेकर आओ तो लक्ष्मण के प्राण बच सकते हैं।

भक्ति-मत : सहस्त्रों वर्ष बाद उक्त घटना को भक्तों ने श्रद्धा से एक अलौकिक रूप दे दिया। हनुमानजी लंका के स्थानीय पहाड़ पर न जाकर हिमालय पर चले गए। वहाँ वांछित पौधे को ढूँढ़ने में दिक्कत हुई तो उन्होंने पहाड़ के उस हिस्से को ही उखाड़ लिया, जिस पर मिलते-झुलते पौधे थे। उसे लेकर लंका की ओर वापसी उड़ान भरी, जब वह अयोध्या के ऊपर से गुजर रहे थे, तब भरत ने देख लिया और उसे कोई राक्षस समझकर अपने बाण से नीचे गिरा लिया। भरत को सारी घटना की जानकारी होने पर उन्होंने हनुमान को तुरंत लंका पहुँचाने के लिए अपने बाण पर बिठाकर रवाना कर दिया। लंका पहुँचने पर वैद्यजी ने उपचार किया और लक्ष्मण जी चेतनावस्था में आ गए।

भक्ति-मत में अलौकिकता : उक्त अलौकिक घटना तर्क की कसौटी पर तो असंभव ही है। लंका से हिमालय पर्वत 1000 किलोमीटर से अधिक की दूरी पर है। इतनी दूर जाना और वहाँ से वापस उसी दिन आना संभव ही नहीं है, फिर भरत का उन्हें अयोध्या में गिरा लेना तथा वास्तविकता जानकर, अपने बाण पर बिठाकर लंका भेज देना, मानो वह बाण न होकर आधुनिकतम मिसाइल ही रही हो, तर्क से परे है, लेकिन जैसा पूर्व में कहा जा चुका है, भक्त अपने आराध्य को सर्वशक्तिमान मानते हुए, असंभव को भी संभव मानता है। इससे भक्त में असीम आत्म-विश्वास पैदा होता है।

तर्क-मत : राज-वैद्य सुषेणजी का मंतव्य लंका में स्थित स्थानीय पहाड़ से था, हिमालय से नहीं। हनुमानजी लंका के ही स्थानीय पहाड़ पर गए, वहाँ से वांछित पौधा लेकर श्रीराम के शिविर में आए। वैद्यजी ने संजीवनी का उपयोग कर समुचित उपचार किया, जिसके फलस्वरूप लक्ष्मण होश में आ गए और स्वस्थ हो गए। निस्संदेह, तर्क-मत के अनुसार भी दुश्मन के देश में हनुमानजी का उक्त कार्य साहसपूर्ण एवं जोखिम भरा था। इसको सफलतापूर्वक संपन्न करने के लिए श्रीराम ने भाव-विह्वल होकर, यह कहते हुए कि "तुम मम प्रिय भरत सम भाई," हनुमान को गले से लगा लिया।

अहिरावण द्वारा राम और लक्ष्मण का अपहरण तथा हनुमानजी द्वारा अहिरावण का वध

रावण का मित्र, अहिरावण, लंका के पास ही समुद्र में स्थित 'पाताल देश' का राजा तथा अत्यंत कुशल मायावी था। रावण के अनुरोध को मानकर उसने राम और लक्ष्मण, जो लंका में अपने युद्ध शिविर में थे, का अपहरण करने की योजना बनाई। विभीषण का भेष बनाकर वह उनके शिविर में गया और वहाँ से, अत्यंत गोपनीय एवं महत्त्वपूर्ण मसले पर विचार-विमर्श करने के बहाने उन्हें बाहर ले आया तथा वहाँ से दोनों का फुर्ती से अपहरण करके पाताल ले जाने में सफल हुआ। कदाचित् उस समय अतिमहत्त्वपूर्ण व्यक्तियों के लिए भी ऐसी पक्की सुरक्षा-व्यवस्था नहीं की जाती थी, जैसी कि आजकल राष्ट्रपति, प्रधानमंत्री आदि के लिए की जाती है। कुछ देर उपरांत ही जब असली विभीषण दिखाई दिया तो भेद खुल गया। हनुमानजी तुरंत ही पाताल लोक के लिए रवाना हो गए, क्योंकि उन्हें यह ज्ञात था कि अहिरावण कुछ दिन से लंका में मौजूद था।

पाताललोक का द्वारपाल मकरध्वज नामक व्यक्ति था, जो हनुमान के समान ही पराक्रमी था। उसने बताया कि वह हनुमान का पुत्र है और यह कि वह तुमको प्रविष्ट नहीं होने देगा। बिना अपना परिचय दिए हनुमान ने मकरध्वज से कहा कि हनुमान तो बाल ब्रह्मचारी हैं, किस्सा क्या है? इस पर उसने बताया कि हनुमान जब सोने की लंका को जला चुके, तब वे बेहद थक चुके थे और पसीने से तर थे। पूँछ की आग बुझाने के लिए जब वे समुद्र में कूदे, तब उनके पसीने की बूँद एक मछली के ऊपर गिर गई, जिससे वह गर्भवती हो गई, फलस्वरूप उसका जन्म हुआ। यह सुनकर अपनी हँसी दबाते हुए, प्रशंसनीय कूटनीति का परिचय देते हुए कहा कि वह स्वयं हनुमान के मित्र हैं तथा कुछ ऐसा प्रलोभन भी दिया, जिससे प्रभावित होकर उसने न केवल हनुमानजी को अंदर आने दिया, बल्कि उनको अहिरावण के कक्ष तक ले गया। कक्ष में प्रवेश कर सबसे पहले उन्होंने अहिरावण को पकड़ा और उसको मार दिया। मकरध्वज को पाताल का राजा बना दिया, जिससे पाताललोक सदैव के लिए राम के अधीन हो गया। तत्पश्चात् वह राम और लक्ष्मण को अपने कंधों पर बिठाकर शिविर में सुरक्षित ले आए।

अहिरावण की कहानी तो सच हो सकती है, परंतु मकरध्वज की नहीं। कदाचित् बहादुर दिखाने के लिए उसने अपने को हनुमानजी का पुत्र होने की कहानी गढ़ ली हो। अस्तु, जो कुछ भी हो, इतना तो सच ही है कि हनुमानजी ने अपनी जान पर खेलकर राम और लक्ष्मण की जान बचाई।

हनुमान अपने आकार को जब चाहे बदल लेते थे

भक्ति-मत : संत तुलसीदासजी ने अपनी हनुमान चालीसा नामक कविता में लिखा है—

सूक्ष्म रूप धर सियहिं दिखावा, विकट रूप धर लंक जरावा।
भीम रूप धर असुर संहारे, रामचंद्रजी के काज संभारे॥

जब हनुमानजी सीताजी की खोज में लंका गए, तब उन्होंने अपने तीन आकार दिखाए। सीताजी के सम्मुख सूक्ष्म आकार में प्रकट हुए, विकट रूप में लंका को जलाया तथा भीम रूप में युद्ध में दुश्मन के सैनिकों को मारा।

चित्र : सीताजी के सम्मुख हनुमानजी का सूक्ष्म आकार

जब उन्हें रावण के दरबार में प्रस्तुत किया गया तो रावण ने उनका उपहास करने के लिए उनकी पूँछ में आग लगवा दी, तब क्रोधित होकर उन्होंने विकट रूप धारण कर लिया और उस आकार में उछल-कूद करते हुए सोने की लंका को जला दिया, जिससे लंका में चारों ओर हाहाकार मच गया तथा बाद में समुद्र में कूदकर अपनी आग बुझा ली और भारत में अपने दल के पास आ गए। यहाँ यह भी अंकित करना वांछनीय है कि लंका सोने की बनी हुई नहीं थी, बल्कि खूब समृद्ध थी, जिससे सोने की कहलाती थी, क्योंकि सोना समृद्धि की निशानी है।

बाद में रावण से युद्ध करने के लिए, सुग्रीव की सेना को लेकर राम जब लंका

पहुँचे और युद्ध प्रारंभ हुआ, तब युद्ध में हनुमान ने भय-उत्पादक विशाल भीम रूप धारण कर शत्रु के सैनिकों पर अपनी गदा से तथा शिलाओं से आक्रमण किया।

अलौकिकता : उपरोक्त पंक्तियों में यह अंकित किया है कि हनुमान में परिस्थिति के अनुरूप अपना आकार बदलने की क्षमता थी। चिकित्सा-विज्ञान के अनुसार बचपन से युवा होने तक तो मनुष्य की लंबाई बढ़ती जाती है पर उसके बाद बढ़ना बंद हो जाता है, अत: हनुमानजी के लिए भी यह संभव नहीं था कि वे अपनी लंबाई जब चाहें तब बढ़ा लें और जब चाहें तब कम कर लें।

तर्क-मत : सूक्ष्म रूप का मंतव्य यह है कि 'पूज्यों के सामने उनके सम्मान में नमन करते हुए आना'। लंका में हनुमानजी सीताजी के सामने दो बार उपस्थित हुए, एक बार अपने को राम का दूत बताकर परिचय दिया और राम द्वारा दी गई अपनी अँगूठी उन्हें भेंट की। दूसरी बार, जब लंका को जलाकर वापस जाने को हुए तथा उनसे उनकी कोई ऐसी वस्तु माँगी, जिसे वह राम को दे सकें, तब सीताजी उनके लिए आराध्य थीं, अत: दोनों बार अत्यंत विनीत भाव से नमन करते हुए उनके सम्मुख प्रस्तुत हुए। इस रूप को सूक्ष्म समझा जा सकता है—जब रावण ने उनकी पूँछ में आग लगवा दी, तब वह यह दिखाने के लिए कि देखो रावण, अब मैं क्या करता हूँ, तनकर खड़े हो जाते हैं तथा आकार में विकट दिखाई देते हैं। युद्ध में गदा चलाते हुए अथवा शिला फेंकते हुए, मरो या मारो की क्रोधपूर्ण स्थिति में भयानक भीम रूप में दिखाई देते हैं।

हनुमान का अपना सीना चीरकर हृदय में विराजमान राम को दिखाना

भक्ति-मत : रावण पर विजय प्राप्त कर राम अपनी पत्नी सीता को लेकर अपने सेनापतियों व अन्य महत्त्वपूर्ण व्यक्तियों के साथ अयोध्या वापस आ गए तथा भरत ने अयोध्या का राज्य राम को सौंप दिया तब उन्होंने अपना पहला दरबार आयोजित किया। उसमें सर्वप्रथम उन सबके प्रति कृतज्ञता अर्पण की एवं धन्यवाद दिया, जिन्होंने लंका में रावण के साथ हुए युद्ध में उनकी सहायता की थी तथा विजय प्राप्त करवाई। तत्पश्चात् सबको हीरे उपहार में दिए। हनुमान को भी हीरे मिले। हनुमान को जब हीरों में राम नहीं दिखाई दिए तो उन्होंने उनको फेंक दिया। अन्य सब दरबारी आश्चर्य से देखते रहे। कुछ ने उनका मजाक बनाया कि हनुमान को हीरों का मूल्य एवं महत्त्व ही नहीं मालूम, कुछ ने उसको कोसा, कुछ ने भर्त्सना की कि उसने दी हुई भेंट को फेंककर राजा का अपमान किया है। अंतर्यामी राम मन-ही-मन मुसकरा रहे थे। उन्हें हनुमान की स्वामि-भक्ति पर जरा सा भी शक नहीं था। इस बीच एक दरबारी ने उससे पूछ ही लिया कि हनुमान तुमने महाराजाधिराज भगवान् राम की दी हुई भेंट क्यों फेंक दी तो हनुमानजी ने उत्तर दिया

कि जिस वस्तु में भगवान् राम व माता सीता की झलक न दिखाई दे, वह वस्तु मेरे लिये कंकड़-पत्थर से अधिक कुछ नहीं है। इस पर एक अन्य दरबारी ने उनसे पूछ लिया कि तुम्हारे पास क्या सबूत है कि तुम्हारे हृदय में भी भगवान् राम विराजमान हैं? हनुमानजी ने आव देखा न ताव, तुरंत अपना सीना फाड़कर सबको दिखा दिया कि हृदय में भगवान् राम और माता सीता विराजमान हैं। सभी दरबारी इस अद्भुत, अविश्वसनीय, अकल्पनीय दृश्य को देखकर भौचक्के रह गए तथा हनुमान के सामने नत-मस्तक होकर उनकी भूरि-भूरि प्रशंसा करने लगे।

चित्र : हनुमान अपने सीने को फाड़कर उसमें विराजमान राम और सीता की झलक दिखते हुए

तर्क-मत : निस्संदेह हनुमान जैसे विद्वान् हीरों के मूल्य से अपरिचित नहीं थे, परंतु वे सादे त्यागमय जीवन में ही वास्तविक सुख मानते थे तथा भौतिक पदार्थों से अथवा ऐशो-आराम के जीवन से उन्हें परहेज था, अत: भेंट में हीरों के मिलने पर वह सम्राट् राम के पास गए होंगे और उनसे प्रार्थना की होगी कि भगवन्! मैं इन मूल्यवान हीरों का क्या करूँगा, मेरे दिल में तो आप स्वयं माता सीता के साथ विराजमान हैं और वही मेरे लिये सबसे बड़ा उपहार है। राम ने उन्हें समझाया होगा कि हनुमान इनको अपने पास रख लो तथा गरीबों को जिन्हें तुम सुपात्र समझो, दे देना। हनुमान ने भगवान् की बात, जिसका सीता माँ ने भी समर्थन किया होगा, मान ली और हीरों के उपहार को गरीबों में बाँटने के लिए अपने पास रख लिया।

महाभारत काल में हनुमानजी की भौतिक उपस्थिति का उल्लेख

हनुमानजी का जन्म लगभग 7500 वर्ष पूर्व चैत्र शुक्ल 15 (पूर्णिमा) को हुआ था। किस वर्ष में हुआ था, इसका उल्लेख कहीं नहीं दिया है, परंतु यह उल्लेख है कि वे उम्र में राम से बड़े थे। उनकी माता का नाम अंजनी और पिता का नाम केसरी था। उनकी मृत्यु कब हुई, इसका कहीं कोई उल्लेख नहीं मिलता है। हनुमान के अनुयायी इसमें आस्था रखते हैं कि उनकी मृत्यु हुई ही नहीं और वह अभी भी जीवित हैं। महाभारत काल में, जो उनके जन्म के लगभग 4000 वर्ष के बाद का है, वे कई अवसरों पर भौतिक रूप में उपस्थित थे। इस पर निम्न परिच्छेदों में प्रकाश डाला गया है।

भक्ति-मत : भीम (पांडवों में युधिष्ठिर से छोटे भाई) अपने विशाल आकार एवं बहादुरी के लिए प्रसिद्ध थे। एक दिन वह अपनी पत्नी से मिलने जा रहे थे, मार्ग में एक स्थान पर हनुमान लेटे हुए थे। उनकी पूँछ रास्ता रोक रही थी। भीम ने गुस्से में कहा, "ए बंदर, रास्ता छोड़, पूँछ हटा।" इस पर हनुमान ने कहा, "स्वयं हटा दे।" गुस्से में भीम, जिनमें 50 हाथियों का बल था, पूँछ को मार्ग से हटाने की कोशिश करते हैं पर हटाने की बात तो दूर, भरसक प्रयत्न करने के बावजूद वह उसे हिला भी नहीं पाते, पसीने-पसीने हो जाते हैं, तब हारकर पूछते हैं, "भाई, तुम कौन हो, अपना परिचय तो दो?" इस पर हनुमानजी उठकर बैठ जाते हैं और भीम को बताते हैं, "मैं राम-भक्त हनुमान हूँ। तुम्हें अपने बल पर घमंड था, उसे तोड़ने के लिए राम की कृपा से मुझमें इतनी ताकत आ गई कि तुम मेरी पूँछ को हिला भी न सके, अब जाओ जहाँ जाना है, आगे कभी घमंड मत करना।" भीम ने परिचय पाकर क्षमा माँगी। इसी प्रकार, हनुमानजी ने महाभारत काल में ही कृष्ण के बड़े भाई दाऊ बलरामजी तथा कृष्ण के मित्र अर्जुन का भी घमंड तोड़ा था।

तर्क-मत : वास्तविकता तो यह है कि हनुमानजी तो राम के समय में हुए थे, अतः लगभग 4000 वर्ष बाद महाभारत काल में उनका भौतिक रूप में उपस्थित होने का प्रश्न ही नहीं उठता। हनुमान भक्तों ने उक्त घटना में अपने आराध्य की असीमित शक्ति का प्रदर्शन किया है। इसके अतिरिक्त उनके भक्त श्रद्धा से यह भी कहते हैं कि हनुमानजी की मृत्यु तो कभी हुई ही नहीं और न होगी। इस प्रकार की मान्यता मात्र आस्था के कारण है, अन्यथा जिसने जन्म लिया है, उसकी मुत्यु तो अवश्य होनी ही है। स्वयं कृष्ण की भी मृत्यु हुई थी। हाँ, यह सत्य है कि अपने जीवनकाल में श्रेष्ठ सफल कार्यों के कारण वह मुत्यु के पश्चात् भी अमर हैं।

□

6

त्रिमूर्ति-ब्रह्मा, विष्णु, महेश

परिचय

विश्व के प्राचीनतम सनातन धर्म में ऐसे ईश्वर की अवधारणा है, जो सर्वव्यापी, सर्वशक्तिमान तथा सर्वज्ञ है। वही संपूर्ण सृष्टि का रचनाकार, पालनहार तथा संहारक है। चारों युगों (सतयुग, त्रेता, द्वापर, कलियुग) की समाप्ति पर सृष्टि का अंत हो जाता है, यह अंत भी ईश्वर ही करता है। सनातन धर्म को अब 'हिंदू धर्म' कहते हैं, ऐसा क्यों कहने लगे, इसका उत्तर भी दिलचस्प है। पश्चिमी एशियाई देशों की भाषा में 'स' अक्षर को 'ह' बोला जाता है। इन देशों के लोगों को भारत में आने के लिए 'सिंधु नदी' को पार करना पड़ता था, जिसे वे 'हिंदू दरिया' और हिंदू दरिया के पार रहनेवाले लोगों को 'हिंदू' कहने लगे तथा भारत को 'हिंदुस्तान'। इस प्रकार 'हिंदू' शब्द राष्ट्रीयता का द्योतक हो गया था। सनातन धर्म के लोगों ने तो इस विश्लेषण को स्वीकार कर लिया, परंतु अन्य भारतीय धर्मों (जैन, बौद्ध, सिख आदि) ने यह स्वीकार नहीं किया, वे अपनी राष्ट्रीयता प्रकट करने के लिए अपने को भारतीय या इंडियन कहना पसंद करते हैं, हिंदू नहीं, अतः व्यावहारिक रूप में 'हिंदू' शब्द 'सनातन' धर्म का ही पर्यायवाची हो गया है। भारत सरकार भी जनगणना में हिंदू शब्द को सनातन धर्म के लिए ही प्रयुक्त करती है, राष्ट्रीयता के लिए नहीं, अतः इस पुस्तक में भी हिंदू शब्द का प्रयोग सनातन धर्म के लिए ही किया गया है।

सर्वव्यापी होने के कारण ईश्वर को सूक्ष्मातिसूक्ष्म माना गया है, अतः वह दिखाई नहीं देता, परंतु आत्मा के रूप में वह सबमें व्याप्त है। भौतिक विज्ञान के अनुसार परमाणु के तत्त्व इलेक्ट्रॉन, प्रोटॉन तथा न्यूट्रॉन भी सभी पदार्थों में व्याप्त हैं, परंतु दिखाई नहीं देते। इस समानता के बावजूद एक मुख्य अंतर यह है कि प्राणी की मृत्यु हो जाने पर भी इलेक्ट्रॉन, प्रोटॉन तथा न्यूट्रॉन तो मृत शरीर में वैसे ही बने रहते हैं, जैसे जीवित अवस्था में थे, परंतु एक ऐसा तत्त्व निकल जाता है, जो उसे मृत बना देता है। इसी तत्त्व को 'प्राण' या 'आत्मा' कहते हैं। हिंदू धर्म के अनुसार मृत्यु के पश्चात् या तो

यह विशेष तत्त्व परमात्मा (ईश्वर) में विलीन हो जाता है, जिसे मोक्ष कहते हैं अथवा किसी अन्य योनि में पुनर्जन्म ले लेता है। मनुष्य के अलावा अन्य सभी योनियाँ नरक ही हैं, क्योंकि उनमें सोचने-समझने व बोलने तथा हाथों से सक्रिय रूप से कार्य करने की क्षमता नहीं होती। मोक्ष की प्राप्ति मनुष्य योनि से ही संभव है, अत: अन्य योनियों को भोगकर जीव पुन: मनुष्य योनि में ही आता है। मनुष्य योनि में भी वह यदि किसी यशस्वी परिवार में जन्म लेता है, जो अभावग्रस्त नहीं है तो उसके लिए वह स्वर्ग है तथा अभावग्रस्त या कलंकित परिवार, नरक है। संत कबीर ने अपनी दोहावली नामक काव्य पुस्तक में किसी परिवार के 'अभावग्रस्त न होने' को अति सुंदर ढंग से निम्न प्रकार परिभाषित किया है।

साईं इतना दीजिए जामे कुटुम समाय।
मैं भी भूखा न रहूँ साधु न भूखा जाए॥

उस परिवार को अभावग्रस्त नहीं माना जा सकता, जिसे इतना प्राप्त हो जाता हो कि समस्त परिवार का तथा अतिथियों का पालन-पोषण सहजता से हो सके। यदि अधिक प्राप्त होता है तो गरीबों की सहायता की जा सकती है।

भक्ति-मत में सभी आस्तिक धर्म यह मानते हैं कि स्वर्ग ऊपर है तथा नरक नीचे; यह मान्यता नितांत अवैज्ञानिक है तथा पूर्ण रूप से आधारहीन। वास्तव में स्वर्ग और नरक दोनों इस पृथ्वी पर ही हैं। आत्मा या परमात्मा के रहस्य को अभी तक विज्ञान खोज नहीं पाया है। सभी कुछ कल्पना पर आधारित है। सनातन या हिंदू धर्म में ईश्वर के तीन कर्मों (सृजन, पोषण तथा संहार) के अनुसार परमात्मा को प्रतीकात्मक तीन रूप दे दिए गए हैं। रचनाकार के रूप में वह ब्रह्मा (विधाता) हैं, ब्रह्मा द्वारा रचित सृष्टि के पालनहार के रूप में विष्णु तथा उसका अंत करनेवाले के रूप में महेश (शिव या रुद्र) हैं। इन तीनों रूपों को त्रिमूर्ति कहते हैं और भक्ति-मत में इन तीनों को अलग-अलग देव मानकर उनके मंदिर बनवाए जाते हैं। ये तीन ईश्वर के अवतार भी नहीं कहे जा सकते, क्योंकि इनका भौतिक रूप में किसी परिवार में जन्म ही नहीं हुआ, ये स्वयंभू हैं। इनके शाप और वरदान प्रसिद्ध हैं।

भक्ति-मत के अनुसार त्रिमूर्ति की कल्पना निम्न प्रकार है—

ब्रह्मा (भक्ति-मत में) : ब्रह्मा के चार हाथ हैं, जिनमें वह वेद, कमल, माला तथा कमंडल धारण किए हुए हैं। 'वेद' ज्ञान के प्रतीक हैं। यह माना जाता है कि सर्वप्रथम वेदों का प्रवचन ब्रह्मा ने ही किया था। बाद में विद्वान् ऋषि-मुनि इनको बढ़ाते गए। 'कमल' में, कीचड़ से पैदा होने के बावजूद, किसी प्रकार की हीन भावना नहीं होती, सदैव

ब्रह्मा

विष्णु

महेश

प्रसन्नचित्त (खिला हुआ) रहता है तथा उपभोक्ता को भी यही प्रेरणा देता है। 'माला' अपने उपभोक्ता को उसके कार्य में तल्लीनता के गुण को प्रोत्साहित करती है। 'कमंडल' पानी रखने हेतु प्रयुक्त होता है। हवा और पानी जीवन के आधार हैं, हवा तो सभी स्थानों पर मिल जाती है, परंतु पानी नहीं, इसलिए कमंडल की विशेष उपयोगिता है। ब्रह्मा ने कोई अस्त्र-शस्त्र धारण नहीं कर रखा है, क्योंकि ब्रह्मा सृजन का कार्य करते हैं, किसी को मारने-पीटने का नहीं। उनके सिर भी चार हैं, ताकि प्रत्येक दिशा में सम्यक् रूप से देख सकें कि किस दिशा में किस प्रकार के सृजन की आवश्यकता है। सृजित प्राणी गुणवान भी हो सकता है, गुणहीन भी। यह भी वर्णित है कि प्रारंभ में ब्रह्मा के पाँच सिर थे, परंतु

वह एक नारी को, जो स्वयं उसके द्वारा सृजित थी, अपने पाँचों सिरों से घूर रहे थे। इस गंभीर दुराचरण के कारण शिवजी ने क्रोधित होकर ब्रह्मा के उस सिर को, जो ऊपर की ओर देखता था, काट दिया।

विष्णु (भक्ति-मत में) : विष्णु का सिर तो एक ही है, परंतु हाथ चार हैं, जिनमें शंख, चक्र, गदा और पद्म रहते हैं। पद्म (कमल) के कार्य का विवरण उक्त परिच्छेद में दिया जा चुका है। शंख का कार्य लोगों को आह्वान कर उनको सूचित करना होता है कि कार्य (युद्ध अथवा कोई धार्मिक कर्म) प्रारंभ होनेवाला है। उस कार्य के समापन पर पुनः शंख बजाकर सूचित किया जाता है। युद्ध के संदर्भ में समापन का अर्थ होता है, उस दिन का युद्ध समाप्त हो गया तथा दोनों पक्ष एक-दूसरे से मिल सकते हैं (यह महाभारत काल में एक मान्य प्रथा थी, परंतु आजकल यह प्रथा समाप्त हो गई है, युद्ध के एक बार प्रारंभ हो जाने पर वह मिसाइल्स से तब तक चलता रहता है, जब तक एक पक्ष दूसरे पक्ष को पूर्णरूपेण समर्पण न कर दे। युद्ध के प्रारंभ अथवा समाप्ति की सूचना का माध्यम अब शंख न होकर, रेडियो व दूरदर्शन हैं)। विष्णु का कार्य ब्रह्मा द्वारा रचित सृष्टि को संरक्षित करना है। इसके लिये वह, आवश्यकता पड़ने पर, मनुष्य के रूप में जन्म लेते हैं तथा यथासमय अस्त्र-शस्त्र चलाने में निपुणता प्राप्त कर सुख और दुःख को समान समझते हुए निर्भीक होकर दुष्टों का संहार करने में सफलता प्राप्त करते हैं। विष्णु प्रजा को क्रूर, कुटिल व दुराचारी व्यक्तियों से सुरक्षित रखने के लिए अस्त्र (सुदर्शन चक्र) तथा शस्त्र (गदा) अपने पास रखते हैं। विष्णु किसी क्षेत्र विशेष में, जहाँ प्रजा, शासक के क्रूर एवं दुराचारी होने के कारण, त्रस्त रहती हो, वहाँ ऐसे कुशासन को समाप्त करने के लिए आवश्यकतानुसार मनुष्य या अन्य प्राणी के रूप में जन्म ले लेते हैं, जिसे विष्णु का अवतार कहते हैं। अभी तक संरक्षण से संबंधित नौ अवतार हो चुके हैं, मत्स्य, कूर्म, वराह, नरसिंह, वामन, परशुराम, राम, कृष्ण तथा बुद्ध।

शिव (भक्ति-मत में) : शिव के सामान्य व्यक्तियों की भाँति एक सिर तथा दो हाथ हैं, परंतु नेत्र तीन हैं। तीसरा नेत्र उनके माथे पर है, जो सामान्यतया बंद रहता है तथा वे उसे तभी खोलते हैं, जब क्रोध की स्थिति में आ गए हों। तीसरा नेत्र खुलने पर उसमें से अग्नि की लपटें निकलने लगती हैं, जिनसे सामने खड़ा व्यक्ति जलकर भस्म हो जाता है। माथे के ऊपर बालों में शुक्ल पक्ष की पंचमी के चंद्रमा का चिह्न है। उनकी वेश-भूषा भी नितांत भिन्न है, उनकी गरदन में तीन लपेटों में वासुकि नाग लिपटा रहता है, अन्य कई स्थानों पर भी आभूषणों के बजाय छोटे-छोटे साँप ही होते हैं, उनकी जटाओं के जाल में गंगा नदी का स्रोत है, शरीर पर भस्म लगी हुई रहती है तथा बदन पर बाघ की छाल पहनते हैं और हाथ में डमरू (नृत्य हेतु) तथा त्रिशूल (दुष्टों का संहार करने हेतु) लिये हुए रहते

हैं। उनका तीसरा नेत्र भी अचूक अस्त्र का काम करता है। किसी व्यक्ति की मृत्यु भी संहार ही है। समस्त विश्व का एक साथ संहार, चारों युगों की समाप्ति पर या अन्य किसी ऐसी दुर्घटना (महाप्रलय) के घटित होने पर, जिसमें समस्त सृष्टि को समाप्त करने की क्षमता हो (जैसे किसी ग्रह से टक्कर अथवा विस्तृत रूप में न्यूक्लियर युद्ध)।

तर्क-संगत वास्तविकता

वास्तविकता तो यही है कि ईश्वर एक ही है तथा संपूर्ण सृष्टि का संचालन (सृजन, पोषण तथा संहार) वह स्वयं ही करता है तथा उसके कर्म व आचरण के अनुसार उसके सहस्त्रों विशेषणात्मक नाम हैं। उन्हीं में ब्रह्मा (विधाता), विष्णु, महेश (शिव) नाम भी हैं। ईश्वर का रूप क्या है, यह तभी निश्चित हो सकता है जब विज्ञान यह ज्ञात कर ले कि ईश्वर कोई प्राणी है या शक्ति (फोर्स) है या कोई ऊर्जा (एनर्जी) है अथवा कोई अति सूक्ष्म पदार्थ है या अंतरिक्ष (स्पेस) है, जब तक यह स्पष्ट नहीं हो जाता, उसे कोई एक भौतिक रूप देना संभव नहीं है। यही कारण है कि ईश्वर के स्वयं के बहुत कम मंदिर हैं, एक मंदिर जगन्नाथजी का उड़ीसा में है, जिसमें एक मूर्ति के स्थान पर तीन मूर्तियाँ हैं। बद्रीनाथ के मंदिर में भी 'नर-नारायण' की मूर्ति है। हिंदुओं में यह मान्यता है कि जब अधर्म बहुत अधिक बढ़ जाता है, तब ईश्वर का विष्णु रूप किसी उपयुक्त परिवार में जन्म लेकर, जिसे अवतार कहते हैं, अधर्म व अत्याचार का विनाश करता है। ऐसे ही दो सबसे प्रसिद्ध अवतारों (राम और कृष्ण) का वर्णन इस पुस्तक के पूर्व अध्यायों में दिया जा चुका है। उनके जीवनकाल में उनको अवतार नहीं समझा जाता था, परंतु इतना तो अवश्य होता था कि उनके कारण किसी पीड़ित एवं असहाय को कुछ लाभ मिलता था तो वह कहता था कि "उसके लिए तो वह भगवान् ही हैं।" उनकी मृत्यु के सैकड़ों वर्ष बाद लोग उन्हें ईश्वर का अवतार ही मान लेते हैं तथा उनके अनेक मंदिर बन जाते हैं तथा उनसे संबंधित घटनाओं को प्रतिवर्ष पारंपरिक रूप से मनाने का प्रचलन हो जाता है, जैसे 'रामलीला', 'कृष्ण जन्माष्टमी'। यहाँ यह व्यक्त करना वांछनीय है कि जितने भी भगवान् के अवतार हुए हैं, वह सब परमपिता परमेश्वर के 'विष्णु स्वरूप' के ही हुए हैं, ब्रह्मा अथवा शिव स्वरूपों के नहीं। 'विष्णु सहस्त्र नाम' नामक धर्म पुस्तक में भगवान् के सहस्त्रनाम अंकित हैं, जिनमें विष्णु, विधाता (ब्रह्मा), शिव (महेश या रुद्र) सम्मिलित हैं। देवताओं को भी जब कोई सामूहिक कठिनाई होती है तो वे विष्णु के पास ही जाते हैं। इससे यह स्पष्ट है कि सृष्टि के पोषण करने की अवधि में भगवान् को 'विष्णु' नाम से ही जाना जाता है।

समुद्र-मंथन

पृष्ठभूमि : ऋषि दुर्वासा को शिवजी ने एक सुंदर पुष्पहार भेंट किया था। लौटते समय मार्ग में उनकी इंद्र से मुलाकात हो गई और उन्होंने वह हार इंद्र को भेंट कर दिया। इंद्र ने उसे अपने हाथी को पहना दिया। हाथी को उस माला की खुशबू पसंद नहीं आई और उसने उसे नीचे गिराकर रौंद दिया। यह देखकर दुर्वासा काफी क्रोधित हो गए और उन्होंने इंद्र को शाप दे दिया कि तुम्हारा अमरत्व और वैभव समाप्त हो जाएगा। यही हुआ। असुरों के सम्राट् दैत्यराज बालि ने देवलोक, पृथ्वी तथा पाताल पर अपना प्रभुत्व स्थापित कर लिया। सभी देवता दुःखी होकर भगवान् विष्णु के पास आए और उनसे प्रार्थना की, "हे भगवन्! सभी देवता बहुत दुःखी हैं, कृपा कर कोई उपाय बताएँ, जिससे हम अपने प्रभुत्व को पुनः प्राप्त कर सकें।" विष्णुजी ने कहा, "उपाय है, समुद्र का मंथन करने से अमृत प्राप्त हो जाएगा, मेरा मोहिनी अवतार अपनी कुशलता से उसको देवताओं को पिला देगा, जिससे सभी देवता अमरता को प्राप्त होकर असुरों पर विजय प्राप्त कर सकेंगे, परंतु समुद्र-मंथन तुम लोग अकेले नहीं कर पाओगे, इसके लिए तुम्हें असुरों से सहायता लेनी होगी। अमृत के लोभ के कारण वे तुम्हारे साथ मिलकर समुद्र-मंथन के लिए राजी हो जाएँगे।" देवराज इंद्र ने दैत्यराज बालि से मिलकर समुद्र-मंथन की पूरी योजना समझाई और अमृत का लोभ दिया। दैत्यराज बालि ने अमृत पाने के लालच में संयुक्त रूप से समुद्र-मंथन के लिए अपनी सहमति दे दी।

देवताओं और असुरों द्वारा मिलकर समुद्र-मंथन (भक्ति-मत) : मंथन के लिए मंदराचल पर्वत को मथनी (मथनेवाला दंडा) बनाया और वासुकि नाग को नेती (रस्सी)। मंदराचल पर्वत समुद्र में धँसता न चला जाए, इसके लिए विष्णु स्वयं कछुआ बन गए (कच्छप अवतार) और पर्वत को समुद्र में अपनी पीठ पर बिठा लिया। असुरों ने वासुकि का मुँह पकड़ा और देवताओं ने पूँछ। पहले असुर खींचते थे, फिर देवता। इस तरह से मंथन होने लगा। मंथन में सबसे पहले हलाहल विष निकला, जिसे लेने को कोई तैयार नहीं था। अंत में शिवजी ने सभी के कल्याण हेतु हलाहल पी लिया। पार्वतीजी ने इस आशय से कि हलाहल गले के नीचे न जा पाए, गले को दबा लिया। इससे हलाहल का प्रभाव गले तक ही रहा और उनका गला नीला पड़ गया, अतः शिवजी का एक नाम 'नीलकंठ' भी है।

हलाहल के पश्चात् 14 रत्न और निकले, जिनके नाम निम्न प्रकार हैं— 1. कौस्तुभ मणि, 2. कर्णफूल, 3. कामधेनु गाय, 4. ऐरावत हाथी, 5. उच्चैःश्रवा अश्व, 6. चंद्रमा, 7. वारुणी, 8. शार्ङ्ग धनुष, 9. शंख, 10. पारिजात वृक्ष, 11. कल्प वृक्ष,

12. लक्ष्मीजी, 13. अप्सरा तथा सबसे अंत में, 14. अमृत का घट, जिसे वैद्य धन्वंतरि अपने हाथों में लिये हुए थे। लक्ष्मी विष्णु को अपना पति मानकर उनके पास आ गई और वारुणी (शराब) असुरों ने ले ली। अमृत को छोड़कर शेष वस्तुएँ भी सुर और असुरों ने आपस में बाँट लीं।

जैसे ही वैद्य धन्वंतरि अमृत का घट लेकर निकले, वैसे ही असुरों ने उस घट को छीन लिया। विष्णुजी ने सुंदर और आकर्षक मोहिनी का रूप धारण कर असुरों के बीच सम्मोहक नृत्य करना प्रारंभ कर दिया। असुर पहले ही वारुणी का प्रयोग कर चुके थे, जिससे मदहोश से थे। मोहिनी के सम्मोहक नृत्य ने बची-खुची कसर निकाल दी। ऐसी स्थिति में मोहिनी ने अमृत का घट अपने हाथ में ले लिया और देवताओं को अमृत पिलाने लगी। राहु नामक असुर, जो कुछ होश में था, ने देख लिया और तुरंत देवताओं की पंक्ति में सूर्य और चंद्रमा के बीच में आकर बैठ गया, जैसे ही मोहिनी ने राहु की जीभ पर अमृत की बूँद डाली, सूर्य और चंद्रमा चिल्ला उठे, "यह तो असुर है।" मोहिनी ने उसका सिर धड़ से अलग कर दिया। अमृत की एक बूँद राहु के गले तक जा चुकी थी, इसलिए सिर और धड़ अलग-अलग जीवित हो गए और आकाशमंडल में घूमने लगे। भक्ति-मत के अनुसार सूर्य और चंद्रमा से बदला लेने के लिए अमावस्या के दिन राहु कुछ समय हेतु सूर्य को अपने मुँह में रख लेता है और पूर्णमासी की रात्रि में केतु चंद्रमा को।

तर्क-सम्मत मत : समुद्र-मंथन स्वयं में एक मिथक है। राहु और केतु के प्रसंग को ही ले लें। वैज्ञानिक वास्तविकता यह है कि पृथ्वी सूर्य की परिक्रमा तथा चंद्रमा पृथ्वी की परिक्रमा करते रहते हैं। इससे इन तीनों की सापेक्ष स्थिति बदलती रहती है, जब सूर्य तथा पृथ्वी के बीच चंद्रमा आ जाता है तो चंद्रमा की परछाईं पृथ्वी पर पड़ती है और सूर्य नहीं दिखाई देता, अर्थात् सूर्यग्रहण हो जाता है, जब चंद्रमा और सूर्य के बीच पृथ्वी आ जाती है तो चंद्रग्रहण होता है। सूर्यग्रहण सदैव अमावस्या को दिन में होता है तथा चंद्रग्रहण सदैव पूर्णिमा की रात्रि में। इस सरल वैज्ञानिक प्रक्रिया को विद्वान् ऋषियों व मनीषियों ने जनसाधारण को समझाने के लिए ग्रहण की घटना को राहु-केतु की काल्पनिक कहानी में बदल दिया। वास्तविकता यह प्रतीत होती है कि प्राचीन समय में ऋषि-मुनि-महर्षि (विद्वान् व शोधकर्ता) किसी सिद्धांत को खोज लेते थे तो जनसाधारण के लिए उसे मनोरंजक कल्पित कहानी बनाकर प्रस्तुत करते थे, ताकि वे अगम्य सिद्धांत को जान लें, अचंभा न करें कि यह क्या हो रहा है। भक्ति-मत में देवी-देवताओं के लिए कुछ भी असंभव नहीं है, अतः विज्ञान के किसी भी तथ्य को मनोरंजक कहानी के रूप में प्रस्तुत किया जा सकता है।

इसी प्रकार समुद्र-मंथन भी समुद्र का मंथन न होकर मनुष्य के मस्तिष्क का मंथन है, जिसमें किसी शोधकर्ता ने मनोवैज्ञानिक विषय का गंभीर अध्ययन करके मस्तिष्क की क्षमताओं को ज्ञात किया है। भक्ति-मत के अनुसार समुद्र-मंथन में जो उपकरण व प्रक्रिया प्रयोग में आए उनके समकक्ष मनोविज्ञान के उपकरण व प्रक्रिया क्या रहे होंगे, इसका तुलनात्मक वर्णन निम्न सारणी में प्रस्तुत है।

भक्त-मत में प्रयुक्त उपकरण व प्रक्रिया	तर्क-मत में प्रयुक्त समकक्ष उपकरण व प्रक्रिया
समुद्र	मस्तिष्क
देवता	धनात्मक सोच (जिससे सफलता मिलने में सहायता मिले)
असुर	ऋणात्मक सोच (सफलता मिलने में विघ्न की संभावनाएँ)
वासुकि नाग	बंधन, खतरा
मंदराचल पर्वत	ध्येय को प्राप्त करने हेतु संसाधन, उनकी सीमाएँ
हलाहल	संभावित हानियाँ तथा उनसे बचाव के उपाय
अमृत	ध्येय की प्राप्ति में सफलता

उक्त सारणी से यह स्पष्ट है कि मनुष्य अपने मस्तिष्क में मंथन करता रहता है कि जो वस्तु उसको प्राप्त करनी है उसमें किस प्रकार सफलता मिल सकती है तथा ऐसी क्या परिस्थितियाँ पैदा हो सकती हैं, जो उसकी सफलता में बाधा बनें। इस प्रकार के मानसिक मंथन को ही काल्पनिक सागर मंथन के रूप में प्रकट किया गया है। इस बात से भी इनकार नहीं किया जा सकता कि जो विद्वान उक्त प्रकार के मानसिक मंथन में तल्लीन रहता था, उसने वह रात्रि में स्वप्न में सागर-मंथन के रूप में देखा हो।

सागर-मंथन के विश्लेषण के पश्चात्, अब त्रिमूर्ति से संबंधित अनोखी अलौकिक घटनाओं का विश्लेषण निम्न परिच्छेदों में दिया जा रहा है।

ब्रह्मा से संबंधित घटनाएँ

भक्ति-मत : 1. एक बार ब्रह्मा और विष्णु में इस बात पर विवाद हो गया कि दोनों में कौन बड़ा है। विष्णु अपने को ब्रह्मा से बड़ा बताते रहे और ब्रह्मा अपने को। विवाद शिवजी के पास पहुँचा। शिवजी निर्णय करने को सहमत हो गए और उन्होंने

कहा, "मैं एक परीक्षा लूँगा तथा उस परीक्षा में प्रदर्शित योग्यता के आधार पर निर्णय करूँगा।" दोनों परीक्षा देने के लिए राजी हो गए। शिवजी ने तुरंत एक अत्यधिक लंबा ज्योति-स्तंभ उत्पन्न कर दिया, जिसका एक छोर आकाश की ओर और दूसरा छोर पाताल की ओर था, परंतु पृथ्वी से कोई भी छोर दिखाई नहीं दे रहा था। ब्रह्मा अपने वाहन हंस की सहायता से ऊपरवाले छोर की ओर जाने लगे और विष्णु अपने अवतार वाराह की सहायता से पाताल की ओर। विष्णु तो कुछ समय वाद वापस आ गए और शिवजी से सच कह दिया कि वह छोर तक नहीं पहुंच पाए। ब्रह्माजी भी नहीं पहुंच पा रहे थे। ब्रह्माजी के साथ केतकी नामक पुष्प था, जो शिवलिंग पर चढ़ाया जाता था, उससे बात की कि "यदि तू गवाही दे दे कि तूने मुझे पहुँचते हुए देखा था तो मैं जीत जाऊँगा।" केतकी ने अपनी सहमति दे दी। ब्रह्माजी केतकी को साथ लेकर शिवजी के पास वापस आ गए और उनसे झूठ बोल दिया कि वह स्तंभ के ऊपरी छोर तक पहुँचकर वापस आया है, केतकी साक्षी है। केतकी ने ब्रह्मा के कथन का समर्थन कर दिया। शिवजी ने अपने अंतर्ज्ञान से ब्रह्मा और केतकी के झूठ को जान लिया तथा श्रेष्ठतर होने के दावे में विष्णु को विजयी घोषित करते हुए ब्रह्मा को शाप दे दिया कि "तुम्हारी कहीं भी पूजा नहीं की जाएगी।" केतकी पुष्प को भी झूठी साक्षी देने के लिए शाप दे दिया कि "अब तुम्हें मेरे ऊपर कभी नहीं चढ़ाया जाएगा।"

2. शिवजी को जब यह ज्ञात हुआ कि ब्रह्मा ने सरस्वती को अपनी पत्नी बना लिया है तो वे ब्रह्मा के पास गए तथा क्रोध में पूछा कि आप तो सृजनकर्ता हैं, इसके नाते आप सरस्वती के पिता हैं, अपनी पुत्री को ही आप अपनी पत्नी नहीं बना सकते। ब्रह्मा ने कहा कि "मैंने तो समस्त सृष्टि का सृजन किया है और जब सरस्वती का सृजन किया तो यही सोचकर उन्हें विद्या की सुंदर देवी बनाया कि उन्हें मैं अपनी पत्नी बनाऊँगा।" शिव उत्तर से संतुष्ट नहीं हुए और क्रोधित होकर यह कहते हुए कि सृजनकर्त्ता सृजित की हुई वस्तु का पिता होता है, अत: मैं तुम्हें शाप देता हूँ कि "इस दुराचरण के कारण तुम्हारा कोई मंदिर नहीं बनवाएगा।" इस शाप के कारण ही ब्रह्मा के मंदिर उँगलियों पर गिनने लायक ही हैं। ये मंदिर भी इसलिए बन गए कि कुछ लोगों ने शिवजी के शाप को अनदेखा कर दिया, हो सकता है कि उन्हें सपने में ब्रह्माजी दिखाई दिए हों और दर्शन-लाभ के कारण भक्त ने ब्रह्माजी का मंदिर बनवाने का संकल्प लेकर यथासमय मंदिर बनवा दिया हो। इसके विपरीत, विष्णु और शिव के मंदिर करोड़ों की संख्या में हैं।

3. ब्रह्मा को शिवजी ने एक शाप और दिया था : उनके द्वारा सृजित एक सुंदर नारी शतरूपा उनके सामने से गुजर रही थी, वे उसकी सुंदरता से प्रभावित होकर उसे घूरने लगे। उस नारी को उनका घूरना बिलकुल ही पसंद नहीं आ रहा था, अत: उनके

घूरने से बचने के लिए वह अपनी दिशा बदलती गई, परंतु वह जिस दिशा में भी जाती, ब्रह्मा की उसी दिशा की आँखें उसे घूरने लगतीं, जब वह ऊपर जाने लगी तब ऊपर के सिर की आँखों ने उसे घूरना शुरू कर दिया। इससे परेशान होकर वह एक स्थान पर बैठकर भगवान् शिव से रोती हुई प्रार्थना करने लगी, "हे शिव! मुझे इस संकट से उबारिए।" भक्तों की दर्दभरी आवाज को सुन लेनेवाले शिव तुरंत ब्रह्माजी के पास आ गए और बोले, "देव होते हुए भी अपनी ही सृजित नारी को, जो आपकी पुत्री के समान है, वासनामयी दृष्टि से घूरते जा रहे हो, यह महान् दुष्कर्म व चरित्रहीनता है। मैं शाप देता हूँ कि तुम्हारा पाँचवाँ सिर धड़ से अलग हो जाए, ताकि तुम कभी भी उस सिर का दुरुपयोग न कर सको।" इस प्रकार पाँच सिरवाले ब्रह्मा उसी समय से चार सिरवाले हो गए। बाद में शतरूपा का विवाह आदि-पुरुष मनु के साथ हो गया।

'संहारक' का अर्थ कुछ लोग 'सृष्टि का अंत' मानते हैं, अर्थात् सहस्रों करोड़ों वर्षों के बाद जब सृष्टि का अंत होना होता है, तब ही परमपिता परमात्मा का शिवस्वरूप सक्रिय होता है, परंतु ऐसा नहीं है, जब कभी अधर्म बढ़ जाते हैं, फलस्वरूप धर्म की हानि होने लगती है, तब परमात्मा अपने संहारक कर्तव्य को करने हेतु मनुष्य के रूप में पृथ्वी पर आ जाते हैं। संहारक रूप में ईश्वर का प्रतीकात्मक रूप शिव है, अत: अधर्म का संहार करने के लिए परमात्मा अपने प्रतीक शिव का ही कार्य करते हैं, यद्यपि इस प्रकार के सीमित संहारक कार्य के लिए उन्हें विष्णु का ही अवतार माना जाता है।

तर्क-मत : यदि त्रिमूर्ति का भौतिक अस्तित्व है, तो इसका सीधा अर्थ है कि ये (ब्रह्मा, विष्णु महेष) परमात्मा के ही अंश हैं तथा पूर्ण रूप से निष्पाप हैं। प्रथम प्रसंग में शिवजी ने ब्रह्मा को असत्य बोलने का दोषी पाया। ब्रह्मा और विष्णु ईश्वर के ही अंश थे, अत: दोनों का इस बात पर झगड़ना कि उनमें बड़ा कौन है, यह दोनों का अहंकार या दंभ ही प्रकट करता है। दोनों ही ईश्वर के अंश होने के कारण विद्वत्ता व सदाचार के उच्चतम मानकों का प्रतिनिधित्व करते हैं, अत: यह सोचना कि दोनों ही अहं (इगो) के दुर्गुण से ग्रस्त थे, कल्पनातीत है फिर उनकी परीक्षा के लिए शिवजी द्वारा अनंत लंबाई का प्रकाश-स्तंभ पैदा कर देना, ब्रह्मा का असत्य बोलना तथा केतकी नामक पुष्प का असत्य साक्षी देना, ये सब बातें यही प्रदर्शित करती हैं कि जिसने भी यह आख्यान लिखा है, उसका उद्देश्य जनसाधारण को मनोरंजक ढंग से यह समझाना रहा हो कि झूठ बोलना पाप है, जिसके लिए ब्रह्मा तक को सजा दी गई थी।

ब्रह्मा को 'अगम्यागमन' अथवा 'कौटुंबिक व्यभिचार' (इंसेस्ट) जैसे गंभीर दुराचरण का दोषी मानना भी नितांत त्रुटिपूर्ण है तथा यह किसी विकृत मस्तिष्क की उपज है और सनातन धर्म को बदनाम करने की मनोभावना। भक्ति-भाव से प्रेरित हिंदू भी अपने

ईश्वर रूप देवताओं के विषय में इस प्रकार की अनर्गल बात कभी नहीं लिखेगा। यह तो स्पष्ट ही है कि सरस्वती ब्रह्माजी की जैविक (बाइऔलौजिकल) संतान नहीं थी। यदि कोई वैज्ञानिक नारी-रोबोट बना ले और उससे विवाह कर ले तो क्या उसे इंसेस्ट का दोषी माना जाएगा। ब्रह्मा द्वारा रचित नर और नारियों ने आपस में ही विवाह किए तो क्या वे सब विवाह इंसेस्ट माने गए।

शतरूपा को ब्रह्मा द्वारा वासनामयी दृष्टि से घूरने की बात भी काल्पनिक ही है, यह अधिक सही प्रतीत होता है कि ब्रह्मा ने शतरूपा (श्रद्धा) की रचना कर प्रलय से बचे मनु के साथ मिलन कराया। हिंदी के विख्यात कवि जयशंकर प्रसाद ने अपनी पुस्तक 'कामायनी' में प्रलय से बचे 'मनु' के बारे में लिखा है—

हिमगिरि के उत्तुंग शिखर पर बैठ शिला की शीतल छाँह,
एक पुरुष भीगे नयनों से देख रहा था प्रलय प्रवाह।
तरुण तपस्वी-सा वह बैठा साधन करता सुर-श्मशान,
नीचे प्रलयसिंधु लहरों का होता था सकरुण अवसान।
चिंता-कातर वदन हो रहा पौरुष जिसमें ओत-प्रोत,
उधर उपेक्षामय यौवन का बहता भीतर मधुमय स्त्रोत।

उक्त पंक्तियों में 'एक पुरुष' मनु के लिए लिखा गया है। चारों युगों की समाप्ति के पश्चात् भयंकर प्रलय ने सारी सृष्टि समाप्त कर दी थी और यौवन के पुरुषत्व से ओत-प्रोत केवल मनु बचा था जो अब प्रलय की समाप्ति के पश्चात् बाढ़ के उतराव तथा भूमि के निकलने को देखता हुआ चिंता में बैठा हुआ है कि अब मैं अकेला क्या करूँगा, तभी ब्रह्मा द्वारा भेजी गई शतरूपा उसके पास आती है और पूछती है—

"कौन तुम, संसृति-जलनिधि तीर-तरंगों से फेंकी मणि एक,
कर रहे निर्जन का चुपचाप प्रभा की धारा से अभिषेक।"

मनु अपना परिचय देता है—

"क्या कहूँ, क्या हूँ मैं उद्भ्रांत, विवर में नील गगन के आज,
वायु की भटकी एक तरंग, शून्यता का उजड़ा-सा राज।"

और शतरूपा से पूछता है—

"कौन हो तुम वसंत के दूत विरस पतझड़ में अति सुकुमार,
घन-तिमिर में चपला की रेख, तपन में शीतल मंद बयार।"

इस प्रकार मनु और शतरूपा को मिलाकर ब्रह्मा ने नई सृष्टि के सृजन की प्रक्रिया प्रारंभ कर दी। यथासमय शतरूपा गर्भवती हो गई। अंततोगत्वा, उनके पाँच बच्चे हुए

और इसके बाद मनुष्यों की आबादी बढ़ती चली गई, जो अब लगभग 8 अरब है। वास्तविकता यह है कि परमात्मा तीनों कार्य (रचना, पालन-पोषण तथा संहार) स्वयं ही करते हैं। अत: ब्रह्मा, विष्णु और शिव परमात्मा के ही तीन नाम हैं, इनका अलग से अपना कोई अस्तित्व नहीं है। विष्णु सहस्रनाम में विष्णु के अतिरिक्त शिव और विधाता नामों का भी उल्लेख है। इससे यह भी स्पष्ट है कि भक्ति-मत के लोग विष्णु को ही ईश्वर समझते हैं, क्योंकि विष्णु सहस्रनाम में सभी सहस्रनाम ईश्वर के ही हैं। त्रिमूर्ति के मंदिर हैं, ये शाप और वरदान देते भी हैं तथा प्राप्त भी करते हैं, यहाँ तक कि एक-दूसरे को भी, जैसे शिव ने ब्रह्मा को शाप दिए। जहाँ तक उनकी संरचना का प्रश्न है, ब्रह्मा के मूल रूप में पाँच सिर बताए गए थे। इन सिरों का कार्य चारों क्षैतिज दिशाओं में तथा ऊर्ध्व (वर्टिकल) दिशा में एक साथ देखना था। सभी ओर एक साथ देखने की क्षमता इसलिए थी, ताकि उन्हें तुरंत यह ज्ञात हो सके कि सृजन कार्य सभी क्षेत्रों में वांछित संतुलन के साथ हो रहा है। मान लीजिए, किसी क्षेत्र में सिंह बहुत अधिक हो गए तो कुछ समय बाद पता चलेगा कि उस क्षेत्र में मनुष्य समाप्त ही हो गए, अत: अनेक सिर होने से समस्त सृष्टि में विभिन्न प्राणियों की संख्या में वांछित संतुलन रखना संभव हो सका है, यद्यपि शिवजी ने ऊर्ध्व दिशावाला सिर काट दिया था, फिर भी चार दिशाओं में एक साथ देखने की क्षमता संतुलन स्थापित करने में काफी सफल रही है।

विष्णु से संबंधित अलौकिक घटनाएँ

विष्णु का सिर तो एक ही है, परंतु हाथ चार हैं, जो शंख, चक्र, गदा तथा पद्म लिये हुए हैं। ब्रह्मा द्वारा रचित सृष्टि का पालन-पोषण करने का उत्तरदायित्व ईश्वर विष्णु के रूप में निभाते हैं। सतयुग, त्रेता, द्वापर तथा कलियुग इन चारों युगों की समाप्ति पर संपूर्ण सृष्टि का विनाश ईश्वर के शिव स्वरूप द्वारा किया जाता है। सृष्टि की विनाश की स्थिति काफी समय तक रहती है, उस अवधि में ब्रह्मा सोते हैं और जागने पर पुन: सृष्टि की रचना प्रारंभ कर देते हैं और विष्णु पालन-पोषण। यह क्रम निरंतर चलता रहता है। विष्णु अपने उत्तरदायित्व के निर्वहन के लिए मनुष्य का अवतार भी लेते हैं और कभी-कभी मोहिनी (अत्यंत आकर्षक व सुंदर नारी) के रूप का।

विष्णु को त्रिमूर्ति में सर्वश्रेष्ठ घोषित करना (भक्ति-मत) : एक दिन सभी ऋषियों ने सरस्वती नदी के तट पर महा-यज्ञ करने की योजना बनाई। अपनी एक सभा में यह निर्णय लिया कि त्रिमूर्ति में सर्वश्रेष्ठ कौन है, इसकी जाँच करवाई जाए, ताकि उसको ही यज्ञ का प्रधान देवता माना जाए। सर्वसम्मति से इस उत्तरदायित्व को निर्भीकता से पूर्ण करने के लिए भृगु ऋषि को चुना गया। भृगु सबसे पहले ब्रह्मा के पास गए। ब्रह्माजी

ने उनको खबर करवा दी कि इस समय वह बहुत व्यस्त हैं, बाद में आयें। भृगु क्रोधित होकर यह शाप देते हुए कि ब्रह्मा की कोई पूजा नहीं करेगा, वहाँ से चले आए। उसके बाद वह शिवजी से मिलने गए। शिवजी का चौकीदार नंदी बाहर ही बैठा हुआ था, उसने भृगु ऋषि से कह दिया कि इस समय शिवजी पार्वतीजी के साथ निजी कक्ष में बैठे हुए हैं, अत: आप अंदर नहीं जा सकते। भृगु शिवजी को यह शाप देकर कि उनके लिंग की ही पूजा होगी, वह वहाँ से भी चले आए, अब वह विष्णु के पास गए। यहाँ कोई रोक-टोक नहीं थी, वह सीधे ही अंदर चले गए। देखा वे सो रहे थे, एक बार आवाज दी, जब नहीं जगे तो भृगु ने अपने पैरों से उनके सीने पर प्रहार किया, जिससे वह जाग गए। देखा भृगु ऋषि हैं, तुरंत उनके पैर छूकर हलके से दबाते हुए बोले, "ऋषिवर आपके पैर में चोट तो नहीं लगी, मेरा सीना कठोर है, आपके पैर अत्यंत मुलायम।" अपने पैरों को अलग करते हुए भृगु बोले, "भगवन्, मैं अपनी धृष्टता के लिए क्षमा चाहता हूँ।" उन्होंने अपने आने का प्रयोजन बता दिया। वापस आकर ऋषियों की सभा को सूचित कर दिया कि त्रिमूर्ति में विष्णु सबसे अधिक श्रेष्ठ हैं।

तर्क-मत : प्रत्येक मनुष्य तीन स्थितियों से गुजरता है, जन्म, जीवन और मुत्यु। जन्म देने (सृजन) के बाद ब्रह्मा का कार्य समाप्त हो जाता है, तत्पश्चात् उसकी मृत्यु (अंत) होने से पूर्व तक का काम विष्णु का है, जिसकी औसत अवधि मनुष्य के लिए सतयुग में लगभग 400 वर्ष, त्रेता में 300 वर्ष, द्वापर में 200 वर्ष और कलियुग में 100 वर्ष मानी जाती है। अंत करने का काम शिवजी का है, जो तुरंत हो जाता है। इस प्रकार, प्रत्येक प्राणी आजीवन विष्णु के संरक्षण में रहता है। यही कारण है कि मनुष्य विष्णु को ही ईश्वर मानते हैं तथा विष्णु का अवतार ही ईश्वर का अवतार समझा जाता है, अत: यह स्वाभाविक है कि त्रिमूर्ति में विष्णु की अवधारणा (कंसेप्ट) सबसे अधिक महत्त्वपूर्ण है। भृगु को इसमें आलिप्त करना एक स्वाभाविक प्रक्रिया को मनोरंजक एवं आस्था का विषय बनाना ही माना जा सकता है।

विष्णु को नारद का शाप : एक समय नारद मुनि को एक राजकुमारी को देखने का अवसर मिला। वह उस पर मोहित हो गए, जब उन्हें ज्ञात हुआ कि राजकुमारी का स्वयंवर होनेवाला है तो उन्होंने मन बनाया कि वह स्वयंवर में भाग लेंगे, परंतु वे यह जानते थे कि उनकी सूरत सुंदर नहीं है, अत: राजकुमारी उन्हें पसंद नहीं करेगी। इसी सोच-विचार में उनको यह सूझा कि क्यों न विष्णुजी से उनका रूप माँग लूँ, वह मुझे बहुत मानते हैं, अत: वह मेरी इस प्रार्थना को अवश्य स्वीकार कर लेंगे। वह विष्णु भगवान् से मिले और संदर्भ बताते हुए निवेदन कर दिया, "प्रभु, आप मुझे अपना रूप दे दें, ताकि राजकुमारी, स्वयंवर में मुझे चुन सके। आप मेरा भला अवश्य चाहेंगे।" विष्णु

बोले, "नारद! मैं तुम्हें वह रूप दे रहा हूँ, जिससे तुम्हारा भला होगा।" यह कहकर, उन्होंने उसे बंदर का रूप दे दिया, क्योंकि वह यह मानते थे कि नारद जैसे महर्षि को इस उम्र में भोग-विलास में पड़ना उचित नहीं है, उनका विश्व में विशेष सम्मान है, जो राजकुमारी से धोखे से विवाह करने पर समाप्त हो जाएगा। स्वयंवर में नारद के बंदर रूप को देखकर राजकुमारी तिरस्कार से मुसकरा दी और आगे बढ़ गई, जब नारद जी को ज्ञात हुआ कि उनका चेहरा तो बंदर का बना दिया था तो वह तुरंत भगवान् विष्णु से मिले और उन्हें शाप दे दिया कि आपको अपनी पत्नी की रक्षा के लिए बंदरों की सहायता ही लेनी पड़ेगी, अब भगवान् विष्णु ने असलियत बताई कि यह सब माया का मेरा नाटक था, न वहाँ कोई राजकुमारी थी और न स्वयंवर हुआ था, यह नाटक इसलिए करना पड़ा था कि तुम्हें अपने चरित्र और त्याग पर अभिमान हो गया था, जिसका बखान तुम सबसे करते फिर रहे थे। उस अभिमान को समाप्त करना तुम्हारे हित में था। नारद को अपनी भूल महसूस हो गई और उसने अपना शाप वापस लेना चाहा। भगवान् ने कहा, "शाप वापस नहीं होता, मैं त्रेतायुग में तुम्हारे शाप को अवश्य पूरा करूँगा, अब यह प्रकरण भूल जाओ और अपना कर्म बिना अभिमान के करते रहो, विश्व में तुम महा पूजनीय रहोगे।"

महेश (शिव) से संबंधित अलौकिक घटनाएँ

शिवजी के माता-पिता नहीं थे, वह विष्णु व ब्रह्मा की तरह से स्वयंभू हैं। वास्तविकता तो यह है कि वह भी विष्णु व ब्रह्मा की भाँति परमपिता परमात्मा के ही एक स्वरूप हैं, जब चारों युगों की समाप्ति पर सृष्टि का संहार होना होता है तो भगवान् स्वयं शिवजी का स्वरूप धारण कर विश्व का संहार करते हैं। शिवजी का जो भेष पूर्व में वर्णित हुआ है, वह संहार के लिए उपयुक्त है, अत: भगवान् उसी भेष में संहार का कार्य करते हैं। उस रूप में ही वे सागर-मंथन से प्राप्त हलाहल विष का पान कर नीलकंठ कहलाए। शिवस्वरूप कई मायनों में विष्णु तथा ब्रह्मा के स्वरूप से भिन्न है। ब्रह्मा ने स्वयं अपने द्वारा रचित सृष्टि से विद्या की देवी सरस्वती को अपनी पत्नी बनाया और विष्णु ने समुद्र-मंथन से प्राप्त लक्ष्मी देवी को। इन दोनों का किसी भी पुस्तक में परंपरागत विवाह का वर्णन नहीं है। इनके विपरीत शिवजी का हिमराज की कन्या पार्वती के साथ सामान्य परंपरानुसार ही विवाह हुआ था। शिवजी की तीन संतान हैं, दो पुत्र कार्तिकेय और गणेश तथा एक पुत्री अशोकसुंदरी। अशोकसुंदरी से संबंधित कोई उल्लेखनीय घटना नहीं है। गणेश और कार्तिकेय से संबंधित घटनाओं का विश्लेषण अध्याय-7 में दिया है। शिवजी के बारे में कुछ अन्य अलौकिक घटनाएँ निम्न प्रकार हैं।

शिवजी द्वारा गंगा नदी को अपनी जटाओं में बाँध लेना : आस्था-मत के अनुसार गंगा नदी स्वर्ग में बहनेवाली पवित्र व विशाल नदी थी। कौशल देश के राजा सगर, जो राम के पूर्वज थे, ने अश्वमेध यज्ञ किया और यज्ञ के अश्व की रक्षा के लिए जो सैनिक दल गया था, उसने रात्रि होने पर घोड़े को कपिल ऋषि के आश्रम में बाँध दिया। उस समय ऋषिवर ध्यान में तल्लीन थे, जब उठे तो उन्होंने अश्व को देखा और उसे आश्रम में ही अन्य सुरक्षित स्थान पर बाँध दिया। दूसरे दिन जिस स्थान पर अश्व को बाँधा था, जब उस स्थान पर नहीं मिला तो, उन्होंने राजा सगर को सूचना दी। उन्होंने तुरंत अपने 60,000 पुत्रों को भेज दिया, यह सोचकर कि किसी राजा ने अश्व को पकड़ लिया होगा और उससे कदाचित् युद्ध करना पड़े। पुत्रों के आने पर अश्व की तलाश की गई तो वह आश्रम में ही मिल गया। कपिल से किसी ने कह दिया, "तुमने यज्ञ के अश्व को चुरा लिया था।" इस पर क्रोधित होकर कपिल ने सभी 60,000 पुत्रों को वहीं जलाकर राख कर दिया। उन सबको मुक्ति दिलाने के लिए यह सलाह दी गई कि जिस तरह से भी हो, स्वर्ग से गंगा नदी को पृथ्वी पर लाया जाए और वह कपिल ऋषि के आश्रम से गुजरती हुई समुद्र में जा मिले तो सगर के पुत्रों को स्वर्ग मिल जाएगा। इसके लिए भगीरथ के बाबा और पिता ने भी भरसक प्रयत्न किए पर सफलता नहीं मिल पाई थी। अंत में भगीरथ के प्रयत्न सफल हुए। भगीरथ ने पहले ब्रह्माजी को प्रसन्न करने हेतु कई वर्षों तक तपस्या की। ब्रह्माजी उसकी तपस्या से प्रसन्न होकर प्रकट हुए और उससे वरदान माँगने के लिए कहा। भगीरथ ने तुरंत कहा, "भगवन्! आप गंगा नदी को स्वर्ग से पृथ्वी पर भेज दें।" ब्रह्माजी राजी हो गए, परंतु उन्होंने कहा कि गंगा का प्रवाह बहुत तेज है, उसे आप लोग पृथ्वी पर नहीं रोक पाए तो वह पृथ्वी को फाड़कर पाताललोक चली जाएगी, फिर उन्होंने यह सलाह दी कि केवल महादेव शिव ही उसे रोक सकते हैं। भगीरथ ने महादेव को प्रसन्न करने के लिए तपस्या करना प्रारंभ किया। महादेव शिव जल्दी ही प्रसन्न हो जाते हैं, अत: वह प्रकट हुए और भगीरथ ने अपनी समस्या बता दी। शिवजी अपनी जटाओं में गंगा को रोकने के लिए राजी हो गए। यथासमय गंगा स्वर्ग से पृथ्वी पर तेजी से आई और शिवजी ने उसे अपनी जटाओं में समा लिया। कुछ दिनों तक वह उनकी जटाओं के जाल में फँसी रही, फिर भगीरथ ने ही पुन: शिवजी से प्रार्थना की कि वह गंगा नदी को बहने के लिए छोड़ दें, ताकि वह भगीरथ के पीछे-पीछे आती रहे और उसके पूर्वजों का उद्धार हो जाए। शिवजी ने उसकी प्रार्थना को स्वीकार करते हुए अपनी जटाओं के जाल में से एक जटा को निकालकर गंगा को धीरे-धीरे जमीन पर बहने दिया, ताकि वह जमीन पर भगीरथ का अनुसरण करती हुई वांछित दिशा में आगे बढ़ती रहे, जब वह कपिल के आश्रम पर पहुँच गई, तब भगीरथ ने अपने पितरों को धर्मानुसार श्रद्धांजलि दी।

तर्क-संगत मत : जैसा कि पहले लिखा जा चुका है, स्वर्ग और नरक पृथ्वी पर ही हैं, आकाश या पाताल में नहीं, अतः यह अंकित करना कि गंगा नदी आसमान से जमीन पर आई, तर्क-संगत नहीं है। इस बात की संभावना है कि गंगा नदी हिमालय में ही उलझी रही हो और वहाँ से भगीरथ के अभियंताओं ने अपनी कुशलता का परिचय देते हुए उसको वांछित मार्ग पर बहने दिया हो। यहाँ एक संशय यह भी है कि सगर के पुत्रों की मृत्यु से पूर्व हुई मृत्युओं का अंतिम संस्कार कैसे किया जाता था। इस बात की संभावना भी है कि गंगा नदी वहाँ पर रही होगी, परंतु किसी कारणवश उसके मार्ग में परिवर्तन हो गया हो और भगीरथ के अभियंताओं ने उसके मार्ग को पुनः सही कर दिया हो। यदि उपरोक्त तर्क को मान लेते हैं, तब ब्रह्मा और शिवजी को कहानी में जोड़ने की आवश्यकता ही नहीं रहती है।

दूसरी बात, जो तर्क-संगत नहीं है, वह यह है कि सगर के 60,000 पुत्र थे। इस बात की संभावना है कि जो पुरुष अश्वमेध यज्ञ के अश्व को खोजने के लिए भेजे गए, वे सगर के नियमित सैनिक हों। अपने सैनिकों को सगर अपने पुत्र जैसा ही मानते हों। आजकल भी वह राजा या वह सेनापति अच्छा माना जाता है, जो अपने सैनिकों के साथ पुत्रवत् व्यवहार करता है।

तीसरी बात कि "कपिल ऋषि ने यज्ञ के घोड़े के लिए आए 60,000 सैनिकों को अकेले ही जलाकर भस्म कर दिया," तर्क से परे है। उस समय कोई ऐसी प्राकृतिक दुर्घटना (जैसे बड़ा भूकंप या अति भयानक बाढ़) घटी हो अथवा किसी बड़े ताकतवर राजा ने आक्रमण किया हो। यदि ऐसा कुछ भी नहीं हुआ था तो समस्त प्रकरण कल्पना मात्र ही रह जाता है, क्योंकि कपिल शिवजी तो थे नहीं कि तीसरे नेत्र को खोलकर सबको भस्म कर देते।

शिवजी द्वारा कामदेव को शाप : शिवजी को जब किसी के दुराचरण की सूचना मिलती है तो वे शीघ्र ही क्रोध में आ जाते हैं तथा उस व्यक्ति को, चाहे वह व्यक्ति कितना भी बड़ा क्यों न हो, शाप देने में या सजा देने में हिचकिचाते नहीं। किस प्रकार उन्होंने ब्रह्मा को, जो शिव की तरह से ईश्वर के त्रिमूर्ति रूपों में से एक रूप हैं, दुराचरण का अपराधी मानकर उसे शाप दिए और उसके पाँच सिरों में से एक सिर को काटकर, उसे दंड दिया, इसका विवरण पूर्व में दिया जा चुका है। यहाँ कामदेव से संबंधित एक और प्रसंग का वर्णन किया जा रहा है।

कामदेव, प्रजनन के लिए आवश्यक 'काम-वासना' के देवता हैं। यदि कामदेव अपना कार्य करना बंद कर दें तो ब्रह्मा द्वारा सृजित सृष्टि लगभग 200 वर्षों में ही समाप्त

हो जाएगी। शिवजी की पहली पत्नी, जिसका नाम 'सती' था, राजा दक्ष की पुत्री थीं। उनके पिता ने एक विशाल यज्ञ-हवन का आयोजन किया था, उसमें सभी देवताओं को आमंत्रित किया गया था, परंतु शिवजी को नहीं (एक बार जब एक सभा में दक्ष पधारे तो सभी देवता उनके सम्मान में खड़े हुए, परंतु शिवजी खड़े नहीं हुए, इससे दक्ष शिवजी से नाराज थे)। सती ने आग्रह किया कि इस अवसर पर वह अपने मायके जाना चाहती है। मायके जाने के लिए किसी निमंत्रण की आवश्यकता नहीं होती। इस पर शिवजी ने उसे समझाया कि तुम ठीक कहती हो, परंतु जहाँ द्वेष-वश न बुलाया जाए, वहाँ जाना उचित नहीं है। इसका वर्णन संत तुलसीदासजी ने अपने महाकाव्य 'श्री रामचरितमानस' में निम्न प्रकार किया है—

यदपि मित्र प्रभु पितु गुर गेहा। जाइअ बिनु बोलेहुँ न सँदेहा।
तदपि बिरोध मान जहँ कोई। तहाँ गए कल्यानु न होई॥

सती के हट करने पर, औपचारिक उपहारों की व्यवस्था कर, अपने दो गणों के साथ उन्हें मायके भेज दिया। वहाँ पहुँचकर उन्होंने देखा कि उनके पिता दक्ष उनके आने से खुश नहीं हैं और बहनें भी ताने की मुसकराहट से मिल रही हैं, फिर सती ने यज्ञ-स्थल पर जाकर यह भी देखा कि पिता दक्ष ने यज्ञ में सभी देवताओं के भाग रखे हैं, केवल शिवजी का भाग नहीं है। इससे वह बहुत दुःखी हुई और यह कहती हुईं कि मेरी यह देह मंदमति पिता दक्ष की दी हुई है, इसे अभी यहीं त्याग रही हूँ, तुरंत सबके सामने यज्ञ के अग्निकुंड में कूदकर आत्मदाह कर लिया।

जगदातमा सुमहेश पुरारी। जगत जनक सब के हितकारी॥
पिता मंदमति निंदत तेही। दक्ष सुक्र संभव यह देही॥
तजिहउँ तुरत देह तेहि हेतू। उर धरि चंद्रमौलि बृषकेतू॥
अस कहि योग अग्नि तनु जारा। भयउ सकल मख हाहाकारा॥

सती के आत्मदाह का समाचार जैसे ही शिवजी को मिला, उन्होंने महा विनाशक तांडव नृत्य कर अपने गणों को दक्ष के यहाँ यज्ञ को विध्वंस करने के लिए भेज दिया। दक्ष को दंड तो मिल गया पर इस दुर्घटना से शिवजी इतने दुःखी हो गए कि वह अनिश्चितकाल के लिए समाधि में बैठ गए।

मृत्यु के पश्चात् सती का पुनर्जन्म हिमालय की पुत्री के रूप में हुआ और उनका नाम 'पार्वती' रखा गया। पार्वती को पिछले जन्म की याद थी कि वह शिवजी की पत्नी थी, अतः उसने यथासमय तप करना प्रारंभ कर दिया कि शिवजी उसे अपनी पत्नी के रूप में स्वीकार कर लें, पर शिवजी की समाधि टूट ही नहीं रही थी, इधर तारकासुर नामक दैत्य ने ब्रह्माजी से तपस्या करके यह वरदान प्राप्त कर लिया था कि उसकी मृत्यु

शिवजी के पुत्र के हाथों ही होगी। तारकासुर यह जानता था कि शिवजी समाधि में बैठ गए हैं और वह शादी नहीं करेंगे, अत: उसने देवताओं को परेशान करना शुरू कर दिया। इंद्र ने भी देखा कि तारकासुर स्वर्ग पर भी अपना अधिकार कर सकता है, इसलिए उसने कामदेव से कहा कि तुम किसी भी तरीके से शिवजी के मन में पार्वती के प्रति आकर्षण पैदा करो ताकि वे अपनी समाधि से जागकर पार्वती से शादी करने को तैयार हो जाएँ। कामदेव इसके लिए राजी हो गया। पहले तो अप्सराएँ भेजीं, जिन्होंने नृत्य करके शिवजी को समाधि से जगाना चाहा, उससे काम नहीं बना तो फिर कामदेव ने अपना अंतिम अस्त्र चलाया, जो पुष्प-बाण कहलाता था, यह सुगंधित पुष्पों से ढका रहता था। यह बाण जिस पर भी छोड़ा जाता था, उसके मन में तीव्र काम-वासना पैदा हो जाती थी। इससे आहत होकर शिवजी ने अपनी दोनों आँखें खोल दीं, सबसे पहले उन्हें पार्वती अपनी सहेलियों के साथ जाती दिखाई दीं, जिससे उनमें तीव्र वासना जाग्रत्त हुई, फिर वे जरा चौकन्ने हुए कि यह क्या हो रहा है। इधर-उधर देखा, तब उन्हें कामदेव दिखाई दिया। वह समझ गए कि यह सब इसी की करतूत है। उन्हें कामदेव पर क्रोध आया और उन्होंने अपनी तीसरी आँख खोलकर उसको भस्म कर दिया। इस पर कामदेव की पत्नी रति शिवजी के सामने रोई-गिड़गिड़ाई कि हे भगवन्! उन्हें क्षमा कर जीवनदान दे दें। उस पर दया कर शिवजी ने उसे यह वरदान दे दिया कि वह अदृश्य तन के साथ जीवित रहेगा तथा अपना काम यथावत् करता रहेगा, अब उनकी समाधि टूट गई थी और वह पार्वती पर मोहित हो चुके थे। इस अवसर का लाभ उठाने के लिए सभी देवता उनके पास आए और पार्वती के पूर्वजन्म का वृत्तांत सुनाकर उनसे प्रर्थना की कि वह पार्वती से विवाह कर देवताओं की रक्षा करें। शिवजी ने मुसकराकर अपनी सहमति दे दी। तत्पश्चात् हिमराज उनके पास शादी का प्रस्ताव लेकर आए और परंपरानुसार शिव-पार्वती का विवाह हो गया। बाद में शिव-पार्वती के पुत्र कार्तिकेय ने तारकासुर का वध किया।

शिवजी और भस्मासुर की घटना भक्ति-मत में : भस्मासुर नामक राक्षस पार्वती पर मोहित हो गया था। उसने शिवजी को प्रसन्न करने के लिए तप किया। शिवजी उसके तप से प्रसन्न होकर प्रकट हुए और उससे वरदान माँगने के लिए कहा। उसने कहा, “हे भगवन्! मैं जिसके सिर पर भी हाथ रख दूँ, वह भस्म हो जाए।” शिवजी ने जैसे ही तथास्तु कहा, वह बोला, “मैं आपके वरदान को आप पर ही आजमाकर देखता हूँ।” यह कहकर वह उनके सिर के ऊपर ही हाथ रखने का प्रयत्न करने लगा। शिव यह देखकर घबरा गए और वहाँ से भागने लगे। भस्मासुर भी उनके पीछे-पीछे भागने लगा। शिवजी भागते हुए विष्णु के पास पहुँचे और हाँफते हुए ही पूरा किस्सा बता दिया। विष्णु ने उन्हें एक कक्ष में बिठा दिया और स्वयं मोहिनी रूप धारण कर लिया और नृत्य

करने लगे। इतने में ही महिसासुर वहाँ पहुँच गया और नृत्य करती हुई मोहिनी के साथ नृत्य करने लगा। मोहिनी ने नाचते-नाचते ही उससे कहा, "मैं जैसे-जैसे करती जाऊँ, वैसे-वैसे ही तुम भी करते जाना।" उसने हामी भर दी, बस फिर क्या था, थोड़ी देर और नाचने के बाद मोहिनी ने अपने सिर पर हाथ रखा, भस्मासुर ने भी ऐसा ही किया और वह तुरंत भस्म हो गया।

तर्क-मत : उक्त कहानी कल्पना मात्र ही है। यह हो सकता है कि भस्मासुर ने पार्वतीजी को कुदृष्टि से देखा हो, इस पर शिवजी ने ही उसका वध कर दिया हो, क्योंकि वह दुश्चरित्र को सहन नहीं करते थे।

शिवजी भोलेनाथ के रूप में : जहाँ शिवजी दंड देने के लिए विख्यात थे, वहीं दंड पानेवाला व्यक्ति यदि अपने अपराध पर दुःख प्रकट करने हुए क्षमा माँग लें, तब उसे न केवल क्षमा कर देते थे, बल्कि वरदान भी दे देते थे, बशर्ते कि अपराध दुश्चरित्र से संबंधित न हो। दुश्चरित्र के मामले में तो उन्होंने ब्रह्मा तक का एक सिर काट दिया था। वह दुःखी, पीड़ित व असहाय व्यक्तियों की पुकार पर तुरंत प्रकट हो जाते थे। इस गुण के कारण वह गरीबों के नाथ थे, अतः भोलेनाथ कहलाए। 'भोलेनाथ' शब्द का एक अर्थ 'भोले भगवान्' भी हो सकता है। यह भी उनके कई वरदानों से सार्थक अर्थ प्रतीत होता है। वरदान देते समय वह यह नहीं देखते थे कि जो व्यक्ति वरदान माँग रहा है, वह सुर है या असुर, भोला है या चालाक। वह उनके दिए हुए वरदान का दुरुपयोग स्वयं उन पर कर सकता है, जैसा कि भस्मासुर ने किया। इस अर्थ में वह स्वयं 'भोले भगवान्', अर्थात् 'भोलेनाथ' कहलाते हैं। अपने गुणों के कारण उनका नाम 'भोलेनाथ' दोनों (भोलों के भगवान् तथा भोले भगवान्) अर्थों में सार्थक है पर इसका प्रयोग भोलों के भगवान् के रूप में अधिक होता है। इसी कारण इनके मंदिर भी सबसे अधिक हैं।

प्राचीन भारत में शापों व वरदानों का बाहुल्य

पौराणिक कथाओं में शाप व वरदान के किस्से भरे पड़े हैं। त्रिदेव भी शापों से बच नहीं पाए। ऋषि-मुनि भी देवताओं को शाप देते रहते थे। दुर्वासा ऋषि तो अति साधारण बातों पर भी शाप दे देते थे। उन्होंने तो शाप देने का कीर्तिमान ही बना रखा था। ब्रह्मा-विष्णु-महेश को तो शाप दिए ही, अन्य देवी-देवताओं को भी दिए और ऋषि-मुनियों को भी। प्रसिद्ध सम्राट् भरत (जिनके नाम पर इस देश का नाम 'भारतवर्ष' पड़ा था) की माता शकुंतला को केवल इस पर शाप दे दिया कि जब वह ऋषि कण्य के आश्रम में आए, तब वह बाहर वाटिका में किसी दिवा-स्वप्न में मग्न थी और दुर्वासा ऋषि को नहीं देख पाई, बस उन्होंने क्रोध में शाप दे दिया, "जिसके तू सोच में इतनी लीन है कि

मेरा अभिवादन तक नहीं किया, वह तुझे भूल जाएगा।" महाभारत के लगभग सभी चरित्र किसी न किसी के शाप के शिकार थे। वरदान शाप के विपरीत थे, जब त्रिदेव या अन्य कोई देवता या ऋषि-मुनि किसी की तपस्या अथवा अन्य किसी बात से प्रसन्न होते थे तो उसे वरदान माँगने के लिए कहते थे और वह वांछित वस्तु पा लेता था। शिवजी वरदान देने में बहुत उदार थे। राजाओं व सेनापतियों को विशेष अस्त्र भी वरदान में मिलते थे। भीष्म पितामह को 'इच्छा-मृत्यु' का तथा कई असुरों को लगभग असंभव परिस्थितियों में ही मृत्यु होने के वरदान मिले थे। महाभारत की हस्तिनापुर की महारानी कुंती को तो किसी भी देवता का आह्वान कर मनचाहा पुत्र प्राप्त करने का वरदान मिल गया था।

भक्ति-मत : भक्ति-मत में प्रत्येक शाप व प्रत्येक वरदान को सच मानते हुए यह समझते हैं कि जिस होनी के लिए शाप या वरदान दिया गया वह भविष्य में अवश्य घटती है। इसका अर्थ हुआ कि शाप अथवा वरदान देनेवाले को उस व्यक्ति का भविष्य पहले से ही ज्ञात है, जिसको शाप या वरदान दिया गया। यहाँ नियति का सिद्धांत काम नहीं करता तथा यह आस्था का विषय हो जाता है।

तर्क-मत : महान् व्यक्तियों के जीवन में घटी महान् घटनाओं को अलौकिक रूप उनकी मृत्यु के सहस्त्रों वर्ष बाद उनके अनुयायियों (भक्तों) ने दे दिया तथा आस्था से उसी को सही मानने लगे। वास्तव में प्रत्येक अलौकिक घटना का तर्क-सम्मत विश्लेषण संभव है, जैसा कि पिछले अध्याओं में दिया गया है, अत: तर्क-मत के अनुसार शाप या वरदान घटना को अलौकिक रूप दिए जाने के बाद की कल्पना ही मानी जा सकती है, उससे पहले की नहीं। यदि अलौकिक घटना सुखद थी तो उसके साथ ही किसी देवता या ऋषि-मुनि के वरदान की भी कल्पना कर ली गई। यदि अलौकिक घटना दु:खद थी तो किसी के शाप की कल्पना कर ली गई। धर्म-शास्त्रों में वर्णित वरदानों व शापों की संख्या हजारों में रही है और एक भी शाप व वरदान झूठा सिद्ध नहीं हुआ, चाहे वह कितना भी हास्यास्पद क्यों न हो, अत: यह मानना ही तर्क-संगत है कि शाप व वरदान जिस रूप में वर्णित हैं, वह यथार्थ नहीं थे। वरदान या शाप द्वारा घटना का पुष्टीकरण करने की प्रथा द्वापर युग तक रही, जो अब कलियुग में स्वत: समाप्त हो गई है।

□

7

शिव परिवार

परिचय

त्रिदेव—ब्रह्मा-विष्णु-महेश में परंपरागत परिवार केवल महेश (शिवजी) का था, यद्यपि विष्णु तथा ब्रह्मा की पत्नियाँ थीं, परंतु किसी भी धार्मिक पुस्तक में उनके परंपरागत विवाह का वर्णन नहीं है। विष्णु ने सागर-मंथन से प्राप्त लक्ष्मी को अपनी पत्नी बना लिया था, जो धन, संपत्ति व वैभव की देवी बनीं और ब्रह्मा ने अपनी रची सृष्टि में से चुनकर सरस्वती को अपनी पत्नी बना लिया, जो ज्ञान, विद्या व संगीत की देवी बनीं। ब्रह्मा-सरस्वती तथा विष्णु-लक्ष्मी की संतानों के बारे में कोई विश्वसनीय एकमत उल्लेख नहीं मिलते हैं। यह बात तो निश्चित रूप से कही जा सकती है कि उनके कोई ऐसी संतान नहीं हुई, जिसने किसी प्रकार की विशेष प्रसिद्धि पाई हो। त्रिदेव में शिवजी ही एकमात्र ऐसे देव हैं, जिनकी परंपरागत शादी हुई। पहले राजा दक्ष की पुत्री 'सती' के साथ हुई। जब सती ने अपने पिता दक्ष द्वारा किए जानेवाले यज्ञ में शिवजी का अपमान देखकर यज्ञ के हवन-कुंड में कूदकर आत्मदाह कर लिया (जिसका विवरण अध्याय-6 में किया जा चुका है), तब शिवजी अनिश्चितकलीन समाधि में बैठ गए और सती का पुनर्जन्म हिमालय में हिमराज की पुत्री के रूप में हुआ, जहाँ उनका नाम 'पार्वती' रखा गया। पार्वती को अपने पिछले जन्म की बातें याद थीं। यथासमय देवताओं की सहायता से पार्वती का विवाह शिवजी के साथ सभी प्रचलित रीति-रिवाजों का पालन करते हुए धूमधाम से हुआ। प्रथानुसार पहले हिमराज विवाह का प्रस्ताव लेकर शिवजी के पास गए, जब शिवजी ने अपनी सहमति दे दी तो दोनों ओर से तैयारियाँ होने लगीं तथा यथासमय शिवजी बरात, जिसमें सभी देवता व शिवजी के सभी गण सम्मिलत थे, लेकर हिमराज के यहाँ पहुँचे और वहाँ सभी वैवाहिक कार्यक्रम यथारीति संपन्न हुए। विवाहोपरांत शिवाजी पार्वती को साथ लेकर अपने धाम कैलास पर्वत पर आ गए तथा सुखद वैवाहिक जीवन व्यतीत करने लगे। यथासमय उनके दो पुत्र—कार्तिकेय और गणेश हुए तथा एक पुत्री अशोकसुंदरी हुई। अशोकसुंदरी से संबंधित कोई विशेष घटना उल्लिखित नहीं है, अतः

इस अध्याय में कार्तिकेय, गणेश और पार्वती की अवतार माँ दुर्गादेवी की अलौकिक घटनाओं का विवरण दिया जा रहा है।

कार्तिकेय

उत्तर भारत में कार्तिकेय को गणेश का बड़ा भाई माना जाता है और दक्षिण भारत में छोटा। इसका कारण स्पष्ट नहीं है। यह कहानी प्रचलित है कि एक बार देवताओं ने एक दैवीय वृक्ष के फल आम को नारद के हाथ पार्वती के पास यह कहकर भेजा कि जो देव-वृक्ष के इस आम को पहले खाएगा, वह बड़ा माना जाएगा। दोनों भाई पहले खाना चाहते थे, अत: शिवजी ने आदेश दिया कि जो भी धरती के तीन चक्कर लगाकर पहले आ जाएगा, उसी को आम खाने को मिलेगा। यह सुनते ही कार्तिकेय अपने वाहन 'मोर' को लेकर तुरंत चल दिए। गणेश सोचते रहे कि उनका वाहन तो चूहा है, वह तो पहले आ ही नहीं सकते।

कार्तिकेय

गणेश की बुद्धि बहुत तेज थी, उन्हें याद आया कि उन्हें बचपन में यह सिखाया गया था कि माँ-बाप धरती के समान बड़े होते हैं। यह विचार आते ही वे अंदर आए, जहाँ माँ पार्वती और पिता शिवजी साथ-साथ बैठे थे। उनकी तीन परिक्रमा कीं और कहा कि मैं जीत गया। जब शिवजी ने पूछा, "कैसे?" तब गणेश ने तुरंत उत्तर दिया, "बचपन में मेरे गुरुओं ने यही सिखाया था तथा सभी धार्मिक पुस्तकों में भी यही लिखा हुआ है कि माता-पिता में संपूर्ण ब्रह्मांड रहता है।" शिव और पार्वती दोनों ने गणेश के तर्क को स्वीकार कर लिया। जब कार्तिकेय धरती के चक्कर लगाकर आए तो देखा कि आम गणेश के हाथ में है। जब कार्तिकेय को सच्चाई मालूम हुई तो उसे इस बात से दु:ख हुआ कि उसके साथ धोखा किया गया है। वह दु:खी रहने लगा और उसने मन बना लिया कि वह अब कैलास पर्वत पर नहीं रहेगा। कुछ दिन बाद ही वह कैलास छोड़कर दक्षिण भारत की ओर चल दिया। तब तक उसकी प्रसिद्धि सर्वोत्तम योद्धा (वॉरिअर) के रूप में फैल चुकी थी, क्योंकि उसने महाबली असुरराज तारकासुर को उत्तराखंड क्षेत्र में युद्ध में पराजित कर मार दिया था, जिससे देवताओं को बड़ी राहत मिली थी।

दक्षिण भारत में उस समय के सर्वोत्तम योद्धा कार्तिकेय का विशेष सम्मान के साथ स्वागत किया गया। उसे देव-सेनाओं का प्रधान सेनापति बना दिया तथा अपने पराक्रम और बहादुरी तथा श्रेष्ठ युद्धनीति और प्रशंसनीय नेतृत्व के गुणों के कारण उसने दक्षिण में फैले सभी असुर राजाओं को पराजित कर संपूर्ण दक्षिण भारत में शांति स्थापित कर दी। उत्तर भारत में तो तारकासुर को मारकर पहले ही शांति स्थापित कर दी थी। दक्षिण भारत के लोग उसे ईश्वर ही मानने लगे और उनके अनेक मंदिर बन गए। तमिलनाडु के छह प्रसिद्धतम मंदिरों में तीन कीर्तिकेय के हैं। 'कार्तिकेय' नाम के अतिरिक्त उनके अन्य नाम भी अलग-अलग क्षेत्रों की भाषा के अनुसार प्रचलन में आ गए, जैसे कुमार, स्कंद, सुब्रमन्य, स्वामीनाथ, मुरुगन, षटमुख, आदि। कार्तिकेय के मंदिर केरल, कर्नाटक, तमिलनाडु, आंध्रप्रदेश, तेलांगना, ओडिशा, प.बंगाल, महाराष्ट्र, हरियाणा, हिमाचल प्रदेश, उत्तराखंड में हैं तथा भारत के बाहर भी मलेशिया, इंडोनेशिया, थाईलैंड, सिंगापुर, श्रीलंका, मॉरीशस तथा दक्षिण अफ्रीका में हैं। स्कंद पुराण पूर्णरूपेण कार्तिकेय को समर्पित है, जिससे प्रेरणा पाकर संस्कृत के महाकवि कालिदास ने 'कुमारसंभव' नामक काव्य-पुस्तक की रचना की। स्वयं भगवान् कृष्ण ने गीता के श्लोक 10-24 में कहा है कि "सेनापतियों में 'स्कंद' मैं हूँ।" कार्तिकेय के सम्मान में प्रति वर्ष कार्तिक माह की पूर्णमासी विशेष समारोह के साथ मनाई जाती है, क्योंकि इस दिन दुर्गादेवी ने कार्तिकेय को विशेष दैवीय शस्त्र 'भाला' वरदान में दिया था। गुप्त साम्राज्य में कार्तिकेय का विशेष सम्मान होने लगा, यहाँ तक कि दो सम्राटों का नाम कार्तिकेय के नाम पर 'कुमारगुप्त' और 'स्कंदगुप्त' था।

तार्किक विश्लेषण : उपर्युक्त विवरण में कार्तिकेय और गणेश की आयु का कहीं उल्लेख नहीं है। उत्तर भारत में कार्तिकेय को और दक्षिण भारत में गणेश को बड़ा भाई माना जाता है। हिंदू धर्म में ऐसा अन्य कोई प्रकरण नहीं है, जिसमें भाईयों के बीच छोटे-बड़े का अंतर स्पष्ट न हो। विश्व के अन्य धर्मों में भी इस प्रकार का कोई उदाहरण नहीं है। इसके दो तर्कसम्मत विश्लेषण हो सकते हैं। पहला यह कि कार्तिकेय और गणेश जुड़वाँ बालक रहे होंगे, तथा उस समय ध्यान नहीं गया होगा कि कौन बड़ा है और कौन छोटा।

एक कहानी यह भी है कि एक दिन जब पार्वती स्नान करने जा रही थीं, तब बाहर पहरा देने के लिए नंदी उपस्थित नहीं था, तब उन्होंने अपनी दैवीय शक्ति से एक बालक बना लिया और उसमें प्राण फूँक दिए तथा पहरे पर खड़ा कर दिया। यद्यपि यह चामत्कारिक कहानी तर्क-मत में कहीं टिक नहीं पाती, फिर भी इसके अनुसार गणेश ही बड़े हुए, क्योंकि यदि कार्तिकेय उस समय होता तो गणेश को बनाने की जरूरत ही नहीं

पड़ती। यह भी हो सकता है कि उस समय कार्तिकेय अपने मित्रों के साथ खेलने गया हो। शिव पुराण में कार्तिकेय को गणेश से बड़ा माना गया है। खैर, जो भी हो, इस पुस्तक के दृष्टिकोण से 'गणेश और कार्तिकेय में कौन बड़ा था और कौन छोटा' इससे उनके कार्यों के विश्लेषण में कोई अंतर नहीं पड़ता।

कार्तिकेय की सभी वर्णित उपलब्धियाँ उनकी योग्यताओं (उत्तम वीरता, साहस, युद्ध निपुणता तथा श्रेष्ठतम नेतृत्व के गुण) पर ही निर्भर थीं, किसी चमत्कार पर नहीं, अतः उनके कार्यों में किसी प्रकार के तर्कसम्मत विश्लेषण की आवश्यकता ही नहीं है। हाँ, एक छोटे से प्रकरण पर तर्क-मत लिखा जा सकता है। यह निर्णय करने के लिए कि गणेश और कार्तिकेय में उम्र के अनुसार कौन बड़ा है, शिवजी के इस आदेश में कि जो धरती के तीन चक्कर लगाकर पहले आ जाएगा, वही बड़ा माना जाएगा, में धरती का जो अर्थ समझा जाता है, वह तर्कसंगत नहीं है। तर्क-मत के अनुसार धरती का तात्पर्य घर, गाँव, नगर या आसपास के किसी प्रसिद्ध स्थान से हो सकता है, न कि समस्त दुनिया से। समस्त दुनिया का एक चक्कर लगाने में तो आजकल के आधुनिकतम वायुयान भी कई दिन ले लेंगे, फिर मनुष्य रूप में पैदा हुए देवताओं के लिए कुछ घंटों में ही वापस आ जाना असंभव है। इसी प्रकार देवताओं के वाहनों में भी अलौकिकता है। कार्तिकेय का वाहन 'मोर' और गणेश का वाहन 'चूहा' है। तर्क से तो यही संकेत मिलता है कि मोर और चूहा वास्तविक वाहनों के प्रतीकात्मक नाम रहे होंगे। वास्तविक वाहन 'घोड़ा, हाथी, बैल, साइकिल (जो कदाचित उस समय किसी रूप में रही हो), रथ, आदि हो सकते हैं। प्रतीकात्मक नाम रखने की प्रथा सदैव रही है। रावण ने भी अपने अति आधुनिकतम रथ का नाम 'पुष्पक विमान' रख लिया था। आजकल भी जापान की एक कंपनी ने अपनी बनाई हुई कार का नाम 'मारुति' (शाब्दिक अर्थ 'पवन') रखा हुआ है।

गणेश

देवताओं में गणेश सर्वाधिक बुद्धिमान देवता माने जाते हैं तथा उन्होंने अपनी विलक्षण बुद्धि का परिचय कई अवसरों पर दिया था। पूर्व में वर्णित जैसी प्रतियोगिता गणेश और कार्तिकेय में हुई थी, वैसी ही प्रतियोगिता सभी देवताओं के बीच भी हुई थी, यह जानने के लिए कि यज्ञ-हवन आदि में उनमें से सबसे पहले किस देवता की पूजा की जाए। उस प्रतियोगिता में भी स्वयं श्रीब्रह्माजी ने गणेश को उसी आधार पर विजयी घोषित कर दिया कि वे अपने माता-पिता की परिक्रमा करके सबसे पहले आ गए थे। यही कारण है कि आजकल भी प्रत्येक हवन, यज्ञ, पर्व, विवाह संस्कार, कथा आदि में गणेशजी की पूजा सबसे पहले की जाती है। गणेश को विघ्न-विनाशक भी कहा जाता

है, क्योंकि उनकी पूजा करने के पश्चात् यदि कोई शुभ कार्य प्रारंभ किया जाता है तो वह कार्य निर्विघ्न रूप से सफलतापूर्वक संपन्न हो जाता है। गणेश वास्तव में विज्ञान, बुद्धि और विवेक के देवता माने जाते हैं। गणेश का एक नाम 'विनायक' (लॉर्ड आव लॉर्ड्स अर्थात् सबके प्रभु) भी है।

श्रीगणेश का प्रतीकात्मक चित्र

गणेश चतुर्थी : गणेश का जन्म भाद्रपद शुक्ल चतुर्थी को हुआ था, जिसे 'गणेश चतुर्थी' कहते हैं। उनका जन्म किस वर्ष में हुआ था, इसका कहीं उल्लेख नहीं है।

नौ दिन तक तो पूजा-पाठ होती रहती है। सार्वजनिक पंडालों में मंच बनाकर सांस्कृतिक कार्यक्रम, कीर्तन, प्रवचन, भाषण, आदि आयोजित किए जाते हैं, जिनमें खूब भीड़ इकट्ठी होती है। दसवें दिन गणेश की सभी घरों व पांडालों की मूर्तियों का विसर्जन किया जाता है। यद्यपि पूर्व में यह पर्व मुख्यतया महाराष्ट्र में ही मनाया जाता था, परंतु लोकमान्य बाल गंगाधर तिलक ने अपने समाचार-पत्र 'केसरी' में प्रभावी लेख लिखकर इसे भारत के स्वतंत्रता संग्राम का एक महत्त्वपूर्ण साधन बना लिया। उसके बाद से अब यह पर्व संपूर्ण भारतवर्ष में अत्यंत उत्साह के साथ मनाया जाता है।

गजराज : गणेश का एक नाम 'गजराज' भी है। इसकी कहानी भी बड़ी दिलचस्प है। एक दिन पार्वतीजी स्नान करने जा रही थीं। नंदी, जो बाहर पहरा देता था, वह कहीं चला गया था। अन्य और कोई भी उस समय वहाँ पर नहीं था। अत: उन्होंने अपनी दैवीय शक्ति का प्रयोग करते हुए अपनी उबटन आदि से एक बालक बना कर उसमें प्राण फूँक दिए। उसे अपना पुत्र मानते हुए उसका नाम 'गणेश' (गणों का स्वामी) रख लिया। पार्वती ने उसको बाहर द्वार पर पहरा देने के लिए खड़ा कर यह आदेश दे दिया कि कोई अंदर न आने पाए। थोड़ी देर बाद ही स्वयं शिवजी वहाँ आ गए और अंदर जाने लगे। न तो शिवजी गणेश को पहचान पाए और न गणेश शिवजी को। गणेश ने उन्हें अंदर जाने से रोक दिया और कह दिया कि माताश्री अभी स्नान कर रही हैं, आप अंदर नहीं जा सकते। शिवजी ने बताया भी कि वह मेरी पत्नी हैं तथा मुझे अंदर जाने का अधिकार है। पर गणेश को अपनी माता की आज्ञा ही सर्वोपर थी। इसमें और वाद-विवाद बढ़ने पर शिवजी क्रोधित हो गए और उन्होंने अपने त्रिशूल से उसकी गरदन काट दी। पार्वतीजी यह सब शोरगुल सुनकर बाहर आईं और अपने पुत्र गणेश की कटी हुई गरदन देख कर अत्यंत क्रोध में शिवजी से कहा कि "मेरे पुत्र को तुरंत जीवित करें, अन्यथा मैं आत्मदाह कर लूँगी।" शिवजी घबरा गए और अपने गणों से कहा, "तुरंत दौड़कर जाओ और जो भी प्राणी मिले उसका सिर तुरंत लेकर आओ। गण शीघ्र ही एक हाथी के बच्चे का सिर लेकर आ गए। शिवजी अंगों के प्रत्यारोपण (ट्रांस्प्लांटेशन) में निपुण थे और उन्होंने तुरंत गणेश की गरदन पर हाथी के सिर का प्रत्यारोपण कर दिया। तब से गणेश 'गजराज' भी कहलाने लगे।

विश्लेषण : देवी या देवता मंत्र फूँकने से सृजन का कार्य नहीं कर सकते। आजकल भी कुशल कलाकार एक से बढ़कर एक सुंदर मूर्ति तो बना लेते हैं, पर वे उनमें जान नहीं डाल सकते। अत: यह भी एक स्वप्न मात्र ही समझा जा सकता है। हिंदू-दर्शन के अनुसार भी सृष्टि की रचना का कार्य ब्रह्मा ही कर सकते हैं, अन्य कोई नहीं।

एकदंत : गणेश का एक नाम 'एकदंत' भी है। एक दिन श्री परशुराम शिवजी से मिलने कैलास पर्वत पर आए। बाहर गणेश पहरा दे रहे थे, उन्होंने उन्हें रोक दिया कि "अभी आप अंदर नहीं जा सकते, क्योंकि पिताश्री साधना में बैठे हुए हैं और मुझे आज्ञा है कि किसी को भी अंदर मत आने देना।" उस समय मोबाइल तो थे नहीं, अत: वे अपने पिता या माता से बात भी नहीं कर सकते थे। परशुराम जिद कर रहे थे कि अत्यंत जरूरी काम से मिलना है। गणेश भी अपने पिता की आज्ञा मानने के लिए विवश थे। इस पर परशुराम को क्रोध आ गया और उन्होंने गणेश पर शिवजी के दिए हुए फरसे से हमला कर उसका एक दाँत (टस्क) तोड़ दिया। शोरगुल सुनकर शिवजी बाहर आ गए और परशुरामजी को सम्मान के साथ अंदर ले गए। अंदर जाकर उन्होंने शिवजी से कहा कि यह लड़का

बड़ा ढीठ है, तो शिवजी ने उन्हें बताया कि जो उत्तरदायित्व सौंपा गया था, उसे वह सत्य व निष्ठा के साथ निभा रहा था, अतः वह तो उलटा प्रशंसा का पात्र है। आपको जो कष्ट हुआ उसके लिए मुझे खेद है। अस्तु तभी से गणेश का एक नाम 'एकदंत' भी हो गया।

विश्लेषण : परशुराम को तो धार्मिक पुस्तकों में भगवान् विष्णु का सातवाँ अवतार माना गया है। अतः यह बेहतर होता कि वह गणेश का दाँत तोड़ने की बजाय, उसकी बात मान लेते और कुछ समय तक इंतजार कर लेते या फिर बाद में आ जाते।

चंद्रमा को श्राप : एक बार पूर्णमासी के दिन गणेश कुबेर के यहाँ खाने पर निमंत्रित थे। खूब खाना खाकर अपने वाहन चूहे से घर वापस आ रहे थे। मार्ग में चूहे को एक साँप दिख गया। वह घबराहट में जल्दी से एक झाड़ी के पीछे भागा, इससे गणेशजी गिर गए तथा उनका खाना बाहर आ गया। चंद्रमा यह देखकर जोर से हँसने लगा, जिससे चिढ़कर गणेशजी ने चंद्रमा को श्राप दे दिया कि "तू सदैव काला रहेगा और कोई तुझे देख नहीं पाएगा।" इस श्राप से डरकर चंद्रमा ने गणेशजी से क्षमा-याचना की। गणेशजी को दया आ गई और उन्होंने अपने श्राप में यह संशोधन कर दिया कि "तुम प्रतिमाह केवल एक दिन के लिए पूर्णरूप से काले रहोगे, तत्पश्चात् प्रतिदिन बढ़ते रहोगे, जब तक कि आज के जैसे अपने पूर्णरूप में न पहुँच जाओ, और फिर प्रतिदिन घटते रहोगे तथा पूरी तरह से काले हो जाओगे। यही क्रम सदैव जारी रहेगा, इस प्रकार तुम प्रतिमाह केवल एक दिन (अमावस्या) के लिए ही किसी को दिखाई नहीं दोगे।

विश्लेषण : चंद्रमा तो पृथ्वी का एक उपग्रह है, जो पृथ्वी की आकर्षण शक्ति के कारण उसके चारों ओर घूमता रहता है, अतः चंद्रमा का नियमित रूप से उदय व अस्त होना व घटना-बढ़ना प्राकृतिक नियमों के अनुसार होता है। तर्क के अनुसार यही कहा जा सकता है कि पूज्य गणेशजी को स्वप्न दिखाई दिया होगा, जिसे उनके अनुयायियों ने सत्य घटना के रूप में अंकित कर दिया है। स्वप्नों में विचित्रतम चमत्कारी असंभव बातें वास्तविक सत्य जैसी दिखाई देती हैं।

प्रभु गणेश के स्वरूप का वर्णन तथा विश्लेषण

गणेशजी का जो स्वरूप आजकल प्रचलन में है, वह निम्न प्रकार है। सिर, सूँड़, कान आँख हाथी के हैं, दाँत एक है, जबकि हाथी के चेहरे में सामान्यतया दो होते हैं। उदर (पेट) बड़ा है, चार हाथ हैं। इस तरह का स्वरूप उनके गुणों को भी प्रदर्शित करता है। गणेश बचपन से ही प्रतिभावान, विवेकशील, साहसी, कर्म-योगी, दयालु तथा निस्स्वार्थ भाव से असहाय लोगों की सहायता को सदैव तत्पर रहने के गुणों के कारण अति लोकप्रिय व सम्माननीय देवता रहे हैं। गणेशजी का चेहरा हाथी का कैसे हो गया

तथा उनका एक दाँत कैसे टूट गया, इन दोनों घटनाओं का विवरण इसी अध्याय में पूर्व में दिया जा चुका है। ये दोनों घटनाएँ पौराणिक हैं, अत: भक्ति-मत के अंतर्गत ही आएँगी, क्योंकि शिवजी तो स्वयं ईश्वर के ही स्वरूप हैं तथा परशुराम विष्णु के अवतार थे। अत: दोनों से यह आशा नहीं की जा सकती कि वे एक बालक पर, जो निष्ठा के साथ अपने उत्तरदायित्व व कर्तव्य का पालन ही कर रहा था, शिव द्वारा अहं का प्रदर्शन कर इतना क्रोधित हो जाना कि उसके सिर को धड़ से अलग कर देना और कदाचित् कुछ वर्षों बाद परशुराम द्वारा क्रोध में आकर उसके एक दाँत को तोड़ देना, इन कर्मों को अनुचित व अधार्मिक ही माना जाएगा।

तर्क-मत : भक्ति-मत के अनुसार आजकल उनकी जो मूर्तियाँ प्रचलन में हैं, उनमें गणेशजी का सिर व चेहरा हाथी का दिखया जाता है। बड़ा सिर, लंबी तथा लचीली सूँड़ (नाक), छोटी आँखें, बड़े कान, एक दाँत, बड़ा उदर तथा वाहन के लिए चूहा दिखाया जाता है। उनके हाथ भी चार दिखाए जाते हैं। गणेशजी की प्रचलित मूर्ति का तर्कसंगत समाधान क्या हो सकता है, इसका विश्लेषण निम्न परिच्छेदों में प्रस्तुत है।

गणेशजी में कुछ विलक्षण गुण थे। उनका सिर सामान्य से कुछ अधिक बड़ा था, जिसका प्रतिफल यह था कि वे बचपन से ही और बच्चों की तुलना में अधिक बुद्धिमान व विवेकशील थे। उस समय छोटे-छोटे गणराज्य होते थे। शिवजी ने उनके गुणों के संदर्भ में उनको एक महत्त्वपूर्ण गण का गणपति बना दिया तथा समझा दिया कि एक अच्छे गणपति में क्या गुण होने चाहिए, ताकि उसकी प्रजा स्वस्थ, सुखी, संपन्न व भय-रहित सदाचारी जीवन व्यतीत कर सके। गणेश अपने गुणों के कारण प्रजा में काफी लोकप्रिय हो गए और उनके मंदिर बनने लगे। अब यह प्रश्न पैदा हुआ कि उनकी मूर्ति कैसी हो, जिसमें उनके तथा एक आदर्श गणपति के लिए जरूरी समझे जाने वाले सभी गुणों का प्रतिनिधित्व हो जाए, ताकि उनकी मूर्ति सभी दर्शकों के लिए प्रेरणादायक हो सके। इसके लिए एक अत्यंत निपुण कलाकार को ढूँढ़कर उसे भली प्रकार समझाकर मूर्ति बनाने का काम दे दिया गया। वर्तमान में जो मूर्तियाँ प्रचलन में हैं, वे उसी कलाकार के डिजाइन पर ही आधरित हैं। मूर्ति का विश्लेषण निम्न प्रकार है।

गणेशजी की विशेष बुद्धिमानी और अपेक्षाकृत बड़े सिर के संदर्भ में हाथी का सिर बनाना उपयुक्त समझा। हाथी की सूँड़ सुई को भी उठा लेती है और किसी पेड़ के भारी तने को भी गिरा सकती है। इसका सीधा अर्थ यह हुआ कि दुश्मन चाहे छोटा हो या बड़ा, दोनों से सावधान रहना चाहिए। पड़ोसी राजाओं के बारे में गणपति को पूरा ज्ञान रहना चाहिए कि कौन मित्र है, कौन उदासीन तथा कौन शत्रु। हाथी की सूँड़ दूर-दूर तक की वस्तुओं को सूँघकर यह अनुमान लगा लेती है कि किधर खतरा है और किधर नहीं। गणपति

के कान भी बड़े रखे गए हैं, ताकि वह तसल्ली के साथ प्रजा की बातें सुन सके तथा न्यायोचित व धर्मेचित निर्णय ले सके। हाथी की आँखें छोटी होती हैं, जो उसकी एकाग्रता बनाए रखने में मदद करती हैं, ऐसी ही एकाग्रता रखने की गणपति को भी अवश्यकता होती है। एक दाँत रखने का उद्‌देश्य है द्वैतवाद को न अपनाकर अद्वैतवाद को अपनाना बेहतर है। उदर का बड़ा होना इस बात का परिचायक है कि गणपति को राज्य की गोपनीयता को पचाकर रखना चाहिए। मुख का छोटा होना यह प्रदर्शित करना है कि बोलो कम, सुनो ज्यादा। गणपति के चार हाथ बनाए गए हैं—एक में फरसा, ताकि आततायियों को मार सके, दूसरे में अंकुश, ताकि बदमाशों को पकड़ सके, तीसरा अभयदान देने के लिए और चौथा प्रसाद देने के लिए। चूहे को अपने साथ रखते हैं, क्योंकि चूहा सदैव सतर्क रहता है तथा गुप्तचरी के लिए छोटी व शंकरी गलियों में भी आसानी से जा सकता है। अत: यह मानना विश्वसनीय है कि उनका वाहन आकार में छोटा, पर चलने में तेज रथ हो। कुछ भी रहा हो, परंतु उन्होंने उसका नाम 'मूसक' रखा होगा।

पार्वती

असुर महिषासुर ने ब्रह्माजी को अपनी घोर तपस्या से प्रसन्न कर यह वरदान प्राप्त कर लिया था कि उसको ब्रह्मांड में कोई भी पुरुष, चाहे वह देवता हो, दानव हो या मनुष्य, नहीं मार सकेंगे। इस वरदान को पाकर महिषासुर बहुत प्रसन्न हुआ, उसने समझ लिया कि अब तो वह अजय हो गया है। सबसे पहले उसने स्वर्ग पर आक्रमण कर उसे जीत लिया और इंद्र व देवताओं को निकाल दिया। सभी देवता दु:खी होकर ब्रह्मा के पास गए और कहा कि यह आपने कैसा वरदान दे दिया, इसे वापस लें। ब्रह्मा द्वारा वरदान को वापस लेने में असमर्थता दिखाने पर सभी ब्रह्मा को साथ लेकर विष्णु के पास गए। विष्णु ने कहा कि ब्रह्माजी के वरदान में यह है कि कोई पुरुष उसे नहीं मार सकेगा, अत: स्त्री तो मार ही सकती है। पार्वती में साहस व वीरता के गुण हैं, हम सभी उन्हें अपनी शक्ति व श्रेष्ठतम अस्त्र-शस्त्र दे दें तथा वरदान दे दें कि वह महिषासुर को व अन्य असुरों को मारने में सफल हों। यह प्रस्ताव लेकर ब्रह्मा, विष्णु व अन्य सभी देवता शिव-पार्वती से मिलने कैलास धाम पहुँचे और उन्हें अपनी समस्या से अवगत कराकर उसके हल का सुझाव भी प्रस्तुत कर दिया। शिवजी ने पार्वती की ओर देखा तो पर्वती ने यह कहकर अपनी सहमति दे दी कि बचपन में मैंने युद्ध-कला का जो कुछ प्रशिक्षण लिया था, उसको इस शुभ कार्य में आजमाने का अच्छा अवसर मिल रहा है, मैं अपने प्रभु शिवजी से प्रार्थना करती हूँ कि वे आप लागों के प्रस्ताव को स्वीकार कर मुझे आशीर्वाद दें कि मैं कर्मयोगी बनकर सफलता प्राप्त करूँ। शिवजी ने 'तथास्तु' कहकर अपनी सहमति दे दी। सभी देवता अपने श्रेष्टतम अस्त्र-शस्त्र पार्वती को अर्पित कर सफलता के लिए शुभकामनाएँ देकर चले गए।

दुर्गा देवी

पार्वती दुर्गा देवी के अवतार में

इस नए उत्तरदायित्व को स्वीकार करने के पश्चात् पार्वतीजी अभ्यास में लग गईं तथा वांछित अस्त्र-शस्त्रों को धारण करने के लिए दो भुजाओं के स्थान पर 8 भुजाएँ बना लीं। वाहन के लिए उन्होंने बचपन से ही एक सिंह को पाल रखा था। यह एक तथ्य है कि जंगली जानवर भी यदि बचपन से ही स्नेहपूर्ण पर्यावरण में रखे जाएँ तो वह श्वान जैसे स्वामी-भक्त बन जाते हैं। इस नए रूप में पार्वतीजी 'दुर्गा देवी' कहलाने लगीं। अतः दुर्गा देवी को पार्वती का अवतार माना जाता है।

दुर्गा देवी : पार्वती की अवतार दुर्गा देवी देवताओं से प्राप्त अस्त्र-शस्त्रों के अभ्यास करने के पश्चात् आत्मविश्वास से भर गई थीं कि अब वह महिषासुर का वध करने में सफल हो जाएगी। उनका पथ-प्रदर्शन करने में तथा अभ्यास कराने में भगवान् शिव का भी महत्त्वपूर्ण योगदान रहा होगा। अस्त्र-शस्त्रों से सुसज्जित होकर तथा कुछ विश्वस्त गणों को साथ लेकर वह स्वर्ग की ओर चल दी, जहाँ महिषासुर राज्य कर रहा था। स्वर्ग पहुँचकर उसने महिषासुर को युद्ध के लिए ललकारा। महिषासुर और दुर्गा देवी

में युद्ध हुआ और महिषासुर मारा गया। इंद्र और सभी देवता स्वर्ग में वापस आ गए और खुशी से झूम उठे। तभी से दुर्गा देवी योद्धा के रूप में प्रसिद्ध हो गईं और उनके मंदिर बन गए। नवरात्र में उनके नौ स्वरूपों की पूजा होती है, प्रतिदिन एक नया स्वरूप। ये नौ स्वरूप निम्न प्रकार हैं—

1. **देवी शैलपुत्री :** यह स्वयं हिमराज की पुत्री होने के कारण पार्वती के ही रूप में नंदी वाहन पर विराजती हैं।
2. **देवी ब्रह्मचारिणी :** ये भी पार्वती का ही स्वरूप है, जब वे शादी से पूर्व लंबी तपस्या पर बैठी थीं। उस समय उनका कोई वाहन नहीं था, वह पैदल चलती थीं और पूर्ण रूप से ब्रह्मचारिणी थीं।
3. **देवी चंद्रघंटा :** इनका वाहन चीता है। इनके माथे पर नवोदय चंद्र का चिह्न है।
4. **देवी कुशमंडा :** पार्वती का ही स्वरूप हैं। कुशमंडा का अर्थ है 'लघु गर्म अंडा' जिसका अर्थ होता है 'विश्व की जननी'।
5. **देवी स्कंद माता :** इसमें अपने पुत्र स्कंद को गोदी में बिठाए हुए दिखाते हैं। स्कंद पार्वती के पुत्र थे, अत: यह भी पार्वती का ही रूप है।
6. **देवी कट्टयायनी :** इनको योद्धा के रूप में शेर की सवारी पर दिखाया गया है। यह दुर्गा देवी का ही स्वरूप है।
7. **देवी कालरात्रि :** काली देवी भी कहलाती हैं। इन्होंने दैत्यों को मारने के लिए अपना रंग काला कर लिया था। ये भी पार्वती का ही अवतार हैं।
8. **देवी महा गौरी :** पार्वती का दूसरा नाम गौरी भी है। इनका वाहन बैल एवं सफेद हाथी है।
9. **देवी सिद्धिदात्री :** को कमल के फूल पर बैठी हुई देवी के रूप में दिखाते हैं। यह मनवांछित फल देने वाली पार्वती का ही रूप है।

उक्त नौ देवियों की पूजा का विधान यह सिद्ध करता है कि हिंदुओं में नारी को विशेष सम्मान दिया जाता रहा है। बीच में जब भारत संकट की स्थिति से गुजर रहा था, तब नारी के अधिकारों में कुछ कमी आ गई थी। भारत के स्वतंत्र हो जाने के पश्चात् ऐसे कानून बन गए हैं कि नारी अब समान-अधिकार प्राप्त कर निरंतर प्रगति के मार्ग पर अग्रसर हो रही है।

□

8

जैन धर्म

जैन शब्द का उद्‌गम 'जिन' से हुआ है। जिन का अर्थ है, 'जीतनेवाला', अर्थात् 'वह व्यक्ति, जो अपने मन तथा अन्य सभी इंद्रियों पर विजय प्राप्त कर उन्हें अपने नियंत्रण में करने हेतु प्रयासरत रहता है। जो जैन-मुनि साधना से, तपस्या से व अनुकरणीय त्याग और दृढ़ इच्छाशक्ति से अपनी सभी ग्यारह इंद्रियों (पाँच ज्ञानेंद्रियों, पाँच कर्मेंद्रियों तथा एक 'मन') पर पूर्ण नियंत्रण करने में सफलता प्राप्त कर लेता है, वह मोक्ष प्राप्त करने का पात्र हो जाता है। ऐसे महान् व्यक्ति को जैन धर्म में 'तीर्थंकर' कहते हैं। जैन धर्म के अनुसार तीर्थंकर में निम्नांकित 34 विशेष गुण (एट्रीब्यूटस) होने चाहिए—

जन्म से

1. दैविक स्वस्थ व सुगंधित बदन, जिसमें से पसीना न निकले।
2. साँस सुगंधित हो।
3. रक्त एवं मांस दूधिया रंग के व गंध-रहित हों।
4. मलमूत्र दिखाई न दें।

परम ज्ञान (कैवल्यज्ञान) प्राप्त कर लेने के पश्चात्

5. तीर्थंकर का प्रवचन ओजपूर्ण, वस्तुनिष्ठ (आब्जेक्टिव) तथा प्रभावकारी हो, जिसे एक योजन वर्ग के क्षेत्रफल में बैठे हुए लगभग एक लाख श्रोता (देवता, मनुष्य, पशु-पक्षी, आदि) आराम से सुन सकें।
6. तीर्थंकर के प्रवचन की भाषा को सभी श्रोतागण अपनी-अपनी भाषा में स्पष्ट समझ सकते हैं।
7. तीर्थंकर के सिर के पीछे प्रभामंडल दिखाई देता है।

जिस स्थान पर तीर्थंकर प्रवचन करें या निवास करें, वहाँ पर निम्नांकित 8 विकार नहीं रहेंगे—

8–15. बीमारी, विपदा, प्लेग, बाढ़, सूखा, अकाल, विरोध, जन्मजात शत्रुता (जैसे शेर और बकरी की)।

देवत्व के समस्त गुणों को प्राप्त कर लेने के पश्चात् तीर्थंकरों को प्राप्त विशेष सम्मान

16. धर्म-चक्र, 17. चमर, 18. सिंहासन, 19. तीन सतहोंवाला छाता, 20. धर्म-ध्वजा, 21. सुनहरे रंग के नौ कमल के फूल, 22. सोना, चाँदी, जवाहरात से सजा हुआ किला, 23. तीर्थंकर का चेहरा सभी ओर से दिखाई दे, 24. अशोक वृक्ष, 25. जिस मार्ग पर तीर्थंकर चलते हैं, उस मार्ग पर काँटे प्रभावहीन हो जाते हैं, अर्थात् उलटे हो जाते हैं, ताकि कोई काँटा उन्हें चुभे नहीं, 26. तीर्थंकर के आने पर वृक्ष उनके सम्मान में झुक जाते हैं, 27 प्रवचन के समय दैविक संगीत बजता रहता है, 28. जहाँ तीर्थंकर हों, सुहावनी आनंदोत्पादक हवा चलती रहती है, 29. वातावरण में चिड़ियों की मधुर ध्वनि आनंदित करती रहती है, 30. सुगंधित पानी के फव्वारे चलते रहते हैं, 31. यथासमय सुगंधित पुष्पों की बौछार, 32. तीर्थंकर बन जाने के बाद केश व रोम तथा नाखून नहीं बढ़ते, 33. तीर्थंकर के साथ एक करोड़ दैवी शक्तियाँ रहती हैं, 34. तीर्थंकर जहाँ भी रहें, वहाँ मौसम सदैव सुहावना रहता है।

अलौकिकताएँ

उपरोक्त परिच्छेद में वर्णित 34 विशेष गुणों में क्रम संख्या 4 (मलमूत्र का दिखाई न देना), 6 (उनकी भाषा को पशु-पक्षियों द्वारा भी समझ लेना) व 26 (वृक्षों का सम्मान में झुक जाना) पर वर्णित गुण व्यावहारिक प्रतीत नहीं होते हैं तथा केवल आस्था पर आधारित हैं, वैसे तो क्रम संख्या 3 (रक्त एवं मांस दूधिया रंग का होना) व 25 पर वर्णित गुण (काँटों का न चुभना) भी संभव नहीं है, परंतु ऐसा प्रतीत होता है कि रक्त एवं मांस के दूधिया रंग के होने से यह तात्पर्य हो सकता है कि 'बदन का रंग गोरा होता है,' वरना मनुष्यों के रक्त व मांस तो सदैव लाल ही होते हैं, चाहे वह कितना भी गोरा या काला क्यों न हो। जहाँ तक काँटों के न चुभने का प्रश्न है, तीर्थंकर अपने समय के अति महाविशिष्ट पुरुष होते थे तथा कहीं भी उनके आने-जाने पर मार्ग को विशेष रूप से स्वच्छ किया जाता होगा (आजकल तो किसी भी विशिष्ट श्रेणी के व्यक्ति के भी आने पर किया जाता है, यहाँ तक कि कालीन तक बिछाए जाते हैं)। तीर्थंकर तो जैन धर्मावलंबियों के लिए विशिष्टतम

व्यक्ति की क्षेणी में आते हैं, अत: उनके प्रति उनके अनुयायियों की आस्था के संदर्भ में ही इसे समझना वांछनीय है।

जैनियों के एक कालचक्र में चौबीस तीर्थंकर होते हैं। वर्तमान कालचक्र में प्रथम तीर्थंकर ऋषभ देव तथा चौबीसवें महावीर स्वामी हुए। जैन धर्म के अनुसार, वर्तमान कालचक्र को समाप्त होने में अभी लगभग 80 हजार वर्ष शेष हैं। यदि इस बीच में कोई ऐसा महान् व्यक्ति जन्म ले लेता है, जिसमें महावीर स्वामी जैसे गुण हों तो क्या वह 25वाँ तीर्थंकर मान लिया जाएगा। जैन धर्म के नियमों के अनुसार एक कालचक्र में चौबीस तीर्थंकर ही रहेंगे, 25वाँ तीर्थंकर नहीं बनाया जा सकता, चाहे वह कितना भी अधिक गुणवान क्यों न हो। यह भी हो सकता है कि किसी भी मुनि के पच्चीसवें तीर्थंकर बन जाने पर नवीन कालचक्र उसी समय से प्रारंभ हो जाता होगा तथा वह 25वाँ तीर्थंकर न कहलाकर नवीन कालचक्र का प्रथम तीर्थंकर कहलाये। यदि एक कालचक्र में कई ऐसे महान् पुरुष जन्म ले लेते हैं, जो अपने कार्यों व आचरण से तीर्थंकर बनने के पूर्णरूपेण पात्र हों तो उनमें से किसको तीर्थंकर माना जाएगा। हो सकता है कि इस प्रकार की विशेष स्थिति अभी तक न आई हो, परंतु जैन धर्म में इस प्रकार की स्थिति के लिए क्या प्रावधान है, यह स्पष्ट नहीं है। यह भी अलौकिक है कि जैन धर्मावलंबी पहले से ही अगले कालचक्रों के सभी तीर्थंकरों के नाम जानते हैं। इन अलौकिकताओं का कोई तर्क-संगत समाधान स्पष्ट नहीं है तथा यह प्रावधान भी आस्था का विषय ही कहा जा सकता है।

पंच परमेष्ठी

जैन धर्म में किसी भी समय में निम्नांकित पाँच प्रकार के विशेष व्यक्तित्व के व्यक्ति (मुनि) होते हैं, जिन्हें 'पच परमेष्ठी' कहा जाता है।

1. अरिहंत या तीर्थंकर,
2. सिद्ध,
3. आचार्य,
4. उपाध्याय,
5. साधु या साध्वी।

उक्त सूची में अरिहंत को सर्वाधिक श्रेष्ठ मानते हुए 'तीर्थंकर' (भवसागर से तारनेवाला, अर्थात् मोक्ष दिलानेवाला) कहते हैं। उनके भाषण वस्तुनिष्ठ व प्रभावी होते हैं तथा दूर-दूर तक स्पष्ट सुनाई देते हैं।

वर्तमान कालचक्र में जैन धर्म के अनुयायियों की आस्था के अनुसार 24 तीर्थंकरों के नाम, उनका जन्म-स्थान तथा उम्र निम्न प्रकार हैं—

क्रम	नाम	जन्म-स्थान	आयु
1.	ऋषभनाथ	अयोध्या	84 लाख पूर्व-वर्ष
2.	अजितनाथ	अयोध्या	72 लाख पूर्व-वर्ष
3.	संभवनाथ	श्रावस्ती	60 लाख पूर्व-वर्ष
4.	अभिनंदननाथ	अयोध्या	50 लाख पूर्व-वर्ष
5.	सुमितनाथ	अयोध्या	40 लाख पूर्व-वर्ष
6.	पद्मप्रभा	कौशांबी	30 लाख पूर्व-वर्ष
7.	सुपार्श्व नाथ	वाराणसी	20 लाख पूर्व-वर्ष
8.	चंद्रप्रभा	चंद्रपुरी	10 लाख पूर्व वर्ष
9.	पुष्पदंता	कानंदी नगरी	2 लाख पूर्व-वर्ष
10.	शीतलनाथ	भंद्रपुरा	1 लाख पूर्व-वर्ष
11.	श्रेयांसनाथ	सिंहपुरी	84 लाख वर्ष
12.	वासु पूज्य	चंपापुरी	72 लाख वर्ष
13.	विमलनाथ	कांपिल्य	60 लाख वर्ष
14.	अनंतनाथ	अयोध्या	30 लाख वर्ष
15.	धर्मनाथ	रत्नपुरी	10 लाख वर्ष
16.	शांतिनाथ	हस्तिनापुरी	1 लाख वर्ष
17.	कुंथुनाथ	हस्तिनापुरी	95000 वर्ष
18.	अरनाथ	हस्तिनापुरी	84000 वर्ष
19.	मालिन्या	मिथिला	55000 वर्ष
20.	मुनिसुव्रत	कुशाक्र नगर	30000 वर्ष
21.	नेमीनाथ	मिथिला	10000 वर्ष
22.	नेमीनाथ	द्वारका	1000 वर्ष
23.	पार्श्वनाथ	काशी	100 वर्ष
24.	महावीर	कुंडलपुर (पटना)	72 वर्ष

तीर्थंकरों की उम्र में अलौकिकता

प्रथम तीर्थंकर ऋषभनाथजी की उम्र 84 लाख पूर्व-वर्ष मानी जाती है।

84 लाख पूर्व-वर्ष = $(84 \times 10^5)^2$ = 7056000000000 = 705.6 खरब वर्ष

जबकि विज्ञान द्वारा यह स्पष्ट हो चुका है कि हमारी पृथ्वी को बने केवल 4.6 अरब वर्ष हुए हैं। पहले वह आग का गोला थी (सूर्य का एक छोटा सा टुकड़ा होने के कारण), जिसे ठंडा होने में लगभग 4 अरब वर्ष लग गए, अतः उस पर प्राणियों का प्रादुर्भाव निम्न प्रकार हुआ है—

जल-जीव जैसे मछली	अब से लगभग 50 करोड़ वर्ष पहले
पौधे	अब से लगभग 45 करोड़ वर्ष पहले
कीटाणु	अब से लगभग 40 करोड़ वर्ष पहले
रेंगनेवाले जंतु (रेप्टाइल्स)	अब से लगभग 30 करोड़ वर्ष पहले
स्तनधारी पशु (मैमल्स)	अब से लगभग 20 करोड़ वर्ष पहले
पक्षी	अब से लगभग 15 करोड़ वर्ष पहले
आधुनिक मनुष्य	अब से लगभग 20 लाख वर्ष पहले

उक्त सारणी से यह स्पष्ट है कि वर्तमान पृथ्वी पर किसी भी महापुरुष के अब से लगभग 20 लाख वर्ष पहले पैदा होने की संभावना नहीं है। वेदों का संकलन महर्षि वेदव्यास ने लगभग 7,000 वर्ष पूर्व किया था। वेदों में राम का उल्लेख भी नहीं है, अतः यह माना जा सकता है कि ऋषभनाथ राम से पूर्व हुए होंगे। ऋषभनाथ ने अपनी पुत्री (ब्राह्मी) को स्वयं शिक्षा दी थी। उनकी शिक्षा में अध्यात्म व सदाचार के ज्ञान के अतिरिक्त युद्ध-नीति, कृषि व व्यापार तथा शिल्प की शिक्षा भी सम्मिलित थी। इससे यह स्पष्ट है कि जब देव ऋषभनाथ का जन्म हुआ, उससे पूर्व कृषि होने लगी थी। इसको आधार मानकर तो यह समझना वांछनीय होगा कि ऋषभ देव लगभग 20,000 वर्ष पूर्व हुए होंगे, क्योंकि कृषि का आविष्कार तभी हुआ था। जैन धर्म में प्रथम 22 तीर्थंकरों की जो आयु मानी गई है, वह तर्क-संगत न होकर पूर्णतया आस्था का विषय है। 23वें तथा 24वें तीर्थंकर, जो ऐतिहासिक महापुरुष हैं, उनकी आयु क्रमशः 100 व 72 वर्ष है, जो सही है। यहाँ यह भी अंकित करना वांछनीय है कि लगभग सभी तीर्थंकरों का सनातनधर्मी हिंदू क्षत्रिय राज-परिवारों में जन्म हुआ था तथा वे अपने प्रशंसनीय गुणों, श्रेष्ठ आचरण, आदर्श त्याग व दुर्लभ तपस्या से प्राप्त ज्ञान व ओजपूर्ण तथा प्रभावी प्रवचन (भाषण) देने की योग्यता के स्वामी होने के कारण पूजनीय माने गए तथा तीर्थंकर की सर्वोच्च उपाधि से विभूषित हुए।

जैन धर्म के दो अंग, दिगंबर और श्वेतांबर

वर्तमान कालचक्र के 24वें तीर्थंकर महावीर स्वामी के निर्वाण के लगभग 200 वर्षों के बाद मगध में भयंकर अकाल पड़ा तथा उस स्थिति में निर्वस्त्र रहना तथा जैन धर्म के मूलभूत सिद्धांतों का पालन संभव नहीं हो पा रहा था, अतः तत्कालीन आचार्य भद्रबाहु, जो उस समय जैन समुदाय के सर्वोच्च नेता थे, ने यह निर्णय लिया कि दक्षिण भारत में चला जाए, जहाँ जलवायु सम रहती है तथा वे अपने धर्म के अनुसार जीवन व्यतीत कर सकेंगे। तदनुसार, वे अपने साथियों सहित कर्नाटक चले गए। कुछ लोग उनके साथ नहीं गए और आचार्य भद्रबाहु के शिष्य आचार्य स्थूलभद्र के नेतृत्व में मगध में ही बने रहे। आचार्य स्थूलभद्र ने जैन धर्म के प्रचलित सिद्धांतों में कुछ संशोधन करना वांछनीय समझा। सबसे पहले तो उन्होंने यह संशोधन किया कि मुनि लोग निर्वस्त्र न रहकर श्वेत वस्त्र पहनें। इस परिवर्तित प्रावधान के कारण वह अपने को श्वेतांबर कहने लगे। इस प्रकार जैन धर्म के दो अंग हो गए—

1. दिगंबर मुनि (दिग माने आकाश तथा अंबर माने वस्त्र, अर्थात् आकाश ही जिनका वस्त्र है, यानी निर्वस्त्र रहना)।
2. श्वेतांबर मुनि (जो श्वेत वस्त्र पहनते हैं)।

यद्यपि प्रथम तीर्थंकर ऋषभदेव स्वयं विवाहित थे (उनके दो पत्नियाँ थी, सुनंदा तथा नीलांजना), परंतु ऐसा प्रतीत होता है कि बाद में मुनियों को विवाह न करने का प्रावधान कर दिया गया था। यह प्रावधान वर्तमान कालचक्र के अंतिम 24वें तीर्थंकर महावीर स्वामी तक कायम रहा। बाद में, आचार्य स्थूलभद्र ने इसको समाप्त कर प्रत्येक मुनि को विवाहित जीवन व्यतीत करने के लिए स्वतंत्र कर दिया। यह भी संशोधन किया कि नारी भी तीर्थंकर हो सकती हैं। यह भी प्रावधान कर दिया कि आत्मरक्षा हेतु किसी दुष्ट को मार देना हिंसा नहीं मानी जाएगी। इस प्रकार के संशोधनों से श्वेतांबर संप्रदाय अधिक व्यावहारिक हो गया। श्वेतांबरों ने शेष सभी सिद्धांतों में कोई परिवर्तन नहीं किया, सम्यक् दर्शन, सम्यक् ज्ञान तथा सम्यक् सदाचार वैसे ही रहे, जैसे कि पूर्व में चल रहे थे।

जैन धर्म में अंतिम तीर्थंकर महावीर स्वामी का विशेष स्थान

वर्तमान कालचक्र के प्रथम तीर्थंकर ऋषभदेव ने उस समय के प्रचलित सनातन धर्म में जिसमें उनका जन्म हुआ था, सर्वज्ञ (कैवल्य-ज्ञान) प्राप्त कर धर्म व सदाचार के कुछ नियमों में परिवर्तन के सुझाव रखे होंगे, जिनका तत्कालीन समाज में स्वागत हुआ होगा। इसे उसी प्रकार समझना उचित होगा, जिस प्रकार आधुनिक काल में स्वामी

दयानंद सरस्वती द्वारा आर्य समाज की स्थापना कर विशेष सुधार किए। जैन धर्म के वर्तमान काल के दो अंतिम तीर्थंकरों, 23वें तीर्थंकर पार्श्वनाथ व 24वें तीर्थंकर महावीर स्वामी को इतिहासकार ऐतिहासिक पुरुष मानते हैं, क्योंकि पार्श्वनाथ का जन्म 1,000 ईसापूर्व तथा महावीर स्वामी का 599 ईसापूर्व हुआ था। पार्श्वनाथ की आयु 100 वर्ष तथा महावीर स्वामी की 72 वर्ष रही। यह अवधि ऐतिहासिक मानी जाती है, क्योंकि इस अवधि की घटनाओं के चिह्न किसी-न-किसी रूप में उपलब्ध हैं। पूर्व तीर्थंकरों द्वारा प्रतिपादित पाँच गुणों (अहिंसा, सत्य-वचन, चोरी न करना, ब्रह्मचर्य का पालन तथा अपरिग्रह) की आवश्यकता को समाज में अत्यंत ओजपूर्ण व प्रभावी ढंग से प्रस्तुत करने का कार्य 24वें तीर्थंकर महावीर स्वामी ने संपन्न किया तथा इसे एक नए धर्म (जैन धर्म) के रूप में समझने की दलीलें दीं, जिसे उस समय के अनेक लोगों ने स्वीकार किया, अत: जैन धर्म के वास्तविक संस्थापक महावीर स्वामी ही माने जाते हैं। महावीर स्वामी का जन्म वर्ष 599 (ईसा पूर्व) में चैत्र शुक्ल 13 को पटना के पास इक्ष्वाकु वंश में हुआ था। जन्म का नाम वर्धमान था। उनके पिता का नाम महाराजा सिद्धार्थ तथा माँ का नाम महारानी त्रिशिला था। दिगंबर जैन यह मानते हैं कि महावीर स्वामी अविवाहित थे, परंतु श्वेतांबरों का कहना है कि उनका विवाह राजकुमारी यशोधा के साथ हुआ, जिससे एक पुत्री प्रियदर्शना हुई। इस बात की संभावना है कि मुनि बनने से पूर्व तो विवाह पर कोई प्रतिबंध नहीं था तथा मुनि बनने के बाद यह प्रतिबंध रहा होगा। इस विवाद को जैन समाज ही अपनी किसी संयुक्त गोष्टी में हल कर सकता है।

जब महावीर स्वामी 25 वर्ष के थे, तब उनके पिता व माता का स्वर्गवास हो गया था और उनके बड़े भाई, नंदवर्धन गद्दीनशीन हुए। वर्धमान को स्वभाव से राजकीय जीवन पसंद नहीं था तथा वह 23वें तीर्थंकर पार्श्वनाथ के प्रवचनों से, जो उस समय चर्चा में रहते थे, काफी प्रभावित थे, अत: वह 30 वर्ष की उम्र में मुनि बन गए तथा अपना घरबार त्यागकर ध्यान तथा तपस्या हेतु वन में चले गए। लगभग 13 वर्ष की घोर तपस्या तथा साधना के उपरांत उन्हें कैवल्य-ज्ञान (सर्वज्ञ ज्ञान) प्राप्त हो गया, तब वह महावीर स्वामी नाम से 24वें तीर्थंकर प्रसिद्ध हुए। उसके पश्चात् उन्होंने 23वें तीर्थंकर पार्श्वनाथ के कार्य को अत्यंत उत्साह के साथ आगे बढ़ाया तथा अनेक नए सिद्धांतों को जोड़कर नए धर्म के रूप में प्रतिष्ठित कर नया नाम 'जैन धर्म' दे दिया।

महावीर स्वामी ने जैन धर्म के तीन रत्नों का उल्लेख किया है—

1. सम्यक् दर्शन

2. सम्यक् ज्ञान

3. सम्यक् आचरण।

सम्यक् दर्शन का भावार्थ है कि किसी वस्तु को सम्यक् रूप से (अर्थात् सच्चाई के साथ) देखना या महसूस करना। उदाहरणस्वरूप, धन को लें। धन हमें दिखाई देता है, यदि हम उसे ईमानदारी के साथ निस्स्वार्थ भाव से अपनी स्वाभाविक आवश्यकताओं की पूर्ति हेतु क्रय-विक्रय में व्यय करें या किसी असहाय व पीड़ित व्यक्ति की सहायता में या किसी समाज-हित के कार्यों में उपयोग करें तो वह धन का सम्यक् दर्शन हुआ, परंतु इसके विपरीत यदि हम धन को अपने ऐशो-आराम में व्यय करें तो वह कर्म अनुचित या पाप, अर्थात् असम्यक् दर्शन की श्रेणी में आएगा। इसी प्रकार, एक अन्य उदाहरण अपनी अंतरात्मा का लें, जो दिखाई नहीं देती पर महसूस होती है, जब हम कोई पापकर्म करने की सोचते हैं तो हमारी अंतरात्मा हमें सचेत करती है कि यह पाप होगा, मत करो। इस स्थिति में सम्यक् दर्शन यही होगा कि हम अपनी आत्मा की आवाज सुनें तथा पाप करने से बचें। किसी वस्तु को हम अपनी जीभ पर रखें तो उसका स्वाद तो हमें तुरंत ज्ञात हो जाएगा पर उस स्वाद को कोई एक नाम देना संभव नहीं हो पाएगा, जैसे किसी कसैली सी लगनेवाली वस्तु को कसैला कहें या थोड़ा खट्टा कहें या स्वादहीन कहें। इसी दर्शन के अंतर्गत जैन धर्म की यह विशेष धारणा आती है कि "सृष्टि, जो हमें दिखाई देती है, किसी एक व्यक्ति द्वारा सृजित नहीं की गई है, बल्कि प्रकृति द्वारा स्वतः सृजित हुई है।" वर्तमान में सनातन हिंदू धर्म तथा जैन धर्म में यही मौलिक अंतर है, अन्यथा सम्यक् ज्ञान और सम्यक् सदाचार के नियम तो दोनों प्राचीन धर्मों में लगभग समान हैं।

सम्यक् ज्ञान का भावार्थ है कि आत्म-ज्ञान, प्रकृति का सच्चा ज्ञान तथा धर्म के अनुसार पाप और पुण्य का सच्चा ज्ञान, पुनर्जन्म, स्वर्ग व मोक्ष का सही ज्ञान। पूर्ण ज्ञानी को सर्वज्ञ अथवा कैवल्य-ज्ञानी कहते हैं। किसी भी कर्म को करने से पूर्व यह ज्ञान आवश्यक है कि वह कर्म धर्म के अनुसार सही है अथवा नहीं, फिर इस बात का भी विवेक आवश्यक है कि सुकर्म को संपन्न करने में अपनी विद्या, ज्ञान एवं कुशलता का किस प्रकार उपयोग किया जाए, ताकि अंत में वांछित सफलता मिले।

सम्यक् आचरण में दैनिक जीवन में निम्नांकित व्यवहार सम्मिलित हैं—

1. अहिंसा
2. सत्य वाचन
3. अस्तेय (चोरी न करना)
4. बह्मचर्य व्रत का पालन
5. अपरिग्रह (किसी वस्तु या प्राणी के साथ मोह न होना, अर्थात् नॉन-अटैचमेंट)।

अहिंसा का शाब्दिक अर्थ है 'किसी भी जीवित प्राणी को जान से न मारना', इसमें पीड़ा न पहुँचाना अथवा पीड़ा देने के बारे में सोचना भी सम्मिलित है। श्वेतांबरों

ने इसमें परिवर्तन कर यह माना है कि आत्मरक्षा हेतु आक्रमणकारी को मारना हिंसा नहीं माना जाएगा, उदाहरणार्थ, यदि कोई सिंह आपकी ओर आक्रामक रुख में आ रहा है तो आपका यह धर्म है कि अपने प्राण की रक्षा हेतु उसे मारें। इसी प्रकार यदि कोई निरंकुश राजा अत्याचारी व दुराचारी बनकर प्रजा के सज्जन लोगों को पीड़ित कर रहा है तो उसके विरुद्ध धर्मयुद्ध में सम्मिलित होकर उसे मारना हिंसा नहीं मानी जानी चाहिए। अहिंसा का वास्तविक अर्थ है कि ऐसे प्राणियों की हिंसा न की जाए, जो आपको या अन्य किसी सज्जन को किसी प्रकार की पीड़ा नहीं पहुँचा रहे हैं। जैन मुनि अहिंसा को इस हद तक ले जाते हैं कि वे दैनिक स्नान में भी यह मानते हैं कि सूक्ष्म जीवाणुओं की हिंसा होती है, अत: स्नान ही नहीं करना चाहिए। आजकल आर-ओ का पानी पीने का चलन बढ़ता जा रहा है, जिसमें पराबैंगनी (अल्ट्रवायलेट) प्रकाश द्वारा हानिकारक सूक्ष्म जीवाणुओं को नष्ट कर दिया जाता है। हवा में भी जो अति सूक्ष्म जीवाणु होते हैं, वे केवल मुँह पर पट्टी लगाने से पेट के अंदर जाने से नहीं रुक सकते। हाँ, किसी वायरस के प्रकोप की स्थिति में अति सूक्ष्म विषाक्त जीवाणुओं को वदन में अंदर जाने से रोकने के लिए विशेष प्रकार के मास्क का प्रयोग वांछनीय है, जैसा कि हाल में कोरोना वायरस के प्रकोप में मनुष्यों के जीवन को बचाने हेतु किया जा रहा है। महामारी के प्रकोप को तो अति हिंसक सूक्ष्मतम जीवाणुओं की हिंसा करके ही रोका जा सकता है। अहिंसा का सिद्धांत निस्संदेह उत्तम है, परंतु उसे उस सीमा तक ही क्रियान्वित करना व्यावहारिक कहा जा सकता है कि ऐसे किसी प्राणी की हत्या न की जाए, जो आपको या समाज को किसी प्रकार की कोई पीड़ा न देता हो। इस विषय पर ज्ञान प्राप्त जैन आचार्य ही कुछ व्यावहारिक मत प्रस्तुत कर सकते हैं।

सत्य : सामान्यतया सत्य वह है, जब कोई अपनी किसी गलती को सच्चाई के साथ स्वीकार कर लेता है, जब किसी से कोई गलती हो जाती है तो इस भय से कि सच बोलने से उसे डाँट या सजा मिलेगी, वह अपनी गलती को छिपाने के लिए झूठ का सहारा लेता है। आपने स्वयं कोई गलती नहीं की है, परंतु कभी-कभी ऐसी स्थिति भी होती है कि सत्य बोलने से किसी दुर्बल, असहाय के शील या जान को खतरा है तथा झूठ बोलने से वह खतरा टल सकता है तो ऐसा झूठ सत्य से भी श्रेष्ठतर पुण्य माना जाएगा। इसी प्रकार, किसी निरंकुश अत्याचारी व दुराचारी राजा, जिससे प्रजा त्रस्त है, से युद्ध कर उसका विनाश करने के लिए झूठ का सहारा लेना पड़े, जिससे उसका विनाश सुनिश्चित हो सके तो ऐसा झूठ भी पाप की श्रेणी में नहीं आएगा, जैसा कि अध्याय-1 में स्पष्ट किया गया है। अपराधों के मामलों में न्यायालय द्वारा साक्ष्यों के आधार पर सजा दी जाती है। इसमें प्रत्यक्ष साक्षियों के साक्ष्य की महत्त्वपूर्ण भूमिका रहती है। कभी-कभी ऐसा भी

हो जाता है कि कुछ दबंग लोग अपने को बचाने के लिए झूठी साक्षियाँ दिलवाकर किसी निर्दोष को सजा दिलवाने का प्रयत्न करते हैं। ऐसी स्थिति में कोई यदि तथ्यों को जानता है, परंतु दबंगों के भय से सच्ची साक्षी देने का साहस नहीं कर पा रहा है तो चुप रहकर सच न बोलना महापाप ही माना जाएगा। इस विश्लेषण से यह स्पष्ट है कि सत्य की परिभाषा स्थिति पर निर्भर करती है।

अस्तेय यानी चोरी न करना : चोरी न करने का अर्थ है कि किसी अन्य की वस्तु को, बिना उसकी जानकारी के, न ले जाना। चोरी करने से चोर उस व्यक्ति को पीड़ा पहुँचाता है, जो उस वस्तु का वास्तविक स्वामी है, अतः अपरोक्ष रूप से चोरी भी एक प्रकार से हिंसा ही हुई तथा त्याज्य है। अस्तेय का नियम सभी धर्मों में प्रचलित है।

ब्रह्मचर्य का अर्थ है, "संभोग हेतु किसी से शारीरिक संबंध स्थापित न करना।" यह नियम मुनियों के लिए था, जिनके लिए विवाह करना भी वर्जित था। बाद में श्वेतांबरों ने इसमें परिवर्तन कर मुनियों के लिए भी विवाह करने का प्रावधान कर दिया। विवाहितों के लिए ब्रह्मचर्य का अर्थ है कि वे केवल अपनी पत्नी से ही शारीरिक संबंध रखेंगे, अन्य किसी से नहीं। इस नियम के अनुसार, पति-पत्नी को छोड़कर अन्य से किसी भी प्रकार का शारीरिक संबंध ब्रह्मचर्य के नियम के प्रतिकूल है, चाहे वह आपसी रजामंदी से हो या बलात्कार हो। आजकल के कानून के अनुसार तो कुछ देशों में पत्नी से भी बिना उसकी मर्जी के संभोग करना बलात्कार माना जाता है।

अपरिग्रह का अर्थ है कि किसी वस्तु या प्राणी से आसक्ति (या मोह) न रखना। इस पर जैन धर्म में विशेष बल है, यहाँ तक कि जैन मुनियों ने वस्त्रों का भी त्याग कर दिया और वे पूर्णतया निर्वस्त्र रहने लगे। स्वयं श्री महावीर स्वामी मुनि बनने पर पूर्णतया निर्वस्त्र रहने लगे थे। बाद में श्वेतांबरों ने निर्वस्त्र रहने के नियम को बदल दिया तथा यह प्रावधान किया कि मुनि भी निर्वस्त्र न रहें तथा श्वेत वस्त्र पहनें, परंतु दिगंबर मुनि अब भी निर्वस्त्र रहते हैं। अपरिग्रह का विशेष अर्थ अध्याय-1 में भगवान् श्रीकृष्ण द्वारा अर्जुन को समझाया गया है, जब अर्जुन को, विरोध में खड़े अपने गुरुजनों व रिश्तेदारों से आसक्ति के कारण, धर्मयुद्ध से विरति हो गई थी।

जैन धर्म की पवित्र पुस्तकें

जैन धर्म की धार्मिक पुस्तकें आगम (आ माने पूर्ण तथा गम माने ज्ञान) कहलाती हैं। दिगंबर जैन मानते हैं कि मूल आगम 14 थे, जो अकाल के कारण उनके कर्नाटक में चले जाने से सभी लुप्त हो गए। बाद में पहले मिलेनियम, ईसा के बाद 1000 वर्ष की अवधि, में विद्वानों ने इनको पुनः 4 खंडों में संकलित किया, जिन्हें 'जिन वाणी' नाम

दिया गया। श्वेतांबरों का कहना है कि कुल आगम 34 थे तथा सभी सुरक्षित थे। श्वेतांबरों के ही एक अन्य घटक, जो अपने को 'तेरापंथी श्वेतांबर' कहते हैं, का मानना है कि आगमों की संख्या 21 थीं और वे सभी उपलब्ध हैं। इस प्रकार की अलौकिकता अन्य धर्मों में देखने में नहीं आती है। सनातन हिंदू धर्म में वेद प्राचीनतम हैं, जिन्हें सभी हिंदू स्वीकार करते हैं। यहूदी धर्म में तोरहा, बौद्ध धर्म में त्रिपिटिक, ईसाई धर्म में बाइबिल, इस्लाम में कुरान, सिख धर्म में गुरुग्रंथ साहिब के विषय में भी किसी प्रकार का विवाद नहीं है।

जैन धर्म में अपनी धार्मिक पुस्तकों के विषय में विभिन्नता का कारण स्पष्ट नहीं है। यही एक संभावना प्रतीत होती है कि जब दिगंबर जैन कर्नाटक चले गए थे, तब अपने धर्मग्रंथों को मगध में ही छोड़ गए हों, जिन्हें श्वेतांबरों ने अपने सिद्धांतों के अनुरूप संशोधित कर लिया हो तथा इन संशोधित ग्रंथों को दिगंबरों ने स्वीकार नहीं किया तथा यह मान लिया कि मूल ग्रंथ लुप्त हो गए हैं। यह एक शोध का विषय है, जिस पर बिना किसी पूर्वाग्रह के जैन विद्वानों द्वारा विचार करने की आवश्यकता है।

जैन धर्म में मूर्ति-पूजा

जैन धर्म में मूर्ति-पूजा का प्रावधान है। इनके भारत में लगभग सभी स्थानों पर जैन मंदिर मिल जाएँगे। विश्व के अन्य देशों में भी, जहाँ जैनों की थोड़ी सी ही आबादी है, वहाँ भी कम-से-कम एक जैन मंदिर अवश्य होगा।

ऐसे ही रनकपुर (राजस्थान) में स्थापित एक भव्य जैन मंदिर का चित्र नीचे दिया हुआ है।

चित्र : रनकपुर का जैन मंदिर

जैन धर्म में अन्य अलौकिकताएँ

जैन धर्म के सभी तीर्थंकर कैवल्य (सर्वज्ञ) ज्ञान प्राप्त तपस्वी व त्यागी थे। उन्होंने अपने को कभी न तो ईश्वर कहा और न अपने साथ किसी भी प्रकार के चमत्कार को संलग्न किया। वह तो प्राप्त ज्ञान के आधार पर अपने को समाज का शिक्षक मानते थे, ताकि लोग सद्गुणों को अपनाकर सुखी जीवन व्यतीत करते हुए मोक्ष प्राप्ति की ओर अग्रसर होते रहें। परंतु उनके अनुयायियों ने उनको अनेक चमत्कारी गुणों से विभूषित कर दिया, जैसे पूर्व के कई तीर्थंकरों की उम्र लाखों-करोड़ों वर्ष की मान ली, यह मान लेना कि उनका मलमूत्र दिखाई नहीं देता था, उनके प्रवचनों को पशु-पक्षी भी समझ लेते थे, यह कि वह दूसरों के मन में क्या विचार चल रहा है उसे पढ़ लेते थे और यह कि वह बीमार व्यक्ति को भी अपने आशीर्वाद से ही अच्छा कर सकते थे, यहाँ तक कि मृत व्यक्ति को जीवित भी कर सकते थे। इनका कोई तर्क-संगत समाधान नहीं है तथा ये मात्र आस्था पर आधारित हैं। हो सकता है कि उनके अनुयायियों को, जिन्होंने इस प्रकार की अलौकिकताओं से अपने आराध्य देवों को महिमा-मंडित किया, उन्हें ये अलौकिकताएँ स्वप्न में दिखाई दी हों। यह भी संभव है कि एकाध अनुयायी का बीमार बच्चा ठीक हो गया हो, जिसका धुआँधार प्रचार हो गया हो। यह कल्पना अन्य सभी धर्मों पर भी लागू होती है, जिनमें ऐसी अलौकिकताओं का विवरण है, जिन्हें किसी प्रकार के तर्क से न समझा जा सके।

निस्संदेह जैन धर्म अति प्राचीन धर्म है। वेदव्यासजी द्वारा संकलित वेदों में जैन धर्म के वर्तमान कालक्रम (टाइम-साइकिल) के प्रथम तीर्थंकर ऋषभ देव के नाम का उल्लेख है। जैन धर्म के लगभग सभी तीर्थंकरों का जन्म सनातन हिंदू परिवारों में ही हुआ था। जैन धर्म के अनुयायियों की मान्यता है कि वर्तमान कालचक्र के प्रथम तीर्थंकर ऋषभ देव की उम्र 84 लाख पूर्व-वर्ष थी, जो कई खरब वर्षों के बराबर है। 24वें तीर्थंकर महावीर स्वामी की उम्र 72 वर्ष थी। ऋषभ देव की उम्र का 84 लाख पूर्व-वर्ष मानना आस्था की बात ही मानी जा सकती है, क्योंकि आधुनिक विज्ञान के मतानुसार पृथ्वी की आयु 4.6 अरब (460 करोड़) वर्ष है, जिसमें से पृथ्वी को ठंडा होने में काफी समय लगा होगा तथा आधुनिक मनुष्य का प्रादुर्भाव आज से लगभग 20 लाख वर्ष पहले ही हुआ है। यदि गंभीरता से इस पर विचार किया जाए तो जैन धर्म के सिद्धांतों की मान्यता पर इस बात का कोई प्रभाव नहीं पड़ता कि प्रथम तीर्थंकर कई खरब वर्ष पहले पैदा हुए थे अथवा केवल बीस लाख वर्ष पहले। इसमें कोई दो राय नहीं हो सकती कि जैन धर्म अति प्राचीन धर्म है तथा उसमें अहिंसा व अपरिग्रह पर विशेष बल है। महावीर स्वामी यह मानते थे कि संचय करने का लोभ असत्य, चोरी, मिथ्याभिमान,

असंयम तथा हिंसा को जन्म देता है। मानवीय मूल्य इतने नीचे गिर गए थे कि धार्मिक स्थलों (हवन-यज्ञ तथा मंदिरों) में भी निर्दोष पशुओं की बलि धूमधाम से की जाती थी। अंधविश्वास चरम सीमा पर था, जिसके शिकार भोले-भाले सामान्यजन होते थे। महावीर स्वामी ने अपने प्रवचनों द्वारा जनता में जागरूकता पैदा की तथा जैन सिद्धांतों को एक नए धर्म का रूप दिया। उनसे पूर्व ये सिद्धांत सनातनी हिंदुओं द्वारा हिंदू धर्म के ही एक पंथ के रूप में समझे जाते थे। वर्तमान में हिंदू तथा जैन दोनों ही अपने-अपने धर्मों को प्राचीनतम (अनादि व अनंत) मानते हैं। यहाँ यह उल्लेख करना भी उचित होगा कि किसी भी तीर्थंकर ने किसी भी प्रकार के अलौकिक चमत्कार करने की बात नहीं की, जो कुछ चमत्कार उनके नाम से जुड़े हुए हैं, वह वास्तव में उनके निर्वाण के सहस्रों वर्ष बाद उनके अनुयायियों ने पुस्तकों में लिख दिए हैं, जैसा कि प्राय: अन्य सभी धर्मों में भी हुआ है। इससे भी अब कोई फर्क नहीं पड़ता कि कौन धर्म अधिक प्राचीन है। सदाचार के जो नियम हैं, वे सनातन हिंदू धर्म में तथा जैन धर्म दोनों में समान हैं, अत: इन दोनों धर्मों में कभी कोई हिंसात्मक संघर्ष का इतिहास नहीं है।

□

9

बौद्ध धर्म

बौद्ध धर्म के संस्थापक सिद्धार्थ गौतम का जन्म

कपिलवस्तु के शाक्य राजा शुद्धोधन की रानी माया देवी के प्रथम पुत्र का जन्म ईसा पूर्व 563 वर्ष में बैसाख मास की पूर्णिमा को, जब वह प्रसव हेतु कपिलवस्तु से अपने मायके देवदाह, जो निकट ही था, जा रही थीं, तब मार्ग में लुंबिनी (नेपाल) के बाग में हुआ था (वर्ष 1988 में हुए एक विचारगोष्ठी महासम्मेलन में अधिकांश वक्ताओं के मतानुसार उनका जन्म ईसा पूर्व 480 में हुआ था, परंतु इसमें सब एक मत हैं कि मृत्यु के दिन उनकी आयु 80 वर्ष थी)। बालक का नाम सिद्धार्थ गौतम रखा गया। जन्मोत्सव के समारोह में 8 विद्वान् ज्योतिषी बुलाए गए थे। सात ने ज्योतिषशास्त्र से गणना कर यह मत प्रकट किया कि यह बालक या तो चक्रवर्ती सम्राट् बनेगा या विश्व-विख्यात संन्यासी धर्माचार्य। आठवें ज्योतिषी ने यह स्पष्ट मत दिया कि यह बालक विश्वविख्यात धर्माचार्य ही बनेगा। जन्म देने के सात दिन बाद ही मायादेवी की मृत्यु हो गई थी तथा उनका पालन-पोषण उनकी विमाता, रानी महाप्रजाप्ती (गौतमी) ने किया था, जो सिद्धार्थ की मौसी भी थीं। बड़े होने पर सिद्धार्थ विश्वविख्यात धर्माचार्य ही बने। 29 वर्ष की उम्र में वह अपनी पत्नी यशोधरा और नवजात शिशु राहुल को छोड़कर मध्य रात्रि में जंगल में चले गए, जहाँ उन्होंने 6 वर्ष तक तपस्या की तथा अंत में कैवल्य ज्ञान प्राप्त कर 45 वर्ष तक (निर्वाण प्राप्ति के दिन तक) प्रचार-प्रसार करते रहे। स्थानीय लोग उन्हें शाक्य मुनि कहने लगे। ज्ञान प्राप्त कर लेने के कारण उनका नाम गौतम बुद्ध प्रसिद्ध हो गया। इस अवधि में उनके ओजपूर्ण व प्रभावी प्रवचनों के कारण (जो संस्कृत भाषा में न होकर, जनसाधारण की भाषा 'पाली' में थे) अनुयायियों की संख्या काफी अच्छी हो गई। उनके अनुयायियों ने उनके निर्वाण के पश्चात् उनके द्वारा प्रचलित धर्म का नाम 'बौद्ध धर्म' रख दिया। आज भी बौद्ध धर्म विश्व के चार धर्मों में अपना विशिष्ट स्थान रखता है।

सिद्धार्थ का वैराग्य की ओर रुझान

जन्म समारोह में ज्योतिषियों की भविष्यवाणी के परिप्रेक्ष्य में राजा शुद्धोधन चाहते थे कि उनका बेटा सम्राट् बने, संन्यासी नहीं, अत: सिद्धार्थ की सुख-सुविधा का पूरा खयाल रखा जाता था, परंतु फिर भी, जब वह किसी को दु:खी देखते थे तो उनका दिल दु:ख से भर जाता था, यहाँ तक कि बचपन के खेल-कूदों में भी जब वह जीत रहे होते थे तो जान-बूझकर हार जाते थे, ताकि उनके मित्र हार जाने के कारण दु:खी न हों। जब वे किसी हवन-यज्ञ में तत्कालीन प्रचलित प्रथानुसार निर्दोष पशुओं की बलि होते हुए देख लेते थे तो बहुत दु:खी होते थे। वे निर्दोश पशुओं की हत्या को और वह भी धर्म के नाम पर अथवा भोजन हेतु, नितांत अनुचित व घोर पाप समझते थे। एक बार उनकी पत्नी के भाई देवदत्त ने एक हंस को अपने तीर से घायल कर नीचे गिरा दिया, सिद्धार्थ ने, जो पास में ही खड़े हुए थे, तुरंत दौड़कर उस घायल पक्षी को उठा लिया। देवदत्त ने जब कहा कि वह पक्षी उसका है, क्योंकि उसने उसे गिराया है, तब सिद्धार्थ ने उत्तर में कहा कि "मैं उसकी सेवा-सुश्रुषा (नर्सिंग) कर रहा हूँ, अत: उस पर मेरा अधिकार है।" दोनों का यह झगड़ा तत्कालीन न्याय व्यवस्था के अनुसार न्याय-समिति में प्रस्तुत हुआ। दोनों पक्षों की बात सुनने के बाद तथा पक्षी की स्थिति देखने के बाद समिति ने यह निर्णय दिया कि "मारनेवाले की अपेक्षा बचानेवाले का हक अधिक होता है, इसलिए इस पक्षी पर सिद्धार्थ का हक है, क्योंकि उसने पक्षी के जीवन की रक्षा की है।" कुछ दिनों बाद जब वह पक्षी बिलकुल ठीक हो गया, तब सिद्धार्थ ने उसे मुक्त कर हवा में उड़ा दिया।

सभी सुखों के बीच रहते हुए भी सिद्धार्थ ने गुरुकुल में अपने शिक्षकों से तथा साथियों से जो कुछ जाना, उससे उनके मन-मस्तिष्क में यह बात बैठ गई कि संसार में दु:ख भरे पड़े हैं। जन्म होने पर बच्चा रोता है, अत: वह दु:ख है, बीमार पड़ जाना दु:ख है, बुढ़ापा दु:ख है, मृत्यु दु:ख है, किसी क्रूर व्यक्ति से मिलना दु:ख है, किसी सज्जन व्यक्ति से वियोग दु:ख है, कामनाएँ पूरी न हों तो वह दु:ख हैं, अपयश दु:ख है, असफलता दु:ख है। काम, क्रोध, लोभ, मोह, नशा, दंभ व अज्ञान दु:ख के विशेष कारण हैं, जो मन व इंद्रियों पर नियंत्रण को समाप्त कर देते हैं तथा अनियंत्रित इंद्रियाँ ऐसे पापकर्म कराती रहती हैं, जो दु:ख का कारण बनते हैं।

सिद्धार्थ का विवाह

सभी सुख-सुविधाओं के बावजूद राजा शद्धोधन यह महसूस कर रहे थे कि सिद्धार्थ का स्वभाव वैराग्य की ओर अधिक है, अत: उन्होंने उसकी शादी शीघ्र ही कर देने की सोची, ताकि वह वैराग्य से हटकर अपने वैवाहिक जीवन के सुख को भोगने

में लिप्त हो जाए। तदनुसार राजा शुद्धोधन ने अपने पुत्र का विवाह 16 वर्ष की उम्र में ही 16 वर्षीय राजकुमारी यशोधरा (जो सिद्धार्थ की बुआ की पुत्री थी) से कर दिया (उस समय शाक्यों में यह प्रथा थी कि शादी अपने वंश में ही की जाती थी)। यशोधरा अत्यंत सुंदर, सुशील तथा सुयोग्य पत्नी थी। यह सुनिश्चित करने के लिए कि सिद्धार्थ को जाड़े, गरमी व वरसात के मौसमों में कोई तकलीफ न हो, राजा ने मौसमों के अनुरूप तीन महल भी बनवा दिए थे। इन महलों में सभी प्रकार की सुख-सुविधाएँ थीं तथा मनोरंजन के भी सभी साधन उपलब्ध थे। ऐसा प्रतीत हो रहा था कि पति-पत्नी दोनों अपना वैवाहिक जीवन सुखपूर्वक व्यतीत कर रहे हैं। 29 वर्ष की उम्र में उनके एक बेटा हुआ, जिसका नाम राहुल रखा गया।

दुःखों को प्रत्यक्ष देखने का अवसर

विवाह से पूर्व जिन दुःखों को सिद्धार्थ ने सुन रखा था, विवाह के बाद उनको प्रत्यक्ष देखने का अवसर भी प्राप्त हो गया। एक दिन अपने सारथी, चन्ना (पाली भाषा में 'चंदका'), से बाहर चलने के लिए कहा। पहले दिन उन्होंने एक वृद्ध को देखा, जो लाठी के सहारे चल रहा था। चंदका ने उन्हें बताया कि यह स्थिति प्रत्येक मनुष्य के जीवन में आती है। दूसरी बार उन्होंने एक बीमार व्यक्ति को देखा, जिसे बीमारी के कारण असहनीय कष्ट हो रहा था और फिर तीसरी बार उन्होंने एक मृत व्यक्ति को देखा, जिसके शव को कुछ लोग कंधा देकर तथा उसके पीछे-पीछे कुछ उदास और कुछ रोते हुए चल रहे थे। चंदका ने सिद्धार्थ को समझाया कि यह एक स्वाभाविक स्थिति है, जिसका जन्म होता है, उसकी एक दिन मृत्यु अवश्य होती है, किसी की पहले और किसी की बाद में, फिर एक दिन उन्होंने एक संन्यासी को देखा, जो अत्यंत सुखी व प्रसन्नचित्त दिखाई दिया। राहुल के जन्म लेने पर उन्होंने यह स्वयं देख लिया कि बच्चा जन्म के अवसर पर रोता है। जो यह प्रकट करता है कि उसे दुःख हो रहा है। इस प्रकार उनके मन-मस्तिष्क में यह तथ्य बैठ गया कि मनुष्य के जीवन में जन्म से लेकर मृत्यु-पर्यन्त दुःख भरे पड़े हैं। जन्म, मृत्यु और फिर पुनर्जन्म, इस श्रृंखला से दुःखों की समाप्ति नहीं हो सकती। इस श्रृंखला के टूटने से ही दुःख समाप्त हो सकते हैं।

दुःखों के बारे में गौतम सोचते थे कि—

1. दुःख होते हैं।
2. दुःखों का कारण भी होता है।
3. दुःख समाप्त भी होते हैं।
4. दुःखों के निवारण का मार्ग कि दुःख हों ही नहीं, भी अवश्य होता होगा।

यद्यपि उन्हें स्वयं किसी प्रकार का दु:ख नहीं था, परंतु वह अन्य लोगों के दु:खों को देखकर दु:खी रहते थे तथा यह सोचते रहते थे कि कि लोग किस प्रकार की जीवन-शैली अपनाएँ कि सांसारिक दु:खों से मुक्त होकर वे सुखी जीवन व्यतीत कर सकें। इस विषय में वह यह सोचते रहे होंगे कि उस मार्ग का पता किस प्रकार प्राप्त किया जाए कि मनुष्य को दु:ख न हों। इस ज्ञान को प्राप्त करने के लिए उन्होंने अपने मन में यह निर्णय लिया कि श्रमणों (वह संप्रदाय, जिसमें साधु प्रकृति के लोग कठोर तपस्या का श्रम करते हैं) की भाँति, राजकीय सुखों को छोड़कर, तपस्या व साधना (मेडीटेशन) का अभ्यास कर ज्ञान प्राप्त किया जा सकता है। अत: 29 वर्ष की आयु में वैभव एवं ऐशो-आराम के जीवन से विरक्त होकर ज्ञान प्राप्त करने के आशय से घोर साधना एवं तपस्या हेतु वनों में चले जाने का मन बना लिया। एक दिन जब उनकी पत्नी यशोधरा तथा पुत्र राहुल गहरी नींद में सोए हुए थे, वह रात्रि में घर छोड़कर तपस्या करने हेतु जंगल में चले गए। नगर की सीमा (अनोमिया नदी) तक अपने सहायक चंदका को साथ लेकर घोड़े पर सवार होकर आए। वहाँ उन्होंने अपने राजसी वस्त्र उतारकर संन्यासी के साधारण वस्त्र पहन लिये तथा अपने घने बाल भी काटकर हवा में उछाल दिए और बरतन को नदी में फेंक दिया और चंदका से कहा, "मैं अब तपस्या करने हेतु जंगल में जा रहा हूँ और तुम महल में वापस लौट जाओ और सबसे कह देना कि तपस्या के पश्चात् मैं वापस आऊँगा।"

चंदका डर रहा था कि महाराज उससे नाराज होंगे। उसने अपने बचाव की तरकीब सोची और महल में आकर कहा, "राजकुमार रात में उठे और मुझसे कहा कि नदी की ओर घूमने चलते हैं, नदी के किनारे पहुँचकर उन्होंने कहा कि मुझे ज्ञान प्राप्त करना है, जिसके लिए तपस्या करनी होगी।" यह कहकर उन्होंने अपने बाल काट दिए और ऊपर की ओर फेंक दिए। चंदका ने अपनी ओर से गढ़कर यह भी कह दिया कि "बाल फेंककर उन्होंने यह भी कहा कि 'यदि मेरे बालों का गुच्छा जमीन पर नहीं गिरता तो समझ लो मुझे ज्ञान प्राप्त हो जाएगा।' गुच्छा जमीन पर नहीं गिरा, हवा में ही बहता रहा, फिर उन्होंने एक प्याले को नदी में फेंक दिया और कहा कि 'यदि यह धारा के विपरीत बहता है तो मुझे ज्ञान प्राप्त हो जाएगा।' वह प्याला विपरीत दिशा में बहने लगा। इसके बाद उन्होंने मुझे निर्देश दिया कि 'चंदका, अब तुम घोड़े को लेकर वापस जाओ और सबसे कह देना कि राजकुमार तपस्या से ज्ञान प्राप्त कर वापस आएँगे,' यह कहकर वह नदी पार कर जंगल में चले गए।" ज्योतिषियों की भविष्यवाणी याद कर शुद्धोधन चुप रहे। यशोधरा को जब मालूम हुआ कि सिद्धार्थ तपस्या करने जंगल में चले गए हैं तो वह भी सभी राजकीय वैभव त्यागकर संन्यासिनी की तरह सादा पीले वस्त्रों में जीवनयापन करने लगी।

सिद्धार्थ गौतम से गौतम बुद्ध

29 वर्ष की आयु में सिद्धार्थ ने तिल तथा चावल खाकर तपस्या प्रारंभ की। अनेक कष्ट सहते हुए अंततोगत्वा उन्हें ज्ञान प्राप्त हुआ कि किस प्रकार की जीवन-शैली अपनाने पर मनुष्य सुखी एवं आनंदित रहते हुए जन्म और मृत्यु के दुःख से मुक्त होकर मोक्ष प्राप्त कर सकता है। इस ज्ञान का उन्होंने प्रभावकारी ढंग से प्रचार एवं प्रसार किया तथा लोगों ने उनके सिद्धांतों को स्वीकार कर इसे एक नवीन धर्म मान लिया। वे सिद्धार्थ गौतम को गौतम बुद्ध कहने लगे और इस नए धर्म का नाम बाद में 'बौद्ध धर्म' हो गया।

तपस्या के दौरान घटित विशेष घटनाएँ

छह वर्ष की घोर तपस्या के कारण सिद्धार्थ का बदन क्षीण हो गया था। उनकी समझ में नहीं आ रहा था कि क्या किया जाए कि कर्म करने के लिए बदन स्वस्थ भी रहे और ज्ञान भी प्राप्त हो जाए। तपस्या के दौरान कुछ ऐसी घटनाएँ घटित हुईं, जिनसे उन्होंने कठोर तपस्या व भोगमय जीवन के बीच के मध्यम मार्ग को सर्वोत्तम मानने का ज्ञान हुआ। एक घटना इस प्रकार है—

जब वह तपस्या कर रहे थे, तब उन्होंने कुछ स्त्रियों को आते हुए देखा, जो एक गीत गाती हुई उनके पास से गुजर रही थीं। उस गीत का सारांश यह था कि वीणा के तारों को इतना ढीला न रखें कि उससे स्वर ही न निकलें और इतना कसें भी नहीं कि तार टूट ही जाएँ। इस गीत का उनके चेतन मन पर गहरा प्रभाव पड़ा कि तपस्या के लिए मध्यम मार्ग ही सर्वोत्तम है, न इतनी घोर तपस्या करो कि बदन क्षीण होकर निष्क्रिय ही हो जाए और न इतनी ढील छोड़ो कि मन व इंद्रियाँ नियंत्रण में ही न रहें।

उक्त घटना के बाद वह गया के पास एक पीपल के वृक्ष के नीचे बैठ गए। मध्यम मार्ग तो उन्होंने पहले ही चुन लिया था, अब वह यह सोचने लगे कि मध्यम मार्ग पर चलने के लिए अपने कमजोर हो गए बदन में ताकत कैसे पहुँचाई जाए। उसी समय एक घटना और घटी, जो निम्न प्रकार है—

"गाँव की एक संपन्न परिवार की महिला (सुजाता) ने उस वृक्ष से पुत्र की प्राप्ति हेतु मन्नत माँगी थी। उसकी यह मन्नत पूरी हो जाने पर वह सोने के प्याले में खीर लेकर उस वृक्ष को भेंट करने आई। उसने वहाँ पहुँचकर देखा कि वृक्ष के नीचे साधना में रत एक वैरागी बैठे हुए हैं। यह समझकर कि पवित्र वृक्ष ही वैरागी के रूप में प्रकट हुए हैं, उसने वह खीर सिद्धार्थ को भेंट कर दी।" दोनों खुश, सुजाता इसलिए कि उसकी आस्था के अनुसार महान् वृक्ष ने स्वयं भौतिक रूप धारण कर उसकी भेंट स्वीकार की है तथा

सिद्धार्थ इसलिए खुश कि पौष्टिक व स्वादिष्ट भोजन उन्हें छह वर्ष बाद अकस्मात खाने को मिला, जिससे उनके बदन में ताकत आई, अब उन्हें विश्वास हो गया कि वह साधना करके ज्ञान प्राप्त करने के अपने लक्ष्य को प्राप्त कर सकेंगे।

यह एक संयोग ही था कि जिस दिन उन्हें यह ज्ञान प्राप्त हुआ, उस दिन उनकी 35वीं वर्षगाँठ थी। उक्त वृक्ष का नाम बोधि-वृक्ष पड़ गया और उस स्थान का नाम 'बोधि-गया'। मूल वृक्ष तो सम्राट् चंद्रगुप्त (जिन्होंने जैन धर्म स्वीकार कर लिया था, परंतु जो स्वयं बौद्ध धर्म के प्रशंसक भी थे तथा जो बोधि-वृक्ष का विशेष सम्मान करते थे) के समय में किसी अज्ञानी ने नष्ट कर दिया। बाद में उसी स्थान पर वैसा ही दूसरा वृक्ष स्थापित (प्लांट) कर दिया गया, जिसका चित्र यहाँ प्रस्तुत है।

गया (बिहार) के पास बोधि-गया में वर्तमान में उपलब्ध बोधि-वृक्ष

उस मूल वृक्ष के नीचे वह एक सप्ताह तक चिंतन करते रहे। इस चिंतन से उनको ज्ञान मिला कि भूखे रहकर घोर तपस्या तो स्वयं में एक दु:ख है। इसकी अपेक्षा शाकाहारी पौष्टिक स्वादिष्ट अल्पाहार करते रहने के मध्यम मार्ग का अनुसरण करना चाहिए और स्वस्थ बदन से सदाचार के सिद्धांतों को अपनाते हुए, निस्स्वार्थ भाव से परहित के सुकर्म निष्ठा के साथ करते रहना चाहिए। गीता में भी इसी पर बल दिया है।

इससे मनुष्य सदैव सुखी रहेंगे और अंत में मोक्ष प्राप्त करेंगे। इस ज्ञान की वास्तविकता को परखने के लिए सिद्धार्थ अग्रिम छह सप्ताह तक उसी क्षेत्र में घूमते रहे। लोगों से मध्यम मार्ग की चर्चा करते रहे। मध्यम मार्ग को लोगों ने सराहा, अब उन्हें विश्वास हो गया कि उनकी साधना सफल हो गई है और उन्होंने ज्ञान प्राप्त करने के अपने लक्ष्य को प्राप्त कर लिया है, जब वह पूर्णरूपेण संतुष्ट हो गए कि तपस्या के लिए मध्यम मार्ग अपनाते हुए, जीवन-शैली को पापरहित रखकर निस्स्वार्थ भाव से परहित के सुकर्म करते रहें, यह ज्ञान ही सच्चा ज्ञान है, तब उन्होंने अपना प्रथम प्रवचन, सारनाथ (काशी) में अपने पाँच सहयोगियों को दिया और उनसे कहा कि वे अलग अलग स्थानों पर जाकर इस ज्ञान का प्रचार करें कि लोगों को सहज मध्यम मार्ग से ही सच्चा ज्ञान मिल सकता है, जिससे वे स्वस्थ, सुखी व आनंदित जीवन व्यतीत करते हुए अंतिम लक्ष्य 'मोक्ष्य' को प्राप्त कर स्थायी सुख भोग सकेंगे।

दैनिक जीवन-शैली में सदाचरण पर बल

अब उन्होंने दक्षिणी नेपाल तथा आधुनिक गोरखपुर क्षेत्र में तथा गंगा नदी के क्षेत्र आधुनिक उत्तर प्रदेश व बिहार में अपने प्रवचन जारी रखे। वह 45 वर्ष तक (निर्वाण प्राप्ति की 80 वर्ष की उम्र तक) ओजपूर्ण और प्रभावी भाषा में प्रवचन करते रहे तथा उनके समय में ही उनके अनुयायियों (मुनियों एवं साधारण जनों) की संख्या काफी बढ़ गई, तब उन्होंने अपने संघ की स्थापना की। ज्ञान प्राप्त कर लेने के पश्चात् दुःखों के निवारण हेतु गौतम बुद्ध ने इस पर बल दिया कि मुनि और साधारण लोग भी अपने जीवन में आचार-व्यवहार के लिए निम्नांकित पाँच सिद्धांतों को अमल में लाने हेतु संकल्प लें।

1. अहिंसा
2. सत्य वाचन
3. अस्तेय (चोरी न करना)
4. ब्रह्मचर्य व्रत का पालन
5. किसी भी प्रकार का नशा न करना (अर्थात् भाँग, गाँजा, चरस, शराब, आदि से परहेज)।

गौतम बुद्ध को अपने प्राप्त ज्ञान से यह तो स्पष्ट हो गया था कि घोर तपस्या की अपेक्षा दुःखों से छुटकारा पाने के लिए उक्त गुणों को अपनी जीवन-शैली में अभ्यास से ढालना आवश्यक है। उपरोक्त में पहले चार गुण तो उसी प्रकार हैं जैसे कि जैन धर्म के अंतर्गत पूर्व में लिखे जा चुके हैं तथा वहाँ जो विश्लेषण प्रस्तुत किया गया है, वह बौद्ध धर्म के अनुरूप ही व्यावहारिक मार्ग प्रस्तुत करता है, जिसका अनुसरण श्वेतांबर जैन

तो करते हैं, परंतु दिगंबर जैन कोई शिथिलता न देकर चरम (एक्सट्रीम) में ही विश्वास करते हैं। जैन धर्म में पाँचवाँ गुण 'अपरिग्रह' अंकित है। तपस्या स्वयं में अपरिग्रह ही है, जिसमें परिवार से व ऐशो-आराम से आसक्ति त्यागकर संयमित जीवन व्यतीत करना निहित है। गौतम बुद्ध भोजन त्याग देने को तथा पहनने के वस्त्रों के त्याग को तपस्या का अंग नहीं मानते। मध्यम मार्ग का स्पष्ट तात्पर्य यह है कि भोजन का पूर्ण रूप से त्याग न कर, स्वस्थ बने रहने के लिए अल्प मात्रा में शाकाहारी, पौष्टिक व स्वादिष्ट भोजन अवश्य करें। कभी-कभार उपवास कर लेने में कोई आपत्ति नहीं है। इस सिद्धांत में उत्तम स्वास्थ्य महत्त्वपूर्ण हो जाता है। यदि भोजन का त्यागकर देने के कारण मनुष्य बीमार हो जाता है तो वह कुछ नहीं कर सकता। पर हित के कार्यों को क्या, वह अपने परिवार का व स्वयं का भी पालन-पोषण नहीं कर सकता। बीमारी स्वयं में एक दुःख है, अतः भोजन का त्याग तपस्या का अंग नहीं माना जा सकता। यही बात वस्त्रों के त्याग के लिए भी कही जा सकती है। कीमती भड़कीले वस्त्रों का त्याग तो उचित है, परंतु मौसमों की तीव्रता से बचने के लिए सादे कपड़े पहनना आवश्यक है, ताकि मनुष्य स्वस्थ रह सके। ऐसा प्रतीत होता है कि बुद्ध ने अपरिग्रह (त्याग) को तपस्या की व्यापक परिभाषा के अंतर्गत मान लिया है और उत्तम जीवन-शैली के अंतर्गत 'किसी भी प्रकार का नशा न करने का' नया गुण जोड़ दिया है। यह स्पष्ट है कि 'नशा न करना' प्रथम चार गुणों से पृथक् है तथा गौतम बुद्ध का इस पर बल देना उचित ही है, क्योंकि नशा करने के बाद व्यक्ति अपना विवेक खो देता है और मन एवं मस्तिष्क इंद्रियों पर नियंत्रण करने में असफल हो जाता है। इस स्थिति में नशे से प्रभावित व्यक्ति किसी भी प्रकार का दुराचरण कर बैठता है। नशे की आदत पड़ जाने पर नशेड़ी कई प्रकार की बीमारियों के, यहाँ तक कि कैंसर जैसी जानलेवा बीमारी के भी, शिकार हो जाते हैं। नशे के दुष्परिणामों को लोग देखते थे, इसलिए बुद्ध का यह सिद्धांत भी श्रोताओं को बहुत पसंद आया। यह आश्चर्य ही है कि जैन धर्म में नशाबंदी का उल्लेख क्यों नहीं किया गया है। जैन आचार्य ही इस पर कुछ प्रकाश डाल सकते हैं।

कर्मों में सफलता प्राप्त करने हेतु वांछित योग्यताएँ

दैनिक सामाजिक व्यवहार में कुछ ऐसे गुणों को विकसित किया जाए, जिनसे संपर्क में आनेवाले लोग प्रसन्न रहें। इन पाँच गुणों का वर्णन उक्त परिच्छेद में हो चुका है, अब यहाँ सुकर्मों को सफलतापूर्वक पूरा करने के लिए जो गुण गौतम बुद्ध द्वारा नितांत वांछनीय समझे गए, उनका वर्णन किया जा रहा है। इन 8 गुणों के सम्यक् उपयोग को गौतम बुद्ध द्वारा दिखाए गए मार्ग का दर्शन (फिलॉसिफी) माना जाता है।

1. सम्यक् दृष्टि/आस्था (दर्शन/फेथ) (इसका अर्थ है कि जो कर्म आप अपने लिए चुनते हैं, उसमें यह आस्था हो कि वह सुकर्म है, जन-हित के लिए है।)
2. सम्यक् संकल्प (सुकर्म चुन लेने के पश्चात् आप संकल्प करें कि उस जनहित के कार्य को आपको करना है।)
3. सम्यक् वचन (प्रवचन) (उस कार्य को पूरा करने हेतु आप जनता का सहयोग प्राप्त करें, जब गौतम बुद्ध ने ज्ञान प्राप्त कर लिया तो लोगों को उसे समझाने के लिए प्रवचनों का सहारा लिया, अगर वह ऐसा न करते तो उस ज्ञान का लाभ किसी को नहीं मिल पाता।)
4. सम्यक् कर्म (एक्शन) (जिस कार्य को आपने चुना है, उसे पूर्ण करने के लिए कर्म प्रारंभ करें।)
5. सम्यक् जीवन (लिविंग) (जिस कार्य को आपने प्रारंभ किया है, उसे अपने जीवन में तब तक करते रहें, जब तक कि वह पूर्ण न हो जाए।)
6. सम्यक् सोच (निष्ठा व विवेक) (जिस कार्य को आप कर रहे हैं, उसे सफलतापूर्वक पूर्ण करने में अपने विवेक का प्रयोग भी आवश्यक है, अन्यथा असफलता मिलने की संभावना भी हो सकती है।)
7. सम्यक् समाधि (एकाग्रता) (जो कार्य आप कर रहे हैं, उसे पूर्ण एकाग्रता के साथ संपन्न करें।)
8. सम्यक् प्रयास (एफर्ट) (कार्य के सफल संपादन में किसी भी प्रकार के प्रयास की कमी न रहे, चाहे समय का प्रश्न हो अथवा संसाधनों का)

(उक्त गुणों में सम्यक् का अर्थ 'सही' है। बुद्ध के मध्यम मार्ग के संदर्भ में इसे 'व्यावहारिक रूप से सही' मानना चाहिए।)

मध्यम मार्ग : घोर तपस्या से जब उनका स्वास्थ्य इतना खराब हो गया था कि उनकी समझ में नहीं आ रहा था कि इस दुर्बलता के कारण वह ज्ञान पाने के लिए साधना कैसे कर पाएँगे, तभी कुछ ऐसी घटनाएँ घटीं, जिनका पूर्व में वर्णन किया जा चुका है, जिनसे उन्हें यह ज्ञान प्राप्त हो गया कि दुःखों से छुटकारा पाने के लिए मध्यम मार्ग ही सर्वोत्तम है, अतः उन्होंने अपने प्रवचनों में यह समझाना प्रारंभ कर दिया कि ज्ञान प्राप्त करने के लिए घोर तपस्या की आवश्यकता नहीं है। 'पहला सुख निरोगी काया' के महत्त्व को समझाया। इससे भी श्रोताओं के मन और मस्तिष्क पर बहुत अच्छा प्रभाव पड़ा। श्रमणों की घोर तपस्या से लोग डरते थे तथा यह सोच लेते थे कि कठोर तपस्या

उनके बूते की बात नहीं है पर जब गौतम बुद्ध ने मध्यम मार्ग का विकल्प उनके सामने रखा तो उनका डर समाप्त हो गया तथा वे यह मानने लगे कि बिना घोर तपस्या किए वे मोक्ष पाने का ज्ञान प्राप्त कर सकते हैं, तब उनके प्रवचनों में श्रोताओं की संख्या तेजी से बढ़ने लगी और उन्होंने संघ की स्थापना की, जिसमें वे लोग सदस्य बनते थे जो उनके सिद्धांतों को स्वीकार कर लेने के प्रतीकस्वरूप निम्नांकित तीन वाक्य बोलते थे—

बुद्धं शरणं गच्छामि (मैं ज्ञान की शरण में जाता हूँ, अर्थात् मैं सही ज्ञान पाने हेतु प्रयास करता रहूँगा)

धर्मं शरणं गच्छामि (मैं धर्म की शरण में जाता हूँ, अर्थात् मेरी जीवन-शैली धर्म के सिद्धांतों के अनुसार रहेगी)

संघं शरणं गच्छामि (मैं संघ की शरण में जाता हूँ, अर्थात् मैं संघ के नियमों का पालन करूँगा)

मध्यम मार्ग का आकर्षण

बुद्ध के प्रवचनों में मध्यम मार्ग का विश्लेषण रहता था। मध्यम मार्ग लोगों को बहुत पसंद आया, क्योंकि प्रत्येक श्रोता यह समझने लगा कि वह स्वयं भी ज्ञान प्राप्त कर सकता है। गौतम बुद्ध से पूर्व वैरागी व संन्यासी लोग श्रमण मार्ग को अपनाकर ज्ञान प्राप्त करने का दावा करते थे। श्रमण का अर्थ है—'श्रम द्वारा ज्ञान प्राप्त करना'। ज्ञान का अर्थ है, 'उस जीवन-शैली का ज्ञान' जिससे मोक्ष प्राप्त हो सके, अतः श्रमण मुनि जनसाधारण को अपने प्रवचनों द्वारा घोर तपस्या के मार्ग को अपनाने हेतु प्रेरित करते थे। गौतम बुद्ध से पूर्व किसी भी धर्माचार्य ने मध्यम मार्ग के सिद्धांत की शिक्षा नहीं दी। मध्यम मार्ग के कारण ही सामान्यजन बौद्ध धर्म से जुड़ते चले गए, जब महान् अशोक भारत के सम्राट् बने तो बौद्ध धर्म की व्यवहारिकता एवं उपादेयता को समझकर उन्होंने स्वयं तो बौद्ध धर्म अंगीकार कर उसे राष्ट्र-धर्म घोषित कर ही दिया, तथा अपने पुत्र व पुत्री को भी लंका व पूर्वी एशिया में प्रचार हेतु भेज दिया। उस समय बौद्ध धर्म विश्व का सबसे बड़ा धर्म हो गया था। बाद में जब चीन में साम्यवादी विचारधारा (जिसमें किसी भी धर्म को अपनाने का सिद्धांत नहीं है) का प्रभाव बढ़ने लगा, तब चीन में, तिब्वत को छोड़कर, बौद्ध धर्मावलंबियों की संख्या बहुत कम रह गई। यूरोप व उससे प्रभावित देश (अमेरिका, ऑस्ट्रेलिया तथा अफ्रीका) में ईसाई धर्म का तथा अरब देशों में इस्लाम धर्म का प्रभुत्व हो गया तथा जब भारत में भी कई शताब्दियों तक मुस्लिम राज्य रहा तब काफी संख्या में हिंदुओं को मुस्लिम बना लिया गया। बाद में भारत में गौतम बुद्ध को विष्णु भगवान् का नौवाँ अवतार मान लेने पर बौद्ध धर्म को पृथक् धर्म न मानकर हिंदू

धर्म का ही एक अंग मान लिया गया और भारत के सभी बौद्ध हिंदू हो गए, तब भी बौद्ध धर्म एक अलग धर्म के रूप में आज भी विश्व के धर्मों में चौथा स्थान रखता है। भारत में भी बौद्ध धर्म को अपनानेवालों की संख्या बढ़ रही है।

प्रवचन की भाषा

मध्यम मार्ग के सिद्धांत के अतिरिक्त बौद्ध धर्म की लोकप्रियता का एक कारण और भी था। वह यह कि गौतम बुद्ध ने अपने प्रवचन पाली भाषा में दिए, जो कि उस समय जनसाधारण की बोलचाल की भाषा थी। उनसे पूर्व के धर्माचार्य संस्कृत भाषा में प्रवचन करते थे। बोलचाल की भाषा में प्रवचन देने का महत्त्व इस उदाहरण से स्पष्ट हो जाएगा कि राम के समकालीन महर्षि वाल्मीकि द्वारा रचित 'रामायण' संस्कृत भाषा में लिखी गई थी तथा उसके सहस्रों वर्ष बाद संत तुलसीदास ने उसी विषय पर 'श्री रामचरितमानस' बोलचाल की भाषा 'हिंदी' में। वर्तमान में तुलसीदास की हिंदी में लिखी पुस्तक इतनी लोकप्रिय हुई है कि इसकी एक प्रति प्रायः प्रत्येक सनातनी हिंदू के घर में उपलब्ध है, जबकि वाल्मीकि की रामायण कुछ गिने-चुने संस्कृत के विद्वानों के ही पास मिल पाएगी। उपरोक्त दोनों कारणों से जैन धर्म के मुकाबले बौद्ध धर्म लोगों को अधिक अच्छा लगा, यद्यपि दोनों धर्म काफी हद तक मिलते-जुलते हैं।

संन्यास प्राप्त कर लेने के बाद कपिलवस्तु आना

विशेष आमंत्रण पर प्रवचन करने हेतु वह अपनी टीम के साथ एक दिन कपिलवस्तु पहुँचे और महल के सामने खड़े होकर भिक्षा माँगी। यशोधरा ने बेटे राहुल को यह समझाकर भेज दिया कि अपने पिता से पूछना, "मेरा उत्तराधिकार क्या है?" राहुल ने बाहर आकर अपने पिता से यही पूछा। बुद्ध ने कहा, बोलो—

"बुद्धं शरणं गच्छामि, धर्मं शरणं गच्छामि, संघं शरणं गच्छामि।"

तदनुसार राहुल ने बोल दिया और तत्पश्चात् गौतम बुद्ध ने उसे अपने संघ में शामिल कर लिया। राहुल पहला अवयस्क भिक्षु बना। यशोधरा अपने पति से मिलने बाहर नहीं निकलीं और उन्होंने कहलवा दिया, "यदि मैंने कुछ गुण प्राप्त किये हैं तो भगवान् बुद्ध स्वयं मेरे पास आएँगे।" यह सुनकर गौतम बुद्ध अंदर गए और यशोधरा के धैर्य एवं त्याग की प्रशंसा की। यशोधरा ने केवल यह कहा, "यदि आप मुझे बताकर जाते तो मैं आपको रोकती नहीं, क्योंकि शादी से पूर्व ही मेरे पिताजी ने मुझे बता दिया था कि आप संन्यासी बनेंगे। आप स्वयं देख रहे हैं कि आपके जाने के पश्चात् से ही मैं स्वयं महल के सभी वैभवों को त्यागकर संन्यासिनी की तरह ही रह रही हूँ। आप स्वयं

भी महल में संन्यासी बनकर रहते हुए तपस्या व साधना कर सकते थे।" भगवान् बुद्ध ने कहा, "तुम ठीक कह रही हो, परंतु उस समय मैं अज्ञानी था, अब ज्ञान प्राप्त हो गया है और अब उस ज्ञान का प्रचार करना ही मेरा ध्येय है, ताकि लोगों को दुःखों से मुक्ति पाने का मार्ग दिखा सकूँ।" इस पर राहुल की तरह से यशोधरा ने भी बोला, "बुद्धं शरणं गच्छामि, धर्मं शरणं गच्छामि, संघं शरणं गच्छामि।" भगवान् बुद्ध ने उसको भी संघ की सदस्या (भिक्षुणी) बना लिया। यशोधरा अत्यंत बुद्धिमान् महिला थी। उसने बुद्ध के प्रवचनों को निष्ठापूर्वक सुना तथा स्वयं प्रवचन करने में सिद्धहस्त हो गई। यह देखकर बुद्ध ने उन्हें 500 साध्वियों को ज्ञान देने का कार्य सौंप दिया। बाद में यशोधरा ने अपनी निष्ठा व योग्यता से उच्चतम श्रेणी 'अरहत' (पाली भाषा में अरहंत) प्राप्त कर ली। उनको 78 वर्ष की आयु में (अर्थात् बुद्ध से दो वर्ष पूर्व) निर्वाण प्राप्त हो गया था।

गौतम बुद्ध का महापरिनिर्वाण

गौतम बुद्ध अपने अंतिम समय में कुशीनगर में, जो अब उत्तर प्रदेश का जिला बन गया है तथा गोरखपुर क्षेत्र में स्थापित है, रहकर प्रवचन करने आए हुए थे। यहाँ वह बीमार हो गए थे। जिस दिन गौतम बुद्ध की 80वीं वर्षगाँठ थी, उनकी तबीयत ठीक नहीं थी। उनके एक अनुयायी, कुंडा लुहार के यहाँ से उनके लिए भोजन आया। उस भोजन को लेने के पश्चात् उनकी तबीयत और अधिक खराब हो गई। कुंडा ने समझा कि उसके भोजन से ही बुद्ध भगवान् की तबीयत बिगड़ी है, अतः वह बहुत दुःखी था। गौतम बुद्ध ने अपने प्रिय शिष्य आनंद से कहा, "तुम जाकर कुंडा को समझाओ कि उसका भोजन तो बहुत स्वादिष्ट था, उसमें कोई कमी नहीं थी, वह बिना बात दुःखी न हो। बल्कि यह भी समझाओ कि अब अरहंत के जाने का समय हो गया है और तुम भाग्यशाली हो कि महानिर्वाण से पूर्व तुम्हारे घर का भोजन उन्हें खाने को मिला।" यह था गौतम बुद्ध का अद्वितीय स्वभाव। इतनी प्रसिद्धि के बाद भी उनकी विनम्रता को अद्वितीय ही कहा जा सकता है। उसी दिन उनका महापरिनिर्वाण हो गया।

बुद्ध से संबंधित चमत्कार

बुद्ध चमत्कारों में विश्वास नहीं करते थे। उनके विचार तर्क-संगत एवं व्यावहारिक होते थे। उन्होंने कभी भी अपने को किसी चमत्कार से लिप्त नहीं किया। उन्होंने अपने प्राप्त दुर्लभ ज्ञान का भी कभी घमंड नहीं किया। उनमें दंभ की भावना का नितांत अभाव था। आत्म-प्रशंसा से सदैव दूर रहते थे। बुद्ध ने अपने एक प्रवचन में कहा था—

"मेरे पास आना पर मुझसे बँध मत जाना। तुम स्वयं मेरे जैसे हो सकते

हो। तुम्हारा सम्मान बुद्धत्व का ही सम्मान है। कभी मेरा अंधानुकरण न करना। बुद्धत्व तो खुली आँखों से उत्पन्न होता है, बंद आँखों से कभी नहीं। बुद्धत्व तभी प्राप्त होता है, जब तुम किसी के पीछे नहीं जाते, बल्कि स्वयं अपने अंदर जाते हो।" एक महान् एवं अति प्रसिद्ध व्यक्ति के लिए इससे अधिक विनम्रता और क्या हो सकती है। ऐसे सरल, विनम्र एवं त्यागवान व्यक्ति के बारे में यह कल्पना भी नहीं की जा सकती कि वे अपने को किसी चामत्कारिक घटना से संबद्ध करेंगे, अत: बौद्ध धर्म की पुस्तकों में जो चमत्कार के प्रसंग गौतम बुद्ध से संबंधित अंकित हैं, उनका दावा गौतम बुद्ध के द्वारा कभी नहीं किया गया था, बल्कि वे उनके महापरिनिर्वाण (पूर्ण मोक्ष) के सैकड़ों वर्षों बाद अनुयायियों ने उनको विशेष रूप से महिमा-मंडित करने के लिए अपनी ओर से जोड़ दिए, ताकि उन्हें भगवान् की तरह सर्वशक्तिमान समझा जा सके। ऐसा प्राय: सभी धर्मों में होता है।

गौतम बुद्ध से संबंधित पुस्तकों में वर्णित चमत्कार तथा उनका तर्क-संगत विश्लेषण

बौद्ध धर्म की मुख्य पुस्तक 'त्रिपिटक' कहलाती है, जो बुद्ध के महानिर्वाण के बाद उनके अनुयायियों ने लिखी। इसमें कुछ घटनाएँ चमत्कार के रूप में भी वर्णित हैं।

1. जन्म लेते ही वह खड़े हो गए, सात कदम उत्तर की दिशा में चले और बोले कि "मैं विश्व का शीर्षस्थ पुरुष (हेड) हूँ। यह मेरा अंतिम जन्म है। इसके बाद मेरा और कोई जन्म नहीं होगा।" जहाँ-जहाँ भी उन्होंने अपने पैर रखे, वहाँ-वहाँ कमल का फूल खिल उठा।

अलौकिकता एवं तर्कमत : यह अलौकिक चमत्कार असंभव है। नवजात शिशु को खड़ा होकर चलने में लगभग 1 वर्ष का समय लग जाता है और बोलने में इससे अधिक। यह सामान्य बात है कि गर्भवती नारी को अपने होनेवाले बच्चे के बारे में तरह-तरह के स्वप्न दिखाई देते रहते हैं, अत: ऐसा हुआ होगा कि रानी मायादेवी को प्रसव से पूर्व किसी दिन उक्त वर्णित चमत्कार स्वप्न में दिखाई दिया हो और उसे उन्होंने अपने परिवार के सदस्यों को बताया हो पर सैकड़ों वर्षों बाद उनके अनुयायियों ने उसे स्वप्न न बताकर वास्तविक घटित घटना के रूप में पुस्तकों में अंकित किया।

2. एक अवसर पर उनके पिता राजा शुद्धोधन उनको अपने साथ 'कृषि के लिए किए गए हल-समारोह' में ले गए। यह समारोह प्रतिवर्ष अत्यंत धूमधाम से मनाया जाता था। वहाँ नींद आने पर दासियों ने सिद्धार्थ को एक वृक्ष के

नीचे सुला दिया, जब वे गहरी नींद में सो गए तो दासियाँ उन्हें सोता छोड़कर समारोह को देखने में व्यस्त हो गईं। काफी देर बाद वापस आने पर उन्होंने देखा कि यद्यपि सूर्य की दिशा नियमानुसार काफी बदल चुकी थी, परंतु सिद्धार्थ के ऊपर वृक्ष की छाया उसी प्रकार थी, जैसा कि वे उसे सुलाकर गई थीं।

अलौकिकता : पृथ्वी तो नियमानुसार घूमती ही है, जिससे सूर्य घूमता हुआ दिखाई देता है, इस प्राकृतिक क्रिया को कोई रोक नहीं सकता। इसका कारण दासियों का दोष-बोध ही प्रतीत होता है। किसी के टोकने पर कि तुम ऐसी धूप में सिद्धार्थ को अकेला छोड़कर यहाँ चली आईं, उसके पास जाओ, उन्होंने यह चमत्कार गढ़ लिया हो। दूसरी संभावना यह भी हो सकती है कि वह वृक्ष विशाल वट-वृक्ष रहा होगा, जिसकी विशालता के कारण उसके नीचे पूरे दिन छाया रहती होगी।)

3. जिस रात्रि को ज्ञान प्राप्त करने के लिए तपस्या करने हेतु घर छोड़ा, तब वन में प्रवेश करने से पूर्व उन्होंने संन्यासी का भेष धारण करने के लिए, अपने केश काटकर, हवा में उछाल दिए और कहा कि यदि यदि मेरे बालों का गुच्छा जमीन पर नहीं गिरा तो मुझे ज्ञान प्राप्त हो जाएगा, अन्यथा नहीं। वह गुच्छा जमीन पर नहीं गिरा, हवा में तैरता रहा। उसी समय एक बरतन, जो उनके पास था, को यह कहकर नदी में फेंक दिया कि यदि यह नदी की धारा के प्रतिकूल बहता, है तो मुझे ज्ञान प्राप्त हो जाएगा, वह सचमुच ही प्रतिकूल दिशा में बहने लगा।

तर्क मत : उक्त दोनों संभव नहीं हैं, अत: अलौकिक है। उपरोक्त बातों को किसी स्वप्न से तो नहीं जोड़ा जा सकता पर इस बात की संभावना है कि चंदका ने, जो उन्हें रात में नदी के किनारे ले गया था, डर की वजह से कि महाराज यह जानकर कि सिद्धार्थ तपस्या हेतु जंगल में चले गए हैं, वह चंदका को दोषी मानते और उसे दंड देते, वहाँ जो कुछ हुआ, उसे चमत्कार का रूप देकर, अपनी जान बचा ली।)

4. वह मृत बालक को जीवित कर देते थे।

(ऐसी बातें उनके अनुयायियों ने प्रचारित कर रखी थीं। ऐसी बातों को सुनकर एवं उस पर विश्वास करके एक महिला उनके एक प्रवचन में अपने मृत बच्चे को लेकर उनके सामने आ गई और उनसे हाथ जोड़कर अत्यंत विनीत भाव से बोली, भगवन् "मेरा यह बच्चा मर गया है, आप इसे जीवित कर दीजिए।" गौतम बुद्ध यह सुनकर सन्न रह गए और कुछ सोचकर बोले, "ठीक है, मैं इसे ठीक कर दूँगा पर तुम

एक काम करो कि अपने गाँव जाकर किसी ऐसे घर से एक मुट्ठी अनाज ले आओ, जिसमें किसी की मृत्यु न हुई हो।" वह स्त्री यह कहकर तुरंत चली गई कि अभी लेकर आती हूँ। वह पूरे गाँव के प्रत्येक घर में गई, परंतु उसे ऐसा कोई घर नहीं मिला, जहाँ किसी न किसी की मृत्यु न हुई हो। निराश होकर वापस आकर उसने बुद्ध भगवान् को यह बात बता दी, फिर बुद्ध ने उसे समझाया कि देखो प्रत्येक व्यक्ति की मृत्यु अवश्य होती है, किसी की जल्दी और किसी की देर में, यह प्रकृति का अटल नियम है और मृत्यु के बाद पुनर्जन्म भी होता है, इस अटल सत्य को स्वीकार कर, इसका अंतिम संस्कार करो, यह साधना करो कि यह बच्चा पुनः तुम्हारी कोख से जन्म ले। इससे यह स्पष्ट है कि गौतम बुद्ध अत्यंत सरल हृदय के सच्चे महापुरुष थे तथा किसी चमत्कार में विश्वास नहीं करते थे।)

5. वह बीमार व्यक्ति को अच्छा कर देते थे।
6. बुद्ध भगवान् अनेक स्थानों पर एक साथ प्रकट हो सकते थे।
7. वह नदी की सतह पर उसी प्रकार चल सकते थे, मानो वह जमीन पर ही चल रहे हैं।
8. पैरों को जमीन पर न रखकर हवा में ही चलते हुए कहीं भी जा सकते थे।
9. स्वयं जब चाहें तब अंतर्धान हो जाते थे और पुनः प्रकट हो जाते थे।
10. अन्य किसी को भी अंतर्धान करा देने में तथा पुनः प्रकट करा देने में समर्थ थे।
11. वह अन्य व्यक्तियों के मस्तिष्क में क्या विचार पनप रहे हैं, जान लेते थे।
12. उन्हें अपने पिछले जन्मों की बातें याद थीं।

(उपरोक्त सूची में क्रमांक 5 से 12 तक वर्णित घटना स्वप्न नहीं हो सकतीं, ये घटनाएँ उनके अनुयायियों द्वारा अपने आराध्यदेव को महिमा-मंडित करने के लिए धर्मग्रंथों में जोड़ दी गई हैं। सत्य पर बल देनेवाले सरल हृदय बुद्ध ने कभी ऐसे अनर्गल दावे किए ही नहीं। हाँ, यह संभव है कि उनके अनुयायियों को इस प्रकार की बातें स्वप्न में दिखाई दी हों और उन्होंने उन्हें सत्य मानकर पुस्तकों में लिख दी हों। यह संभावना प्रायः सभी धर्मों में रहती है।)

□

10

सिख धर्म

भारतवर्ष में सिख धर्म की स्थापना गुरु नानकदेव द्वारा 15वीं शताब्दी में की गई थी। उनका जन्म लाहौर से 75 किमी. दूर पश्चिम में स्थित तलवंडी नाम के एक छोटे से कस्बे में (जो अब पाकिस्तान में है) 15 अप्रैल, 1469 को हुआ था (यद्यपि आजकल उनकी वर्षगाँठ कार्तिक मास की पूर्णिमा को मनाई जाती है)। उस समय तलवंडी जंगलों से घिरा हुआ था और भारतवर्ष में हो रही राजनीतिक उथल-पुथल का वहाँ कोई विशेष प्रभाव नहीं था। उनके पिता का नाम कल्यान चंद बेदी (उर्फ 'मेहता कालू') तथा माता का नाम 'माता तृप्ता' था। तलवंडी उस समय लाहौर के गवर्नर, दौलत खान (दिल्ली के लोदी सुल्तान के नुमाइंदे) के अधीन था (लोदी के बाद मुगल सल्तनत भारत में आई और नानक के जीवनकाल में ही, वर्ष 1526 में, बाबर भारत का प्रथम मुगल सम्राट् बन गया था)। तलवंडी के राज-काज को देखने के लिए गवर्नर द्वारा 'राय बूलर' नामक अधिकारी (जो हिंदू से मुसलमान बना था) को नियुक्त कर रखा था तथा नानक के पिताजी उसी के क्षेत्र में पटवारी (लेखपाल) थे। बूलर दयालु प्रकृति का सत्यनिष्ठ व्यक्ति था तथा गरीब व पीड़ित परिवारों के साथ उसकी सहानुभूति सर्वविदित थी। मेहता का भी ऐसा ही स्वभाव था, अत: दोनों के पारस्परिक संबंध अत्यंत सौहार्दपूर्ण थे, जब पुत्र का जन्म हुआ तो समस्त तलबंडी में खूब खुशी मनाई गई, क्योंकि बारिश और पुत्र के आगमन को ईश्वर की कृपा मानकर उनका सदैव स्वागत होता रहा है। यह खुशी कई गुना बढ़ गई, जब प्रसव करानेवाली दाई ने बाहर आकर बताया कि बच्चे ने मुसकराते हुए जन्म लिया है और उसके सिर के चारों ओर प्रभामंडल भी दिखाई दिया, जो उसके देव बनने का परिचय देता है। मेहताजी ने अपने पारिवारिक ज्योतिषी को बच्चे का भविष्य जानने के लिए बुलवाया। ज्योतिषी ने बच्चे के माथे को देखते ही कहा, "ओ मेहता! यह बच्चा महान् है, यह विश्व-गुरु बनेगा, मैं अपने को बड़ा भाग्यवान समझता हूँ कि मुझे आज, देश में व्याप्त बुराइयों का विनाश करने के लिए, ईश्वर द्वारा भेजे गए इस महान् गुरु के दर्शन प्राप्त हुए।" यह कहकर उन्होंने बच्चे को श्रद्धापूर्वक नमन किया और चले गए।

मेहता, ये सब बातें सुनकर, चिंता में पड़ गए, वे तो यह चाहते थे कि उनका बेटा बड़ा होकर अच्छा व्यापारी बने अथवा बड़ा राजकीय अधिकारी। बच्चे का नाम 'नानक' रखा गया, जैसे-जैसे नानक बड़ा होता गया, उसकी विशिष्ट प्रतिभा स्पष्ट रूप से प्रकट हो रही थी। उसके पिता पढ़े-लिखे पटवारी थे, अत: नानक को उसकी 7 वर्ष की उम्र तक पढ़ना-लिखना व गणित स्वयं ही सिखाते रहे। नानक इतना मेधावी था कि वह प्रत्येक विषय को तुरंत समझ लेता था और वह उसे भली प्रकार याद भी रहता था, अब वह स्वयं पुस्तकों को पढ़ने लगा। नानक के पिता व माता दोनों के अत्यंत धार्मिक होने के कारण घर में सभी धर्मों की पुस्तकें (वेद, पुराण, उपनिषद्, मनुस्मृति, गीता, वाल्मीकि रामायण, बाइबिल, कुरान आदि) रहती थीं, नानक ने ये सभी पुस्तकें पढ़ डालीं, जब वह सात वर्ष का हो गया तो उसके पिता उस समय की परंपरानुसार उसे स्थानीय प्रारंभिक (प्राइमरी) विद्यालय में प्रवेश दिलाने हेतु लेकर गए। उन्होंने, शिक्षक को देने हेतु, अपनी पत्नी तृप्ता से एक सिक्का लिया (उस समय, मनुस्मृति में दिए गए प्रावधान के अनुसार पति अपनी समस्त कमाई को गृहस्थी की व्यवस्था करने हेतु पत्नी को ही दे देता था, इसीलिए पत्नी 'गृह-स्वामिनी' कहलाती थी) और कुछ पान-सुपारी तथा चावल लिए तथा नानक को तलवंडी के एकमात्र विद्यालय में पं. हरदयालजी के पास ले गए और उसका वहाँ प्रथम कक्षा में दाखिला करवा दिया।

विद्यालय में नानक

विद्यालय में नानक ने प्रथम दिन से ही अपनी विलक्षण प्रतिभा का परिचय देना प्रारंभ कर दिया, जब शिक्षक ने उससे कहा कि वर्णमाला का पहला अक्षर लिखकर, किसी उस शब्द को भी बताओ जो उस अक्षर से शुरू होता हो। नानक ने लिख दिया, वह अक्षर अंकगणित की पहली संख्या 1 जैसा था और एक ईश्वर के अनेक नाम बता दिए, जो उस अक्षर से शुरू होते थे। शिक्षक उसकी प्रतिभा को देखकर आश्चर्यचकित रह गए, फिर एक दिन शिक्षक ने सभी विद्यार्थियों से पूरी वर्णमाला लिखने को कहा। उसने जब नानक की पट्टी देखी तो उसने देखा कि नानक ने न केवल पूरी वर्णमाला सही लिखी है, बल्कि प्रत्येक अक्षर के सामने ईश्वर का वह नाम भी लिखा है, जो उस अक्षर से शुरू होता है। एक दिन शिक्षक ने सभी विद्यार्थियों से अपनी पुस्तक पढ़ने को कहा। नानक को छोड़कर सभी पढ़ने लगे। शिक्षक ने यह देखकर नानक से पूछा, "नानक! तुम क्यों नहीं पढ़ रहे हो?" नानक ने उत्तर दिया, "मास्टर साहिब, अब मुझे क्या पढ़ना बाकी है, मैंने तो सारी पवित्र पुस्तकें पढ़ ली हैं तथा अंकगणित के सभी नियम समझ लिये हैं, जो व्यापार में काम आते हैं, अब तो बस मुझे ईश्वर को ही पढ़ना है, समझना है।" शिक्षक उसकी योग्यता से अत्यधिक प्रभावित थे तथा समझ गए कि

यह बालक महान् संत बनेगा। उसने मुख्य अध्यापक से बात कर नानक को उच्च कक्षा में प्रवेश दिलवा दिया। उस विद्यालय से पढ़ाई पूरी कर उसके पिता ने मौलाना कुतुबुद्दीन के मदरसे में भी दाखिला करवाया, ताकि उसे अरबी, फारसी तथा मुस्लिम धर्म की भी जानकारी हो जाए।

नानक की पढ़ाई पूर्ण हो जाने पर उसके पिता ने चाहा कि वह अब कुछ काम करे। उन्होंने उसे मवेशियों को चराकर लाने के काम में लगा दिया। वह गाँव के बाहर मवेशियों को चरने को छोड़कर स्वयं ध्यान-मग्न होकर एक वृक्ष के नीचे सो गया। इसका नतीजा यह हुआ कि मवेशी दूसरे के खेत में चले गए और फसल को काफी नुकसान पहुँचा दिया। इसकी शिकायत मिलने पर पिता ने नानक को खूब डाँटा, जब पिता ने कहा, "नानक, अब तुम बड़े हो गए हो, कुछ कामकाज करो। यह कहकर उसको 200 रुपए दिए और कहा इनसे घोड़ों के क्रय-विक्रय का व्यापार प्रारंभ करो। नानक उनको लेकर चल दिया। मार्ग में कुछ भूखे-प्यासे गरीब साधु मिल गए। नानक ने वे सब रुपए उनको दे दिए और कहा कि जाओ अपनी भूख मिटाओ। घर वापस आकर यह घटना अपने पिताजी को बता दी। पिताजी से पुनः डाँट पड़ी पर नानक ने कहा कि भूखे गरीबों को भोजन खिलाकर मैंने जो पुण्य कमाया है, वह किसी भी व्यापार की कमाई से अधिक है। नानक के पिता ने सोचा कि व्यापार करना इसके वश की बात नहीं है, इसे किसी सरकारी सेवा में ही लगवाना ठीक रहेगा। उन्होंने अपनी पुत्री नानकी से बात की, जिसके पति सरकारी नौकरी में सुलतानपुर (पंजाब) में अच्छे ओहदे पर थे। नानकी ने नानक को तुरंत अपने पास बुलवा लिया।

नानक अपनी बड़ी बहन के पास सुलतानपुर (पंजाब) में

नानक की एक बहन थी, जो उससे 5 वर्ष बड़ी थी। उसका जन्म उसके ननिहाल में हुआ था, अतः उसकी नानी ने उसका नाम 'नानकी' रख दिया था, जब नानक का जन्म हुआ, तब उसने अपने भाई का नाम 'नानक' रखवाया (नानकी का भाई नानक)। वह अपने छोटे भाई को बहुत प्यार करती थी।

वर्ष 1475 ई. में नानकी का विवाह श्री जयराम के साथ हुआ था, जो सरकारी मोदीखाना (वह स्थान, जहाँ मालगुजारी में नगदी की बजाय सामान के रूप में प्राप्त सामान रखा जाता था) में, लाहौर के गवर्नर दौलत खान के अधीन अच्छे ओहदे पर सुलतानपुर में तैनात था। संपूर्ण शिक्षा पूर्ण करने के बाद 16 वर्ष की उम्र में नानक अपनी बड़ी बहन के यहाँ सुल्तानपुर (पंजाब) चला आया। उसके बहनोई जयराम ने मोदीखाना के हिसाब का प्रबंध करने हेतु उसे सुलतानपुर में ही तैनात करवा दिया। नानकी का

अपना कोई बच्चा नहीं था, अतः वह नानक को अपने बच्चे जैसा ही समझती थी। नानक के गरीबों की सहायता करने के रुझान की भी वह प्रशंसक थी। नानकी के पति ने अपने इलाके में स्थित बटाला के पटवारी, मूला खत्री से उसकी 14 वर्षीय बेटी की शादी नानक के साथ करने की बात चलाई। मूला तुरंत राजी हो गए, क्योंकि हर प्रकार से नानक उसे अपनी बेटी के लिए उपयुक्त वर लगा, अतः नानक की शादी वर्ष 1487 में 18 वर्ष की उम्र में हो गई। उसकी पत्नी का नाम सुलखनी (संस्कृत में 'सुलक्षणी') था, जिससे उसके दो पुत्र श्रीचंद और लक्ष्मी चंद हुए। नानक आदर्श ईमानदारी के साथ परिश्रमपूर्वक अपना काम कर रहा था। उसे जो कुछ तनख्वाह मिलती थी, अपने परिवार हेतु न्यूनतम अंश को छोड़कर, शेष भाग गरीबों में बाँट देता था। उसकी ईमानदारी से उसके सभी अफसर खुश थे। मरदाना नामक मुसलमान नानक का बचपन से ही गहरा मित्र था। नानक को कविता लिखने का शौक था तथा संगीत का भी और मरदाना को वाद्ययंत्र बजाने का, अतः वह नानक की कविता को वाद्ययंत्र के माध्यम से अत्यंत मनोरंजक बना देता था।

काली नदी की घटना

सुलतानपुर में नानक रोज अपने मित्रों के साथ काली नामक नदी में स्नान करने जाते थे। एक दिन यह हुआ कि सब लोग स्नान करके बाहर आ गए, तब उन्होंने देखा कि नानक नहीं है। उन्होंने नानक को पुकारा पर जब कोई जवाब नहीं मिला तो यह समझकर कि नानक डूब गया है, उसके घर पर खबर की। यह खबर सुनकर पूरे इलाके में शोर मच गया कि नानक नदी में डूब गया है। नदी किनारे काफी लोग जमा हो गए, सुलतानपुर के अफसरान भी गोताखोरों को साथ लेकर आ गए, काफी खोजबीन की गई, कुछ पता न लग सका। यह मान लिया गया कि नानक सचमुच डूब गया है, परंतु बहन नानकी को विश्वास था कि वह डूबा नहीं है, वह ईश्वर से निरंतर प्रार्थना करती रही कि "हे ईश! अपने भक्त को शीघ्र वापस भेजो।" तीन दिन बाद नानक नदी में दिखाई दिए और किनारे आकर उन्होंने कहा, "न कोई हिंदू है, न कोई मुसलमान। सभी एक ही ईश्वर की संतान हैं, अतः सब बराबर हैं, कोई जात-पाँत नहीं है, कोई ऊँच-नीच नहीं है। ईश्वर का नाम सिमरन करते हुए ईमानदारी से जीवनयापन करो और गरीबों की सहायता करो। 28 वर्ष की उम्र में आज मुझे सच्चा ज्ञान प्राप्त हो गया है और अब मैं इस ज्ञान का प्रचार करने के लिए दुनिया भर में जाने का कार्यक्रम (प्रोग्राम) बनाता हूँ।"

चित्र : ज्ञान-प्राप्त गुरु नानकदेव

बाद में लोगों ने यह भी जोड़ दिया कि उन्होंने यह भी बताया, "जब मैं नदी में नहा रहा था, तब ईश्वर द्वारा भेजे गए दूत मुझे उठाकर ईश्वर के पास ले गए और ईश्वर ने मुझसे कहा कि 'नानक! नाम सिमरन करो और दुनिया को समझाओ कि नाम का सिमरन करते हुए तथा सभी अपने को मेरी संतान मानते हुए समभाव रखें, आडंबरों व पाखंडों से दूर रहकर ईमानदारी के साथ अपना कार्य करते रहें,' यह ज्ञान देकर वह अंतर्धान हो गए और मैं अब आप लोगों के सामने हूँ।"

(उक्त विवरण में अलौकिकता स्पष्ट है। नानक किसी भी प्रकार की अलौकिकता में विश्वास नहीं करते थे, अत: यह प्रतीत होता है कि गुरु नानकदेव तैरते हुए नदी के दूसरे किनारे पर पहुँच गए होंगे और वहाँ चिंतन-साधना (मेडीटेशन) में बैठकर, गहरी नींद की स्थिति में चले गए होंगे। नींद में ही ईश्वर से साक्षात्कार हुआ होगा और वार्त्तालाप भी। इसको ही नानकदेव ने स्वप्न में प्राप्त ज्ञान माना तथा ऐसा ही प्रकट भी किया। यह ज्ञान उनको कार्तिक माह की पूर्णिमा को प्राप्त हुआ होगा, जिसे नानकदेव का दूसरा जन्म मानकर उनकी वर्षगाँठ के रूप में मनाया जाने लगा। जाग्रत् अवस्था में ईश्वर से भौतिक साक्षात्कार की बात अनुयायियों की अपने आराध्य देव के प्रति आस्था ही प्रकट करती है।)

यद्यपि गुरु नानक का जन्म 15 अप्रैल, 1469 को हुआ था तथा पंजाब के राजा

सरदार रनजीत सिंह के समय में वर्ष 1815 तक यही दिन उनकी वर्षगाँठ के रूप में धूमधाम के साथ मनाया जाता रहा था, परंतु तत्पश्चात् कार्तिक शुक्ल पूर्णमासी को मनाया जाने लगा। कुछ विद्वानों का मत है कि सिख समुदाय चाहता था कि उनके प्रथम गुरु तथा सिख धर्म के संस्थापक गुरु नानकदेव के जन्मदिवस समारोह में काफी अधिक संख्या में लोग भाग लें, जो 15 अप्रैल को संभव नहीं हो पाता था, जिसका कारण यह था कि अप्रैल का महीना होली, बैसाखी जैसे त्योहारों के कारण तथा रवी की फसल के काटे जाने के कारण, पंजाब के किसान जन्मदिन समारोह में वांछित संख्या में नहीं पहुँच पाते थे, अतः यह विचार कर कि गुरु नानकदेव को ज्ञान कार्तिक मास की पूर्णमासी को हुआ था जो उनका दूसरा जन्म माना जाता है, अतः उनका जन्मदिन कार्तिक माह की पूर्णमासी को मनाया जाना उचित रहेगा। यह दिन ऐसा था कि पंजाब के किसान फसल व अन्य त्योहारों के काम में व्यस्त नहीं रहते थे, अतः जन्मदिन समारोह में काफी अधिक संख्या में आने की संभावना थी, जो सही साबित हुई। सिख समुदाय के कुछ लोग 15 अप्रैल को ही चाहते थे, उनकी भावना को संतुष्ट करने के लिए यह प्रकट किया गया कि नानकदेव जी की जन्म-पत्री उनके चाचा के परिवार के पास मिल गई है, जिससे यह प्रकट होता है कि उनका जन्म वास्तव में कार्तिक मास की पूर्णिमा को ही हुआ था और संयोग से उन्हें 28 वर्ष की उम्र में ज्ञान भी उसी दिन प्राप्त हुआ था, अतः हर प्रकार से उनका जन्मदिन कार्तिक पूर्णिमा को ही मनाना उचित है। अस्तु, अब संपूर्ण विश्व में वर्ष 1816 से प्रतिवर्ष गुरु नानकदेव का जन्मदिन अत्यंत धूमधाम से कार्तिक पूर्णिमा को ही मनाया जाता है।

विश्व-भ्रमण

ज्ञान प्राप्त कर लेने के बाद उनका नाम 'गुरु नानकदेव' प्रसिद्ध हो गया, अब उन्होंने विश्व-भ्रमण का विचार बनाया। वर्ष 1500 में अपने परिवार का भार अपने श्वसुर पर छोड़कर, अपने चार साथियों, मरदाना, लहना, बाला और रामदास को लेकर तीर्थ-यात्रा पर चल दिए। उनका विश्व-भ्रमण का कार्यक्रम (प्रोग्राम) निम्न प्रकार रहा।

प्रथम चरण : पूर्वी भारत-द्वीप (बंगाल तथा आसाम)

द्वितीय चरण : दक्षिणी भारत-द्वीप (लंका तक)

तृतीय चरण : उत्तरी भारत-द्वीप (कश्मीर, लद्दाख, सिक्किम, भूटान तथा तिब्बत)

चतुर्थ चरण : पश्चिम एशिया (बगदाद, मक्का तथा मदीना)

पंचम चरण : पंजाब

उक्त पाँचों चरणों में वह लगभग 24 वर्ष (1500 से 1524) तक भ्रमण करते रहे तथा अनुमानत: 28000 किलोमीटर पैदल चले। इस बीच वह भिन्न-भिन्न क्षेत्रों, जातियों, संस्कृतियों तथा धर्मों में निर्भीकता के साथ अपने सिद्धांतों को समझाते हुए भाषण देते रहे। उनके ओजपूर्ण भाषणों में दैवी शक्ति रहती थी। गद्यात्मक तथा पद्यात्मक, दोनों शैलियों का प्रयोग करते थे और मरदाना का वाद्ययंत्र सोने में सुहागे का काम करता था।

गुरु नानकदेव द्वारा प्रचारित सिद्धांत

गुरु नानकदेव की यह पक्की मान्यता थी कि ईश्वर एक ही है (एक ओंकार), जो सर्वव्यापक, सर्वज्ञ तथा सर्वशक्तिमान है। वह हिंदू धर्म में वर्णित अवतारों को ईश्वर नहीं मानते थे, परंतु हाँ, राम, कृष्ण व बुद्ध को अति महान् पुरुष मानते थे। राम का नाम गुरुग्रंथ साहिब में कई बार आया है। अन्य धर्मों के संस्थापकों को भी ईश्वर न मानकर, उनके अद्‌भुत गुणों के परिप्रेक्ष्य में उन्हें विशेष महान् पुरुष ही माना है। उनके द्वारा, अपने शिक्षात्मक भाषणों में, किसी भी धर्म के मूल सिद्धांतों की कोई आलोचना नहीं की गई है, परंतु हाँ, विभिन्न धर्मों में व्याप्त हो गई कुरीतियों व आडंबरों को, जो स्वार्थवश हिंदू, यहूदी, ईसाई व इस्लाम आदि धर्मों के अनुयायियों अथवा धर्माचार्यों द्वारा बाद में जोड़ दिए गए, अधार्मिक व भोली-भाली जनता का शोषण व उत्पीड़न करने के माध्यम मानकर घोर भर्त्सना की है। 16 वर्ष की उम्र तक उन्हें उस समय प्रचलित सभी भाषाओं संस्कृत, हिंदी, पंजाबी, उर्दू, फारसी, अरबी का अच्छा ज्ञान हो गया था और उन्होंने सभी धर्मों की पुस्तकें पढ़ रखी थीं।

उन्होंने अपने सिद्धांतों को तीन श्रेणियों में रखा—

1. नाम जपो (सिमरन)
2. कीरत करनी
3. वंद चकना।

नाम जपो : ईश्वर का नाम जपते रहो। इससे तुम्हें काम, क्रोध, लोभ, मोह व अहंकार इन पाँच दुर्गुणों से राहत मिलेगी तथा तुम आध्यात्मिक आनंद प्राप्त करोगे और सुखी जीवन व्यतीत करोगे। इससे तुम्हें यह प्रेरणा मिलती रहेगी कि ईश्वर एक है, सभी मनुष्य स्वयं उसको सीधे अनुभूत कर सकते हैं, वह दिखाई नहीं देता (निरंकार है) तथा अनादि एवं अनंत है। उसे पाने के लिए, किसी प्रकार के पंडे पुजारी, मुल्ला-मौलवी, पादरी व अन्य किसी भी प्रकार के बिचौलियों की आवश्यकता नहीं है। एक ही ईश्वर की संतान होने के कारण सब समान हैं, नर हो या नारी, ब्राह्मण हो या शूद्र, गरीब हो

या अमीर, हिंदू हो या मुसलमान, अतः सभी के प्रति समभाव रखो, मानवाधिकारों का हृदय से सम्मान करो। इसी क्रम में यह अंकित करना समीचीन होगा कि गुरु नानक ने गुरुद्वारों में लंगर की प्रथा वर्ष 1500 ई. से प्रारंभ की। लंगर का अर्थ है, 'गुरुद्वारों में दिया जानेवाला निःशुल्क शाकाहारी सामूहिक भोज, जो जमीन पर बैठकर खाया जाता है तथा खानेवाले किसी भी जाति, श्रेणी व धर्म के हो सकते हैं, परोसनेवाले व इससे संबंधित अन्य अनेक कार्य करनेवाले स्वयंसेवक होते हैं। लंगर में असली समभाव देखने को मिलता है। इस पर होनेवाला व्यय गुरुद्वारा वहन करता है। लंगर की यह प्रथा आजकल भी पूर्ण उत्साह तथा सेवा-भावना के साथ गुरुद्वारों में प्रचलित है। समाज में नारी के प्रति भेदभाव को देखकर वह बहुत दुःखी होते थे। मासिक-धर्म की अवधि में नारी को अलग-थलग बिठाल दिया जाता था, मानो वह अछूत है। इसी प्रकार के दुर्व्यवहार के लिए उन्होंने कहा था, "ओ ब्राह्मण! तुम गोबर से लेपकर अपने रसोईघर को पवित्र कर सकते हो, परंतु नारी के मासिक धर्म को, जो स्वयं ईश्वर ने नारी की सृजनात्मक उत्तरदयित्व की प्रक्रिया का अभिन्न अंग बनाया है, उसे अपवित्र कैसे कह सकते हो?" (इसे ईश्वर की विशेष सौगात मानते हुए, आजकल विश्व भर में प्रतिवर्ष 28 मई को 'विश्व मासिक-धर्म दिवस' मनाया जाता है।) गुरु नानक की समाज में प्रचलित कुरीतियों को इस प्रकार की प्रभावी शैली में प्रस्तुत करने से श्रोतागण पर वांछित अच्छा प्रभाव पड़ता था।

कीरत करनी : जो भी व्यवसाय तुमने अपने लिये चुना है, उसे पूर्ण ईमानदारी के साथ करते रहो। किसी के साथ धोखाधड़ी न करो और न किसी का उत्पीड़न। प्रायः लोग विशेष परिस्थितियों में वस्तुओं का मूल्य बढ़ा देते हैं, जैसे-अकाल, बाढ़, भूचाल, महामारी आदि आने पर, यह अनैतिकता है। आधुनिक समय के साइबर अपराध तथा अन्य पारंपरिक अपराध, जैसे-चोरी, डकैती, हत्या, जालसाजी, अनुचित बल-प्रयोग, रिश्वत, मानवाधिकारों का उल्लंघन आदि सभी अनैतिक होने से अपयश (अकीर्ति) का कारण बनते हैं।

वंद चकना : जरूरतमंदों (असहाय, पीड़ित व गरीबों) की हरसंभव मदद करो। जो कुछ आप कमाते हैं, उसमें से अपने और अपने परिवार के लिए न्यूनतम रखकर शेष भाग दानस्वरूप ऐसे लोगों में बाँट दो, जो किसी कारणवश जरूरतमंद हैं।

जीवन की दस शिक्षाएँ

ज्ञान प्राप्त कर लेने के पश्चात् गुरु नानकदेव सच्चे अर्थों में ज्ञान को साधारण जनों में बाँटने के गुरु के उत्तरदायित्व को निष्ठापूर्वक निभाते रहे (गु माने 'अंधकार' तथा रु माने 'प्रकाश', अर्थात् गुरु वह है, जो अज्ञान के अंधकार से ज्ञान के प्रकाश की ओर

ले जाए)। इसी क्रम में उन्होंने उपरोक्त वर्णित तीन सिद्धांतों को और विस्तृत कर दस शिक्षाओं में समझाया, जो निम्न प्रकार हैं—

1. ईश्वर एक है, उसके नाम भिन्न-भिन्न हो सकते हैं, जैसे-हिंदुओं में 'ओंकार या ओम', ईसाइयों में 'गॉड, इस्लाम में 'अल्लाह'। नानकदेव ने उसे 'इक ओंकार' तथा गुरुओं का भी गुरु होने के कारण 'वाहेगुरु' (चामत्कारिक गुरु) कहा। सिखों की पवित्र पुस्तक गुरुग्रंथ साहिब का प्रारंभ ही 'इक ओंकार' से होता है।
2. सदा एक ईश्वर की ही पूजा करनी चाहिए, अन्य देवी-देवताओं की नहीं।
3. ईश्वर सर्वव्यापी है, वही समस्त सृष्टि का रचनाकार है।
4. जो ईश्वर का नाम जपते हैं, उसके भक्त हैं, उन्हें किसी से डरने की आवश्यकता नहीं है, अपने सुकर्म निर्भीक होकर करें।
5. उदरपूर्ति हेतु जो भी व्यवसाय करें, ईमानदारी तथा परिश्रम के साथ करें।
6. किसी को न तो सताएँ और न कोई ऐसा कार्य करें, जो परोक्ष या अपरोक्ष रूप से अपराध की संज्ञा में आता हो।
7. सदैव आनंदित व प्रसन्नचित्त रहें। भूतकाल की दुःखद घटनाओं को भूल जाएँ तथा भविष्य के लिए यही सोचें कि ईश्वर की कृपा से आपको अपने सुकर्म में सफलता मिलेगी। सफलता से जो दिव्यानंद प्राप्त होता है, उससे ईश्वर की अनुभूति होती है। यदि कभी कोई भूल हो जाए तो ईश्वर से क्षमा माँगनी चाहिए।
8. सत्यनिष्ठा से प्राप्त आय में से कुछ अंश जरूरतमंदों को भी देना चाहिए।
9. स्त्री व पुरुष को समान अधिकार मिलने चाहिए। सामान्यतया, उस समय स्त्रियों को शिक्षा से वंचित रखा जाता था, जिससे वे घरवाली बनकर ही रह जाती थीं। नानक का मानना था कि वे भी उसी ईश्वर की संतान हैं, जिसके पुरुष हैं, अतः उनके साथ किसी प्रकार का भेदभाव धर्मोचित नहीं है।
10. मनुष्य इतना कमाने का प्रयत्न अवश्य करे कि अपनी व अपने परिवार की आवश्यकताओं की पूर्ति करने के पश्चात् जरूरतमंदों की सहायता कर सके। गुरु नानकदेव के विचार उस समय के संत कबीर की निम्न पंक्तियों से प्रभावित थे—

साईं इतना दीजिए, जामे कुटुम समाय,
मैं भी भूखा न रहूँ, साधु न भूखा जाय

गुरु नानकदेव ने इसमें यह और जोड़ दिया (जो न्यायोचित व धर्मोचित है) कि यदि कोई व्यक्ति इससे अधिक कमाता है तो उस पर समाज का अधिकार मानते हुए, समाज हित के कार्यों में व्यय करे, जैसे-धर्मशाला, तालाब, कुआँ आदि बनवाना तथा प्राकृतिक व मानव-निर्मित आपदाओं में पीड़ितों की सहायतार्थ दान देना।

गुरु नानकदेव की शिक्षाओं को सभी धर्मों के लोग अत्यंत ध्यान से सुनते थे। उक्त विचार अथवा सिद्धांत किसी आस्तिक धर्म के मूल सिद्धांतों के विरुद्ध भी नहीं थे। वे तो आडंबर रहित, सरल व सच्ची जीवन-शैली के पक्षधर थे, जिसका श्रोताओं पर अच्छा प्रभाव पड़ता था।

करतारपुर में गुरु नानकदेव

विश्व-भ्रमण के पश्चात् गुरु नानकदेव रावी नदी के किनारे एक सुरम्य स्थान पर आकर स्वयं खेती करने लगे तथा उनके अनुयायी भी वहाँ आकर बसने लगे। गुरु नानकदेव ने उस स्थान का नाम 'करतारपुर' (ईश्वर का नगर) रख दिया, अब करतारपुर पाकिस्तान में है तथा भारत की सीमा से कुल 3 किमी. की दूरी पर है। नानकदेवजी ने वहाँ एक गुरुद्वारा बनवाना चाहा तथा इस कार्य हेतु पटियाला के महाराजा सरदार भूपिंदर सिंह ने 1,35,600 रुपयों का दान दिया। इस दान से वहाँ पर 'गुरुद्वारा दरबार साहिब' वर्ष 1521 में बन गया। यह सिखों का प्रथम गुरुद्वारा है। गुरु नानकदेव ने उसमें लंगर की व्यवस्था भी कर दी। सिख समाज का यह पहला लंगर था, बाद में यह प्रथा अन्य गुरुद्वारों में भी मनाई जाने लगी तथा आजकल भी पूर्ण उत्साह के साथ मनाई जाती है। गुरु नानकदेव अपने अनुयायियों को 'सिख' (यानी 'शिष्य' अथवा शिक्षा प्राप्त) कहने लगे और इस प्रकार एक नए 'सिख धर्म' का उदय हुआ। वर्तमान में सिख धर्म के अनुयायियों की संख्या लगभग 3 करोड़ है। सिख धर्म में एक बहुत ही अच्छी बात यह है कि अपने धर्म को येन-केन प्रकारेण (बाई हुक या बाई क्रुक) बढ़ाने के लिए किसी भी प्रकार का कभी कोई प्रयत्न नहीं किया जाता। कुछ समय पूर्व तक तो पंजाब के हिंदुओं में यह प्रथा थी कि अधिकांश हिंदू परिवार अपने एक बालक को अपनी खुशी से सिख धर्म में दीक्षा दिलाते थे। कुछ राजनीतिक कारणों से अब यह प्रथा समाप्त हो गई है, परंतु अभी भी हिंदू तथा सिख धर्मों में भावनात्मक समन्वय विद्यमान है।

सिख गुरु

गुरु को सिख धर्म में 'आध्यात्मिक शिक्षक' माना गया है। सिख धर्म के प्रथम गुरु स्वयं नानकदेवजी थे। दसवें गुरु श्री गोविंद सिंहजी। श्री गोविंद सिंहजी ने यह निर्णय लिया कि उनके बाद अंतिम 11वाँ गुरु 'गुरुग्रंथ साहिब' होंगे। इस प्रकार सिख धर्म में अंतिम रूप से 'श्री गुरुग्रंथ साहिबजी' को शामिल कर कुल 11 गुरु माने जाते हैं। नामित गुरु की प्रथा को समाप्त कर गुरु गोविंद सिंहजी ने प्रशंसनीय दूरदर्शिता का ही परिचय दिया, भविष्य में किसी नामित गुरु के सिख धर्म के मूल सिद्धांतों के प्रतिकूल चले जाने की संभावना से इनकार नहीं किया जा सकता, क्योंकि उस समय के मुगल सुल्तान सिखों पर मुसलमान बन जाने के लिए क्रूरतम उपायों का प्रयोग कर रहे थे। इसी प्रकार के उपायों के फलस्वरूप, दो गुरुओं के, 5वें गुरु अर्जन को मुगल सम्राट् जहाँगीर के समय में तथा 9वें गुरु तेग बहादुर को औरंगजेब के समय में, सिर को धड़ से अलग कर शहीद कर दिया।

तेग बहादुर के शहीद हो जाने पर उनके पुत्र श्री गोविंद राय दसवें गुरु बने। उन्होंने उक्त प्रकार की विषम स्थिति के परिपेक्ष्य में यह निर्णय लिया कि सिखों को योद्धा बनाना आवश्यक है, ताकि वह आततायियों के उत्पीड़न से अपनी तथा अन्य असहायों की रक्षा करने में समर्थ हो सकें। एक सभा में उन्होंने कहा कि आप लोगों में से जो धर्म की रक्षा करने के लिए अपना सिर दे सके, वह मेरे साथ आए। एक व्यक्ति आया, उसे वह अंदर ले गए और कुछ देर बाद खून से सनी तलवार लेकर बाहर आए। इसी प्रकार वह एक-एक करके पाँच लोगों को ले गए। पाँचवें व्यक्ति को ले जाने के बाद, वे पाँचों को साथ लेकर वापस आए और बोले ये पाँचों 'पंज प्यारे' कहलाएँगे। इसके पश्चात् ही उन्होंने सिख धर्म का नाम खालसा सिख (खालसा शब्द 'खालिस' से बना है, जिसका अर्थ होता है 'शुद्ध') रख दिया। इसी क्रम में उन्होंने निम्नांकित निर्देश और दिए—

1. प्रत्येक सिख अपने नाम के बाद 'सिंह' लिखेगा। उनका स्वयं का नाम 'गोविंद राय' था, उसी दिन से उन्होंने 'गोविंद सिंह' कर लिया, अब वह 'गुरु गोविंद सिंह' कहलाने लगे। उन्होंने यह भी निर्देश दिया कि प्रत्येक महिला अपने नाम के साथ 'कौर' (प्रिंसेस) लिखेगी, इससे पूर्व 'माता' लिखने का प्रचलन था।

2. प्रत्येक सिख पाँच ककार ('क' से प्रारंभ होनेवाली वस्तुएँ) धारण करेगा, ये 5 ककार हैं—

   1. केश, 2. कंघा, 3. कड़ा 4. कृपाण, 5. कच्छा।

3. मैं अंतिम मानव-गुरु हूँ, मेरे पश्चात् स्थायी रूप से अंतिम गुरु 'श्री गुरुग्रंथ साहिबजी' रहेंगे।

4. खालसा सिख अपनी जीवन-शैली में ईमानदारी, परिश्रम तथा असहायों की सहायता करने के गुणों का परिचय देते हुए, उत्पीड़न के विरोध में धर्मयुद्ध के लिए, बलिदान' के लिए भी, सदैव तैयार रहेंगे तथा उत्तम युद्ध-कुशलता व साहस का परिचय देते हुए निर्भीकता के साथ अपने सिद्धांतों की रक्षा करेंगे।

गुरु गोविंद सिंहजी के दो बच्चों, जोरावर सिंह (उम्र 8 वर्ष) तथा फतेह सिंह (उम्र 5 वर्ष) को मुगलों की सेना पकड़कर ले गई। सम्राट् औरंगजेब ने कहा कि तुम दोनों मुसलमान बन जाओ, जब वे इसके लिए राजी नहीं हुए तो दोनों को दीवार में चिनवा दिया गया। गुरु गोविंद सिंहजी के दो अन्य बच्चे, अजीत सिंह (उम्र 17 वर्ष) तथा जुजहार सिंह (उम्र 13 वर्ष) मुगल सेना के साथ एक अन्य युद्ध में शहीद हो गए। गुरु गोविंद सिंहजी ने अपनी खालसा फौज को साथ लेकर 'मुगलों तथा उनके मित्र शिवालिक हिल्स के राजाओं के विरुद्ध छोटे-मोटे कुल 14 युद्ध किए, वर्ष 1705 में मुक्तसर नामक स्थान पर मुगलों से भयानक युद्ध हुआ, जिसमें गुरुजी की जीत हुई। उसके बाद औरंगजेब की मृत्यु हो गई। मृत्यु से पूर्व औरंगजेब ने गुरुजी के पास पत्र भिजवाया। हैरानी की बात यह है कि गुरुजी, जो अपने चारों पुत्रों को खो चुके थे, अब अपना फतहनामा लिख रहे थे और औरंगजेब, जिसके पास सबकुछ था (दौलत थी, भारी-भरकम सेना थी, हिंदुस्तान की बादशाहत थी, शक्तिशाली परिवार था), वह अपना शिकस्तनामा लिख रहा था। इसका एकमात्र कारण था गुरुजी ने जो भी युद्ध किए उत्पीड़न व क्रूरता के विरुद्ध किए थे, न कि अपने किसी स्वार्थ के लिए।

औरंगजेब की मृत्यु के पश्चात् गुरुजी ने बहादुरशाह को मुगल साम्राज्य का बादशाह बनवाने में महत्त्वपूर्ण भूमिका निभाई। यह देखकर, सरहद का नवाब वजीत खान को चिंता होने लगी और उसने दो पठानों को गुरुजी को जान से मार डालने के लिए भेज दिया, जिन्होंने रात में, जब वह सो रहे थे, उन पर घातक वार किया। उससे वह उबर नहीं पाए तथा अंत समय में श्री गुरुग्रंथ साहिबजी पर माथा टेककर तथा उसे 11वाँ तथा स्थायी गुरु नामित कर, नांदेड़ में 42 वर्ष की उम्र में दिव्य-ज्योति में लीन हो गए। नांदेड़ वर्तमान में महाराष्ट्र के मराठवाड़ा क्षेत्र (पूना के दक्षिण-पश्चिम) में गोदावरी नदी के किनारे एक बड़ा नगर है तथा नांदेड़ जनपद का मुख्यालय है, यहाँ पर एक भव्य 'श्री हजूर साहिब गुरुद्वारा' स्थापित है, जो सिखों के तीर्थस्थलों में प्रमुख स्थान रखता है।

गुरु गोविंद सिंहजी से संबंधित एक रोचक विषय को अंकित करना समीचीन होगा, जिससे बचपन से ही उनके प्रशंसनीय गुणों का परिचय मिलेगा। बचपन में उनकी माँ ने उनकी कलाइयों में एक-एक सोने के कड़े पहनाए थे। एक दिन गंगा नदी में नहाते समय एक कड़ा नदी में गिर गया। घर आने पर, माँ ने पूछा कि एक कड़ा कहाँ गया तो उन्होंने बता दिया कि नदी में गिर गया। वे उसे लेकर नदी किनारे गई और पूछा कि कहाँ गिरा है तो उन्होंने दूसरा कड़ा उतारकर भी नदी में फेंक दिया और बोले, "यहाँ गिरा है।" न लोभ, न मोह।

गुरुग्रंथ साहिबजी

सिख धर्म के प्रथम गुरु नानकदेव थे। उन्होंने अपने सिद्धांत जिन पन्नों पर लिखे, वे गुरवाणी के नाम से जाने गए। गुरु नानकदेवजी ने अपने जीवनकाल में 974 स्रोत-गान गुरुमुखी भाषा में लिखे। बाद में अन्य गुरुओं व भगतों ने उसी भाषा व शैली में अपने श्लोक भी जोड़े। गुरु गोविंद सिंहजी ने गुरुवाणी को बदलकर 'गुरुग्रंथ साहिबजी' कर दिया, जिसमें उस समय तक लिखे गए सभी 5894 स्रोत-गानों का संकलन कर, उसे 3,98,697 शब्दों का व 1430 पृष्ठों का महान् ग्रंथ बना दिया। यह निर्णय भी लिया कि उनके पश्चात् अन्य कोई मनुष्य गुरु नहीं होगा, बल्कि 'गुरुग्रंथ साहिबजी' ही 11वें तथा अंतिम गुरु माने जाएँगे। सिख धर्म में यही प्रथा अभी तक प्रचलित है। प्रत्येक गुरुद्वारे में गुरुग्रंथ साहिबजी भव्य गद्दी पर अत्यंत सम्मान के साथ प्रतिष्ठित किए जाते हैं तथा प्रतिदिन गुरुग्रंथ का पाठ ग्रंथी करता है तथा श्रोतागण असीम श्रद्धा व आस्था के साथ उसे सुनते हैं। प्रत्येक वर्ष कार्तिक की पूर्णिमा को गुरुग्रंथ साहिब का जुलूस निकाला जाता है, जिसमें लाखों की संख्या में लोग भाग लेते हैं।

सिख धर्म में प्रचलित अलौकिक चामत्कारिक घटनाओं का विश्लेषण

इसमें कोई दो राय नहीं हो सकती कि सिख धर्म के प्रथम गुरु नानकदेव वस्तुतः संत-प्रकृति के महान् पुरुष थे। वह किसी भी प्रकार के आडंबर, दिखावा, छलकपट के विरोधी थे, अतः चमत्कारों की जो कुछ घटनाएँ उनसे जुड़ी हैं, वे वास्तव में उनके अनुयायियों ने बाद में इस आशय से जोड़ दी हैं कि लोग उनके धर्म-संस्थापक प्रथम गुरु को यों समझें कि ईश्वर ने उन्हें कुछ चमत्कारी शक्तियाँ दे रखी थीं। गुरु नानकदेवजी के बारे में इस प्रकार की प्रचलित कुछ घटनाएँ निम्न प्रकार हैं—

1. शिक्षा समाप्ति के पश्चात्, नानक के पिता, मेहताजी ने कुछ काम में लगााना चाहा, अतः उन्होंने एक दिन उसे गाँव के बाहर मवेशी चराने के लिए भेज

दिया। वहाँ वह एक पेड़ के नीचे ध्यान लगाकर बैठ गए और सो गए। मवेशी एक खेत में चले गए और फसल को खाने लगे। खेत के मालिक ने मेहताजी से शिकायत की तो उन्होंने नानक को खूब डाँटा। यहाँ तक तो सब ठीक है, परंतु इसके आगे, बाद में जब नानक धर्म-संस्थापक बन गए तो उनके निर्वाण के बाद, उनके भक्तों ने यह जोड़ दिया कि जिस खेत में मवेशी घुसे थे, उसको जब लोग देखने गए तो उन्होंने देखा कि वह खेत अन्य खेतों के मुकाबले बहुत ज्यादा हरा-भरा हो गया था। उस खेत का हरा-भरा हो जाना, जिसमें नानक के मवेशी चले गए थे, किसी भी प्रकार से तर्क-संगत नहीं हैं। इस बात की संभावना हो सकती है कि गुरु नानकदेव के बाद किसी अन्य गुरु अथवा भगत को इस घटना से संबंधित स्वप्न दिखाई दिया हो। स्वप्न में तो किसी भी प्रकार की विचित्रता दिखाई दे सकती है।

2. तलवंडी की ही एक घटना और है। तलवंडी के शासक राय बूलर नानक की प्रतिभा से परिचित थे तथा 'होनहार बिरवान के होत चीकने पात' कहावत के अनुसार उन्हें विश्वास था कि नानक को अल्लाह ने समाज में व्याप्त हो गई कुरीतियों को मिटाने के लिए ही भेजा है। एक दिन वे घोड़े पर सवार होकर अपने क्षेत्र का निरीक्षण करने के लिए निकले। उन्होंने देखा कि नानक जंगल में एक वृक्ष के नीचे धूप में सो रहे थे तथा एक कोबरा (बड़े फनोंवाला विषैला साँप) उनके सिर के पास फन फैलाए हुए बैठा है। पहले तो वह घबराए, परंतु जब निकट जाकर देखा तो उन्हें ज्ञात हुआ कि कोबरा पूर्ण रूप से शांत बैठकर अपने फन नानक के सिर के ऊपर फैलाकर, उसे सूरज की किरणों के ताप से बचा रहा है, अब तो उनका विश्वास पक्का हो गया कि नानक दैविक शक्ति से परिपूर्ण हैं और बड़े होकर वह कोई महान् कार्य करनेवाले हैं।

(वैसे तो उपरोक्त विवरण अलौकिक ही प्रतीत होता है कि महाविषैला एवं क्रोधी स्वभाव का कोबरा साँप इतना शांतप्रिय एवं समझदार हो सकता है कि वह सामने आनेवाले व्यक्ति को काटने की बजाय उसकी धूप से रक्षा करे, परंतु यह भी सच है कि साँप तभी किसी को काटता है, जब उसे स्वयं अपने जीवन को उससे कोई खतरा महसूस होता हो। नानक तो गहरी नींद में सो रहे थे, अत: कोबरा को नानक से कोई खतरा नहीं महसूस हुआ होगा। जहाँ तक नानक की धूप से रक्षा करने का प्रश्न है, अपवादस्वरूप कुछ विरले उदाहरण उपलब्ध हैं, जिनमें भेड़िया जैसे जंगली जानवर मनुष्य के छोटे बच्चे को उठाकर ले गए और उसे अपने बच्चे की तरह पाला। यह भी संभव है कि राय बूलर

नानक की प्रतिभा एवं सामाजिक कुरीतियों तथा आडंबरों के बारे में उनके क्रांतिकारी विचारों से इतना प्रभावित थे कि मन से वह उनको ईश्वर का भेजा हुआ दूत ही मानने लगे थे और इसी से उनके मस्तिष्क में यह बात बैठ गई कि कोबरा फन फैलाकर नानक की धूप से रक्षा कर रहा है। यही बात उसने गाँव में वापस आकर बताई। इसमें आस्था का महत्त्वपूर्ण योगदान रहा है।)

3. जब नानक 11 वर्ष का हो गया, तब परंपरानुसार, उसका यज्ञोपवीत संस्कार का आयोजन किया गया, सभी बंधु-बांधव, रिश्तेदार तथा मित्र निमंत्रित थे। यथासमय नानक को पटरे पर बिठाला गया। पंडितजी ने नानक को जनेऊ का महत्त्व और प्रयोग की विधि समझाई। नानक ने पंडितजी से पूछा, "क्या यह गंदा न होगा? क्या यह टूटेगा नहीं? क्या यह मृत्यु पर जलेगा नहीं?" पंडित ने उत्तर दिया, "गंदा होने पर साफ किया जा सकता है, टूटने पर नया धारण किया जा सकता है, मृत्यु के पश्चात् आवश्यकता ही नहीं है।" बालक नानक बोले, "पंडितजी, मुझे तो ऐसा जनेऊ चाहिए, जो ईश्वरीय हो, जिसमें दया की कपास हो, संतोष का सूत हो और ये गुण मरने के बाद भी नई योनि में मेरे साथ रहें।" पंडितजी से कोई उत्तर देते नहीं बना और नानक ने आडंबर के जनेऊ को पहनने से इनकार कर दिया। नानक बचपन से ही अनेक प्रकार की परंपराओं को, जो आडंबर की श्रेणी में मानी जा सकती हैं, स्वीकार नहीं करते थे। इसी सिद्धांत के आधार पर वे मूर्ति-पूजा में भी विश्वास नहीं करते थे और उपवास की प्रथा में भी, चाहे वह हिंदुओं के उपवास हों, जैसे-एकादशी, नवरात्र का, चाहे मुसलमानों के रोजा हों, चाहे ईसाइयों का गुड-फ्राइडे।

4. सुलतानपुर (पंजाब) की नदी में तीन दिन तक गायब रहने के बाद की घटना का भक्त-मत तथा तर्क-संगत विश्लेषण 'काली नदी की घटना' शीर्ष के अंतर्गत पूर्व में दिया जा चुका है।

5. विश्व-भ्रमण के तीसरे चरण में एक दिन गुरुनानक अपने साथियों के साथ वर्तमान उत्तराखंड के चंपावत जिले के ड्यूरी गाँव में रीठा (सोप-नट) के पेड़ के नीचे बैठे हुए थे। उनके साथी मरदाना ने कहा, "पहाड़ी इलाके में बहुत दूर तक चलने के कारण तथा कुछ खाना-पीना न मिलने से मुझे भूख लगी है, देखकर आता हूँ, कहीं कुछ मिल जाए।" गुरु नानकदेवजी ने कहा, "इस पेड़ की डाली को हिलाकर कुछ फल गिरा लो और खाकर अपनी भूख शांत कर लो।" मरदाना ने यही किया और रीठों को खाने लगा

और हर्ष से चिल्लाकर बोला, "अरे, ये रीठे तो बहुत मीठे और स्वादिष्ट हैं।" रीठे सामान्यतया कड़ुवे होते हैं। यह चमत्कार देखकर सब लोग आश्चर्यचकित थे। बाद में यह स्थान बहुत प्रसिद्ध हो गया और अब तो, भारत के स्वतंत्र हो जाने के बाद वहाँ पर वर्ष 1960 में भव्य गुरुद्वारा (रीठा मीठा गुरुद्वारा साहिब) बन गया है, यद्यपि यह चमत्कार प्रतीत होता है पर वास्तव में चमत्कार नहीं है, क्योंकि उस क्षेत्र में कुछ मीठे रीठा के पेड़ आजकल भी मौजूद हैं, यद्यपि मूल पेड़ अब उपलब्ध नहीं है, परंतु गुरुद्वारे के परिसर में एक वृक्ष लगा लिया गया है, जिसके मीठे रीठे प्रसाद के रूप में तीर्थयात्रियों को दिए जाते हैं। गुरुद्वारा से लगभग 10 किलोमीटर की दूरी पर कुछ भूभाग (ट्रैक्ट) है, जिसमें मीठे रीठा के ही वृक्ष हैं, जिसका नाम अब नानक गार्डन है।

6. विश्व-भ्रमण के दौरान, जब गुरु नानकदेव मक्का पहुँचे तो रात में मक्का की मसजिद के परिसर में वह संयोग से अल्लाह के निवास 'काबा', जिसे मुसलमान अपना पवित्रतम स्थान मानते हैं, की ओर पैर करके सो गए (काबा एक चौकोर इमारत है, जो मक्का की विशाल मसजिद के बीचोबीच में बनी हुई है तथा मुसलमानों की गहरी आस्था है कि वह खुदा का घर है। इसी आस्था के कारण दुनिया भर से मुसलमान काबा के दर्शन करने के लिए आते हैं, जिसे हज कहते हैं। यह इसलामी वर्ष के अंतिम 12वें माह के 8वें दिन से 12वें दिन तक चलता है। तीसरे दिन से शैतान पर पत्थर फेंके जाते हैं)। रात में एक काजी ने गुरुनानक को काबा की ओर पैर करके सोते हुए देखा। उसने उन्हें जगाकर डाँटते हुए कहा, "तू खुदा की ओर पैर करके क्यों सो रहा है? उठ, अपने पैर दूसरी ओर कर।" नानकदेव ने उससे कहा, "भाई, जिस ओर खुदा न हो उसी ओर कर दो।" काजी ने गुस्से में उनके पैर दूसरी ओर कर दिए, काबा भी घूमकर दूसरी ओर आ गया। काजी ने कई दिशाओं में घुमाया, जिस ओर भी वह घुमाता, काबा भी उसी ओर घूम जाता। यह देखकर वह समझ गया कि यह व्यक्ति तो कोई महान् संत है। उसने गुरु नानकदेव से क्षमा माँगी। इसे अंधविश्वास ही कहा जा सकता है, क्योंकि किसी इमारत के अपनी जगह से हिलने का प्रश्न ही नहीं उठता। इस संभावना से इनकार नहीं किया जा सकता कि मरदाना, जो उनके साथ था, को कोई स्वप्न दिखा हो और उसने यह स्वप्न अन्य साथियों को बताया हो। नानक के महानिर्वाण के बाद यह बात सत्य घटना के रूप में प्रचारित हो गई हो।

7. गुरु नानकदेव के अनुयायियों में हिंदू भी थे मुसलमान भी, अतः दिव्य-ज्योति में विलीन होने से पूर्व हिंदुओं ने कहा, "हम दाह-संस्कार करेंगे," और मुसलमानों ने कहा, "हम दफन करेंगे।" इस पर गुरुनानक ने कहा, "ऐसा करो कि हिंदू मेरे दाहिनी ओर तथा मुसलमान मेरे बाईं ओर ताजा फूल रख दें, मेरी मृत्यु के बाद, जिनके फूल ताजा मिलें, वही मेरा अंतिम संस्कार करें, जब वह अंतिम ज्योति में लीन हुए तथा उनकी चादर हटाई गई तो दोनों पक्षों ने देखा कि गुरु नानकदेवजी का पार्थिव शरीर वहाँ पर नहीं है तथा दोनों के फूल तरोताजा हैं, अतः दोनों पक्षों ने अपने-अपने फूल उठाकर अपने धर्मानुसार फूलों का अंतिम संस्कार कर दिया। इसका कोई उचित तर्क-संगत समाधान नहीं है कि गुरुदेव का पार्थिव शरीर कैसे गायब हो गया। कई संभावनाएँ हो सकती हैं। अपना अंत समय जानकर वह स्वयं नदी में समा गए हों अथवा जो भी अंत समय में उनके पास रहा हो उसने चुपचाप रात्रि में ही अंतिम संस्कार कर दिया हो। यह भी सभांवना है कि उक्त प्रकार का कोई झगड़ा हुआ ही न हो, सब जानते थे कि नानक जन्म से हिंदू ही थे, उनके सभी रिश्तेदार भी हिंदू ही थे, अतः मुसलमानों ने उनके पार्थिव शरीर पर कोई अधिकार किया ही न हो तथा मुसलमानों की इच्छा को जानकर, उन पर चढ़ाए गए सभी फूल मुसलमानों को दफनाने के लिए दे दिए गए हों।

□

11

यहूदी धर्म

परिचय

यहूदी धर्म इजराइल तथा हिब्रूभाषियों का राज-धर्म है तथा विश्व के प्राचीन धर्मों में से एक है। इसमें 'ईश्वर एक है' की मान्यता है (ईश्वर के तीन नाम प्रचलन में हैं—याहवे, एलोहीम, अदोनाई)। ईश्वर के अनेक रूप या अवतारों को नहीं माना जाता और न देवी-देवताओं को। मृत्यु के बाद क्या होता है ? इस विषय पर यहूदियों में दो मत हैं, कुछ तो यह मानते हैं कि मुत्यु के पश्चात्, ईश्वर मृत व्यक्ति के कर्मों पर विचार कर तुरंत फैसला कर देते हैं कि उसे कहाँ भेजना है और कुछ यह कि एक नियत समय के पश्चात् ईश्वर सबको पुनरुज्जीवित कर उनके कर्मों के अनुसार फल देते हैं।

यहूदी धर्म के संस्थापक हजरत अब्राहम के आने से पूर्व तत्कालीन कैनान, जोर्डन नदी के पश्चिम का, भूमध्य सागर के पूर्व का तथा लाल सागर के उत्तर का रेगिस्तानी क्षेत्र (यूदा, इजराइल, सीरिया आदि) था, जिसमें जनजातियों का बाहुल्य था, जितनी जनजातियाँ थीं उतने ही प्रकार की विचारधाराएँ प्रचलन में थीं। अधिकांश लोग बहु-ईश्वरवादी थे तथा अनेक प्रकार के अंधविश्वासों, व्यसनों व पाखंडों से ग्रस्त रहने के कारण अशांत तथा दुःखी जीवन व्यतीत करते थे। उनके बीच कुछ ऐसे लोग भी थे, जो एक-ईश्वरवादी थे तथा समाज में व्याप्त अशांति व दुःख से परेशान थे। उन्हीं में एक योग्य व्यक्ति अब्राहम थे, जिन्हें ईश्वर ने 'एक-ईश्वरवादी' सिद्धांत का समाज में प्रचार करने के लिए अपना पैगंबर (दूत, नबी, हजरत) बनाने हेतु चुना तथा लगभग 4,000 वर्ष पूर्व विस्तृत उपदेश दिए और यह निर्देश दिए कि वह 'एक-ईश्वर' की धारणा को अपनी योग्यता व ओजपूर्ण प्रभावी भाषण कला का उपयोग करते हुए जनसाधारण को समझाए, ताकि सभी लोग सदाचारपूर्ण जीवन-शैली अपनाते हुए सुख और शांति के साथ जीवन व्यतीत करें।

अब्राहम ने ईश्वरीय आदेशों को अपने ओजपूर्ण भाषणों से जनसाधारण तक पहुँचाया तथा प्रभावकारी एवं तर्कसंगत शैली से उन्हें विश्वास में लिया कि 'एक ईश्वर'

की अवधारणा को ही मानना चाहिए। मूर्तिपूजा या अनेक देवी-देवताओं को मानने का कोई औचित्य नहीं है। सदाचारपूर्ण जीवन-शैली से ही जीवन में सुख व शांति मिलेगी तथा किसी भी विपत्ति से साहसपूर्वक निपटने में ईश्वर की कृपा मिलेगी।" उसने यह भी स्पष्ट कर दिया, "यह सत्य स्वयं ईश्वर द्वारा प्रकट किया गया है।" तदनुसार, उस क्षेत्र के लोगों ने उन नियमों के अनुसार अपनी जीवन-शैली बना ली, जिसका नाम यूदा क्षेत्र से प्रारंभ होने के कारण 'यहूदी धर्म' पड़ा। अब्राहम के पश्चात्, हजरत मूसा को ईश्वर ने शिलालेख दिए, जिनमें 10 निर्देश अंकित थे। हजरत मूसा ने इन निर्देशों तथा पूर्व में हजरत अब्राहम द्वारा प्राप्त ईश्वरीय निर्देशों को संकलित किया, उनका विस्तृत विश्लेषण कर पुस्तकें लिखीं, जो यहूदी धर्म की प्राधिकृत पुस्तकें हैं। यहूदियों की धार्मिक पुस्तक का नाम 'तनख' है, जो तीन खंडों में है, इसे ईसाई 'हैब्रू बाइबिल' या 'ओल्ड टेस्टामेंट' भी कहते हैं। इसके प्रथम खंड के पाँच भाग 'तोहरा' कहलाते है, जिनमें धर्म के नियमों और कानूनों से अवगत कराया गया है, अतः हजरत मूसा को यहूदी धर्म का वास्तविक संस्थापक माना जाता है। यहूदियों का विश्वास है कि आगामी मसीहा द्वारा यहूदी धर्म के विकास की पराकाष्ठा होगी, वह संपूर्ण पृथ्वी पर यहूदी धर्म की स्थापना करेंगे, परंतु यह कहीं भी स्पष्ट नहीं है कि वह मसीहा कहाँ और कब प्रकट होंगे। ईसाई 'ईसा' को, मुस्लिम 'हजरत मुहम्मद' को वह मसीहा मानते हैं, परंतु यहूदियों ने इसे स्वीकार नहीं किया है और वे अभी भी सच्चे मसीहा की राह देख रहे हैं, वैसे तीनों धर्म, यहूदी, ईसाई तथा इस्लाम, अब्राहमीय धर्म समझे जाते हैं, क्योंकि तीनों धर्मों का आधार अब्राहम द्वारा प्रतिपादित सिद्धांत 'एक-ईश्वरवाद' ही है तथा अन्य सिद्धांत भी कमोबेश मिलते-जुलते हैं।

यहूदियों का मिस्र के लिए पलायन

कालांतर में इजराइल में भीषण अकाल पड़ा तथा उनको उस समय संपन्न मिस्र (आधुनिक इजिप्ट) देश में शरण लेनी पड़ी। प्रारंभ में उनका खुलकर स्वागत हुआ तथा अन्य अनेक यहूदी भी आने लगे। बाद में, मिस्र में जब दूसरे राजा आए तो वे यहूदियों की बढ़ती हुई संख्या को आशंका से देखने लगे और उनको गुलाम बना लिया, ताकि वे राजा के पूर्ण नियंत्रण में रह सकें। उनसे मजदूरी का काम लेने लगे, जिसमें भी काम अधिक समय तक लेना और मजदूरी बहुत कम देना। मिस्र के एक फिरौन (राजा) ने स्वप्न में यह देखा कि किसी गुलाम यहूदी का भविष्य में पैदा होनेवाला लड़का उसका वध करेगा। दूसरे दिन ही फिरौन का यह हुक्मनामा जारी हो गया कि यहूदी स्त्री से पैदा होनेवाले लड़कों को जान से मार दिया जाए। उसके सैनिकों ने तथा प्रसव करानेवाली दाइयों ने इस आदेश का पालन शुरू कर दिया।

हजरत मूसा का जन्म

मिस्त्र में जब यहूदी इमरान की पत्नी यूकाबद ने बालक को जन्म दिया तो उसके माता-पिता ने यह सोचकर कि राजा के सैनिक इसे मार डालेंगे, किसी प्रकार छिपकर उसे डलिया में रखकर नदी में बहा दिया, यह समझकर कि शायद कोई दयालु इनसान इसे उठा ले। नदी में बहते हुए बच्चे को संयोग से मिस्त्र की रानी ने देख लिया और उसे नदी से सुरक्षित निकलवाकर अपने पास रख लिया। उस बच्चे का नाम 'मूसा' (मिस्त्री भाषा में जिसका अर्थ है 'पानी से रक्षित शिशु') रखा गया तथा ऐसी स्त्री की तलाश होने लगी, जो अभी माँ बनी हो (वैट मदर) तथा उस बच्चे को दूध पिला सके। रानी के कर्मचारी यूकाबद को ले आए, इस प्रकार मूसा अपनी मूल माता का दूध पीकर ही बड़ा हुआ। उसका राजकुमार की तरह से ही पालन-पोषण होता रहा। उसके लिए उत्तम शिक्षा का प्रबंध भी किया गया। बचपन से वह मेधावी व साहसी तो था ही, समुचित शिक्षा प्राप्त कर वह युद्ध-कला, रणनीति, आर्थिक नीति, राजनीति, दर्शनशास्त्र तथा ओजपूर्ण व प्रभावी भाषण कला में पारंगत हो गया। रानी के कोई पुत्र नहीं था, अतः वह मूसा को ही अपना पुत्र मानती थी। बाद में किसी प्रकार यह भेद खुल गया कि मूसा यहूदी नारी का लड़का है और यह भी कि किन परिस्थितियों में उसकी माँ को उसे नदी में बहाना पड़ा था। मिस्त्र में यहूदियों पर हो रहे अत्याचारों को देखकर मूसा पहले से ही दुःखी था, परंतु जब उसे ज्ञात हुआ कि वह स्वयं यहूदी है तो उसने याहवे (ईश्वर) से पथ-प्रदर्शन हेतु प्रार्थना की, तभी ईश्वर ने उसे निर्देश दिया, "सबसे पहले तुम मिस्त्र में ऐसी घोर विपत्तियों (प्लेग्स) का एलान करो, जिससे राजा के दिल में भय पैदा हो और वह गुलाम बनकर रह रहे यहूदियों को गुलामी से मुक्त कर इजराइल जाने की अनुमति दे दे, तब तुम उन्हें इजराइल ले जाओ और अपने नेतृत्व में सभी यहूदियों को संगठित कर अब्राहम द्वारा प्रारंभ किए गए कार्य को आगे बढ़ाओ।" ईश्वर ने उससे यह भी कहा कि जब तुम यहूदियों को लेकर मिस्त्र के बाहर आ जाओगे, तब तुम्हें दस निर्देश (कमांडमेंट्स) भी प्रकट किए जाएँगे, जिनको आधार बनाकर सभी विधि-विधानों को संगृहीत करके यहूदी धर्म का ऐसा प्रचार व प्रसार करना कि मेरे अनुयायी शक्तिशाली धर्म का अनुसरण करते हुए सुनियोजित होकर पापरहित व भयरहित सुखी एवं संपन्न जीवन जी सकें।

जिन महाविपत्तियों का मूसा द्वारा एलान किया गया, वे इस प्रकार हैं—मिस्त्रवासियों ने यहूदी शरणार्थियों को गुलाम बनाकर और उनके नवजात बालकों की हत्या कर जो पाप किए हैं, उसके फलस्वरूप नील नदी का पानी रक्त में परिवर्तित हो जाएगा, समस्त मिस्त्र में मेंढक, जूँए व जंगली पशु फैल जाएँगे। काम में आनेवाले पशु (ऊँट, घोड़े, गधे, मवेशी, भेड़, बकरी) मार दिए जाएँगे, सबके शरीर में घाव हो

जाएँगे, भयानक तूफान आएँगे, टिड्डियाँ फैल जाएँगी, तीन दिन तक संपूर्ण मिस्र में अँधेरा छा जाएगा और परिवार में प्रथम बच्चे की मृत्यु हो जाएगी।

मूसा ने राजा को डराने के लिए उपरोक्त एलान अति प्रभावी ढंग से प्रस्तुत किए। इधर राजा को डरावने सपने भी दिखाई देने लगे थे। उसको यह सूचना भी मिली कि मूसा गुलाम यहूदियों को सैनिक प्रशिक्षण देने लगा है। मूसा की दैविक और भौतिक शक्ति से राजा परिचित थे, अतः वह डर गए और उन्होंने मूसा से कहा, "मैं सभी इजराइलियों को तत्काल प्रभाव से गुलामी से मुक्त करता हूँ तथा तुम उन्हें इजराइल ले जा सकते हो।" मूसा तो यही चाहता था। उसने, जो कुछ हुआ था, वह सब सच्चाई के साथ मिस्र में रह रहे यहूदियों को सुनाया, सभी इजराइल वापस जाने को तैयार हो गए। मूसा लगभग 6,00,000 यहूदियों को लेकर चल दिए और लाल सागर के किनारे पहुँचकर हजरत मूसा ने अपनी दैवी शक्ति से उस सागर को दो भागों में इस प्रकार बाँट दिया कि समुद्र के बीच में धरती का भाग आ गया, जब मूसा के साथ सभी यहूदी समुद्र के पार पहुँच गए तो समुद्र को दो भागों में बाँटनेवाली धरती लुप्त हो गई तथा समुद्र पूर्ववत् अविभाजित हो गया। इसी बीच किसी ने मिस्र के राजा को बताया कि इजराइलियों के मिस्र छोड़कर चले जाने से मजदूर नहीं मिल पा रहे हैं, अतः सभी निर्माणाधीन कार्य रुक गए हैं और नए कार्य प्रारंभ करना भी कठिन हो जाएगा। राजा ने इस संकट को समझते हुए, अपनी सेना को हुक्म दिया कि अभी जाओ और सबको गिरफ्तार करके वापस लेकर आओ। सेना ने तुरंत कूच तो कर दिया, परंतु जब वे सीमा पर पहुँचे तो देखा कि इजराइली लाल सागर को पार कर चुके हैं तथा ऐसी स्थिति में समुद्र पार करने के प्रयत्न का अर्थ होगा 'अपनी आत्म हत्या', अतः मिस्र की सेना के सामने वापस लौटने के अलावा कोई दूसरा विकल्प नहीं था। वापस आकर उन्होंने राजा से कहा कि विशाल समुद्र को इजराइली पार कर चुके थे, अतः सेना को वापस आने के लिए विवश होना पड़ा।

यहूदियों को हजरत मूसा के माध्यम से ईश्वरीय दस आदेश (टेन-कमांडमेंट्स)

मूसा के मिस्र से वापस आ जाने के बाद, उसे सिनाई पर्वत पर, याहवे (ईश्वर) से पत्थर की पट्टियों पर लिखे दस आदेश (टेन कमांडमेंट्स) मिले, जो यहूदी धर्म के प्रमुख सिद्धांत माने जाते हैं। ये निम्न प्रकार हैं—

1. मैं तुम्हारा प्रभु (लॉर्ड) हूँ, ईश्वर हूँ।
2. तुम अन्य किसी कल्पित ईश्वर की (मूर्ति रूप में या देवी-देवताओं के रूप में) पूजा नहीं करोगे।

3. तुम व्यर्थ में मेरा नाम नहीं लोगे। तुम्हारा मुख्य धर्म मेरे संसूचित किए गए निर्देशों का सच्चाई के साथ पालन करते हुए, अपने को तथा समाज को हर प्रकार के संकट से मुक्त रखने का है।

4. सप्ताह में 6 दिन कार्य करने के लिए तथा 1 दिन अवकाश के लिए है। अवकाश के दिन को पवित्र दिन (होली डे) कहते हैं, क्योंकि इस दिन कोई व्यावसायिक कार्य नहीं करना पड़ता, अतः इसे ईश्वर की पूजा-पाठ, दान-पुण्य आदि में व्यतीत करना चाहिए। यहूदी 'शनिवार' को, ईसाई 'रविवार' को तथा मुसलमान 'शुक्रवार' को पवित्र दिन मानते हैं।

5. अपने जन्मदाताओं (माता तथा पिता) का सदैव सम्मान करते रहना तुम्हारा पवित्र धार्मिक कर्तव्य है।

6. किसी की हत्या नहीं करोगे।

7. सदैव स्त्री को पतिव्रता तथा पुरुष को पत्नीव्रत धर्म का पालन करना चाहिए (नो-एडल्ट्री)।

8. अस्तेय (चोरी न करना)।

9. असत्य साक्षी न देना।

10. लोभ न करना, अर्थात् जिस वस्तु पर तुम्हारा स्वामित्व नहीं है, उसे कभी अनाचार (साम, दाम, दंड, भेद) से प्राप्त करने का प्रयत्न नहीं करोगे।

उपरोक्त कमांडमेंट्स में जो क्रम संख्या 5 से 10 में वर्णित हैं, वे परोक्ष या अपरोक्ष रूप से सभी धर्मों में व्याप्त हैं। क्रम संख्या 4 पर अंकित सप्ताह के एक दिन को पवित्र मानने के सिद्धांत को केवल यहूदी, ईसाई तथा इस्लाम धर्म में ही मान्यता है।

(ईश्वर के बारे में भी विभिन्न धर्मों में विभिन्न मत हैं। सनातन धर्म एक-ईश्वरवादी तो है, परंतु उसमें ईश्वर के तीन रूपों का प्रावधान है, सृष्टि के सृजन के लिए ब्रह्मा, संपोषण के लिए विष्णु तथा संहार के लिए महेश। जैन धर्म के अनुसार सृष्टि की रचना पूर्णरूप से प्राकृतिक घटना है। वे 'पूर्ण ज्ञानी' तीर्थंकरों को ही ईश्वर के समान मानते हैं, परंतु यह नहीं मानते कि उन्होंने सृष्टि की रचना की है। यह भी अवधारणा है कि प्रत्येक कालचक्र में 24 तीर्थंकर होते हैं, कालचक्र (व्हील) का प्रारंभ अनादि है तथा अंत भी अनंत है। बौद्ध धर्म के संस्थापक गौतम बुद्ध का यह कहना था कि सृष्टि में कोई भी वस्तु स्थायी नहीं है, अतः वे ईश्वर के स्थायित्व को भी स्वीकार नहीं करते थे, परंतु सनातनी हिंदुओं ने गौतम बुद्ध को विष्णु का नौवाँ अवतार माना हुआ

है। सिख धर्म में एक ही ईश्वर की मान्यता है, जिसका नाम 'एक-ओंकार' अथवा 'वाहेगुरु' है। इस प्रकार आस्तिक धर्मों में ईश्वर के बारे में भिन्न-भिन्न मत हैं। पिछले सहस्र वर्षों के महानतम वैज्ञानिक, आइंस्टीन से, जो स्वयं यहूदी थे, जब यह प्रश्न पूछा गया कि ईश्वर के विषय में उनके क्या विचार हैं तो उन्होंने यही कहा कि "मैं व्यक्तिगत (पर्सनल) ईश्वर में विश्वास नहीं करता और न इसमें विश्वास करता हूँ कि ईश्वर मनुष्यों को उसके कर्मों का फल देता है और न स्वर्ग या नरक की अवधारणा में, परंतु मैं अनीश्वरवादी (एथिइस्ट) भी नहीं हूँ। मैं यह मानता हूँ कि कोई शक्ति अवश्य है, जिसने इतनी विशाल सृष्टि की रचना की है, जिसका अनंतकाल से नियमानुसार संचालन हो रहा है, वह शक्ति किस रूप में है, इसकी खोज अभी तक नहीं हो पाई है या हो ही नहीं सके।" यह अज्ञेयवादी (ऐग्नास्टिक) विचारधारा है, अतः वर्तमान में विभिन्न आस्तिक धर्मों में पृथक्-पृथक् ईश्वर की अवधारणा को आस्था का विषय ही मानना उचित है। सभी देशों में कुछ लोग चार्वाक के सिद्धांत को मानते हैं, जो प्रत्यक्ष है, अथवा जो विज्ञान-सम्मत है, वही सही है।"

ईश्वरीय निर्देशों का हजरत मूसा ने पुस्तकों के रूप में संकलन किया तथा ओजपूर्ण व प्रभावी शैली में जनसाधारण में भाषण दिए। मूसा के इन निष्ठापूर्वक किए गए प्रयासों के कारण लगभग संपूर्ण इजराइल में तथा सभी पड़ोसी राज्यों में यहूदी धर्म फैल गया, अतः हजरत मूसा को ही यहूदी धर्म का असली व्यावहारिक संस्थापक माना जाता है।

यहूदी धर्म के अनुसार मनुष्य का पृथ्वी पर सृजन ('एडम और ईव' की अवधारणा)

यहूदी धर्म के अनुसार ईश्वर ने पहले धरती की मिट्टी से पुरुष को बनाया, जिसका नाम 'एडम' रखा और उसे स्वर्ग के बाग एडिन गार्डन में रहकर फल खाने की स्वतंत्रता दे दी। बाद में एडम की पसलियों से स्त्री बनाई, जिसका नाम 'ईव' रखा। दोनों को निर्देश दे दिए कि वे बाग में उपलब्ध फलों को खा सकते हैं, सिर्फ एक विशेष वृक्ष, जो ज्ञान का वृक्ष है, के फल को छोड़कर। उस वृक्ष पर एक सर्प भी था, उसने ईव को उस वृक्ष का फल खाने को दे दिया, जिसे ईव ने स्वयं भी खाया और एडम को भी खिलाया। जब ईश्वर को मालूम हुआ तो उन्होंने तीनों को शाप देकर दुःख भोगने के लिए पृथ्वी पर भेज दिया (उक्त परिच्छेद में अलौकिकता स्पष्ट है। एडम और ईव का कथानक प्रतीकात्मक है, यह प्रदर्शित करने के लिए कि सभी मनुष्य एडम तथा ईव की ही संतान हैं, अतः सभी समान हैं, चाहे वे पुरुष हों या नारी, अमीर हों या गरीब, पढ़े-लिखे हों या अनपढ़। सभी अब्राहमी धर्मों में एडम और ईव की अवधारणा आस्था के रूप में स्वीकार की जाती है।)

यहूदियों के स्वतंत्र राज्य 'इजराइल' की स्थापना

यहूदियों को अपने मूल क्षेत्र इजराइल से कई बार पलायन करना पड़ा था। द्वितीय विश्वयुद्ध की अवधि में कुछ यहूदी संयुक्त राज्य अमरीका (यू.एस.ए.), इंग्लैंड तथा रूस जाने में सफल हो गए थे। उस समय जर्मनी के तानाशाह हिटलर ने तथा उसके सहयोगियों ने यहूदियों को विशेष शिविरों तथा विष-कक्षों (कांसनट्रेशन कैंप्स तथा गैस चैंबर्स) में रखकर, लगभग 60 लाख यहूदियों का सर्वनाश कर दिया था, जिसे अकल्पनीय हॉलोकॉस्ट कहा जाता है॥ साठ लाख की संख्या इस अनुमान पर आधारित प्रतीत होती है कि जर्मनी में तथा उन देशों में, जिनको हिटलर ने युद्ध में हरा दिया था, लगभग 60 लाख यहूदी रहते थे। यह आश्चर्य की ही बात मानी जाएगी कि जीसस क्राइस्ट, जो स्वयं अत्यंत दयालु थे और जिन्होंने अपने अनुयायियों को भी दया करने तथा क्षमा करने का उपदेश दिया था, उनके अनुयायी हिटलर ने इतना बीभत्स अधर्म क्यों किया?

द्वितीय विश्वयुद्ध में वर्ष 1945 में हिटलर की पराजय हो गई। तत्पश्चात्, विश्व में फैले हुए यहूदियों ने यह मन बनाया कि उनका अपना स्वतंत्र देश होना चाहिए, जैसा कि प्राचीनकाल में था, अत: इस उद्देश्य की पूर्ति के लिए उन्होंने आंदोलन प्रारंभ किया तथा अन्य देशों की सहानुभूति प्राप्त करने का प्रयत्न भी किया। उस समय के प्रभावकारी देश, यू.एस.ए., इंग्लैंड, फ्रांस ने उनके आंदोलन का समर्थन किया। विज्ञान, दर्शनशास्त्र व शिक्षा के क्षेत्रों में उनकी प्रशंसनीय उपलब्धियों से सभी देश परिचित थे। अंततोगत्वा संयुक्त राष्ट्र महासभा (यूनाइटेड नेशंस जनरल असेंबली) ने 29 नवंबर, 1947 को प्रस्ताव 181(II) द्वारा यह संस्तुति कर दी कि फिलिस्तीन (पैलेस्टीन) क्षेत्र को तीन स्वाधीन राष्ट्रों में विभाजित कर दिया जाए—अरब स्टेट, ज्यूइस (यहूदी) स्टेट तथा येरूसलम नगर। यहूदियों ने इस निर्णय को स्वीकार कर लिया, परंतु अरबों ने इसका विरोध किया, यद्यपि इजराइल ने अपना स्वतंत्र राज्य तो बना लिया तथा तेलअवीव नगर को राजधानी बनाया, परंतु सीमा निर्धारण हेतु समय-समय पर छोटे-मोटे युद्ध होते रहे। वर्ष 1948 में हुए युद्ध के बाद इजराइल की राजधानी येरूसलम हो गई, जिसकी आबादी 8 लाख से अधिक है। औद्योगिक व आर्थिक नगर तेलअवीव इजराइल का दूसरा बड़ा नगर है (आबादी लगभग 432000)। वर्ष 1967 में बड़ा युद्ध हुआ, जिसमें इजराइल के विरुद्ध इजिप्ट, जोर्डन तथा सीरिया ने भाग लिया। यह युद्ध 6 दिन चला। अंत में इजराइल को विजय प्राप्त हुई। इसके फलस्वरूप इजराइल का जोर्डन नदी के पश्चिमी किनारे पर जहाँ येरूसलम नगर स्थापित था तथा इजिप्ट के गाजा क्षेत्र पर कब्जा हो गया। कब्जे में आए क्षेत्रों में इजराइल ने यहूदी बसाने प्रारंभ कर दिए। इजिप्ट ने तो गाजा क्षेत्र पर अपना अधिकार छोड़ दिया, येरूसलम के विषय

में शांति-वार्त्ता के प्रयास हो रहे हैं, परंतु अभी तक कोई निर्णय नहीं हो पाया है, अब इजराइल एक स्वतंत्र 'संसदीय जनतंत्र' देश है, इसकी कुल आबादी लगभग 80 लाख है, जिसमें 60 लाख यहूदी हैं तथा 20 लाख अन्य धर्मावलंबी। संपूर्ण विश्व में यहूदियों की संख्या वर्तमान में लगभग 150 लाख है, अर्थात् 90 लाख यहूदी अन्य देशों में बसे हुए हैं, इनमें से लगभग 25000 यहूदी भारत में हैं।

अलौकिकता : उक्त परिच्छेदों में पहली अलौकिकता तो यह है कि यहूदियों के ईश्वर अपने पैगंबर को साक्षात् प्रकट हो कर निर्देश देते थे। इस बात की संभावना अधिक है कि ईश्वर पैगंबर को स्वप्न में दिखाई देते हों और वह जनसामान्य को स्वप्न न बताकर यथार्थ में हुई घटना बताते हों, ताकि सामान्यजन में उस घटना को सच मानने के प्रति आस्था पैदा हो। इसका यह अर्थ कदापि नहीं लेना चाहिए कि पैगंबर ने लोगों को यथार्थ न बताकर गुमराह किया। पैगंबर वास्तव में अति विद्वान् महान् पुरुष होते थे, वह निस्स्वार्थ भाव से यह सोचते थे कि जो कुछ उन्हें स्वप्न में दिखाई दिया, उसका प्रसार यहूदियों के हित में है, अत: अपने विवेक का प्रयोग करते हुए उसे, जनहित में, इस प्रकार रखना उन्होंने वांछनीय समझा। यह भी संभव है कि उन्होंने उसे स्वप्न ही बताया हो, परंतु सैकड़ों वर्षों बाद वह स्वप्न यथार्थ में हुई घटना के रूप में अंकित किया गया हो।

दूसरी अलौकिकता यह है कि मूसा द्वारा प्रकट की गई अविश्वसनीय महा आपत्तियों पर राजा ने विश्वास कर लिया और वे डर गए, वास्तव में यह प्रतीत होता है कि हजरत मूसा यहूदियों पर हो रहे अत्याचारों से दु:खी होकर, उनको संगठित कर राजा से युद्ध करने के लिए प्रशिक्षित कर रहे हों। इतिहास की पुस्तकों में यह अंकित है कि मिस्त्र के राजा को डरावने स्वप्न दिखाई देते थे। यह बात तर्क-संगत प्रतीत होती है। मिस्त्र के राजा को इसकी सूचना मिलने पर तथा मूसा की युद्ध-कुशलता व क्षमता जानते हुए तथा डरावने स्वप्नों पर विचार करते हुए, उन्होंने अपने और अपने देश के हित में यही उचित समझा कि यहूदियों को मूसा के साथ इजराइल वापस भेज दिया जाए। यह भी संभव है कि मिस्त्र की रानी, जो मूसा को अपने बेटे की तरह ही बहुत प्यार करती थीं तथा हृदय से भी अत्यंत दयालु थीं, ने भी राजा को समझाया होगा कि वह मूसा की बात मान लें।

तीसरी अलौकिकता है 'समुद्र का बीच से फट जाना'। इस बात की संभावना है कि उस समय भूमध्य सागर और लाल सागर के बीच कुदरती जमीन थी, उसी थल मार्ग से मूसा अपने अनुयायियों के साथ इजराइयल पहुँचे होंगे। सहस्त्रों वर्ष बाद, आधुनिककाल में अंग्रेजों ने स्वेज नहर बनवाकर यूरोप को एशिया से सीधे जलमार्ग से जोड़ दिया, ताकि भारत जाने के लिए अफ्रीका का चक्कर न लगाना पड़े।

चौथी अलौकिकता कि 'गुलामी से मुक्त हुए इजराइलियों की संख्या को 6 लाख अंकित करना, अतिशयोक्ति ही लगती है। यही मत आधुनिक विद्वान् वक्ताओं ने विभिन्न गोष्टियों (सेमिनार्स) में व्यक्त किया है, उनका कहना है कि यह संख्या कुछ हजारों में रही होगी। कदाचित् 60,000 रही हो, अब इसे आस्था का ही विषय कह सकते हैं। पाँचवीं अलौकिकता है, ऐदम ओर ईव की अवधारणा। इसका तात्पर्य यही हो सकता है, सभी मनुष्य ऐदम और ईव की संतान हैं, इसलिए सभी समान हैं, अतः सबके साथ सम-भाव रखना चाहिए।

□

12

ईसाई धर्म

परिचय

ईसाई धर्म के संस्थापक, जीसस क्राइस्ट, का जन्म यहूदिया प्रांत के बेथलेहम नगर में हुआ था। जन्म के बाद उसका नाम जीसस रखा गया था, बाद में जब वह धर्म-प्रचारक बन गए तब उपनाम 'क्राइस्ट' जोड़ दिया गया। 'जीसस' शब्द हिब्रू भाषा के मूल शब्द 'योशुआ' का अपभ्रंश है। ग्रीक में वह अभी भी 'संन्यासिनी का पुत्र जोशुआ' कहलाता है। हिंदी में उसे 'ईसा' कहते हैं। क्राइस्ट शब्द 'क्रिस्टोज' का अपभ्रंश है। क्रिस्टोज का अर्थ 'अभिषेकित' है, जो 'मसीहा' के लिए प्रयुक्त होता है, अतः क्राइस्ट का अर्थ 'मसीहा' माना जाता है। ईसाई धर्म के अनुयायी 'जीसस' को मसीहा ही कहते हैं। भारतीय भाषा में उसे 'ईसा मसीह' नाम से संबोधित किया जाता है, इंग्लिश में 'जीसस क्राइस्ट' नाम से।

बाइबिल के अनुसार जीसस की माँ 'मेरी' (मरियम) गलीलिया प्रांत में नाजरेथ गाँव की रहनेवाली थीं। उनकी सगाई दाऊद के राजवंशी धनाढ्य यूसुफ नामक बढ़ई के साथ हुई थी। मेरी और यूसुफ दोनों यहूदी थे। विवाह से पूर्व ही मेरी गर्भवती हो गई थी। देवदूत जिब्राइल ने मेरी के सम्मुख प्रकट होकर कहा था कि "ईश्वर ने आपको आनेवाले मसीहा की माँ बनने के लिए चुना है।" जिब्राइल ने यूसुफ को भी आश्वस्त कर दिया कि मेरी के गर्भ में स्वयं ईश्वर का पुत्र है, जो अब तक का सबसे बड़ा मसीहा होगा, जो अब्राहम द्वारा स्थापित ईश्वरीय धर्म में समय के साथ जो विकृतियाँ पैदा हो गई थीं, उन्हें प्रकट कर नए धर्म की नींव डालेगा, जो समस्त विश्व में फैल जाएगा। मेरी और यूसुफ को देवदूत की बातों पर पूरा विश्वास था। यूसुफ मेरी को बेथलेहम ले आया, वहाँ जीसस का जन्म हुआ।

यद्यपि जीसस के जन्म के निश्चित दिनांक का कहीं उल्लेख नहीं है, परंतु अनुमान के आधार पर ईसा कलेंडर के प्रथम वर्ष (1 एडी) में 25 दिसंबर को हुआ माना

जाता है, तदनुसार 25 दिसंबर, 2020 को उनका 2020वाँ जन्मदिन होगा (वहाँ की पद्धति के अनुसार पहला वर्ष 0 से शुरू न होकर 1 से शुरू होता है)। आजकल भी संपूर्ण विश्व में ईसा का जन्मदिन प्रतिवर्ष 25 दिसंबर को ही अत्यंत धूमधाम से मनाया जाता है, यद्यपि 'मेरी' विवाह से पूर्व ही माँ बन गई थीं, फिर भी, देवदूत जिब्राइल की भविष्यवाणी के कारण, उसके चरित्र के बारे में किसी को किसी प्रकार का कोई संदेह नहीं था तथा बाइबिल में और कुरान में भी, जहाँ उनका उल्लेख बाइबिल से भी अधिक बार है, उन्हें पवित्र और पूजनीय माना गया है। मेरी बाद में यूसुफ के साथ ही रहने लगी और कुछ विद्वानों का मत है कि यूसुफ ने मेरी के साथ विवाह भी कर लिया था।

राजा डेविड के वंशज यूसुफ ने क्राइस्ट को भी अपने साथ बढ़ई के व्यवसाय में ही लगा लिया। 12 वर्ष से पूर्व की उनके बाल्यकाल की घटनाओं (खेल-कूद, शिक्षा आदि) का कहीं कोई उल्लेख नहीं है। ऐसा प्रतीत होता है कि मेरी ने ही जीसस को स्वयं प्रारंभिक शिक्षा दी होगी तथा जीसस ने यहूदियों की धार्मिक पुस्तक 'तनख' के सभी भाग पढ़ लिये होंगे। उस समय जोर्डन नदी के पश्चिमी किनारे पर स्थापित येरूसलम नगर के मंदिर में यहूदी धर्म का एक पर्व 'पास्का' (पासोवर) बड़े ही धूमधाम से एक सप्ताह के लिए (यहूदियों का मिस्त्र की गुलामी से मुक्त होकर हजरत मूसा के नेतृत्व में इजराइल तथा यूदा के क्षेत्र में वापस आ जाने की खुशी में) मनाया जाता था, जिसमें यहूदी अपने परिवार के साथ उत्साह से भाग लेते थे। इसमें यूसुफ भी मेरी और जीसस को लेकर प्रतिवर्ष येरूसलम जाते थे, जब जीसिस 12 वर्ष का था, तब भी यूसुफ सपरिवार वहाँ गए थे। लौटते समय, जीसस वहीं रह गया, यूसुफ व मेरी ने सोचा कि यहीं भीड़ में रिश्तेदारों या मित्रों के साथ आ रहा होगा, जब वे घर पहुँचे तथा जीसस नहीं दिखाई दिया तो थके होने के बावजूद, वे पुनः येरूसलम गए और वहाँ देखा कि वह तो विद्वानों के साथ वार्त्ता में व्यस्त है, जब उन्होंने उसे डाँटा तो उसने विनम्रता के साथ कहा कि मैं तो अपने पिता के व्यवसाय के विषय में ही चर्चा कर रहा हूँ। वे कुछ समझे नहीं, उनका व्यवसाय तो बढ़ईगीरी का था तथा उस व्यवसाय के बारे में धार्मिक विद्वानों से क्या बात कर रहा होगा। खैर, वे उसे लेकर वापस घर आ गए। वास्तविकता यह थी कि जीसस ईश्वर को ही अपना पिता मानता था तथा ईश्वर पर ही जो चर्चा हो रही थी, उसी में भाग ले रहा था। उस सभा में उपस्थित विद्वान् जीसस के प्रश्नों व उत्तरों से अत्यंत प्रभावित थे।

12 वर्ष की उम्र में जीसस क्राइस्ट येरूसलम के मंदिर में विद्वानों के बीच

कुछ समय बाद यूसुफ की मृत्यु हो गई और जीसस अब अपनी 29 वर्ष की उम्र तक पूर्ण कुशलता व सत्यनिष्ठा के साथ अपने पैतृक बढ़ई के कार्य को करते रहे। साथ में वह धार्मिक पुस्तकों का अध्ययन करते रहे होंगे तथा प्रतिवर्ष येरूसलम के मंदिर में भी अपनी माँ मेरी के साथ जाते रहे होंगे और वहाँ विद्वानों से विचार-विमर्श तथा वाद-विवादों में भी भाग लेते रहे होंगे, यद्यपि बाइबिल में जीसस की इन बातों का कोई उल्लेख नहीं है।

जीसस क्राइस्ट का धर्म-प्रचारक (मिशनरी) जीवन

तीस वर्ष की उम्र में जीसस क्राइस्ट ने आचार्य यहून्ना (जॉन) से दीक्षा ली, यह एक परंपरा (बैप्टाइजेशन) थी, जिसमें दीक्षा लेनेवाले व्यक्ति को पहले स्नान कराकर अथवा उसके माथे पर जल छिड़ककर उसे पापों से मुक्त किया जाता है, तत्पश्चात् उसे ईश्वर के निर्देशों एवं धर्म के नियमों से अवगत कराया जाता है। दीक्षा के उपरांत 40 दिन के उपवास के बाद से दीक्षा-प्राप्त व्यक्ति लोगों को धर्मोपदेश देने के लिए अधिकृत मान लिया जाता है। तदनुसार, जीसस क्राइस्ट ने जनता को उपदेश देने प्रारंभ किए। वह ईश्वर को 'अब्बा' कहते थे, इस प्रकार वह अपने को ईश्वर का पैगंबर न बताकर, पुत्र बतलाते थे। एक सभा में उन्होंने कहा था कि—

"मुझे जानना प्रभु को जानना है, मुझे देखना प्रभु को देखना है, मुझ पर विश्वास करना प्रभु पर विश्वास करना है, मुझे ग्रहण करना प्रभु को ग्रहण करना है, मुझसे बैर रखना प्रभु से बैर रखना है, मेरा आदर करना प्रभु का आदर करना है।"

इस प्रकार की बातों को परंपरागत यहूदी यह मानते थे कि जीसस अपने को ईश्वर ही समझता है, जो उनके अनुसार 'ईश-निंदा' थी, परंतु काफी संख्या में ऐसे भी लोग थे, जो जीसस को सचमुच ईश्वर का पुत्र मानने लगे थे तथा उसकी प्रतिभा एवं उसके भाषणों से प्रभावित थे।

जीसस का उस समय के यहूदी धर्म में प्रचलित हो गई कुरीतियों का विरोध

यहूदियों में पशु-बलि, कर्मकांड और पाखंड इतने बढ़ गए थे कि अब वह अब्राहम का यहूदी धर्म नहीं रहा था। वह मानने लगे थे, ईश्वर केवल उनका है, अन्य देशों का नहीं। इसके विपरीत जीसस ईश्वर को सबका मानते थे। उस समय यहूदियों में पशु-बलि प्रचलित हो गई थी, जबकि दस कमांडमेंट्स में स्पष्ट था कि किसी की हत्या न की जाए। कई प्रकार के आडंबर तथा पाखंड प्रचलन में आ गए थे, जिसके कारण भोले-भाले लोगों का शोषण व उत्पीड़न होने लगा था। काम, क्रोध, लोभ, मोह तथा दंभ के दुर्गुण पनपने लगे थे। रोम के तत्कालीन राजा अपने को ईश्वर ही मानने लगे थे। इस प्रकार की स्थिति को देखकर, जो दस कमांडमेंट्स के प्रतिकूल थी, जीसस ने उस समय में प्रचलित यहूदी धर्म में सुधार करने का निश्चय किया।

जीसस क्राइस्ट द्वारा प्रतिपादित सिद्धांत

जीसस ने अपने भाषणों में निम्न सिद्धांतों पर बल दिया—

1. जैसा व्यवहार हम अपने लिये चाहते हैं, वैसा ही व्यवहार हमें दूसरों के साथ करना चाहिए।
2. एक-दूसरे की सेवा करना ही ईश्वर की सच्ची सेवा है।
3. मनुष्य के हृदय में सदैव सरलता, दयालुता एवं प्यार की भावना रहनी चाहिए, नफरत या भेदभाव की नहीं। मानवाधिकारों का पालन सुनिश्चित करना प्रत्येक मानव का मूल धर्म है।
4. अपने स्वार्थ के लिए कभी असत्य नहीं बोलना चाहिए।
5. मनुष्य को क्षमावान होना चाहिए, यदि किसी से कोई गलती हो जाती है और वह क्षमा हेतु प्रार्थना करता है तो उसे क्षमा कर देना चाहिए। जीसस ने तो ईश्वर से उन लोगों के लिए भी क्षमा माँगी, जिन्होंने उसे सूली की सजा दी थी तथा जिन्होंने उसका घोर अपमान किया था।

6. धर्म का सच्चे अर्थ में पालन करना चाहिए। धर्माधिकारियों द्वारा जो अनावश्यक परंपराएँ, कर्मकांड, पाखंड, नियंत्रण आदि धर्म में जोड़ दिए जाते हैं, ताकि उनको अनुचित लाभ (आर्थिक, दैहिक तथा सामाजिक) मिलता रहे, वे पाप की श्रेणी में ही माने जाने चाहिए, क्योंकि उनसे भोली-भाली धर्मभीरु जनता का शोषण व उत्पीड़न होता है।

ईसा मसीह को ईश-निंदा का अपराधी मानना

जीसस ईसा मसीह अपने को ईश्वर का पुत्र कहते थे, क्योंकि उनका कोई ज्ञात पिता नहीं था। उनकी माँ वरजिन (अविवाहित) मेरी थी, जब वह गर्भवती थीं, तब देवदूत ने ही प्रकट किया था कि जो बालक उनके गर्भ में है, वह स्वयं ईश्वर का ही पुत्र है जब जीसस कुछ बड़े और समझदार हुए तो यही बात स्वयं मेरी ने भी उनके मन-मस्तिष्क में बिठाली होगी। तीस वर्ष की आयु में औपचारिक दीक्षा प्राप्त कर जब धर्मोपदेश करने लगे तो उनका अपने को ईश्वर का पुत्र कहना ही स्वाभाविक था। जीसस ने अपने विरोधियों को समझाया कि "चाहे तुम मेरा विश्वास न भी करो, परंतु उन कामों पर तो विश्वास करो, जिनसे तुम जानोगे और समझोगे कि पिता मुझमें हैं और मैं पिता में हूँ।"

ईसा की ओज पूर्ण व तर्क-संगत प्रवचनों को सुनकर अच्छी-खासी संख्या में उस समय के यहूदी उनके अनुयायी हो गए, फिर भी अधिकांश यहूदी उनके विरोधी थे और उन्हें ईश-निंदा का अपराधी मानते थे, यद्यपि ईसा स्वयं सरल हृदय एवं सत्यवादी थे पर उनके अनुयायियों ने उनके विरोधी रूढ़िवादी यहूदियों को उनके पक्ष में लाने के लिए उनके कार्यों को चमत्कार के रूप में प्रकट किया। कुछ दृष्टांत निम्न प्रकार हैं—

लकवा से पीड़ित एक व्यक्ति को छत से नीचे उतारा गया। उसके दुःख को देखकर ईसा ने कहा, "पुत्र, तेरे पापों से मैं तुझको क्षमा करता हूँ, उठ और अपनी खाट उठाकर अपने घर चला जा।" वह उठा और अपने घर चला गया। इसी प्रकार ईसा की कृपा से एक लँगड़ा व्यक्ति चलने लगा, गूँगा व्यक्ति बोलने तथा अंधा देखने लगा। कई रोगियों को अच्छा कर दिया तथा एक विधवा के मृत बेटे को जीवित कर दिया। गलील के समुद्र में आए तूफान को शांत कर दिया। एक विवाह में उन्होंने शराब के समाप्त हो जाने पर पानी को शराब में बदल दिया।

उपरोक्त सब बातें सुनकर रूढ़िवादी यहूदियों की प्रतिक्रिया थी कि ईश्वर के अतिरिक्त और किसी को क्षमा करने का अधिकार ही नहीं है, जीसस अपने को ईश्वर ही समझता है, अतः वह ईश-निंदा का दोषी है। रोम के राजा को जब इस प्रकार के समाचार मिलते थे तो वह भी आशंकित हो जाते थे कि जीसस स्वयं राजा बन जाना चाहता है। यहूदी धर्माचार्य

तो उससे नाराज थे ही, क्योंकि जीसस ईसा ने उनके द्वारा प्रचलन में लाए गए आडंबरों व पाखंडों का प्रभावी ढंग से विरोध किया था।

ईसा को सूली की सजा

यहूदियों में 'ईश-निंदा' को गंभीरतम अपराध माना जाता था और आज भी माना जाता है, अतः वर्ष 33 से 36 की अवधि में एक दिन (निश्चित तारीख का कहीं कोई उल्लेख नहीं है) रूढ़िवादी यहूदियों ने जीसस के विरुद्ध ईश-निंदा के अपराध के लिए सजा हेतु तत्कालीन रोम के न्यायालय में मामले को प्रस्तुत किया। उच्चतम न्यायालय के न्यायाधीश गवर्नर पिलातुस ने ईसा को सूली पर चढ़ाकर मुत्युदंड की सजा दे दी। सूली गल्गता में दी गई, जहाँ उन्हें अकल्पनीय ढंग से अपमानित करते हुए ले जाया गया। मृत्युदंड जिस दिन दिया गया, उस दिन शुक्रवार (फ्राइडे) का दिन था। इसको ईसाई-धर्म में 'गुड फ्राइडे' कहा जाता है। यह तो वास्तव में 'दु:ख का दिन' था, क्योंकि इस दिन ईसाई धर्म के संस्थापक ईसा मसीह का, सूली पर लटकाकर, क्रूरतम तरीके से अंत किया गया था। इस विषय पर निम्नांकित विचारों को अंकित करना वांछनीय है।

1. कैथोलिक विद्यालयों की पाठ्यपुस्तकों में लिखा जाता है कि ईसा मसीह ने मनुष्यों को पापों से बचाने के लिए उनके पाप अपने ऊपर ले लिये। शुक्रवार को अपने को बलिदान कर दिया था तथा बाद में तीसरे दिन रविवार को पुनरुज्जीवित होकर (मृत्यु पर विजय प्राप्त कर) आशीर्वाद देने के लिए वे अनुयायियों के बीच आ गए थे। बलिदान के कारण ही उन्हें पुनरुज्जीवित होने की दैवी शक्ति दिखाने का अवसर प्राप्त हुआ, अतः सूली के दु:खद दिन को गुड फ्राइडे कहा जाता है।
2. वर्ष 1907 में प्रकाशित विश्वकोश (एंसाइक्लोपीडिआ) में यह अंकित किया गया है कि कुछ सूत्रों में 'गुड' का मूल निकास 'गॉड' से है, अतः इसे 'गॉड का फ्राइडे' भी समझा जा सकता है। इसके लिए 'गुडबाय' शब्द के पूर्ण रूप का उदाहरण प्रस्तुत किया जाता है, जो इस प्रकार है—'गॉड बी विद यी'।
3. जर्मन भाषा में इसे ग्यूट फ्राइटैग (दु:खद फ्राइडे) कहा जाता है।
4. यह भी समझा जाता है कि 'गुड' का पर्यायवाची शब्द 'पवित्र' भी है, अतः ईसा मसीह के बलिदान को पवित्र एवं महान् मानते हुए, गुड फ्राइडे शब्द का प्रयोग प्रारंभ हो गया हो।
5. एक मान्यता यह भी है कि जब इजराइली मिस्र की गुलामी से मुक्त होकर

वापस इजराइल तथा यूदा में आए तो उस यात्रा में कुल सात दिन लगे और उन्होंने प्रत्येक दिन से पहले विशेषण लगा दिए। शुक्रवार के लिए उन्होंने 'गुड' का विशेषण लगाया, अतः फ्राइडे को वे गुड फ्राइडे कहते हैं।

ईस्टर संडे

उस समय में, ईस्टोरा को पुनरुज्जीवन (रिवर्थ) की देवी माना जाता था, अतः ऐसा प्रतीत होता है कि उनके नाम से ही ईसा मसीह के रविवार को पुनरुज्जीवित हो जाने की घटना के कारण 'ईस्टर संडे' कहने लगे। वर्ष 325 ई. में यह तय किया गया कि मार्च में जब रात और दिन बराबर होते हैं, उसके बाद का प्रथम रविवार ईस्टर संडे माना जाएगा। यह दिवस ईसा मसीह की सूली के बाद का सबसे महत्त्वपूर्ण दिवस समझा जाता है, क्योंकि पुनर्जागरण (रिनेसंस) से ईसा मसीह ने यह सिद्ध कर दिया कि ईश्वर का पुत्र होने के कारण उनमें मृत्यु व अन्याय पर विजय प्राप्त करने की शक्ति है। पुनर्जागरण के पश्चात् वे 40 दिन तक अपने अनुयायियों को शिक्षा देते रहे और उसके बाद वे सीधे स्वर्ग चले गए (स्वर्गारोहण)। यह माना जाता है कि पुनर्जागरण के कारण ही नए धर्म के रूप में ईसाई धर्म की स्थापना संभव हुई। वर्तमान में ईसाई धर्म के अनुयायियों की संख्या विश्व में सबसे अधिक, 240 करोड़ है।

ईसाई धर्म में प्रोटेस्टेंट शाखा की स्थापना

ईसा मसीह के समय में तो सब अपने को यहूदी ही कहते थे। बाद में, उनके अनुयायी अपने को ईसाई (ईसा के अनुयायी) कहने लगे थे। उनके सामूहिक प्रार्थना करने के लिए जो इमारत बनवाई जाती थी, उसे चर्च कहा जाता था। वर्ष 380 में रोम के सम्राट् ने ईसा के सिद्धांतों से प्रभावित होकर ईसाई धर्म स्वीकार कर लिया और उसे राजधर्म भी घोषित कर दिया। इससे पूर्व रोम में देवताओं के रूप में मुख्यतया प्रकृति (वृक्ष, नदी, पर्वत, सूर्य, चंद्रमा, तारे आदि) की पूजा की जाती थी और राजा को ईश्वर माना जाता था। ईसाई धर्म स्वीकार कर लेने के पश्चात् चर्च का नाम उसने 'रोमन कैथोलिक चर्च' रखा, कैथोलिक शब्द का निकास ग्रीक शब्द 'कैथोलिकोस' से हुआ है, जिसका अर्थ 'विश्वव्यापी (यूनिवर्सल)' है। कैथोलिक चर्च राजाओं तथा अनुयायियों के दान से काफी धनाढ्य होते चले गए। उन्होंने अपने धर्म-प्रचारकों के लिए विशाल मठों (मोनस्टरी) तथा महिला मठों (कॉन्वैंट्स) का निर्माण करा लिया। रोमन कैथोलिक चर्चों का प्रधान 'पोप' कहलाने लगा। अधिक धन कई प्रकार की अनियमितताओं को जन्म देता है। चर्चों के धर्माधिकारी पादरी उन भक्तों से पैसा लेने लगे, जो अपने किसी पाप के लिए क्षमा मांगने आते थे। पोप अपने को राजा से बड़ा समझकर अपनी शक्ति का दुरुपयोग करने लगे, मठों का दुरुपयोग होने

लगा, धार्मिक-दीक्षा में भी अनियमितताएँ होने लगीं। इस प्रकार की बुराइयों को देखकर जर्मनी के ईसाई साधु, मार्टिन लूथर ने वर्ष 1517 में कैथोलिक चर्च का विरोध (प्रोटेस्ट) करते हुए चर्चों की नई नीति प्रस्तुत की, जिसका काफी लोग समर्थन करने लगे। लूथर उच्च शिक्षा प्राप्त प्राचार्य (डॉक्टरेट) की डिग्री से विभूषित व्यक्ति थे। उन्होंने अपने नए विचारों (सिस्टम) का नाम 'प्रोटेस्टेंट' रखा। इससे चर्च-प्रणाली दो भागों में बँट गई, कैथोलिक और प्रोटेस्टेंट। बाद में कैथोलिक्स ने अपने चर्चों में जो बुराइयाँ पाईं उन्हें दूर कर लिया, परंतु जो परंपराएँ बाइबिल के अनुसार मान्य थीं, उनको बनाए रखा। इस सबके बावजूद जो लोग सादा जीवन के निर्वहन में विश्वास करते थे, वे प्रोटेस्टेंट ही बने रहे। इस समय कुल ईसाइयों का लगभग 37 प्रतिशत प्रोटेस्टेंट हैं।

अलौकिकताएँ

ईसाई धर्म में पहली अलैकिकता तो यही है कि धर्म-संस्थापक जीसस ईसा मसीह के न तो जन्म दिनांक का और न सूली पर चढ़ाए जाने के दिनांक का और न उनकी प्रारंभिक शिक्षा, आदि का कोई उल्लेख है। अन्य धर्मों में इस प्रकार की अलौकिकता नहीं मिलती। इसके लिये विद्वान् ईसा मतावलंबियों द्वारा शोध करने की आवश्यकता है। दूसरी अलौकिकता चमत्कारों की है, ईसा मसीह चमत्कारों में विश्वास नहीं करते थे। जो उनसे चमत्कार दिखाने को कहते थे, उनकी बातों को वह व्यर्थ की निंदनीय बातें मानते थे, जब लोग उन्हें महान् कहते थे तो उनकी प्रतिक्रिया होती थी कि 'केवल ईश्वर ही महान् हैं और कोई नहीं।' यह उनकी प्रशंसनीय विनम्रता ही कही जा सकती है। बाइबिल में कई स्थानों पर उन्हें मनुष्य (मैन) कहकर संबोधित किया गया है, अतः जो चमत्कार ईसा मसीह द्वारा किए गए माने जाते हैं, वह वास्तव में उनके द्वारा किए ही नहीं गए। इस विषय पर कई तर्क-संगत अनुमान निम्नांकित पंक्तियों में प्रस्तुत हैं। इस बात की संभावना है कि लोग उनसे चमत्कार दिखाने के लिए आग्रह करते रहते थे और वे यह कहकर मना कर देते थे कि चमत्कार तो केवल ईश्वर ही दिखा सकते हैं, अन्य कोई नहीं। उनके अवचेतन मस्तिष्क में यह बात संचित हो जाती थीं और उन्हें स्वप्न में चमत्कारों के रूप में दिखाई देती हो। वे अपने अनुयायियों को स्वप्न के बारे में बता देते हों तथा अनुयायी अपनी ओर से लोगों को इस प्रकार बताते हों कि घटना वास्तव में ही घटी थी और यह भी जोड़ देते हों कि उन्होंने स्वयं उसे देखा है। यह भी संभावना है कि उनके अनुयायियों को वह चमत्कार, जो उन्हें ईसा मसीह से अपेक्षित थे और जिन्हें ईसा मसीह नहीं दिखाते थे, स्वप्न में दिखते हों और तदनुसार वे उन्हें प्रचारित करते हों। इस संभावना से भी इनकार नहीं किया जा सकता कि कुछ रोगी, जो ईसा मसीह के पास आए, उन्हें आशीर्वाद देकर घर भेज दिया और वे प्राकृतिक रूप से स्वयं ठीक हो गए हों, परंतु उन्होंने ठीक हो जाने को ईसा मसीह

के आशीर्वाद का फल मान लिया। तूफान का शांत हो जाना स्वाभाविक भी हो सकता है, क्योंकि कई तूफान आजकल भी शीघ्र शांत हो जाते हैं। उपरोक्त कल्पनाओं में से कोई भी कल्पना सही हो सकती है, परंतु आस्था के कारण भक्त लोग उसका श्रेय अपने आराध्य को ही देते हैं। जहाँ तक उनके एक मित्र द्वारा दी गई दावत में शराब की कमी पड़ जाने पर पानी को शराब में बदल दिए जाने की घटना का प्रश्न है, यही संभावना प्रतीत होती है कि ईसा ने स्वयं विषम स्थिति को भाँपकर मेजबान को शर्मिंदगी से बचाने के लिए अपने किसी विश्वस्त अनुयायी को भेजकर बाजार से वांछित मात्रा में शराब मँगवा ली हो और किसी पानी के खाली ड्रम में रखवा दी हो और उसी अनुयायी ने मेजबान से चुपके से कह दिया हो कि "चिंता न करो, ईसा ने पानी को शराब में बदल दिया है।" आस्थाएँ सभी धर्मों में प्रचलित रही हैं, जैसा कि पूर्व के अध्यायों में उल्लेख किया गया है। जो साधु-संत के भेष में चमत्कार दिखाते रहते हैं, वे प्रपंची होते हैं और बाजीगर से अधिक कुछ नहीं होते। इसमें दो राय नहीं हो सकतीं कि ईसा मसीह तन (परिश्रमशीलता), मन (तर्कपूर्ण सुविचार) व वचन (ओजपूर्ण व प्रभावी भाषण) से इतने योग्य, सक्षम और महान् थे कि उन्हें किसी प्रकार के चमत्कार दिखाने की कोई आवश्यकता ही नहीं थी।

□

13

इस्लाम धर्म

परिचय

इस्लाम धर्म की स्थापना पश्चिमी एशिया के अरब क्षेत्र (आधुनिक सऊदी अरबिया) में वर्ष 610 ई. में हुई थी। इस्लाम शब्द का अर्थ है, 'समर्पण' (अल्लाह द्वारा देवदूत जिब्राइल के माध्यम से प्रेषित अमन के संदेश के प्रति समर्पण)। इस्लाम के अभ्युदय से पूर्व उस क्षेत्र में बहु-ईश्वरवादी (पौलिथीइज्म) एवं मूर्ति-पूजा की प्रथा प्रचलन में थी, जिसके दुरुपयोग से धर्माधिकारी धर्म-भीरु, भोली-भाली जनता का शोषण करते रहते थे। मक्का की मसजिद में स्थापित काबा, जिसे ईश्वर का आवास माना जाता है, में 360 मूर्तियाँ थीं। अल्लाह की भी मूर्ति के रूप में पूजा होती थी, यह भी मान्यता थी कि अल्लाह की तीन पुत्री (अल्लात, उल-उज्जा तथा मनात) भी थीं, जिन्हें देवी मानकर पूजा जाता था। इजराइल में सदियों पूर्व प्रारंभ हुए यहूदी व ईसाई धर्म के अनुयायी उस समय में इजराइल के पूर्व दिशा में स्थापित अरब क्षेत्रों (सऊदी अरबिया, ईरान, इराक, आदि) में अल्प मत में अपनी उपस्थिति प्रदर्शित करते थे। शादी से पूर्व यौन-संबंध बनाने की स्वतंत्रता थी, जो समाज में अधिकृत माना जाता था। शराब और जुआ पर कोई प्रतिबंध नहीं था, जिससे समाज में अनेक प्रकार के दुःख व्याप्त थे। हिंसा का बोलबाला था, औरतें और बच्चे सुरक्षित नहीं थे तथा लोगों के जान-माल की कोई गारंटी नहीं थी। ऐसे माहौल में मुहम्मद (जो बाद में इस्लाम धर्म के संस्थापक बने) का जन्म मक्का (सऊदी अरबिया) में वर्ष 570 में हुआ था। मुहम्मद के जन्म की वास्तविक तारीख का निर्णयात्मक उल्लेख कहीं नहीं मिलता। कुछ लोगों का मत है कि जिस तारीख को उनका जन्म हुआ था, उसी तारीख को उनकी मृत्यु भी हुई थी। उनकी मुत्यु सोमवार को 8 जनवरी, 632 को हुई थी, अतः उनका जन्म 8 जनवरी, 570 को हुआ होगा। तदनुसार, उनकी मृत्यु 62 वर्ष की उम्र पूर्ण कर लेने के पश्चात् 63वें जन्मदिन को हुई। हिजरी संवत् (जिसमें वर्ष लगभग 354 दिन का होता है) के अनुसार तो वह 63 वर्ष की आयु पूर्ण कर चुके थे, वैसे उनका जन्मदिन, 'मीलाद-ए-नबी'

अथवा 'ईद-ए-मिलाद' पर्व के रूप में मुसलमानों के हिजरी संवत् के तीसरे माह 'रबी उल-अब्बल' के 12वें दिन को मनाते हैं, परंतु मुसलमानों के एक अन्य संप्रदाय शिया के कुछ लोग 17वें दिन मनाते हैं। इस मामूली अंतर का कारण स्पष्ट नहीं है पर इसे इस्लाम के धार्मिक नेता सौहार्दपूर्ण वातावरण में मिलकर एक ही निश्चित दिन तय कर सकते हैं, जैसा कि अन्य पर्वों हेतु है। मुहम्मद के माँ-बाप की मृत्यु उनके बचपन में ही हो गई थी, तत्पश्चात् वह अपने चाचा के संरक्षण में रहे, जो एक बड़े व्यापारी थे। किशोर अवस्था में अपने चाचा के साथ व्यापार करते रहे तथा समाज में परिश्रमशीलता और ईमानदारी के लिए विख्यात हो गए थे।

अरब देशों के खराब माहौल को बदलने के लिए अल्लाह ने देवदूत, जिब्राइल को मक्का भेजा कि "तुम वहाँ जाकर मेधावी, विवेकशील, ईमानदार, साहसी, उत्तम वक्ता, एक-ईश्वरवादी, पैगंबर बनने के योग्य पात्र तथा वर्तमान में व्यापार में रत मेरे भक्त मुहम्मद को मेरी शिक्षाओं को सुनाकर, उनका प्रचार करने के निर्देश दो, ताकि अरब के लोग उस मार्ग पर चलकर दुःखों से मुक्त हो सकें।

मक्का के पास 'अल-नूर' पर्वत पर 'हिरा' नामक गुफा में, जहाँ मुहम्मद साधना कर अल्लाह की प्रार्थना करने जाते थे, वर्ष 610 ई. में, जब मुहम्मद की उम्र 40 वर्ष की थी, देवदूत जिब्राइल प्रकट हुए और उन्होंने उन्हें अल्लाह द्वारा भेजी गई शिक्षाओं व निर्देशों को सुनाया और उनसे कहा कि वह अल्लाह के पैगंबर (हजरत) बनकर अल्लाह द्वारा प्रेषित इन शिक्षाओं का लोगों में प्रचार कर उन्हें दुःखों से मुक्त करें, तथा एक नए धर्म की स्थापना करें। तदनुसार, उन्होंने मक्का में अपने ओजपूर्ण भाषणों से प्रचार करना प्रारंभ किया। उनके अनुयायियों की सख्या बढ़ने लगी। उनके अनुयायी उन्हें हजरत मुहम्मद कहने लगे और उनके नाम के आगे सम्माननार्थ अरबी भाषा में सल्लअल्लाहू अलायदी वा-सलाम (SAW) लिखने लगे, जिसका अर्थ है अल्लाह का आशीर्वाद व शांति (उनको) मिले। अंग्रेजी भाषा में 'पीस बी अपऑन हिम' (PBUH) लिखते हैं, जिसका अर्थ है उन्हें शांति मिले। मक्का के समृद्ध लोग, जो बहु-ईश्वरवाद के समर्थक थे, उनका विरोध करने लगे और अपनी शक्तिशाली सेना की सहायता से उनके अनुयायियों का दमन करना प्रारंभ कर दिया। अपने अनुयायियों को मक्का की सेना से बचाने के लिए वह 21 जून, 622 को मक्का छोड़कर 450 किमी. दूर मदीना के लिए चल दिए। इस तिथि से इस्लाम का हिजरी संवत् प्रारंभ होता है, जो चंद्रमा की स्थिति पर आधारित है। प्रत्येक माह के शुक्ल पक्ष के प्रथम दिन (अर्थात् जब नव-चंद्रमा उदय होता है) से प्रारंभ होकर अमावस्या को समाप्त होता है। इस प्रकार 12 मास के हिजरी वर्ष में लगभग 354 दिन होते हैं, जिससे सूर्य

पर आधारित ईसा-वर्ष की अपेक्षा से मुसलमानों के पर्व प्रतिवर्ष लगभग 11-12 दिन पहले पड़ते हैं, अर्थात् 6 वर्ष की अवधि में औसतन 69 दिन पहले। यही कारण है कि कभी ईद गरमियों में तो कभी जाड़ों में मनाई जाती है। इस्लाम के अन्य सभी पर्वों में भी यही स्थिति रहती है।

हजरत मुहम्मद की मक्का पर विजय

मदीना में जनजाति के लोग अधिक थे, जिनके कई कबीले थे, जो आपस में लड़ते रहते थे, जिससे सामान्य जनता दुःखी रहती थी, जब हजरत मुहम्मद अपने अनुयायियों के साथ मदीना पहुँचे, जनता ने उनका स्वागत किया और उनके भाषणों से अत्यधिक प्रभावित होकर उनके अनुयायी बनने लगे। कुछ दिनों में ही उनके अनुयायियों की संख्या में अच्छी-खासी वृद्धि हो गई। वर्ष 624 ई. में जब हजरत मुहम्मद मसजिद में प्रार्थना कर रहे थे, तब अल्लाह ने देवदूत जिब्राइल के माध्यम से खुलासा किया कि अब मक्का का सामना करो। अल्लाह की इच्छा जानकर हजरत मुहम्मद ने अपने अनुयायियों को सैनिक एवं युद्ध-नीति का प्रशिक्षण देना प्रारंभ कर दिया तथा 11 जनवरी, 630 को 10,000 अनुयायी सैनिकों को लेकर मक्का पर हमला कर विजय प्राप्त की। मक्का के लोगों ने इस्लाम कबूल कर लिया। तदुपरांत मक्का की मसजिद के बीच में स्थापित काबा को इस्लाम का परम पवित्र स्थान घोषित कर दिया गया। सभी 360 मूर्तियाँ नष्ट कर दी गईं, केवल एक काले पत्थर को नहीं हटाया गया, बल्कि उसका स्वयं हजरत मुहम्मद ने चुंबन करके उसे काबा के पूर्वी किनारे पर सम्मान के साथ स्थापित करवा दिया। यह भी एलान कर दिया कि प्रत्येक मुसलमान को अपने जीवन में कम-से-कम एक बार काबा की पाँच-दिवसीय तीर्थयात्रा अवश्य करनी चाहिए, जिसे हज कहते हैं। आजकल विश्व भर से लाखों की संख्या में लोग हज करने मक्का आते हैं।

पवित्र कुरान, हदीस तथा शरिया

'कुरान' (अथवा कुरआन), जिसका शब्दार्थ 'सस्वर पठन' (रिसाइटेशन) है, इस्लाम धर्म की सबसे पहली एवं पवित्रतम पुस्तक मानी जाती है। वास्तव में, 'कुरान' में अल्लाह द्वारा देवदूत जिब्राइल के माध्यम से भेजी गई शिक्षाएँ तथा उपदेश हैं, जिन्हें जिब्राइल ने मुहम्मद को सुनाया और कहा कि अल्लाह चाहते हैं कि तुम उनके भेजे हुए ज्ञान को जन-जन तक पहुँचाओ। 'कुरान' पर आधारित धर्म को 'इस्लाम' कहा जाएगा और उसके अनुयायी 'मुस्लिम' अथवा 'मुसलमान' कहलाएँगे। मुस्लिम तथा मुसलमान पर्यायवाची शब्द हैं, जिनका अर्थ है 'वे लोग जो कुरान में दिए गए ज्ञान के अनुसार

अपनी जीवन-शैली अपनाते हैं। कुरान में 114 अध्याय (सूरा) हैं, जिनमें 6236 आयत (verses) हैं। कुरान में ईश्वर द्वारा हजरत इब्राहीम, हजरत मूसा तथा हजरत ईसा को दिए गए उपदेशों का भी उल्लेख है। वास्तव में कुरान में उन सभी नियमों को प्रकट किया गया है, जिन्हें अल्लाह ने बनाया और देवदूत जिब्राइल ने हजरत मुहम्मद को 610 ई. से उनके देहांत के वर्ष 632 ई. तक सुनाया। वास्तविकता यह रही होगी कि सभी शिक्षाओं व उपदेशों का सारांश तो उन्होंने दो-चार दिनों में ही दे दिया होगा तथा विस्तृत वर्णन एवं विश्लेषण 22 वर्ष तक करते रहे। अधिकांश मुसलमानों का यह विश्वास है कि हजरत मुहम्मद के देहांत के बाद उनकी एक पत्नी, आयशा के पिता, प्रथम खलीफा अबू बक्र, ने अल्लाह के उपदेशों व शिक्षाओं को पुस्तक के रूप में अंकित करने के लिए विद्वानों की एक कमेटी बनाई, जिसमें कुछ विद्वान् तो ऐसे थे, जिन्हें कुरान पूरी तरह से जबानी याद थी और कुछ महा विद्वान् एवं सदाचारी लोग थे। इस कमेटी ने अपनी सर्वसहमति से कुरान को लिखित पुस्तक के रूप में प्रकाशित करने की संस्तुति के साथ खलीफा अली बक्र को दे दी। इसे ही प्राधिकृत कुरान माना जाता है।

बरमिंघम विश्वविद्यालय की शोध छात्रा, अल्बा फेल्दी को कुरान के विषय पर शोध-पत्र लिखने हेतु सामग्री तलाश करने के लिए विश्वविद्यालय के पुस्तकालय में जाना पड़ता था। एक दिन उसे भेड़ की खाल पर लिखे कुरान के दो पन्ने (अर्थात् चार पृष्ठ) मिले, जिनमें कुरान के सूरा 18, 19 व 20 की क्रमश: 15, 8 व 40 आयतें अंकित थीं। रेडियो-कार्बन विधि से इन पन्नों की प्राचीनता जानने के लिए इन्हें ऑक्सफोर्ड विश्वविद्यालय भेजा गया। वहाँ के परीक्षण से यह निष्कर्ष निकला कि ये पन्ने ईसा वर्ष 568 तथा 645 के बीच लिखे गए हैं। इन पन्नों की भाषा तथा लिपि वही है, जो मूल कुरान की है, जिसे खलीफा अली बक्र ने हजरत मुहम्मद के देहांत के पश्चात् प्रकाशित करवाया था। वही कुरान आजकल प्रचलन में है। इससे यह भी स्पष्ट हो गया कि मूल कुरान में छेड़छाड़ नहीं की गई है।

हदीस या हदीथ में हजरत मुहम्मद द्वारा प्रकट की गई परंपराओं, कहावतों तथा उनसे संबंधित कहानियों का अभिलेख (रिकॉर्ड) अंकित है। कुरान के बाद 'हदीस' अति सम्माननीय पुस्तक मानी जाती है। इस्लाम के प्रसिद्ध विद्वान् अल बुखारी (810-870 ई.) ने हदीस में हजरत मुहम्मद के कथनों व कार्यों का पूर्ण सत्यनिष्ठा के साथ 97 भागों में संकलन किया है। अल बुखारी ने इन पुस्तकों को लिखने में श्रेष्ठ सिद्धांतवाद, आलोचनात्मक टिप्पणियाँ (बिना भेदभाव) तथा संपादकीय कुशलता का परिचय दिया है, जिन्हें इस्लाम के अनुयायी प्राधिकृत मानते हैं।

शरिया या शरीअयत में मुसलमानों के लिए नियम और कानूनों का प्रावधान है।

अल्लाह से प्रार्थना करने की विधि (नमाज), विवाह विधि (निकाह), खान-पान, स्वास्थ्य, अपराध, अर्थव्यवस्था (उधार देने पर ब्याज न लेना, यहाँ तक कि बैंकों में जमा की हुई राशि पर भी नहीं), राजनीति, युद्ध-नीति, जिहाद, अंतिम संस्कार आदि पर स्पष्ट मत प्रकट किए गए हैं। ईश-निंदा के अपराध के लिए कठोरतम दंड का प्रावधान है। जिहाद का साहित्यिक अर्थ है 'संघर्ष करना', इसमें दो प्रकार के संघर्षों का विवरण है—एक, अंतरात्मिक संघर्ष, जिसमें स्वयं द्वारा किए जानेवाले अनैतिक कर्मों (काम, क्रोध, लोभ, मोह, दंभ, सुरापान, धूम्रपान, जुआ, चोरी आदि) के विरुद्ध संघर्ष करते हुए पापरहित सदाचारी जीवन-शैली को अपनाने का प्रावधान है। जिहाद का दूसरा रूप है, आत्मरक्षा के लिए अथवा धर्म की रक्षा के लिए युद्ध करना। धर्म की रक्षा करने के लिए युद्ध के प्रावधान की व्याख्या कुरान में निम्न प्रकार है—

1. जो तुमसे युद्ध शुरू करते हैं, उनसे युद्ध करो, परंतु अपनी ओर से युद्ध की पहल मत करना। अल्लाह आक्रमण की पहल करनेवाले को पसंद नहीं करता है। (कुरान 2-190)

2. यदि आक्रमणकारी अपने आक्रमण को वापस ले लेता है तो तुम भी युद्ध बंद कर दो। (कुरान 4-90)

3. यदि शत्रु शांति चाहता है तो शांति को स्वीकार कर लो और अल्लाह पर भरोसा रखो। (कुरान 8-61)

जिहाद के लिए जो धर्म-युद्ध किया जाता है, वह पवित्र (होली) युद्ध कहलाता है, जिसमें निम्नांकित नियमों का पालन वांछनीय माना गया है—

1. दुश्मन ने युद्ध प्रारंभ किया हो, तब ही अपने बचाव में युद्ध किया जाए, अर्थात् स्वयं युद्ध की पहल न की जाए। किसी भी प्रकार की समस्या को आपसी वार्त्तालाप से ही सुलझाने का प्रयत्न किया जाए।

2. अपनी ओर से युद्ध किसी अन्य के इलाके (टेरिटरी) को पाने के लिए न किया जाए।

3. युद्ध की घोषणा इस्लाम के किसी धार्मिक नेता द्वारा की जाए।

4. युद्ध का अपेक्षित परिणाम ऐसा होना चाहिए जिसे अल्लाह पसंद करें।

5. युद्ध प्रारंभ करने से पूर्व, समस्या को हल करने के लिए अन्य विकल्पों पर विचार कर लेना चाहिए।

6. युद्ध में निर्दोष व्यक्तियों की हत्या न की जाए। स्त्रियों, बच्चों व बुजुर्गों को न मारा जाए और न घायल किया जाए।
7. बलात्कार न किया जाए।
8. दुश्मन के साथ अन्याय न किया जाए।
9. दुश्मन के घायल सैनिकों के साथ वैसा ही व्यवहार किया जाए, जैसा कि आप अपने घायल हुए सैनिकों के साथ करते हैं।
10. यदि दुश्मन शांति चाहता है तो युद्ध तुरंत बंद कर देना चाहिए।
11. युद्ध में संपत्ति को नुकसान न पहुँचाया जाए।
12. पानी के स्रोतों को विषाक्त न किया जाए (यह आजकल के रासायनिक तथा वायरस युद्ध पर भी लागू माना जाता है)।

उपरोक्त विवरण से स्पष्ट है कि कुरान में 'जिहाद' शब्द सदाचरणपूर्ण व्यवहार के लिए प्रयुक्त हुआ है पर कुछ लोग अर्थ का अनर्थ कर इसे आतंकवाद का रूप दे देते हैं, जिसमें धर्म के नाम पर निर्दोष, असहाय, बच्चों, महिलाओं, बुजुर्गों तक की हत्या कर दी जाती है। निष्पक्ष मुस्लिम विद्वानों ने भी धार्मिक जिहाद के नाम पर अधार्मिक हत्यायों की आलोचना की है तथा इसे स्पष्ट शब्दों में कुरान के विरुद्ध बताया है।

इस्लाम की दो शाखा–सुन्नी और शिया

इस्लाम के अनुयायी हजरत मुहम्मद के उत्तराधिकारी के मुद्दे पर दो भागों में बँट गए। एक वर्ग का कहना था कि हजरत मुहम्मद की पत्नी आयशा के पिता अबू बक्र को हजरत मुहम्मद का उत्तराधिकारी बनाया जाए, क्योंकि अबू बक्र हजरत मुहम्मद के सहयोगी व मुख्य परामर्शदाता रहे हैं, जबकि दूसरा वर्ग चाहता था कि हजरत मुहम्मद की बेटी फातिमा के पति, अली, को बनाया जाए, ताकि हजरत मुहम्मद के वंशज ही उत्तराधिकारी बनते रहें। अबू बक्र के पक्ष में सहमति रखनेवाले मुसलमान अपने को सुन्नी कहने लगे। हजरत मुहम्मद के वंशजों के पक्ष को माननेवाले मुसलमान शिया कहलाए। सुन्नी शब्द का निकास सुन्ना शब्द से है, जो इस्लाम से पूर्व से ही अरब के देशों में प्रचलित था, जिसका अरबी भाषा में अर्थ है—पारंपरिक रीति-रिवाज और प्रथाएँ। इस शब्द को कबीले अपने-अपने धर्मों के लिए प्रयुक्त करते थे। इस्लाम के उदय होने पर मुसलमान भी इस शब्द का प्रयोग इस अर्थ में करने लगे कि हजरत मुहम्मद द्वारा कुरान व हदीस में प्रकट किए गए मार्गदर्शन के अनुसार जीवन-शैली अपनानी चाहिए, इसलिए वे अपने को सुन्नी

कहने लगे। उत्तराधिकार के मतभेद के कारण दूसरा वर्ग अपने को शिया कहने लगा। शिया शब्द का निकास 'शियन' शब्द से हुआ है, जिसका शाब्दिक अर्थ है—'योग्य'। शियाओं का मानना था कि खून के रिश्ते से जो व्यक्ति है, वही उत्तराधिकारी बनने का योग्य पात्र है।

हजरत मुहम्मद की प्रथम शादी 25 वर्ष की उम्र में संपन्न परिवार की खदीजा नामक विधवा से हुई थी। शादी के बाद उनकी पुत्री 'फातिमा' का जन्म हुआ, जिसकी शादी 'अली' से हुई। हजरत मुहम्मद ने और शादियाँ भी कीं तथा पुत्र भी हुए, परंतु पुत्रों की असामयिक मृत्यु के कारण, हजरत मुहम्मद के देहांत के समय फातिमा ही उनकी उत्तराधिकारी थी। शिया कहते थे कि अली, जो हजरत मुहम्मद की बेटी के पति थे, को ही सरदार माना जाए, ताकि उनका बेटा, जो हजरत मुहम्मद का नवासा हुआ, वह सरदार (खलीफा) बन सके। अधिकांश मुसलमान सुन्नी बने रहे तथा शिया अल्पमत में रहे। वर्तमान में भी सुन्नी लगभग 85 प्रतिशत हैं और शिया लगभग 15 प्रतिशत। उत्तराधिकार के अतिरिक्त, मतभेद छोटी-छोटी बातों पर ही है, मुख्य विचारधारा समान हैं। दोनों गुट इस सिद्धांत को मानते हैं कि ईश्वर एक है, हजरत मुहम्मद उनके पैगंबर थे, उनके उपदेश कुरान में अंकित हैं और कुरान को दोनों गुट पवित्रतम पुस्तक मानते हैं। सुन्नियों के पाँच स्तंभों में जो गुण दिए हैं, शिया भी उन सभी गुणों का पालन करते हैं, यद्यपि उनके पाँच स्तंभ अलग हैं तथा जो असमानता है, वह शियाओं द्वारा प्राविधित 10 गुणों में सम्मिलित है। शराब पीना या अन्य किसी प्रकार का नशा करना तथा जुआ खेलना कुरान में वर्जित हैं। इसका पालन दोनों समुदाय करते हैं। यहूदी, ईसाई तथा इस्लाम, तीनों ही धर्म हजरत अब्राहम (इस्लाम में 'इब्राहीम') तथा हजरत मूसा को अल्लाह के पैगंबर मानते हैं। यहूदियों के बाद ईसा मसीह को मुसलमान भी मसीहा मानते हैं, परंतु यहूदियों की तरह से मुसलमान भी उन्हें अल्लाह का पुत्र नहीं मानते तथा इसे ईश-निंदा ही करार देते हैं।

शरिया के कानूनों की व्याख्या करने में दोनों गुटों में विशेष मतभेद हैं। शिया मानवाधिकारों के प्रति अधिक संवेदनशील हैं, उनका कहना है कि जो स्थिति पैगंबरों को दी गई है, उसी स्थिति को पाने का प्रत्येक मानव को अधिकार है। सुन्नी इसे स्वीकार नहीं करते। शिया अपनी जीवन-शैली के लिए अयातुल्लाहों (महमूद के वंशजों) को अपना मार्गदर्शक मानते हैं, जबकि सुन्नी सुन्नाहों को। शियाओं का यह दृढ़ मत है कि सरदार या खलीफा बनाने का अधिकार केवल अल्लाह के पास है। अल्लाह ने हजरत मुहम्मद को पैगंबर बनाया था, अतः उनके देहांत पर उनके वंशज ही सरदार या खलीफा बन सकते हैं। सुन्नी इस मत से सहमत नहीं हैं।

इस्लाम धर्म के पाँच स्तंभ

इस्लाम में दिन-प्रतिदिन की जीवन-शैली के लिए पाँच स्तंभों का उल्लेख है, जो निम्नवत् हैं—

1. शहादा
2. सलात या नमाज
3. सौम या रोजा
4. जकात (दान)
5. हज।

'शहादा' का शाब्दिक अर्थ है 'साक्षी देना'—ला इलाहा इल्लल्लाह मुहम्मद रसूल अल्लाह (अल्लाह के सिवाय और कोई ईश्वर नहीं है और मुहम्मद अल्लाह द्वारा भेजे गए पैगंबर हैं)।

नमाज एक प्रकार की प्रार्थना है, जो अरबी भाषा में विशेष प्रकार से की जाती है। यह सदैव मक्का की ओर मुँह करके पढ़ी जाती है, जिसके लिए प्राय: मसजिद की दीवार में चिह्न बना होता है। इस्लाम में नमाज के द्वारा अल्लाह के प्रति कृतज्ञता अर्पित की जाती है। प्रत्येक मुसलमान के लिए दिन में 5 बार नमाज पढ़ना अनिवार्य है। (फज्र—उष:काल में सूर्योदय से पूर्व, जुहर—दोपहर के समय, अस्र—दोपहर के बाद उस समय जब मनुष्य की परछाईं उसकी लंबाई के बराबर होती है, मगरिब—सायंकाल सूर्यास्त से पूर्व तथा ईशरात्रि में सूर्यास्त के बाद मध्यरात्रि से पूर्व)। प्रत्येक मसजिद में एक मीनार होती है, जिस पर चढ़कर मुसलमानों को नमाज हेतु मसजिद में आने के लिए अजान दी जाती है, ताकि अजान सुनकर मुसलमान मसजिद में समय से पहुँच सकें।

सौम या रोजा रखने का अर्थ है—'व्रत रखना', जिसे रमजान के संपूर्ण माह में प्रतिदिन सूर्योदय से सूर्यास्त तक व्रत रखना अनिवार्य है। रोजों में दिन में किसी भी प्रकार का खाना-पीना वर्जित है, यहाँ तक कि पानी पीना भी, परंतु रात्रि में सूर्यास्त के बाद तथा सूर्योदय से पूर्व पौष्टिक एवं स्वादिष्ट भोजन कर लेने का प्रावधान है, जिसे क्रमश: 'इफ्तार' व 'सेहरी' कहते हैं। इफ्तार तो सामान्यतया समारोह के रूप में मनाया जाता है, जिसमें जान-पहचान के भी सभी धर्मों के लोग आमंत्रित किए जाते हैं, कुछ हिंदू भी सौहार्द प्रकट करने हेतु इफ्तार का आयोजन करते हैं। रमजान के माह में सभी मुसलमान किसी भी प्रकार के दुष्कर्मों व यौन-संबंधों से दूर रहते हुए पवित्र जीवन-शैली का अनुसरण करते हुए अल्लाह से दुआ माँगते हैं। रोजा रखने के कई उद्‌देश्य हैं, इनमें से प्रमुखतम यह है कि "दुनियादारी के आकर्षणों से ध्यान हटाकर, ईश्वर से निकटता

स्थापित की जाए और निर्धनों, भिखारियों तथा भूखों की सहायता की जाए।" रोजा रखने का यह अर्थ भी नहीं लेना चाहिए कि अपने दैनिक व्यवसाय को न करें और दिन भर आराम फरमाते रहें, बल्कि अपने व्यवसाय को उसी परिश्रम व उत्साह के साथ करते रहें, जैसा कि अन्य महीनों में करते हैं, बल्कि यह ध्यान रखें कि रमजान के माह में विशेष रूप से अपने व्यावसायिक कार्य में उत्कृष्ट सत्यनिष्ठा बरती जाए। रमजान के महीने को इस्लाम में पवित्रतम माना जाता है, क्योंकि इसी महीने से देवदूत जिब्राइल ने हजरत मुहम्मद को कुरान को सुनाना (रिवील करना) प्रारंभ किया था।

जकात (दान) वार्षिक दान है, जो आर्थिक रूप से सक्षम मुसलमान को निर्धन गरीब मुसलमानों में बाँटना अनिवार्य है। अधिकांश मुसलमान अपनी वार्षिक आय का 2.5 प्रतिशत दान में देते हैं। यह धार्मिक कर्तव्य इसलिए रखा गया है कि इस्लाम के अनुसार मनुष्य की पूँजी वास्तव में ईश्वर की देन है तथा दान देने से ईश्वर उसकी जान और माल की सुरक्षा करते हैं।

हज उस पाँच-दिवसीय तीर्थयात्रा का नाम है, जो हिजरी वर्ष के 12वें महीने, अल हज्जा, में 8वीं तारीख से 12वीं तारीख तक मक्का में जाकर की जाती है। प्रत्येक समर्पित मुसलमान के लिए, जो हज का खर्चा उठा सकता है तथा जो अन्य किसी प्रकार से विवश न हो, हजयात्रा करना अनिवार्य है।

शिया पाँच स्तंभ तथा दस प्रथाओं में विश्वास करते हैं, परंतु पाँच स्तंभों में पहला स्तंभ ही समान है, अर्थात् ईश्वर एक है तथा हजरत मुहम्मद उनके पैगंबर हैं, जिनको देवदूत जिब्राइल के माध्यम से उन्होंने अपने उपदेश भिजवाए थे। शेष चार स्तंभ दस प्रथाओं में सम्मिलित हैं। शियाओं के चार नए स्तंभ निम्न प्रकार हैं—

1. अल्लाह को न्याय करने का अधिकार है।
2. अल्लाह समय-समय पर पैगंबर भेजते रहते हैं।
3. हजरत मुहम्मद के उत्तराधिकारी इमाम कहलाएँगे तथा वे उनके खून के रिश्ते में से ही बनेंगे।
4. कयामत के दिन सभी को अपने किए हुए कर्मों का फल अल्लाह देंगे।

उक्त के अतिरिक्त शियाओं ने अपने लिये निम्न दस प्रथाएँ भी निर्धारित कर रखी हैं—

1. नमाज
2. रोजा
3. हज

4. जकात अथवा दान
5. लाभ का बीस प्रतिशत वार्षिक कर
6. जिहाद (आंतरिक अवगुणों के प्रति संघर्ष और यदि कोई इस्लाम के विरुद्ध युद्ध प्रारंभ करता है तो उसके विरुद्ध युद्ध करना कुरान में दिए हुए आदेशों के अनुसार)
7. अच्छाइयों को ग्रहण करना
8. दुर्गुणों से परहेज करना
9. अच्छे लोगों से सौहार्दपूर्ण संबंध रखना
10. बुरे लोगों से दूर रहना।

सुन्नी बहुमत में थे, इसलिए पहला इमाम अली को न बनाकर अबू बक्र को बनाया, जो हजरत मुहम्मद की पत्नी आयशा के पिता थे। आगे के दो इमाम भी सुन्नियों द्वारा बनाए गए। चौथे इमाम शियायों द्वारा प्रस्तावित अली बने।

इस्लाम से संबंधित अलौकिक घटनाएँ एवं उनका विश्लेषण

हजरत मुहम्मद से जब भी किसी ने चमत्कार दिखाने को कहा तो उनका उत्तर होता था कि "चमत्कार तो अल्लाह ही दिखा सकते हैं, अन्य कोई नहीं। मेरे लिये तो पवित्र कुरान ही चमत्कार है कि मैंने देवदूत जिब्राइल से सुनकर पूरी कुरान याद कर ली।" हजरत मुहम्मद पढ़े-लिखे नहीं थे, अतः उनका कुरान को सुनकर ही याद कर लेना वास्तव में एक चमत्कार ही है। इससे यह स्पष्ट है कि हजरत मुहम्मद ने किसी भी प्रकार का अन्य कोई चमत्कार नहीं दिखाया, परंतु उनके देहांत के बाद उनके अनुयायियों ने उनको अनेक चमत्कारों से संबंधित कर दिया। उदाहरणस्वरूप, इस प्रकार के कुछ चमत्कार तथा उनका तर्क-संगत विश्लेषण प्रस्तुत है।

1. विशेष अवसरों पर भोजन के कम पड़ जाने पर भोजन की मात्रा को बढ़ा देना। एक दावत में भोजन कम पड़ जाने पर हजरत मुहम्मद ने खाली बरतनों को छुआ और वे भोजन से भर गए। यह तो हुआ चमत्कार, परंतु वे सदैव यही कहते रहे थे कि वह कोई चमत्कार नहीं दिखा सकते। मेजबान उनका मित्र था, अत्यंत दूरदर्शी हजरत मुहम्मद ने भाँप लिया होगा कि भोजन कम पड़ जाएगा, अतः उन्होंने अपने मित्र मेजबान को शर्मिंदगी से बचाने के लिए, यथासमय अपने विश्वासपात्र अनुयायियों को भेजकर बाजार से अतिरिक्त भोजन मँगवाकर अलग कक्ष में रखवा दिया होगा। इसको चमत्कार का रूप देने से हजरत मुहम्मद की 'दूरदर्शिता तथा अपने मित्र की निस्स्वार्थ भाव से सहायता करने के' उत्तम गुण छिप जाते हैं।

2. बीमार व्यक्तियों को मात्र आशीर्वाद देकर अच्छा कर देना। यही गुण महावीर स्वामी, गौतम बुद्ध व गुरु नानकदेव के भी प्रसिद्ध हैं, जिनका विश्लेषण अध्याय 8, 9 व 10 में किया गया है, वही विश्लेषण हजरत मुहम्मद के संदर्भ में भी उपयुक्त है, अर्थात् सामान्यत: बीमार व्यक्ति कुछ दिनों में स्वत: ही अच्छा हो जाता है और वह व्यक्ति आस्थावश यह मान लेता है कि वह उसके आराध्य के आशीर्वाद से ही अच्छा हुआ है।

3. एक कुआँ को ऊपर तक पानी से भर देना नमाज पढ़ने के पहले प्रत्येक मुसलमान वुजू करता है (अर्थात् दोनों हथेलियों को धोकर कुल्ली करना, नाक साफ करना, हाथों को कलाई से कोहनी तक पानी से धोना, गीले हाथों से सिर को पोंछकर कानों को अंदर और बाहर से धोना, पैरों को भी तीन बार टखने तक धोना आवश्यक है।) हजरत मुहम्मद अपने साथियों के साथ यात्रा में थे। एक स्थान पर वह नमाज के लिए रुके। वहाँ एक कुआँ तो था पर उसका पानी काफी निचाई पर था। उन्होंने परमेश्वर को याद कर प्रार्थना की तथा कुआँ का पानी ऊपर आ गया। यह तो एक चमत्कार हुआ, परंतु वास्तव में क्या हुआ होगा। हजरत मुहम्मद ने कहा कि कुआँ के पास ही पानी का स्रोत अवश्य होगा, जहाँ से कुआँ में पानी आता होगा। तलाश करने पर कुछ दूरी पर ही एक पोखर मिल गई। उस स्रोत का पानी स्वच्छ तथा मीठा था, वहाँ सबने वुजू किया और नमाज पढ़ी। यह भी संभावना है कि किसी के पास लोटा रहा हो, जिसे अँगोछे से बाँधकर कुआँ में लटकाकर पानी प्राप्त कर लिया हो। इस प्रकार हजरत मुहम्मद ने विषम परिस्थितियों में भी सही हल निकालने की योग्यता का परिचय दिया।

4. भविष्यवाणी करना युद्धों के बारे में भविष्यवाणियों का सही हो जाना यही प्रदर्शित करता है कि हजरत मुहम्मद एक उत्तम राजनेता थे तथा शत्रु व मित्र देशों की सैन्य-शक्ति की उन्हें पूरी जानकारी रहती थी, अत: विभिन्न युद्धों के बारे में उनकी भविष्यवाणियाँ सही होती थीं।

5. चंद्रमा के टुकड़े कर फिर जोड़ देना कुरान में अंकित है कि जब हजरत मुहम्मद अपने साथियों के साथ जा रहे थे तो मार्ग में चाँद को दो टुकड़ों में होते देखा और फिर उन टुकड़ों को जोड़कर पूर्णिमा का पूरा चाँद बना दिया गया। हजरत मुहम्मद किसी चमत्कार में विश्वास नहीं करते थे। वास्तविकता यह रही होगी कि यह प्राकृतिक चंद्रग्रहण ही था, जो सूर्य व चंद्र के बीच में पृथ्वी के आ जाने पर स्वाभाविक रूप में होता है। यदि ऐसा नहीं था तो इस बात की संभावना से इनकार नहीं किया जा सकता कि कोई बड़ा उल्कापिंड सूर्य व चंद्रमा के बीच संयोग से आ गया हो, जिससे चंद्रग्रहण की स्थिति पैदा हो गई हो। जो कुछ भी हुआ हो, हजरत मुहम्मद के अनुयायियों द्वारा उक्त घटना को हजरत मुहम्मद की चामत्कारिक शक्तियों के रूप में ही प्रकट किया गया है।

6. काबा का अपने स्थान से हटना सऊदी अरबिया में मक्का में काफी बड़ी मसजिद है। उसके बीच में एक चौकोर आकार की छोटी बिल्डिंग है, जिसे मुसलमान खुदा का घर मानते हैं। काबा के बारे में यह प्रसिद्ध है कि वह आगंतुकों की भावना के अनुसार अपने स्थान से हट जाता है, यद्यपि काबा का अपनी जगह से हट जाने का चमत्कार हजरत मुहम्मद के जीवनकाल में नहीं हुआ था, परंतु अन्य कई अवसरों पर होने का उल्लेख है। काबा की परिक्रमा करना अत्यंत पवित्र धार्मिक कर्तव्य समझा जाता है, जिसे हज कहते हैं। प्रत्येक मुस्लिम की यह इच्छा रहती है कि वह जीवन में कम-से-कम एक बार हज अवश्य कर आए। गुरु नानकदेव के बारे में अध्याय-10 में लिखा जा चुका है कि नानक रात्रि में काबा की ओर पैर करके सो गए थे और जब एक काजी ने उनके पैरों को दूसरी दिशा में किया तो काबा भी उसी ओर आ गया। इसका विश्लेषण भी उसी अध्याय में दिया हुआ है। नानक की घटना से पूर्व की तीन और घटनाएँ हैं, जिनमें काबा का अपने स्थान से हटना प्रकट किया गया है—

1. हजरत ईवान अपनी पुस्तक 'फतुहुत यकीह' में लिखते हैं कि हज के दौरान जब उनके मन में काबा के बारे में बुरे विचार आए तो उन्होंने देखा कि काबा उनको जान से मारने के लिए आ रहा है। हजरत ईवान के क्षमा माँगने पर काबा ने उसे क्षमा कर दिया।

2. शबिना हज को जाते समय जंगल से गुजर रही थी, तब उसने काबा को उसका स्वागत करने के लिए अपनी ओर आते हुए देखा। उसने कहा कि वह तो अल्लाह को देखने की आशा कर रही थी, उसे उनके घर को देखने में कोई दिलचस्पी नहीं है।

3. हजरत इब्राहीम के एक वंशज मक्का गए थे और उन्होंने देखा कि काबा अपने स्थान पर नहीं है, तब उन्होंने सोचा कि शायद उनकी आँखों में कोई खराबी आ गई है, तभी एक आवाज आई कि तुम्हारी आँखों में कोई खराबी नहीं है, काबा एक महिला का स्वागत करने गए हैं, जो कमजोरी की वजह से उनके पास नहीं पहुँच सकती।

तर्क मत : काबा का अपने स्थान से चलना ऐसी अलौकिकता है, जिसका कोई तर्क स्पष्ट नहीं है। यही प्रतीत होता है कि उक्त सभी घटनाओं में संबंधित व्यक्तियों को सपना दिखाई दिया हो, जब कोई व्यक्ति किसी विषय पर सोचता रहता है तो वह सोच सपने में विचित्रतम रूप में प्रकट हो सकता है, जब वह उस स्वप्न को किसी धर्माधिकारी को बतलाता है तो वह धर्माधिकारी उसे सच में घटनेवाली घटना मानकर उसका वैसा ही प्रचार कर देता है। आस्थावश अन्य अनुयायी भी उसे अल्लाह की करामात मान लेते हैं।

□

14

परंपरागत पर्व तथा प्रथाएँ

परिचय

प्रत्येक धर्म में अनेक पर्व (फेस्टिवल्स) होते हैं, जिन्हें लोग उत्सव के रूप में उत्साह के साथ अत्यंत धूमधाम से मनाते हैं। इनके कारण पीढ़ी-दर-पीढ़ी धर्म की उत्पत्ति, विकास तथा उसे मनाने के ढंग से परिचित होती रहती है। मूल रूप में इनमें अंधविश्वास का तत्त्व नहीं होता, संबंधित धर्म संस्थापक की किन्हीं विशेष महत्त्वपूर्ण घटनाओं की याद में मनाए जाते हैं।

पर्वों के अतिरिक्त विभिन्न समाजों में भिन्न-भिन्न प्रथाएँ (कस्टम्स) भी प्रचलित हैं, जो समाज में सदाचार व अनुशासन सुनिश्चित करने के लिए वांछनीय हैं। कुछ ऐसी प्रथाएँ भी समाज में व्याप्त हो गई थीं, जो न केवल भेदभावपूर्ण थीं, बल्कि अवांछनीय भी। ऐसी कुछ प्रथाएँ समाज सुधारकों के प्रयास से समाप्त हो गई और कुछ समाप्त होती जा रही हैं। अधिकांश प्रथाएँ उत्तम हैं, जो जीवन में विविधताएँ लाती हैं।

पर्वों व प्रथाओं के अभाव में मनुष्य के जीवन में एक नीरस दिनचर्या बन जाती है, प्रातः तैयार होकर काम पर निकल जाना, दिन भर काम में व्यस्त रहना, शाम को घर वापस आना तथा अन्य रूटीन कार्यों में व्यस्त रहकर रात्रि में सो जाना। साप्ताहिक अवकाश के दिन, गृहस्थी के लंबित कामों को निपटाना आदि। पर्वों एवं प्रथाओं द्वारा, इस नीरसता को समाप्त कर, घर की सजावट करना, रंगोली बनाना, नए कपड़े पहनना, नए व्यंजन खाना, धार्मिक-स्थल पर जाकर पूजा-पाठ करना, रिश्तेदारों व मित्रों से गर्मजोशी से मिलना, आदि से प्रसन्न करनेवाली विविधता प्राप्त होती है, जिससे पारवारिक जीवन सरस व सुखमय बन जाता है।

जिसे व्यक्ति को जीवन में सरसता, विविधता, सुख व आनंद प्राप्त होता रहे, ऐसा व्यक्ति सुकर्म के अपने सभी उत्तरदायित्वों में सफल होता हुआ दिव्यानंद प्राप्त करता है, जिसमें उसे ईश्वर से साक्षात्कार की अनुभूति होती है। यह अनुभूति ही 'योग' कहलाती

है। यही विष्णु के अवतार श्रीकृष्ण के उपदेशों का सार है, जिसे महर्षि वेदव्यास ने 'श्रीमद्भगवद्गीता में कई श्लोकों में दुहराया है, मनुष्य का प्रसन्नचित्त रहना योग के लिए परम आवश्यक है।

परंपरागत पर्व

सभी धर्मों में पर्वों या त्योहारों के मनाने का प्रचलन है। हिंदुओं में लोहड़ी, मकर संक्रान्ति, महाशिवरात्रि, होली, रामनवमी, ओनम (केरल का फसल संबंधी प्रमुख पर्व), रक्षाबंधन, जन्माष्टमी, गणेश-चतुर्थी, दशहरा, धनतेरस, अनंत-चतुर्दशी, दिवाली, शरद की नवरात्री, छठ पूजा, आदि अनेक त्योहार मनाए जाते हैं। इसी प्रकार, जैन धर्म में पर्यूषण का पर्व महापर्व कहलाता है, तीर्थंकरों के जन्म दिन, क्षमापणी, ऋतु पंचमी, रक्षाबंधन, दिवाली, कल्पसूत्र, अनंत चतुर्दशी, आदि कई अन्य पर्व भी हैं। बौद्ध धर्म में सबसे महत्त्वपूर्ण वैशाख मास (मार्च-अप्रैल) की पूर्णिमा है। सिद्धार्थ गौतम के जीवन की अत्यंत महत्त्वपूर्ण घटनाएँ इसी दिन हुई थीं। सिखों में गुरुओं के जन्मदिन, गुरुग्रंथसाहिब का अवतरण, गुरुओं के बलिदान दिवस, आदि, यहूदियों में नववर्ष, पहले माह तिशरे (Tishrie) की पहली तारीख के 8 दिन बाद (सितंबर-अक्तूबर में) योम किप्पूर, इसके 5 दिन बाद पासओवर (पास्का), द्वितीय विश्वयुद्ध (1939-45) के दौरान नाजी शासकों द्वारा किए गए नरसंहार में शहीद हुए 60 लाख यहूदियों की याद में, तत्पश्चात् 1967 में विजय प्राप्त करने की खुशी में विजय दिवस, आदि। ईसाइयों में जीसस क्राइस्ट का जन्मदिन (25 दिसंबर), गुड फ्राइडे (शोक-दिवस के रूप में), उसके तीसरे दिन ईस्टर संडे, फिर 40 दिन पश्चात् स्वर्गारोहण, 1 नवंबर को संत दिवस (ऑल सेंट्स डे), आदि। इस्लाम में रमजान में रोजा, रमजान के एक दिन बाद ईद उल-फित्र, इस्लामी कलेंडर के ईद-उल-अजहा में हज-यात्रा, इस्लामिक कलेंडर के माह रबी अल-ऑवाल में ईद-मिलाद, देवदूत जिब्राइल द्वारा अल्लाह के निर्देश पर मुहम्मद को कुरान सुनाना प्रारंभ करना (कुरान का अवतरण), मक्का से मदीना को अपने अनुयायियों के साथ प्रस्थान करने का दिन जो हिजरी संवत् का प्रारंभ माना जाता है, मक्का को जीतने की खुशी में विजय दिवस, हजरत मुहम्मद के नवासे, हुसैन व उनके अन्य वंशजों का कर्बला में बलिदान, आदि।

संबंधित धर्म के अनुयायी अपने पर्वों को धूमधाम से अत्यंत उत्साह के साथ मनाते हैं, परिवार के सभी सदस्य, स्त्री-पुरुष, बच्चे-बुजुर्ग पर्व के दिन नवीन वस्त्र धारण करते हैं, खाने हेतु बनाए जानेवाले पकवानों में भी नवीनता तथा विविधता रहती है। मित्रों व रिश्तेदारों से मिलना, धार्मिक-स्थलों पर जाकर विशेष पूजा-पाठ में भाग लेना, यदि उत्सव किसी विशेष स्थान पर आयोजित है तो वहाँ जाकर सामूहिक रूप से भाग लेना, आदि। कुछ प्रमुख पर्वों का विवरण निम्न प्रकार है—

हिंदू धर्म में दिवाली का त्योहार अक्तूबर/नवंबर में पाँच दिन तक चलता है। कार्तिक कृष्णा 13 से लेकर कार्तिक शुक्ला 2 तक। कार्तिक कृष्णा 13 को धनतेरस कहते हैं, इस दिन नए आभूषणों, बरतनों तथा कपड़ों का क्रय करना शुभ माना जाता है, इस वजह से बाजारों में काफी भीड़ व चहल-पहल रहती है। कुछ लोग नए उपकरण, जैसे-कार, बाइक, टी.वी., साज-सामान (फर्निशिंग) आदि भी इस दिन खरीदना अच्छा व लाभप्रद समझते हैं, क्योंकि लोगों को आकर्षित करने के लिये दुकानदार इस अवसर पर विशेष छूट घोषित कर देते हैं। धनतेरस के दूसरे दिन कार्तिक कृष्णा 14 को विष्णु के अवतार भगवान् श्रीकृष्ण व काली देवी द्वारा आततायी राक्षस 'नरकासुर' का वध कर देने के कारण नरक चतुर्दशी मनाई जाती है। इस विजय की खुशी में घरों में पूजा कर ईश्वर के प्रति आभार प्रकट किया जाता है। अगले दिन अमावस्या को मुख्य दिवाली का पर्व होता है। दिवाली का विशेष महत्त्व है, क्योंकि इसी दिन विष्णु के अवतार राम 14 वर्ष के वनवास की अवधि पूर्ण करने के बाद अयोध्या लौटे थे, इस खुशी में संपूर्ण अयोध्या दीपकों के प्रकाश से जगमगा उठी थी, इसलिए इस पर्व को दिवाली या दीपावली (दीपों की पंक्तियों का पर्व) कहते हैं। आजकल तो यह पर्व संपूर्ण भारत में तथा विश्व के अन्य अनेक देशों में भी अत्यंत धूमधाम से मनाया जाता है। इस पर्व की एक विशेषता यह भी है कि घर की सफाई, पुताई, रँगाई, दरवाजों की व फर्नीचर की पॉलिशिंग, आदि के कार्य धनतेरस से दो सप्ताह पूर्व से प्रारंभ कराकर दिवाली के त्योहारों से पहले ही संपन्न करा लिये जाते हैं तथा धनतेरस के दिन स्त्रियाँ उपयुक्त स्थान पर आकर्षक रंगोली बनाती हैं। अमावस्या को रात्रि में प्रायः 8 बजे से 10 बजे के बीच गणेश (बुद्धि के देवता) तथा लक्ष्मी (धन की देवी) की पूजा परिवार के सभी सदस्य मिलकर करते हैं, प्रसाद के रूप में मिठाई व खील-बताशे वितरित होते हैं, खाने के लिए विशेष पकवान बनाए जाते हैं। किशोर बालक-बालिकाओं द्वारा फुलझड़ी, चक्कर, अनार, आदि पटाखे चलाए जाते हैं। सभी शहर तथा गाँव सजावटी रोशनी से जगमगाते रहते हैं। दिवाली के दूसरे दिन गोवर्धन पूजा का पर्व होता है, जो भगवान् कृष्ण द्वारा गोवर्धन के गिरिराज पर्वत को उठाकर बृज-क्षेत्र को बाढ़ से बचाने के चामत्कारिक कार्य को संपन्न करने की याद में मनाया जाता है, जिसका विस्तृत विश्लेषण अध्याय-1 में दिया हुआ है। इस अवसर पर अन्नकूट या 'छप्पन-भोज' मनाने का प्रचलन भी है, जिसमें 56 प्रकार की भोजन सामग्री बनाई जाती है। इस दिन हिंदू-मंदिरों में अन्नकूट प्रसाद के रूप में भी बाँटा जाता है। इसके अगले दिन को भैया-दूज कहते हैं, इस दिन भाई अपनी विवाहित बहन के घर जाता है तथा बहन उसे तिलक कर आशीर्वाद अथवा शुभ कामनाएँ देती है। इस त्योहार के साथ एक धार्मिक घटना जुड़ी हुई है, इस दिन यमराज अपनी बहन यमुना (नदी) से मिलने गए

और उसने यमुना द्वारा किए गए सम्मान से खुश होकर उससे वरदान माँगने को कहा। यमुना ने यह वरदान माँग लिया कि जो भाई-बहन भैया-दूज के दिन मेरे जल में डुबकी लगाएँगे, उन्हें आपके दूत नरक में नहीं ले जाएँगे (यह कहानी तर्कसंगत नहीं है तथा यह प्रतीत होता है कि किसी भाई या बहन को स्वप्न दिखा होगा, क्योंकि स्वप्न में तो विचित्रतम बातें भी दिखाई दे सकती हैं, यह भी हो सकता है कि यह कल्पित कहानी केवल प्रतीकात्मक हो, जो यह प्रकट करती है कि भाई और विवाहित बहन का संबंध पारस्परिक आशीर्वाद व शुभकामनाओं का होना चाहिए)। समाज में व्याप्त परंपरानुसार विवाह के पश्चात् लड़की पराए घर (अपनी ससुराल) चली जाती है, अत: उसके मायके में प्रत्येक व्यक्ति का कर्तव्य है कि उसे मान-सम्मान के साथ सभी विशेष अवसरों पर बुलाते रहें तथा उसकी ससुराल में भी जाते रहें। इसी भावना से प्रेरित होकर दशहरा के दिन तथा होली के बाद की दूज को भी बहनें अपने भाइयों का तिलक करती हैं तथा भाई आशीर्वाद व शुभकामनाएँ देते हैं।

रक्षाबंधन का त्योहार अगस्त के महीने में केवल भाई-बहनों के त्योहार के रूप में 'रक्षाबंधन' नाम से मनाया जाता है, जिसमें बहनें भाई के घर जाकर, उसके दाहिने हाथ की कलाई में राखी बाँधती हैं। राखी का अर्थ है 'रक्षा-सूत्र', जिसका भावार्थ होता है, बहन द्वारा की गई प्रार्थना कि "हे परमपिता परमेश्वर! आप मेरे भाई की सदैव रक्षा करते रहें।" भाई, इस आशीर्वाद के बदले में धन्यवाद के रूप में बहन को पुरस्कार देते हैं तथा उसके सम्मान व सुरक्षा के उत्तरदायित्व की शपथ लेते हैं। बहन-भाइयों का यह पर्व भारतीय धर्मों की विशेषता है, अन्य किसी विदेशी धर्म में प्रचलन में नहीं है। इस दिन कुशाओं से ऋषि बनाकर उनकी पूजा की जाती है तथा तर्पण एवं विसर्जन भी। इसी दिन से माता-पिता के अद्वितीय भक्त श्रवण कुमार की कहानी भी जुड़ी हुई है। श्रवण के माता-पिता अति वृद्ध व दृष्टिहीन थे। उन्होंने अपने पुत्र से कहा कि वे तीर्थयात्रा करना चाहते हैं। श्रवण तुरंत तैयार हो गए और दोनों को काँवड़ से अपने कंधों पर बिठालकर, काशी तथा तीर्थराज प्रयाग की यात्रा पूर्ण कर अयोध्या पहुँचे। रात्रि में माता-पिता को प्यास लगने पर सरयू नदी के पास उन्हें बिठालकर, कमंडलु लेकर नदी से पानी लेने गए। वहाँ पर दशरथ भी किसी हिरण का शिकार करने के लिए छिपे हुए थे, जैसे ही कमंडलु में पानी भरने की आवाज हुई, उन्होंने यह समझकर कि कोई हिरण पानी पी रहा है, शब्दभेदी बाण चला दिया, जब वह अपने शिकार के पास पहुँचे, तब मालूम हुआ कि उनसे कितनी बड़ी भूल हो गई है। श्रवण मरणासन्न अवस्था में यही बता पाया कि "मैं अपने माता-पिता की प्यास बुझाने के लिए पानी लेने आया था, उन्हें पानी पिलाकर मेरे बारे में बता देना।" इतना कहने के बाद उसके प्राण-पखेरू उड़ गए। दशरथ श्रवण के माता-पिता के पास आकर बोला कि पानी पी लें। वे बोली

से ही समझ गए यह श्रवण नहीं है और कोई है। उनके पूछने पर उसने अपनी भूल से हुए पाप के बारे में बता दिया। यह सुनकर दोनों को दिल का गंभीर दौरा पड़ गया और वे यह शाप देकर कि "जिस प्रकार पुत्र वियोग में हम मर रहे हैं, तू भी उसी प्रकार पुत्र वियोग में मरेगा," महानिर्वाण को प्राप्त हुए। उस दिन रक्षाबंधन के पर्व का दिन था, अत: दशरथ ने उसी समय यह निर्णय लिया कि आज के दिन (श्रावण शुक्ल पूर्णमासी को) श्रवण कुमार का चित्र बनाकर प्रत्येक परिवार के सभी व्यक्ति उसकी पूजा करेंगे और सबसे पहले उसके चित्र को राखी बाँधेंगे।

दिवाली से पूर्व आश्विन शुक्ला 10 को दशहरा का पर्व राम-रावण के युद्ध में राम द्वारा रावण की सेना पर विजय प्राप्त कर रावण को मार दिए जाने के उपलक्ष्य में मनाया जाता है। इस पर्व से दस दिन पूर्व से भारत के लगभग सभी नगरों व कस्बों में रामलीला 'नाटक के रूप में' दिखाई जाती है, जिसमें राम के जीवन में घटनेवाली घटनाओं की आकर्षक ढंग से प्रस्तुति होती है। दशहरा के दिन शस्त्र-पूजा का भी प्रावधान है। दशहरा के बाद से ही दिवाली के लिए मकानों की सफाई, पुताई, रँगाई, पॉलिशिंग, आदि का काम प्रारंभ हो जाता है।

दिवाली के बाद दूसरा बड़ा पर्व होली का होता है, जो मार्च में कई दिन तक चलता है। यह पर्व इसलिए मनाया जाता है कि जब असुर हिरण्यकश्यप की बहन, होलिका ने राम-भक्त प्रह्लाद को अग्नि में जलाकर मारने का प्रयत्न किया तो ईश्वर ने उसकी रक्षा की, प्रह्लाद बच गए और होलिका जल गई। इस घटना की याद में, वसंत पंचमी (फरवरी) से ही प्रत्येक मोहल्ले में उचित स्थान पर लकड़ियाँ रखना प्रारंभ कर दिया जाता है। फागुन की पूर्णिमा तक लकड़ियों का अच्छा-खासा ढेर इकट्ठा हो जाता है, फिर पूर्णिमा की रात में आग लगाकर उसे जलाया जाता है, जिसे होलिका-दहन कहते हैं। दूसरे दिन, चैत्र कृष्णा 1 को राम-भक्त प्रह्लाद के जीवन की रक्षा हो जाने की खुशी में लोग दोपहर तक एक-दूसरे को गुलाल लगाते हैं, पिचकारी से रंग डालते हैं और गले लगते हैं तथा गाते, ढोलक बजाते, नाचते-कूदते व मस्ती करते रहते हैं। इस दिन दाल-चूरमा-बाटी का विशेष पकवान बनाया जाता है, फिर कुछ दिन तक अपने परिचितों से मिलने का कार्यक्रम चलता रहता है।

एक अन्य पर्व विष्णु के अवतार श्रीकृष्ण के जन्मदिन (जन्माष्टमी) मनाने का होता है, जिसमें मंदिरों में कृष्ण भगवान् की अत्यंत आकर्षक झाँकियाँ सजाई जाती हैं, जिन्हें लोग परिवार सहित देखने आते हैं। ये झाँकियाँ जन्माष्टमी के छह दिन बाद (छठी) तक चलती रहती हैं।

वर्ष में दो बार नवरात्री मनाई जाती है, एक बार चैत्र शुक्ल पक्ष (मार्च/अप्रैल) के

प्रथम दिन से प्रारंभ होकर नौवें दिन रामनवमी (भगवान् राम के जन्मदिन) को समाप्त होती है, दूसरी बार शरद ऋतु (सितंबर/अक्तूबर) में, आश्विन शुक्ल 1 से आश्विन शुक्ल 9 तक। दसवें दिन मूर्तियों का विधिवत् विसर्जन हो जाता है। दोनों नवरात्रियों में पार्वती के विभिन्न अवतारों की झाँकियाँ सजाई जाती हैं।

गणेश चतुर्थी का भी विशेष महत्त्व है, यह अगस्त/सितंबर में भाद्रपद मास के शुक्ल-पक्ष की चतुर्थी को बुद्धि के देवता गणेश के जन्मदिन के रूप में मनाई जाती है। यह चतुर्थी के 10 दिन बाद तक मनाया जाता है, तत्पश्चात् मूर्तियों का विसर्जन समुद्र अथवा नदी में कर देते हैं। आजकल कुछ लोग भूमि विसर्जन भी करने लगे हैं। उत्सव पंडालों में मनाया जाता है, जहाँ विभिन्न प्रकार के सांस्कृतिक आयोजन चलते रहते हैं, जिनमें बिना किसी भी प्रकार के भेदभाव के समाज के सभी वर्ग भाग लेते हैं। गणेश चतुर्थी का राजनीतिक महत्त्व भी है, माननीय लोकमान्य तिलक अपने समाचार-पत्र 'केसरी' में गणेश चतुर्थी को अधिक-से-अधिक आकर्षक बनाने के लिए लेख लिखते रहते थे जिससे पंडालों में भीड़ बढ़ती जा रही थी तथा अंग्रेजों को यह आशंका होले लगी कि विसर्जन के दिन काफी भीड़ हो जाएगी, अत: उन्होंने हिंदुओं के त्योहारों पर 20 से अधिक की भीड़ को अपराध घोषित कर दिया, परंतु मुसलमानों की शुक्रवार की नमाज पर यह नियम लागू नहीं किया। विद्वानों ने इसे अंग्रेजों की 'बाँटो और शासन करो; (डिवाइड एंड रूल) की नीति ही माना है। इस पर लोकमान्य तिलक ने अपने समाचार-पत्र केसरी में लिखा कि त्योहारों को राजनीतिक सभा में क्यों नहीं बदल सकते। जनता ने उनके स्पष्ट लेखों को समझा और कानूनी बंधन के बावजूद गणेश चतुर्थी के कार्यक्रमों में बढ़-चढ़कर भाग लिया। यह वास्तव में अंग्रेजों का जनता के सामने समर्पण था। इससे जनता का मनोबल बढ़ा तथा अंततोगत्वा महात्मा गांधी के कुशल नेतृत्व में अहिंसात्मक ढंग से, बिना शस्त्रों का प्रयोग किए, उस समय के सर्वाधिक शक्तिशाली अंग्रेजों को भारत छोड़ना पड़ा। यह प्रक्रिया विश्व के इतिहास में एक कीर्तिमान है, क्योंकि इससे पूर्व बिना अस्त्र-शस्त्र के कहीं भी कोई भी युद्ध नहीं लड़ा गया था।

जैन धर्म का सबसे बड़ा पर्व पर्यूषण है, जिसे 8 से 10 दिन तक मनाते हैं। यह पर्व सामान्यतया वर्षा ऋतु के मध्य में मनाया जाता है, क्योंकि इस ऋतु में जैन धर्म के साधु-साध्वी तथा अन्य संत व संन्यासी चार माह तक एक ही स्थान पर रुकते हैं, अत: वह जनसमुदाय को शिक्षा, पथप्रदर्शन तथा शंका-समाधान के लिए उपलब्ध रह पाते हैं। अन्य ऋतुओं में वह घूमते रहते हैं। यह पर्व प्रधानतया पूर्व वर्ष में किए गए पापों हेतु क्षमा माँगने और यदि किसी ने आपको दु:ख दिया है तो उसे क्षमा कर देने का है। वास्तव में यह पर्व विश्वस्तरीय मित्रता व भाईचारे का पर्व है। इसी पर्व के चौथे दिन कल्पसूत्र का

पाठ किया जाता है तथा उसके बाद भव्य शोभायात्रा आयोजित की जाती है। इस पर्व के दौरान जैन धर्मावलंबी उपवास रखते हैं, कुछ 8–10 दिन का तो कुछ एक माह का। जैन धर्म में यह धारणा है कि उपवास से भौतिक बीमारियाँ समाप्त हो जाती हैं तथा तन, मन व मस्तिष्क का समन्वय बेहतर हो जाता है।

बौद्ध धर्म में सबसे महत्त्वपूर्ण वैशाख मास (मार्च–अप्रैल) की पूर्णिमा है। क्योंकि उसी तिथि को सिद्धार्थ गौतम का जन्म हुआ था, उसी तिथि को वह अपने महल व परिवार को छोड़कर ज्ञान प्राप्त करने के लिए तपस्या करने हेतु अनोमिया नदी पार कर जंगल में चले गए थे, 6 वर्ष की तपस्या के बाद इसी तिथि को उनको ज्ञान प्राप्त हुआ तथा उनका महानिर्वाण भी इसी तिथि को हुआ। ये सभी घटनाएँ सिद्धार्थ गौतम के जीवन की अत्यंत महत्त्वपूर्ण घटनाएँ थीं। ज्ञान–प्राप्ति के पश्चात्, उनके अनुयायी उन्हें 'गौतम बुद्ध' कहने लगे तथा वैशाख की पूर्णमासी को 'बुद्ध पूर्णिमा', अतः बौद्ध धर्म में बुद्ध पूर्णिमा खूब धूमधाम से मनाई जाती है।

सिख धर्म में ग्यारह गुरुओं के सम्मान में प्रत्येक गुरु का जन्मदिन धूमधाम से मनाया जाता है। गुरुपर्व तथा गुरुग्रंथ साहिब के अवतरण के दिन शोभायात्रा का आयोजन होता है। विशेष घटनाओं की याद में गुरुद्वारे भी बनाए गए हैं, जो सिखों के लिए तीर्थस्थान माने जाते है।

यहूदी धर्म में 'यौम किप्पूर' को, जो सितंबर के माह में यहूदी नववर्ष के आठ दिन बाद मनाया जाता है, सर्वाधिक महत्त्वपूर्ण पर्व माना जाता है। इस दिन वे अपने द्वारा किए गए पापों के लिए ईश्वर से क्षमा माँगते हैं तथा 25 घंटे का उपवास रखते हैं। मनोरंजन के सभी साधन बंद रहते हैं, यहाँ तक कि टेलीविजन तथा रेडियो प्रसारण भी पूर्णतया बंद रहते हैं। सड़कें भी बंद कर दी जाती हैं। यौम किप्पूर के बाद दूसरा प्रसिद्ध त्योहार 'पासओवर' है, जो मार्च–अप्रैल में आता है तथा यहूदी धर्म के निसान माह की 15 तारीख से प्रारंभ होकर 7–8 दिन तक चलता रहता है। लगभग 6,00,000 मिस्र में गुलाम बनकर रह रहे यहूदियों के, पैगंबर मूसा के नेतृत्व में गुलामी से मुक्त होकर, इजराइल वापस आने की खुशी में मनाया जाता है। गुलामी के दौरान क्या कष्ट उठाने पड़े, किस प्रकार लाल सागर पार किया, किस प्रकार ईश्वर ने उनकी सहायता की, इन सब पर प्रवचन आयोजित किए जाते हैं। मिस्र से वापस आने में 7 दिन लगे थे, प्रत्येक दिन के नाम से पूर्व अलग–अलग विशेषण लगाए गए, जैसे–शुक्रवार को 'गुड फ्राइडे' कहा गया। आजादी के इस समारोह में विशेष पकवान बनाए जाते हैं। पूरे सप्ताह खुशी और उत्साह का माहौल रहता है।

ईसाई धर्म में 25 दिसंबर के पर्व को अत्यंत उत्साह के साथ मनाते हैं। इस दिन

को जीसस क्राइस्ट का जन्मदिन मान लिया गया है। इसकी तैयारियाँ 25 दिसंबर से पूर्व के चार रविवारों से प्रारंभ हो जाती है। पाँच विशेष मोमबत्तियाँ जलाई जाती हैं। पहली मोमबत्ती प्रथम रविवार को, दूसरी, तीसरी, चौथी, क्रमशः दूसरे, तीसरे व चौथे रविवार को और पाँचवीं 25 दिसंबर को। 25 दिसंबर को सभी गिरजाघरों में व घरों में भी मोमबत्तियों व बिजली के छोटे बल्बों से सजावटी रोशनी की जाती है। 25 दिसंबर के पश्चात् भी 'मेरी क्रिसमस' के संबोधन के साथ लोग कई दिन तक एक-दूसरे से मिलते रहते हैं। इसके एक सप्ताह के बाद ही 1 जनवरी को नववर्ष प्रारंभ हो जाता है, जो न केवल ईसाइयों में, बल्कि व्यवहार में विश्व के सभी देशों में प्रयुक्त होने लगा है तथा अभिवादन का प्रारूप भी बदलकर 'मेरी क्रिसमस एंड हैपी न्यू ईयर' हो जाता है।

इस्लाम धर्म में रमजान के माह में सूर्योदय से सूर्यास्त तक 30 दिन का रोजा (फास्ट) रखा जाता है तथा रमजान की समाप्ति पर सूर्योदय के पश्चात् की नमाज पढ़ने के बाद ईद-उल-फितर पर्व अत्यंत उत्साह के साथ मनाया जाता है। इस अवसर पर लोग एक-दूसरे से गले मिलते हैं तथा खाने को विशेष पकवान बनाए जाते हैं। ईद मुबारक कहने तथा मिलने-जुलने का क्रम कई दिनों तक चलता रहता है। इस्लाम में रमजान का पूरा महीना अत्यंत पवित्र माना जाता है, जिसमें प्रार्थना, दान-पुण्य आदि पर बल देते हुए अपने दैनिक व्यवसाय को, रोजा रखने के बावजूद, विशेष परिश्रम व निष्ठा के साथ संपन्न किया जाता है।

इस्लाम में एक अन्य महत्त्वपूर्ण त्योहार है, जिसका नाम है 'ईद-उल-जुहा' (इसे अरबी भषा में 'ईद-उल-अधा' तथा हिंदी में 'बकरीद' भी कहते हैं)। यह पर्व हजरत इब्राहीम ने, ईश्वर के आदेश पर किए जानेवाले अपने पुत्र इस्माइल के सर्वोच्च (सुप्रीम) बलिदान दे देने की याद में मनाया जाता है। ईश्वर ने अपने पैगंबर, इब्राहीम से कहा, "आज मैं तुमसे अपने सबसे प्रिय वस्तु का बलिदान चाहता हूँ, बताओ तुम्हें अपनी सबसे प्रिय वस्तु कौन लगती है?" इब्राहीम ने तुरंत कहा, "मुझे अपना बेटा इस्माइल सबसे प्रिय लगता है, मैं उसका बलिदान करने को तैयार हूँ। ईश्वर ने फिर कहा कि एक बार इस्माइल से भी पूछ लो कि क्या वह इस बलिदान के लिए तैयार है। इब्राहीम अंदर गए और इस्माइल को घटना से अवगत कराया और वह तुरंत राजी हो गया, तब वह उसे साथ लेकर ईश्वर के सम्मुख उपस्थित हुए और बताया कि इस्माइल बलिदान के लिए तैयार है। इस्माइल को मक्का के पास 'मीना' पर्वत पर लिटा दिया गया, जैसे ही इब्राहीम ने अपनी तलवार इस्माइल को मारने को उठाई और उस पर वार करने को ही था कि ईश्वर ने उसे रोक दिया और बोले, "इब्राहीम! मैं तुम्हारी परीक्षा ले रहा था, तुम परीक्षा में सफल हुए, अब तुम एक भेड़ के बच्चे का बलिदान करो

और उसके तीन टुकड़े करो, एक टुकड़ा अपने लिये और अपने परिवार के लिए रखो, दूसरा टुकड़ा अपने मित्रों व रिश्तेदारों को तथा तीसरा टुकड़ा गरीबों में बाँट दो।" इस प्रकार प्रियतम बेटे के बलिदान को ईश्वर ने भेड़ के बलिदान में बदल दिया। इसी पर्व से मक्का की हजयात्रा पूरी होती है। सर्वोच्च बलिदान की भावना निहित होने के कारण मुसलमान इसे अपना सबसे बड़ा पर्व मानते है। (यहाँ यह अंकित करना वांछनीय है कि आजकल पशुओं के प्रति क्रूरता के विरुद्ध समाज में विशेष जागृति है तथा इसे रोकने के लिए अंतरराष्ट्रीय व राष्ट्रीय स्तरों पर कानून भी बने हुए हैं तथा पशु-प्रेमियों की पंजीकृत संस्थाएँ भी हैं, यद्यपि कानून में बकरीद के दिन घरों में बकरा या भेड़ को हलाल करने पर कोई पाबंदी नहीं है, फिर भी मुस्लिम विद्वान् इस पर विचार करने का कष्ट करें कि इस महान् बलिदान के दिवस को प्रतीकात्मक रूप में भी मनाया जा सकता है कि 'मिठाई, फल, मेवा तथा विशेष रूप से स्वादिष्ट व्यंजनों से कलात्मक बकरा या भेड़ बनाकर, उसको तीन भागों में काटकर धर्मानुसार बाँट दें। इस सिद्धांत का प्रचार व प्रसार मुस्लिम विद्वान् ही कर सकते हैं।)

परंपरागत प्रथाएँ

पर्वों के अतिरिक्त प्रत्येक समाज में कुछ प्रथाएँ प्रचलन में हैं, जो पर्वों से भिन्न होती हैं, परंतु उनका विशेष उद्देश्य होता है, जो संबंधित समाज की संस्कृति की परिचायक होती हैं। कुछ प्रथाएँ अच्छी होती हैं तथा जीवन की नीरसता को समाप्त कर पर्वों की भाँति सजीवता पैदा करती हैं, जैसे-विवाह संस्कार। हिंदुओं में विवाह संस्कार कई दिनों तक चलता है। सर्वप्रथम, विघ्न-विनाशक गणेश का पूजन कर उनसे प्रार्थना की जाती है कि 'हे भगवन्! विवाह के सभी कार्यक्रम निर्विघ्न संपन्न हो जाएँ।' उसके पश्चात् घर की स्त्रियाँ लड़की के वदन पर हल्दी लगाती हैं तथा स्नान कराती हैं। कुछ परिवारों में हल्दी का उत्सव कई दिनों तक चलता रहता है। विवाह से एक-दो दिन पहले लड़की के हाथ और पैरों में कलात्मक ढंग से मेंहदी लगाई जाती है। आजकल शादी से पूर्व कुछ परिवार महिला-संगीत का कार्यक्रम भी आयोजित करते हैं। पहले यह कार्यक्रम लड़की के घर पर आयोजित न होकर शादी के बाद लड़के के घर पर होता था, अब सामान्यतया दोनों स्थानों पर होने लगा है। शादी के दिन ऋत्विक् (विद्वान् पंडित) व बंधु-बांधवों तथा मित्रों के समक्ष अग्नि के सात फेरे लेते समय तथा हवन करते समय दूल्हा और दुल्हन को कुछ प्रतिज्ञाएँ करनी होती हैं, ताकि दोनों का वैवाहिक जीवन सुख और शांति के साथ व्यतीत हो। इसी के साथ एक यह प्रथा भी जुड़ी हुई है कि लड़की जब पहली बार ससुराल जाती है तो दो-तीन दिन बाद ही उसका भाई उसे मायके वापस लाने के लिए उसके ससुराल जाता है। मायके में कुछ दिन रह लेने के बाद उसका पति उसे लेने आ जाता है। इसके

पश्चात् आवश्यकतानुसार आना-जाना बना रहता है। मायके में जब किसी की शादी होती है तो बहन-बेटियों को शादी से कई दिन पूर्व अवश्य बुला लिया जाता है, ताकि वे शादी के प्रत्येक छोटे-बड़े उत्सवों में शामिल हो सकें। इसी प्रकार सावन के माह में हरियाली तीज मनाने की प्रथा है, जिस अवसर पर बहन-बेटियों को विशेष रूप से मायके में बुलाया जाता है और वे अपनी सहेलियों के साथ झूला झूलती रहती हैं।

सभी धर्मों में जन्म से लेकर मृत्युपर्यंत अनेक संस्कार होते हैं, जैसे-गर्भाधान, जन्मदिन, नामकरण, अन्न-प्राशन, मुंडन, यज्ञोपवीत (केवल हिंदुओं में), विद्यारंभ, विद्यासमाप्ति, विवाह, गृहस्थ आश्रम, वानप्रस्थाश्रम (सेवानिवृत्ति)। हिंदुओं में संन्यास आश्रम (75 वर्ष की आयु प्राप्त करने के पश्चात्)। सभी धर्मों में अंत में अंत्येष्टि। वैसे तो सभी धर्मों में पूर्वजों के जन्मदिन व जयंती मनाने की प्रथा है, परंतु हिंदुओं में आश्विन माह के कृष्णपक्ष में यथोचित तिथियों को पित्रों को श्रद्धांजलि देने की प्रथा भी है।

सामान्यतया सभी धर्मों में, सिखों को छोड़कर, समय-समय पर उपवास (फास्ट) रखने की प्रथाएँ भी हैं। हिंदुओं में सर्वाधिक प्रसिद्ध उपवास 'करवाचौथ' का होता है, जिसे विवाहित सुहागिन महिलाएँ अपने पति की सुखी, स्वस्थ व लंबी आयु के लिए लगभग 24 घंटे का कार्तिक माह के कृष्ण-पक्ष की तृतीया की रात्रि से चतुर्थी के चंद्रोदय के दर्शन कर अर्घ्य दे देने के बाद तक रखती है। आधुनिक समय में पति अपनी पत्नी को इसके लिए उपहार देते हैं तथा कुछ उदार प्रकृति के पति भी समता भाव प्रदर्शित करने के लिए अपनी पत्नी की सुखी, स्वस्थ व लंबी आयु के लिए यह व्रत रखने लगे हैं।

हिंदुओं में सामान्यतया सप्ताह में एक दिन, माह में एकादशी व पूर्णिमा को, वर्ष में चैत्र व शरद की नवरात्रियों में 9 दिन तथा विशिष्ट त्योहारों, जैसे-जन्माष्टमी व शिवरात्रि के पर्वों पर व्रत रखने की प्रथा है। जैन धर्म में व्रत रखने का विशेष महत्त्व है। जैन-धर्मावलंबियों का मानना है कि उनके प्रथम तीर्थंकर ऋषभदेव ने एक बार साल भर का व्रत रखा था तथा 24वें तीर्थंकर महावीर स्वामी ने एक माह का। गौतम बुद्ध ने 6 वर्ष की तपस्या की अवधि में लंबे व्रत रखे थे, परंतु बाद में उन्हें महसूस हुआ कि निराधार व्रत रखना स्वास्थ्य के लिए अच्छा नहीं होता, तथा उन्होंने मध्यम मार्ग (न भूखे रही न अधिक खाओ) को अपने धर्म का प्रमुख अंग बना लिया।

यहूदियों में यौम कप्पूर के अवसर पर 25 घंटे का व्रत, ईसाइयों में ईस्टर संडे से पहले 40 दिन का तथा इस्लाम में रमजान के पवित्र माह, जो 29 से 30 दिन तक का हो सकता है, में प्रतिदिन उष:काल (डॉन) से सूर्यास्त के बाद (डस्क) तक व्रत (रोजा) रखा जाता है।

कुछ अवांछनीय प्रथाएँ

सती प्रथा : जब किसी स्त्री के पति की मृत्यु हो जाती थी तो वह स्वेच्छा से पति की चिता पर बैठकर अपने प्राण त्याग देती थी, अर्थात् सती हो जाती थी। यह प्रथा कब से प्रारंभ हुई, यह निश्चित नहीं है। गुप्त साम्राज्य में चौथी शताब्दी में सती होने का उल्लेख है। यह प्रथा जो स्वैच्छिक थी, कालांतर में इसने गंभीर आपराधिक रूप धारण कर लिया, जब उसके रिश्तेदार ही उसे बलात् चिता में बिठाने लगे। राजा राममोहन राय (1772–1833) ने समाज सुधार के लिए ब्रह्म-समाज बनाकर इस प्रथा के विरुद्ध प्रभावी क्रांतिकारी आंदोलन प्रारंभ किया तथा जनमत अपने पक्ष में करने में सफल हुए। अंततोगत्वा तत्कालीन ब्रिटिश शासन ने सती प्रथा को कानून बनाकर समाप्त कर दिया।

विधवा-विवाह : सती प्रथा के समाप्त हो जाने पर हिंदुओं ने विधवा-विवाह पर प्रतिबंध लगा दिया, अतः विधवा को आजीवन अविवाहित रहना पड़ता था, चाहे वह कम उम्र में ही विधवा क्यों न हो गई हो। इससे विधवाओं का उत्पीड़न और बढ़ गया और वे अत्यंत दुःखी जीवन जीने के लिए विवश हो गईं। इस सामाजिक दोष को दूर करने के लिए समाज-सुधारक ईश्वर चंद्र विद्यासागर आगे आए और अपने ओजपूर्ण भाषणों से जनमत अपने पक्ष में कर कानून बनवाने में सफल हुए, जिससे विधवा-विवाह कानून-सम्मत हो गया तथा विधवा को पुनर्विवाह करने पर पत्नी के सभी कानूनी अधिकार प्राप्त हो गए।

लड़कियों की कम उम्र में शादी कर देने की प्रथा : यह कुप्रथा हिंदुओं और मुसलमानों में समान रूप से व्याप्त थी। मनुस्मृति के श्लोक 9.93 में विवाह के लिए उम्र कम से कम 8 वर्ष की रखी गई है।

त्रिंशद्वर्षेद्वहेत्कन्यां हृद्यां द्वादशवार्षिकीम्।
त्र्यष्टवर्षोष्ठवर्षां वा धर्मे सीदति स्त्वरः॥

(मनु. 9.93)

भावार्थ : 30 वर्ष का वर 12 वर्ष की कन्या से तथा 24 वर्ष का वर 8 वर्ष की कन्या से विवाह कर सकता है। इससे कम वर्ष की कन्या से विवाह करना धर्मोचित नहीं है।

लड़की की कम उम्र में शादी हो जाने से वह पूरी शिक्षा प्राप्त नहीं कर पाती, जिससे वह गृहस्थ जीवन में वांछित योगदान (जैसे बच्चों को पढ़ाना, आर्थिक स्थिति में सुधार हेतु सेवा करना, गोष्ठियों में भाग लेना आदि)। इसी के परिपेक्ष्य में महर्षि वेदव्यास ने गीता में लिखा है कि नारी का जीवन विशेष कष्टमय होता है। समाज-सुधारकों के प्रयास से अब लड़की की शादी की न्यूनतम उम्र 18 वर्ष हो गई है।

□

उपसंहार

विश्व में अनेक धर्म हैं, जिन्हें मूलत: तीन श्रेणियों में बाँटा जा सकता है—

1. ईश्वरवादी धर्म
2. अनीश्वरवादी धर्म
3. चार्वाक-दर्शन अथवा आधुनिक साम्यवाद

ईश्वरवादी धर्म : इसमें यह माना जाता है कि ईश्वर ने सृष्टि की रचना की है। इसमें सनातन (हिंदू धर्म), अब्राहमी धर्म (यहूदी, ईसाई व इस्लाम) तथा सिख धर्म आते हैं, क्योंकि ये सभी धर्म ईश्वर को सर्वव्यापी, सर्वशक्तिमान, सर्वज्ञानी, सृष्टि के सृजनहार तथा पालनहार मानते हैं। हिंदुओं में यह मान्यता है कि ब्रह्मा, विष्णु तथा महेश (त्रिमूर्ति) ईश्वर के तीन रूप हैं, जो क्रमश: सृजन, पालन-पोषण तथा संहार का कार्य करते हैं। जब अधर्म बहुत अधिक बढ़ जाता है, तब ईश्वर का विष्णु रूप किसी उपयुक्त परिवार में जन्म लेकर, जिसे अवतार कहते हैं, अधर्म व अत्याचार का विनाश करता है। रामावतार के कार्यकाल में अत्यंत शक्तिशाली असुर रावण को मारा गया तथा रामभक्त हनुमान द्वारा अहिरावण को। कृष्णावतार ने द्रौपदी के शील की रक्षा की तथा महान् पुरुष अर्जुन के मोह को धर्म की सही व्याख्या करके दूर किया, जिससे क्रूर एवं दुराचारी दुर्योधन की विशाल सेना को पांडवों की अपेक्षाकृत छोटी सेना पराजित कर सकी। कृष्ण के इन सिद्धांतों को विद्वान् महर्षि वेदव्यास ने गीता (संस्कृत की पद्यात्मक शैली में लिखी गई पुस्तक) में प्रस्तुत किया है, जो दर्शनशास्त्र की विश्व की प्राचीनतम अनमोल निधि मानी जाती है। हिंदू धर्म को छोड़कर अन्य धर्मों में अवतार की परंपरा नहीं है।

अनीश्वरवादी धर्म : इसमें किसी को सृष्टि का रचनाकार नहीं माना जाता, परंतु पुनर्जन्म को मानते हैं। महान् मनुष्यों को, जिन्होंने उनके धर्म की स्थापना की, ईश्वर के समान ज्ञानी व सर्व-शक्तिमान तो समझते हैं, परंतु सृष्टि के सृजनकार, पालनहार या संहारक नहीं। इस वर्ग में दो धर्म आते हैं—जैन धर्म तथा बौद्ध धर्म। जैन तथा बौद्ध धर्मों में संहार के कार्य को प्राकृतिक घटनाएँ माना जाता है। संहार मनुष्य द्वारा पेट्रोल

व डीजल का अधिक प्रयोग करने से, फैक्टरियों के अपशिष्ट-द्रव्य व सीवर-लाइनों को नदियों में गिराने से, पेड़ों को काटकर वनोन्मूलन करने से तथा आबादी को अनियंत्रित रूप से बढ़ाने से हो सकता है। ये सब क्रियाएँ कार्बन-डाइ-ऑक्साइड के उत्सर्जन को बढ़ा रही हैं तथा अवशोषण को कम कर रही हैं। इस स्थिति से स्पष्ट है कि वर्तमान में दुनिया का विनाश धीरे-धीरे मनुष्य ही कर रहे हैं, प्रकृति या ईश्वर नहीं। प्रकृति या ईश्वर तो जब चाहे तब एक दिन में ही किसी बड़े ग्रह की टक्कर से अथवा कोई विश्वव्यापी महामारी फैलाकर अथवा ग्लेशियरों को पिघलाकर सभी महाद्वीपों को बाढ़ में डुबोकर पृथ्वी को समाप्त कर सकते हैं। बौद्ध धर्म की यह मान्यता है कि विश्व में कोई भी वस्तु स्थायी नहीं है। इस सिद्धांत से यह आशा है कि पर्यावरण का मनुष्य द्वारा किया जा रहा विनाश भी स्थायी नहीं होगा। अब पर्यावरण के बारे में लोगों में जागरूकता बढ़ती जा रही है, जिससे स्थिति में सुधार आने की आशा है।

चार्वाक दर्शन अथवा आधुनिक साम्यवाद : एक ऐसा भी वर्ग है, जो न तो ईश्वर को मानता है और न पुनर्जन्म को, इसमें चार्वाक दर्शन तथा आधुनिक साम्यवादी दर्शन आते हैं। चार्वाक दर्शन में जो प्रत्यक्ष है अथवा जो प्रत्यक्ष तो नहीं है, परंतु विज्ञान द्वारा जिसका अस्तित्व सिद्ध हो चुका है (इलेक्ट्रॉन, प्रोटॉन, न्यूट्रॉन, आदि), वही सच है। इस दर्शन में विज्ञान-पोषित प्रत्यक्ष को ही मान्यता दी जाती है। अतः इसमें पुनर्जन्म, परलोक, स्वर्ग, नरक, मोक्ष, ईश्वर व सर्वशक्ति संपन्न देवी-देवताओं की अवधारणा को स्वीकार नहीं किया जाता। मनुष्य अपराध न कर पाएँ, इसके लिए साम्यवादी दर्शन में देश के कानून को ही महत्त्व दिया जाता हैं, जिसमें अपराधी को इस लोक में ही सजा मिलने का प्रावधान रहता है। अतः इस धर्म या दर्शन में किसी चमत्कारी घटना का उल्लेख नहीं है। इसमें यही चमत्कार है कि कोई चमत्कार ही नहीं है। यहाँ यह लिखना अनुचित नहीं होगा कि जब कोई नास्तिक विचारधारा का व्यक्ति अचानक किसी विपदा में फँस जाता है अथवा किसी अति कष्टदायी बीमारी से ग्रस्त हो जाता है तो ईश्वर से ही प्रार्थना करता है, "हे भगवन्! मुझे इस विपत्ति से उबारो।" यह तथ्य अन्य सभी धर्मों पर भी लागू है।

इसमें दो राय नहीं हो सकती कि धर्म का प्रादुर्भाव इनसानों के अवगुणों (काम, क्रोध, लोभ, मोह, दंभ, अज्ञान) पर नियंत्रण में सहायता करने के लिए हुआ था, ताकि वह अपने जीवन में स्वस्थ एवं सुखी रह सके। अंततोगत्वा इस मूल सिद्धांत को छोड़कर धर्म अब इतने आडंबरों में जकड़ गया है, जिसके कारण धर्म के नाम पर होनेवाले दंगों में जितनी मौतें हुई हैं, उतनी मौतें विश्वयुद्धों में मिलाकर भी नहीं हुईं। यदि धर्म के असली अर्थ को समझ लिया जाए तथा सभी अपने-अपने धर्म का ही अनुसरण करते रहें तो सबको स्वस्थ और सुखी रहने के उपायों का ही संदेश मिलता रहेगा।

धर्म का वास्तविक रूप गीता के श्लोक 4/11 में स्पष्ट किया गया है, जो विश्व के सभी धर्मों पर समान रूप से लागू होता है—

ये यथा मां प्रपद्यन्ते तांस्तथैव भजाम्यहम्।
मम वर्त्मानुवर्तन्ते मनुष्याः पार्थ सर्वशः।।

(श्लोक 4/11)

(अर्थात् जैसा मुझे प्राप्त होता है, उसको वैसा ही मैं सेवता हूँ। हे पार्थ! हर प्रकार से मनुष्य मेरे मार्ग पर चलते हैं।)

व्याख्या—उक्त श्लोक में 'मार्ग' का आशय 'धर्म' से है, तथा 'मुझे', 'मैं', 'मेरे' शब्दों का अर्थ क्रमशः है—'ईश्वर को', 'ईश्वर', 'ईश्वर के', अतः उक्त श्लोक का वास्तविक व्याख्यात्मक अर्थ निम्न प्रकार होगा—

विश्व के सभी धर्म मेरे द्वारा अथवा ईश्वर द्वारा भेजे गए प्रतिनिधियों, अवतारों, पैगंबरों व अन्य महान् व्यक्तियों द्वारा ही स्थापित किए गए हैं। प्रत्येक मनुष्य अपनी जीवन-शैली के लिए किसी भी धर्म को, चार्वाक के नास्तिकवाद को भी चुनने के लिए स्वतंत्र है। जो मनुष्य जिस धर्म को चुनता है, ईश्वर उसे उसी धर्म में मिल जाता है। इस प्रकार ईश्वर ने किसी के साथ किसी भी प्रकार का भेद-भाव नहीं किया है, फिर भी अंतरधर्मीय दंगे क्यों होते हैं? इस प्रश्न का उत्तर स्पष्ट है—लोग जिस धर्म को अपने लिए चुनते हैं, उसके प्राविधानों का पालन नहीं करते, उलटे काम, क्रोध, लोभ, मोह, दंभ, व अज्ञान के वशीभूत होकर अपनी हिंसा व अन्य पापों को धर्मोचित ठहराने के लिए अर्थ का अनर्थ करने लगते हैं। यही सब दुःखों का मूल है।

पिछले सहस्र वर्षों के महानतम वैज्ञानिक आइंस्टीन से, जो स्वयं यहूदी थे, जब यह प्रश्न पूछा गया कि ईश्वर' के विषय में उनके क्या विचार हैं, तो उन्होंने यही कहा कि "मैं व्यक्तिगत (पर्सनल) ईश्वर में विश्वास नहीं करता और न इसमें विश्वास करता हूँ कि ईश्वर मनुष्यों को उसके कर्मों का फल देता है, और न स्वर्ग या नरक की अवधारणा में, परंतु मैं अनीश्वरवादी (एथिइस्ट) भी नहीं हूँ। मैं यह मानता हूँ कि कोई शक्ति अवश्य है, जिसने इतनी विशाल सृष्टि की रचना की है, जिसका अनंत काल से नियमानुसार संचालन हो रहा है, वह शक्ति किस रूप में है, इसकी खोज अभी तक नहीं हो पाई है।" यह अज्ञेयवादी अर्थात् यह माननेवाला कि परम सत्ता को जाना नहीं जा सकता (ऐग्नॉस्टिक) विचारधारा है। अतः वर्तमान में विभिन्न आस्तिक धर्मों में पृथक्-पृथक् ईश्वर की अवधारणा को आस्था का विषय ही मानना उचित है।)

चमत्कार व तर्कसम्मत मत

ईश्वर के विभिन्न अवतारों व धर्म-संस्थापकों ने किसी प्रकार के असंभव चमत्कारों (मिरेकल्स) को स्वयं करने का कर्ता कभी नहीं कहा। यदि उनके अनुयायी उनसे कोई चमत्कार दिखाने का अनुरोध भी करते थे तो उनका यही उत्तर होता था कि "मैं कोई चमत्कार नहीं दिखा सकता। चमत्कार तो केवल स्वप्न में ही दिख सकते हैं।" परंतु उनकी मृत्यु के बाद उनके नाम से उनके अनुयायियों ने धार्मिक पुस्तकों में अनेक स्पष्ट रूप से असंभव दिखने वाले चमत्कार लिख दिए, जो पढ़ने, सुनने तथा फिल्मों में देखने में मनोरंजक होते हैं तथा आजकल सर्वाधिक प्रचलन में भी हैं। जब इनका शोधात्मक दृष्टि से विश्लेषण किया गया, तब यह तथ्य प्रकाश में आया कि चमत्कार-रहित वास्तविक रूप ही संबंधित महापुरुष की योग्यता, कुशलता, निष्ठा व क्षमता का सही परिचय देता है। सच तो यह है कि चामत्कारिक रूप देने से उनके वे गुण छिप जाते हैं जिनके कारण वह महान् बने और अपने निस्स्वार्थ व भेदभाव-रहित भावना से किए गए समाज-हित के सुकर्मों में प्रशंसनीय सफलता पाई। उदाहरणस्वरूप दो घटनाएँ प्रस्तुत हैं—

1. रामभक्त श्रीहनुमान के बारे में यह प्रसिद्ध है कि वे बचपन में ही सूर्य को मीठा फल समझकर उड़कर उसके पास पहुँच जाते हैं और उसे निगल लेते हैं। इससे संसार में घोर अँधेरा छा गया तथा त्राहि-त्राहि मचने लगी। तब देवताओं के विशेष अनुरोध पर हनुमानजी सूर्य को बाहर निकाल देते हैं। यह तो हुआ प्रचलित चमत्कार। इसकी अलौलिकता यह है कि सूर्य पृथ्वी से 15 करोड़ कीलोमीटर दूर है तथा आकार में इतना बड़ा है कि इसमें तेरह लाख पृथ्वियाँ समा जाएँगी, इसकी सतह का तापक्रम 6,000 डिग्री सेंटीग्रेड है तथा केंद्र में तो इसका कई हजार गुना है। ऐसे विशाल सूर्य को मुँह में रख लेना किसी के लिए संभव नहीं है। परंतु उनके भक्त तो यह मानते हैं कि उनके आराध्य तो देवता हैं तथा उनमें असंभव दिखनेवाले कार्यों को भी कर लेने की क्षमता है। स्वयं महाकवि संत तुलसीदास ने अपनी सर्वाधिक लोकप्रिय पुस्तक 'श्री राचरितमानस' में यह लिखकर कि 'युग सहस्त्र योजन पर भानु, लील्यो ताहि मधुर फल जानू', भक्ति-मत की पुष्टि ही की है। चलचित्रों में भी भक्त-मत ही दिखाया जाता है। परंतु लेखक ने इसका तर्कसंगत मत निम्न प्रकार अंकित किया है—

तर्क-मत : उस समय गुरुकुलों में सौर-मंडल का विषय 'अनिवार्य विषय' होता था तथा विशिष्ट गणतीय सूत्रों के कारण अपेक्षाकृत कठिन विषय समझा जाता रहा है। हनुमानजी जब गुरुकुल में पढ़ते थे तो उन्हें यह विषय अति रुचिकर लगता था तथा सौरमंडल की गणनाओं पर उनकी पकड़ अच्छी थी। आजकल भी किसी विद्यार्थी को

कठिन समझे जाने वाले विषय का उत्तम ज्ञान हो, वह अपने सहपाठियों की कठिनाइयों को संतोषजनक रूप से हल करता रहता हो तथा शिक्षकों द्वारा पूछे गए प्रश्नों का सही उत्तर देता हो, तो उसके साथी यही कहते हैं कि उसने तो इस विषय को कंठस्थ कर रखा है, यानी निगल रखा है।"

सहस्त्रों वर्ष बाद, उनके अनुयायियों ने चमत्कार को सही मानते हुए उसे अलौकिक रूप में ही वर्णित किया तथा धार्मिक ग्रंथों व काव्य पुस्तकों में उसी प्रकार अंकित और चलचित्रों में प्रदर्शन भी किया।

2. सिद्धार्थ-गौतम, जो जन्म लेते ही खड़े हो गए, सात कदम उत्तर की दिशा में चले और बोले कि "मैं विश्व का शीर्षस्त पुरुष हूँ। यह मेरा अंतिम जन्म है। इसके बाद मेरा और कोई जन्म नहीं होगा।" जहाँ-जहाँ भी उन्होंने अपने पैर रखे, वहाँ-वहाँ कमल का फूल खिल उठा। इसमें अलौकिकता यह है कि नवजात शिशु को खड़ा होकर चलने में लगभग 1 वर्ष का समय लग जाता है और बोलने में इससे अधिक। कमल के फूलों का खिल उठना भी अलौकिक ही कहा जा सकता है।

तर्कसंगत मत : यह सामान्य बात है कि गर्भवती नारी को अपने होनेवाले बच्चे के बारे में तरह-तरह के स्वप्न दिखाई देते रहते हैं। अतः ऐसा हुआ होगा कि उनकी माता रानी मायादेवी को प्रसव से पूर्व किसी दिन उक्त चमत्कार स्वप्न में दिखाई दिया हो और उसे उन्होंने अपने परिवार के सदस्यों को बताया हो। पर सैकड़ों वर्षों बाद उनके अनुयायियों ने उसे स्वप्न न बताकर सचमुच में घटित घटना के रूप में बौद्ध धर्म की पुस्तकों में अंकित कर दिया।

उक्त दो घटनाओं के अतिरिक्त हिंदू धर्म मे अन्य अनेक चामत्कारिक घटनाएँ प्रचलित हैं, जैसे कारागार में कृष्ण का जन्म होने पर कारागार के दरवाजे व फाटकों का स्वतः खुल जाना तथा पहरेदारों का सो जाना, ताकि नवजात शिशु को सुरक्षित गोकुल में नंद के यहाँ पहुँचाया जा सके और वापस आने पर यथास्थिति में आ जाना, द्रौपदी की चीर-हरण से चामत्कारिक रूप से रक्षा करना, महाभारत के युद्ध के प्रारंभ होने से पूर्व श्रीकृष्ण द्वारा अर्जुन को ईश्वर का विराट् स्वरूप दिखाना, श्रीराम का गौतम ऋषि की पत्नी अहल्या, जो अपने पति के श्राप से पत्थर बन गई थी, को छूकर पुनः स्त्री बना देना, देवताओं और दानवों द्वारा मिलकर अमृत पाने के लिए समुद्र का मंथन करना, शिव परिवार से संबंधित चामत्कारिक घटनाएँ, जैन धर्म के तीर्थंकर महावीर स्वामी द्वारा मृत बालक को जीवित कर देना, सिख धर्म में गुरु नानक देव के मक्का की मस्जिद में सोने पर अल्लाह का घर काबा का घूमते जाना, आदि। पैगंबर मूसा के मिस्त्र से साठ

लाख यहूदियों को यूदा वापस लाते समय समुद्र का दो भागों में बँटकर जमीनी रास्ता उपलब्ध करा देना, ईसाई धर्म के संस्थापक ईसा मसीह को ईश-निंदा के अपराध में सूली पर चढ़ाकर मृत्युदंड देना तथा दफन करने के तीन दिन बाद उनका जीवित होकर अपने अनुयायियों के पास पहुँच जाना, इस्लाम के संस्थापक हजरत मुहम्मद द्वारा चाँद के टुकड़े करके पुनः जोड़कर एक कर देना, वजू करने के लिए कुआँ के पानी को ऊपर तक चढ़ा देना आदि। विश्व के सभी धर्मों में किसी-न-किसी प्रकार की अलौलिकताएँ प्रदर्शित करनेवाली घटनाएँ विद्यमान हैं, किसी में ज्यादा तो किसी में कम।

इस पुस्तक में 100 से अधिक अलौकिक घटनाओं का तर्कसंगत विश्लेषण (जो पूर्णतया लेखक की अपनी शोधात्मक कल्पना पर आधारित है) प्रस्तुत किया गया है। परंतु यह भी सच है कि किसी भी महान् व्यक्ति ने कभी यह नहीं कहा कि वह कोई चमत्कार दिखा सकता है। उनके निधन के सैकड़ों वर्ष बाद उनके अनुयायियों ने अपने आराध्य को महिमामंडित करने के लिए उनके साथ चामत्कारिक घटनाएँ जोड़ दी हैं। लेखक का अपना मत है कि भक्त-मत तथा तर्क-मत दोनों की अपनी उपयोगिता है। अंतर मात्र इतना है कि तर्कसंगत मत में महान् व्यक्ति के अद्भुत प्रशंसनीय गुण स्पष्ट रूप से प्रत्यक्ष होते हैं, जबकि भक्ति-मत में ये गुण छिप जाते हैं। तर्क-मत बुद्धि की जिज्ञासा को शांत करता है, परंतु भक्त-मत की व्यावहारिक मनोवैज्ञानिक उपयोगिता से इनकार नहीं किया जा सकता।

अंत में लेखक का पाठकों से यही अनुरोध है कि जब भी किसी महान् व्यक्ति के बारे में आप किसी विचित्र असंभव घटना को पढ़ें या सुनें, तब सोचें कि घटना असंभव क्यों है, उसमें क्या अलौकिकता है और खोजें कि उसका वास्तविक रूप क्या रहा होगा। अपनी खोज से मुझे भी अवगत करा सकें तो मैं अनुगृहीत होऊँगा।

□□□